PICK / RIXEN

PAPIERGELD-SPEZIALKATALOG DEUTSCHLAND

1874 BIS HEUTE

PAPIERGELD SPEZIALKATALOG DEUTSCHLAND

VON ALBERT PICK UND JENS-UWE RIXEN

1874 bis HEUTE — MIT 700 ABBILDUNGEN
DIE NOTEN DER BUNDESREPUBLIK
UND DER DDR IN FARBE

BATTENBERG

Fotonachweis

Nr. 3, 6, 10: Deutsche Bundesbank, Frankfurt
Nr. 11: Staatliche Museen zu Berlin, Münzkabinett
Nr. 20 und 44 (Stempel): Dr. Jens-Uwe Rixen, Tübingen, alle anderen:
Bayerische Hypotheken- und Wechselbank, München

CIP-Titelaufnahme der Deutschen Bibliothek

Pick, Albert:
Papiergeld-Spezialkatalog Deutschland: 1874 bis heute / von Albert Pick und Jens-Uwe Rixen. - 2. Aufl. - Augsburg: Battenberg, 1991
ISBN 3-89441-010-8
NE: Rixen, Jens-Uwe:; HST.

BATTENBERG VERLAG AUGSBURG
2., aktualisierte und erweiterte Auflage 1991

Gesamtherstellung: Wiener Verlag, Himberg
Printed in Austria
ISBN 3-89441-010-0

INHALTSVERZEICHNIS

Vorwort zur ersten Auflage (1982)

Dr. Arnold Keller (1897 – 1972) in memoriam

25 Jahre sind vergangen, seit Dr. Kellers Werk »Das Papiergeld des Deutschen Reiches von 1874 – 1945« in 5. Auflage letztmalig erschienen ist. Vorliegender Katalog soll als zeitgemäßer, stark erweiterter Nachfolger dieses bereits lange vergriffenen und nur noch wenigen Sammlern zugänglichen Buches dienen.
Der Katalog umfaßt alles in Deutschland seit 1874 ausgegebene staatliche Papiergeld einschließlich aller bekannt gewordenen Varianten, dazu die Ausgaben der Ländernotenbanken, der ehemaligen deutschen Kolonien, der deutschen Auslandsbanken und der besetzten Gebiete während der beiden Weltkriege sowie die fremd- und eigenstaatlichen Geldscheine, die auf deutschem Boden zur Ausgabe gelangten. Nicht erfaßt werden dagegen die Geldscheine der ausländischen Besatzungsmächte, die zwar in Deutschland kursierten, dem zivilen Zahlungsverkehr aber nicht zur Verfügung standen (Frankreich nach 1918, Belgien, Dänemark, Großbritannien, Niederlande und Vereinigte Staaten von Amerika nach 1945).
Das altdeutsche Papiergeld (vor 1874 bzw. die Ausgaben der Privatnotenbanken bis längstens 1906) wird nur in Listenform erwähnt, um Raum für die bereits lange angekündigte Neubearbeitung des entsprechenden Werkes von Dr. Keller zu lassen.
Die im letzten Jahrzehnt verstärkte Sammeltätigkeit auf dem Gebiet des Papiergeldes hat eine Menge bisher nicht bekannter Papiergeldbestände zu Tage gefördert. Die Verfasser haben das im Handel auftauchende Material jahrelang beobachtet und registriert. Unter gleichzeitiger Streichung einer Anzahl von bei Keller genannten Varianten, die nicht bestätigt werden konnten, wurde das nunmehr weitgehend gesicherte Material neu zusammengestellt und in einer solchen Weise katalogisiert, daß dieses Werk von jedem Sammler benutzt werden kann, unabhängig davon, ob ihn nur die Haupttypen interessieren oder ob er auch Wasserzeichen-, Druckfirmen- und Kontrollnummer-Varianten berücksichtigt. Der systematische Wert der unterschiedlichen Stellenzahl der Kontrollnummern, bisher einigen Katalogen folgend vielfach besonders hoch eingeschätzt, wird dabei auf den ihnen nach Ansicht der Autoren zukommenden geringeren Stellenwert zurückgestuft.
Leider war es auch jetzt noch nicht möglich, die vielen Lücken zu schließen, die hinsichtlich der Zuordnung der Firmenzeichen an die einzelnen Druckfirmen trotz der intensiven Nachforschungen Dr. Kellers offengeblieben waren.
Als Grundlage für diese Bearbeitung dienten die Sammlungen der beiden Verfasser (die Sammlung Pick steht im Eigentum der Bayerischen Hypotheken- und Wechselbank München), die Sammlung Dr. Keller (im Eigentum der Deutschen Bundesbank Frankfurt a. M.) sowie die großen Reichsbanknoten-Bestände der Hamburger Firma H. Rosenberg, die zur Bearbeitung freundlicherweise zur Verfügung gestellt wurden. Daneben wurden viele Einzelmeldungen verschiedener Sammler verarbeitet, wofür hier nochmals gedankt wird.
Besonderer Dank gebührt dem Battenberg - Verlag, der das verlegerische Wagnis auf sich genommen hat, diesen Katalog herauszubringen. Allen Wünschen der Verfasser hinsichtlich Ausstattung und Illustration ist der Verlag zuvorkommenderweise nachgekommen.
Wir sind uns bewußt, daß der Katalog noch mancher Ergänzung bedarf. Bisher unbekannte Stücke bitten wir, möglichst unter Beifügung von Fotokopien, einem der beiden Autoren mitzuteilen.

Albert Pick
Hölzlweg 24
8100 Garmisch-Partenkirchen

Dr. Jens-Uwe Rixen
Lantziusstraße 16
2300 Kiel

Vorwort zur zweiten Auflage

Das Jahr der Fertigstellung des Manuskriptes für die zweite Auflage ist durch die Schaffung der Währungsunion zwischen den beiden deutschen Staaten, der deutschen Einheit und den Beginn der Ausgabe einer neuen Banknotenserie für die Sammler von deutschen Geldscheinen nicht nur politisch, sondern auch sammlerisch ereignisreich. Auf der einen Seite wird die DDR zu einem sogenannten abgeschlossenen Sammelgebiet, auf der anderen Seite gibt die Ausgabe der neuen Banknotenserie einen Impuls zur Kontinuität des Sammelns von deutschen Geldscheinen.
In den letzten 10 Jahren hat das Sammeln von deutschem Papiergeld einen großen Aufschwung erlebt. Während die Notgeldscheine bevorzugt regional gesammelt werden, interessieren sich für die deutschen Banknoten und das Staatspapiergeld die Geldscheinsammler aller deutschen Landesteile. Die Preise für die Scheine sind zum Teil sehr stark gestiegen, wobei nicht nur seltene Stücke den höchsten Wertzuwachs erreichten, sondern auch häufige Scheine in sehr guter Erhaltung ein vielfaches ihres früheren Preises erzielten.
Die Problematik der Bewertung wurde um einiges gesteigert durch den Verkauf gewaltiger Mengen an Noten, vor allem aus der Inflationszeit, in die ostasiatischen Länder. Welche Mengen nach dort verkauft wurden läßt sich im Augenblick noch nicht überschauen. Auf jeden Fall dürfte sich die Wertrelation der Varianten untereinander nicht unerheblich verschoben haben. Eine Bewertung dieser Varianten, vor allem der Firmanzeichen-, Bogenzeichen- und KN-Varianten ist im Augenblick nicht durchführbar. Wir haben uns daher entschlossen, auf diese Wertfestlegung in den meisten Fällen zu verzichten und einen Preis für die billigste Art ohne Berücksichtigung der seltenen Varianten anzuführen.
Die vielen Korrekturen und Ergänzungen, die uns zahlreiche Sammler und Händler mitteilten, beziehen sich hauptsächlich auf die Varianten der Inflationszeit und ergänzen meist die Bogenzeichen. Wir möchten uns für alle diese Meldungen sehr herzlich bei den Sammlern und Händlern bedanken, die uns sehr bei unserer Arbeit geholfen haben. Die hier genannten Sammler sollen nur stellvertretend für viele andere Helfer erwähnt werden: Dr. Andreas Adler, Frankfurt; Franz Brandler, Schönau; Klaus Karau, Neckargröningen; Wolfgang König, Berlin; Rudolf Richter, Salzburg. Die Neuerwerbungen der bereits im Vorwort der 1. Auflage genannten großen Sammlungen wurden ebenfalls aufgenommen oder uns mitgeteilt, wofür wir uns besonders bei den Herren Walter Kolb (Geldmuseum der Deutschen Bundesbank) und Günther Toleti (Bayerische Hypotheken- und Wechsel-Bank) bedanken möchten. Eine weitere Hilfe für die Preisfestlegung waren die Preislisten und Auktionskataloge der deutschen Geldscheinhändler, vor allem der Firmen Herbert Bodenschatz, Lüneburg; Gradl & Hinterland, Nürnberg; Kurpfälzische Münzhandlung, Mannheim; S. Reichenberger, München; Holger Rosenberg, Hamburg; Hartmut Schoenawa, Werlaburgdorf.
Wir hoffen auch weiterhin auf die Hilfe der Sammler und Händler, die uns durch Meldungen von Korrekturen und Ergänzungen unsere zukünftige Arbeit erleichtern würden.

Garmisch-Partenkirchen und Kiel, 1991
Albert Pick und Dr. Jens-Uwe Rixen

DIE GELDSCHEINE DEUTSCHLANDS

Unter dem allgemeinen Begriff Geldschein werden Geldzeichen aus Papier zusammengefaßt, die auf unterschiedlicher Rechtsgrundlage basieren können. Die wesentlichen Kategorien der staatlichen Geldscheine sind Staatspapiergeld und Banknoten. Notgeld, das entweder ohne rechtliche Basis – aus einem Mangel an Zahlungsmitteln in Notzeiten entstanden – oder aber mit staatlicher Duldung oder Genehmigung ausgegeben worden ist, kann infolge seiner erdrückenden Menge nicht Gegenstand dieser Darstellung sein.
In Deutschland wurden seit 1871 – mit Ausnahme des Notgeldes – von folgenden Stellen Geldscheine ausgegeben:

Im Deutschen Reich:

Reichsschuldenverwaltung:	Reichskassenscheine 1874–1906 (ausgegeben bis ca. 1918) Darlehnskassenscheine 1914–1922 Schatzanweisungen des Deutschen Reiches und Teilstücke dazu 1923 Weiter wurden die Anleihen des Deutschen Reiches (Kriegsanleihen) von der Reichsschuldenverwaltung begeben. Die Zinskupons der 5-prozentigen Anleihen 1915–1918 über 2,50 bis 125 Mark waren vorübergehend als Zahlungsmittel zugelassen.
Deutsche Reichsbank:	Reichsbanknoten 1876–1942 (ausgegeben bis 1945) Zwischenscheine zu den Schatzanweisungen des Deutschen Reiches 1923
Ländernotenbanken:	Banknoten bis 1925 (ausgegeben bis 1935)
Deutsche Rentenbank:	Rentenbankscheine 1923–1937 (ausgegeben bis 1945)
Deutsche Golddiskontbank:	1924 gedruckte Scheine wurden nicht ausgegeben und bis auf wenige Exemplare vernichtet

Im Gebiet der Bundesrepublik Deutschland und Berlin West:

Bank deutscher Länder:	Banknoten 1948–1949 (ausgegeben bis 1962)
Deutsche Bundesbank:	Banknoten seit 1961

Im Gebiet der Deutschen Demokratischen Republik:

Deutsche Notenbank:	Banknoten 1948–1964 (seit 1964 unter dem Namen Deutsche Notenbank DDR)
Staatsbank der DDR:	Banknoten seit 1971

Hinzu kommen die von der Alliierten Militär-Regierung Deutschland ausgegebenen Geldscheine sowie von einzelnen Länderregierungen und Reichsbankstellen 1945 und 1947 emittierte Papiergeldausgaben.

DIE ARTEN DES PAPIERGELDES

Staatspapiergeld ist von staatlicher Seite zu einem Zwangskurs ausgegebenes Papiergeld, für das keine Deckung vorgeschrieben sein muß, das also eine zinslose Anleihe darstellt. Der Staat, der für die Einlösung der Scheine mit seinem Vermögen haftet, finanzierte in der Frühzeit des Papiergeldes damit besondere Vorhaben, die aus dem ordentlichen Haushalt nicht realisiert werden konnten, im 19. Jahrhundert besonders den Eisenbahnbau, die Landesvermessung oder militärische Vorhaben, vornehmlich in den Revolutionsjahren 1848/49. Daneben wurden staatlicherseits auch Gesellschaften (Eisenbahngesellschaften) oder gar Private (Dr. Lutze, Köthen) autorisiert, zur Kreditschöpfung Papiergeld mit beschränkter Laufzeit auszugeben. Ein Gesetz des Norddeutschen Bundes vom 16. Juni 1870 verbot die Neuausgabe von Papiergeld durch die Bundesstaaten. Das Staatspapiergeld, von dem 1871 Ausgaben 21 deutscher Bundesstaaten umliefen, konnte nach der mit der Reichsgründung verbundenen Neuordnung des deutschen Geldwesens nicht ersatzlos eingezogen werden. So gab die Reichsschuldenverwaltung nach dem Gesetz vom 30. April 1874 *Reichskassenscheine* aus, die das bis zum 31. Dezember 1875 einzulösende Papiergeld der Einzelstaaten zu ersetzen hatten. Diejenigen Staaten, die Papiergeld in ihr nunmehriges Kontingent überschreitenden Beträgen ausgegeben hatten, erhielten zu ihrer Ablösung einen Vorschuß in Reichkassenscheinen, der innerhalb von 15 Jahren zu tilgen war. Zuerst wurden nur Reichskassenscheine in Stücken zu 5, 20 und 50 Mark ausgegeben, nach dem Gesetz vom 5. Juni 1906 kam ein 10 Mark-Wert hinzu, der an Stelle der durch Ausgabe von Banknoten in diesen Wertstufen entbehrlichen Reichskassenscheine zu 20 und 50 Mark trat. Nachdem die 20- und 50-Markscheine Ende 1910 außer Kurs gesetzt waren, gab es also nur noch Reichskassenscheine zu 5 und 10 Mark. Diese wurden im Verlaufe der Inflation 1922/23 völlig entwertet. Sie stellen das letzte vom Reich emittierte Staatspapiergeld dar.
Die ursprünglich auf 120 Millionen Mark begrenzte Ausgabesumme wurde 1913 verdoppelt und kriegsbedingt 1915 auf 360 Millionen Mark erhöht.
Die erste Ausgabe der Reichskassenscheine von 1874 trug noch, wie vom klassischen Papiergeld bekannt ist, die handschriftliche Unterschrift eines Kassenbeamten und weitere Kontrollvermerke (Serienbezeichnung, Ausgabenummer = Litera und Blattnummer des Kassenbuches = Folio). Seit 1882 sind die Reichskassenscheine vollständig gedruckt.
Zum staatlichen Papiergeld müssen auch die staatlichen Notausgaben von 1945 und 1947 gezählt werden, obwohl der Ausgabebetrag der Länderscheine der französischen Besatzungszone von 1947 durch ein gesperrtes Bankguthaben gedeckt war.

Weiter muß das *Geld der Alliierten Militär-Regierung* als staatliches Papiergeld angesehen werden, allerdings mit dem Unterschied zu den bisher betrachteten Gruppen, daß es von fremden Besatzungsmächten in Umlauf gesetzt wurde.
Auch die von der Reichsschuldenverwaltung in Umlauf gesetzten *Darlehnskassenscheine* sind Staatspapiergeldausgaben. Auf Grund des Gesetzes vom 4. August 1914 wurden nach dem Vorbild der bereits 1848 und 1870 von Baden, Braunschweig und Preußen eingerichteten Kassen Darlehnskassen eingerichtet, die gegen Sicherheit Darlehnskassenscheine in Stükken zu 5, 20 und 50 Mark im Gesamtwert von 1,5 Milliarden Mark ausgeben durften. Am 31. August 1914 wurde die Ausgabeermächtigung auf die Wertstufen 1 und 2 Mark ausgedehnt. Die Ausgabesumme stieg mit der Entwertung der Mark bis auf etwa 13,7 Milliarden Mark an. Nachdem die Kassenscheine im Laufe der Inflation restlos entwertet waren, wurden die Darlehnskassen durch Gesetz vom 17. März 1924 aufgelöst.

Banknoten sind Ausgaben oftmals privater Banken, die in Deutschland auf Grund einer staatlichen Konzession unter bestimmten Deckungsvorschriften (Währungsmetall, Devisen, gute Wechsel u. ä.) emittiert wurden. Da besonders die kleineren deutschen Bundesstaaten auf ihrem Gebiet recht großzügig mit der Zulassung von Notenbanken waren, sperrten sich die großen Staaten durch Gesetze gegen die Noten kleiner Staaten ab, und schließlich erging für die im Norddeutschen Bund vertretenen mittel- und norddeutschen Bundesländer am 27. März 1870 ein Banknoten-Sperrgesetz. Dieses wurde mit der Reichsgründung auf ganz Deutschland ausgedehnt, allerdings erst mit Wirkung vom 1. Januar 1872, um die in Württemberg betriebene Gründung einer Landes-Notenbank noch zu ermöglichen. Noch später erfolgte die Gründung der Bayerischen Notenbank, die unter Übernahme des der Bayerischen Hypotheken- und Wechselbank gehörenden Notenrechts ihre ersten Noten unter dem Datum 3. November 1875 ausgab.
Mit dem Bankgesetz vom 14. März 1875 wurde die bisherige Preußische Haupt-Bank zur *Deutschen Reichsbank*. Am 1. Januar 1876 nahm die neue Reichsbank ihren Geschäftsbetrieb auf. Die bisherigen Noten der Preußischen Haupt-Bank über 100, 500 und 1000 Mark wurden laut Bekanntmachung vom 16. Dezember 1875 von der Reichsbank übernommen, bis sie von den unter dem Datum 1. Januar 1876 ausgegebenen ersten definitiven Reichsbanknoten zu 100 und 1000 Mark ersetzt werden konnten. Alle nicht auf Mark lautenden Banknoten mußten auf Grund des Münzgesetzes vom 9. Juli 1873 bis zum 1. Januar 1876 eingezogen werden.
Neben der Preußischen Haupt-Bank bzw. Reichsbank behielten die bestehenden Privat-Notenbanken ihr Notenrecht unter der Bedingung, daß ihre Metallreserven nicht unter ein Drittel der Summe der umlaufenden Noten gesenkt wurden. Weitere recht scharfe Bedingungen, wie die Besteuerung der das Kontingent übersteigenden Notensumme, schwächten die Konkurrenzfähigkeit der Privat-Notenbanken gegenüber der Reichsbank, so daß eine Anzahl bereits Ende 1875 auf ihr Notenrecht verzichtete. Die anderen unterwarfen sich, mit Ausnahme der Braunschweigischen Bank und der Rostocker Bank, den Bestimmungen des Gesetzes. Bis um die Jahrhundertwende gaben dann die meisten verbliebenen Privatbanken ihr Notenrecht auf, darunter die Frankfurter Bank und die Bank für Süddeutschland in Darmstadt, die auf Grund der Gesetzesnovelle über die Wechseldiskontierung vom 7. Juni 1899 ihre Konkurrenzfähigkeit im Notengeschäft eingebüßt hatten. Schließlich gab Ende 1905 die Braunschweigische Bank ihr Notenrecht auf, so daß neben der Reichsbank nur die vier *»Ländernotenbanken«*, die Badische und Sächsische Bank sowie die Bayerische und Württembergische Notenbank als Emissionsbanken verblieben. Das Recht dieser Banken, Noten über 50 oder 100 Reichsmark oder ein Vielfaches davon auszugeben, wurde durch das Privatnotenbankgesetz vom 30. August 1924 erneuert, dann aber durch Gesetz vom 18. Dezember 1933 mit Wirkung vom 31. Dezember 1935 annulliert. Nach dem Bankgesetz vom 14. März 1875 durften nur Noten in Stükken zu 100, 200, 500, 1000 Mark oder Vielfachen davon ausgegeben werden. Bereits vor Inkrafttreten dieses Gesetzes hatte die Bremer Bank unter dem 1. Juli 1872 neben 100 Mark-Noten auch solche zu 20 Mark ausgegeben. Diese mußten als mit dem Bankgesetz unvereinbar bis zum 31. Dezember 1875 wieder eingezogen werden.
Auf die Dauer ließ sich infolge der zunehmenden Verlagerung des Zahlungsverkehrs vom Gold zum Papier der Bedarf an Stücken zu 20 und 50 Mark durch die gesetzlich beschränkte Menge der entsprechenden Reichskassenscheine nicht dekken. Nach einem Gesetzentwurf vom 1. April 1893 sollten unter dem Datum 1. Juli 1893 Reichsbanknoten zu 20 Mark in Verkehr gesetzt werden. Diese Notenausgabe unterblieb aber vorerst, die Scheine sind nur als Proben bekannt geworden. Endgültig wurden durch Gesetz vom 20. Februar 1906 20 und 50 Mark-Banknoten zugelassen, die dann auch bald eine große Rolle im Zahlungsverkehr spielten. Seit 1920 gab es nach Gesetz vom 22. März 1915 zusätzlich noch Reichsbanknoten zu 10 Mark.
In den Jahren 1919–1923 verfiel der Wert der deutschen Währung. Während der Dollarkurs am 1.1.1919 noch auf 8,02 Mark stand, erreichte er im November 1923 seinen Höchststand mit 4,2 Billionen (10^{12}) Mark. Die Ursachen dieses gigantischen Währungsverfalls sind vielfältig und im Letzten wohl noch nicht aufgeklärt. Eine Reihe von Faktoren, die zu dieser Entwicklung geführt haben, mögen stichworthaft aufgezählt werden: Revolution 1918, Kriegsanleihen, negative Handelsbilanz, Reparationen, Besatzungskosten, Ruhrbesetzung und passiver Widerstand und schließlich die Ausgabe von Unsummen in ungedecktem Notgeld.
Seite 408 stellt die Entwicklung des Dollarkurses als Indiz für den fortschreitenden Währungsverfall dar.
Gegen Ende der Inflation wurde am 15. Oktober 1923 die *Deutsche Rentenbank* gegründet. Diese Ideen von Karl Helfferich folgende Bank gab seit dem 15. November 1923 Rentenbanknoten von 1 bis 1000 Rentenmark aus. Als Deckung dienten Rentenbriefe, die auf Grund für die Rentenbank begründeter Grundschulden ausgestellt wurden. Das Gesamtkapital der Deutschen Rentenbank betrug 3,2 Milliarden Rentenmark, bis zu welchem Betrage auch Rentenbanknoten ausgegeben werden konnten. Mit Hilfe der Rentenmark gelang es, die Stabilisierung der Mark auf der Basis 1 Billion (Papier-)-Mark gleich 1 Rentenmark zu erreichen. Zusammen mit dem Bankgesetz vom 30. August 1924, das die Reichsmark als neue Währungseinheit im Deutschen Reich begründete, wurde bestimmt, daß der Betrag der Rentenbankscheine bis 1934 liquidiert werden sollte. Eine erneute Verordnung vom 1. Dezember 1930 forderte ihren Einzug bis zum 31. Dezember 1942. Schließlich wurden ab 5. September 1939 vom Ministerrat für die Landesverteidigung mit dem Datum 30. Januar 1937 vor

bereitete Rentenbankscheine über 1 und 2 Rentenmark gegen aus dem Verkehr gezogenen höhere Werte der Rentenmarkscheine in Umlauf gesetzt. Nachdem am 30. September 1942 alle Rentenmarkscheine ab 10 Rentenmark außer Kurs gesetzt waren, liefen noch solche zu 1, 2 und 5 Rentenmark um. Sie wurden mit der Währungsreform am 20. Juni 1948 ungültig, mit Ausnahme des 1 Rentenmarkscheines, der bis zum 31. August 1948 zu einem Zehntel seines Wertes in Deutscher Mark galt.
Auch die frühen Privatbanknoten zeigen noch, wie bereits bei den Reichskassenscheinen erwähnt, handschriftliche Ausfertigungsunterschriften sowie eine Vielzahl von Ausgabevermerken. Diese blieben bei den Noten der Sächsischen Bank und der Württembergischen Notenbank sogar bis 1922 erhalten, ja, die Württembergische Notenbank ließ sogar ihre Noten von 1924 noch handschriftlich ausfertigen.
Als Notmaßnahme infolge plötzlich gewaltig ansteigenden Zahlungsbedarfs, der Ende 1918 nach Kriegsende entstand, erließ der Bundesrat am 22. Oktober 1918 eine Verordnung, nach der die am 2. Januar 1919 fälligen *Zinsscheine* der 5-prozentigen Reichskriegsanleihen von 1915 bis 1918 für die Zeit vom 23. Oktober 1918 bis zum 2. Januar 1919 zu gesetzlichen Zahlungsmitteln erklärt wurden.
Als gegen Ende der Inflation das Bedürfnis nach wertbeständigen Zahlungsmitteln dringend wurde, besonders um die Versorgung der Bevölkerung mit Nahrungsmitteln zu gewährleisten, wurden seit September 1923 die *Stücke der Goldanleihe des Deutschen Reiches* vom 14. August 1923 über 4,20, 8,40 und 21 Goldmark in Verkehr gebracht. Da sich diese Wertstufen als zu groß erwiesen, stellte die Reichsbank *Zwischenscheine* zu diesen Schatzanweisungen unter dem Datum 23. Oktober 1923 aus, nahezu gleichzeitig gab die Reichsschuldenverwaltung *Teilstücke* dieser Goldanleihe aus (Datum 26. Oktober 1923). Beide Serien lauten über 0,42, 1,05, 2,10 Mark Gold. Diese Scheine waren bis zum 20. Mai 1924 vollgültige Zahlungsmittel, später wurden sie nur noch börsenmäßig gehandelt.
Als gegen Ende des 2. Weltkrieges die Versorgung mit Zahlungsmitteln gestört wurde, erfolgten besonders in den Randgebieten des Deutschen Reiches *Behelfsausgaben*, die zum Teil von örtlichen Reichsbankstellen, zum anderen Teil von staatlichen Stellen ausgegeben wurden. Die Sächsische Staatsbank in Dresden, die niemals das Recht, Banknoten auszugeben, besessen hatte, nannte seine vom Reichsstatthalter in Sachsen autorisierte Ausgabe sogar »Banknote«.

Die *Alliierten Besatzungsmächte* brachten Geldscheine mit, die bereits 1944 für den Umlauf in Deutschland vorbereitet worden waren. Sie wurden zum Teil in den Vereinigten Staaten von Amerika, zum Teil in der Sowjet-Union gedruckt. Diese Scheine, in Werten von ½ bis 1000 Mark ausgegeben, wurden bis Januar 1948 in Verkehr gebracht. Mit der Währungsreform am 20. Juni 1948 verloren die höheren Werte ihre Gültigkeit, die ½ und 1 Mark-Scheine galten bis zum 31. August 1948 zu 1/10 ihres Nennwertes in Deutscher Mark.
Zwischen 1945 und 1948 herrschte in Deutschland großer Mangel an Münzgeld. Zum Teil war dieser durch die Zerstörung der Münzanstalten bedingt, zum anderen Teil auch, besonders in Süddeutschland, durch den ständigen Abfluß der vorhandenen Münzen nach Österreich. Dieser Notlage begegneten die Landesregierungen der drei Länder der französischen Besatzungszone durch Ausgabe von Behelfsgeld in Werten von 5, 10 und 50 (Reichs-) Pfennig. Die Scheine aller drei Länder über 5 Pfennig galten auch nach der Währungsreform bis zum 31. August 1948 als ½ Pfennig, die 10- und 50-Pfennig-Scheine als 1 und 5 Pfennig bis zum 31. Mai 1949.
Mit der Währungsreform am 20. Juni 1948 gelangten im amerikanischen, britischen und französischen Kontrollgebiet, sowie in Berlin-West Noten der am 1. März 1948 gegründeten *Bank deutscher Länder* in den Umlauf, die in den Vereinigten Staaten gedruckt worden waren. Bis genügend Münzgeld zur Verfügung stand, wurden Scheine über 5 und 10 Deutsche Pfennig ausgegeben. Die Bank deutscher Länder änderte durch Gesetz vom 26. Juli 1957 ihrer Namen in *Deutsche Bundesbank* und besitzt seitdem das ausschließliche Notenprivileg in der Bundesrepublik Deutschland, in Westberlin und seit der Währungsunion der beiden deutschen Staaten am 1. 7. 1990 auch in dem Gebiet der ehemaligen DDR mit Ostberlin.

Unabhängig von den drei Westzonen erfolgte am 24. Juni 1948 in der Sowjetischen Besatzungszone, der späteren Deutschen Demokratischen Republik, die Währungsreform. Vorerst wurden die im Umlauf befindlichen Reichs- und Rentenmarkscheine bis 100 RM., mit Kontrollmarken beklebt, erneut ausgegeben (sog. Kuponmark). Diese Scheine wurden am 28. Juli durch endgültige Noten der *Deutschen Notenbank* ersetzt. Von der ursprünglichen Wertreihe von 50 Pfennig bis 1000 Deutsche Mark fielen später die Noten zu 50 Pf., 1, 2 und 1000 Deutsche Mark fort. Auf der Ausgabe 1964 heißt die Ausgabestelle *Deutsche Notenbank DDR.* und die Währungseinheit Mark der Deutschen Notenbank, seit dem Gesetz vom 1. Dezember 1967 entsprechend *Staatsbank der DDR.* und Mark der DDR.

100-Mark-Note der Preussischen Haupt-Bank von 1874, die lt. Bekanntmachung v. 16.12.1875 von der Deutschen Reichsbank übernommen wurde und bis zur Ausgabe neuer Noten zirkulierte.

160 x 103 mm

In den während des I. und II. Weltkrieges von deutschen Truppen besetzten Gebieten, in den deutschen Schutzgebieten in Übersee und in den zeitweilig selbständigen Staatsgebilden Danzig und Saargebiet/Saarland wurden teils Banknoten, teils Staatsnoten (Staatspapiergeld) oder Darlehnskassenscheine ausgegeben. Die Scheine der Georgischen Legion, der Handelskammer des Memelgebiets und der Swakopmunder Buchhandlung in Deutsch-Südwestafrika sind dem Notgeld zuzurechnen.

BESTANDTEILE DES PAPIERGELDES

Zu den *Bestandteilen* eines Geldscheines zählt man das Material (meist Papier mit oder ohne Wasserzeichen), den Schmuck (Ornamente oder bildliche Darstellung) und die aufgedruckten Texte.
Geldscheine, die nicht aus dem Material *Papier* hergestellt wurden, bezeichnet der Sammler als Geldscheine besonderer Art. Man kann jedoch sagen, daß Geldscheine fast ausnahmslos aus dem Material Papier bestehen. Die Hauptrohstoffe für Papier sind Holzschliff, Zellstoff, Strohstoff und Hadern, die je nach ihrer Zusammenstellung die Qualität des Papiers ausmachen. Schon früh war man sich bei der Papierherstellung für Geldscheine bewußt, daß Spezialpapiere und Wasserzeichen wichtige Sicherheitsfaktoren im Kampf gegen die Fälscher sind. Die verwendeten Spezialpapiere mußten jedoch nicht nur schwer zu fälschen sein, sondern auch der verbesserten Drucktechnik angepaßt werden und der ständig anwachsenden Zirkulation der Geldscheine gewachsen sein.
Bei der Herstellung dieser Spezialpapiere waren Sicherheitsmaßnahmen unerläßlich, und so entstanden Spezialpapierfabriken. Eine der bekanntesten Firmen dieser Art in Deutschland war die Papierfabrik Ebart in Spechthausen, die beispielsweise das Papier für die preußischen Tresorscheine (1798 und 1806), viele preußische Banknoten, die Noten der Braunschweigischen Bank von 1870/71 und später die Reichsscheine herstellte.
Unter den in Deutschland verwendeten Spezialpapieren für Geldscheine befinden sich einige besonders interessante Erfindungen. Die preußischen Scheine von 1824 sind auf einem Papier gedruckt, das nach einer Methode des Engländers Sir William Congreve aus drei zusammengepreßten Papierlagen bestand, deren mittlere ein Wasserzeichen oder einen Farbdruck hatte.
Die Verwendung von Faserpapier für Geldscheine gab es bereits im 19. Jahrhundert. Ein Papier dieser Art war das Wilcox-Faserpapier, das mit dazu beigetragen hat, den deutschen Reichsscheinen ein charakteristisches Aussehen zu geben. Die preußische Staatsdruckerei (spätere Reichsdruckerei) erwarb von dem Erfinder James M. Wilcox aus Glen Mills, Pennsylvania, das Recht zur Verwendung dieses Papiers, auf das alle Reichskassenscheine ab 1882, die meisten Reichsbanknoten ab 1883, viele Darlehenskassenscheine und Scheine der Privatnotenbanken gedruckt wurden. Die charakteristischen Merkmale für das Wilcox-Faserpapier sind die farbigen Faserstreifen (je nach Notentyp und Wert variierend) mit in die Papiermasse eingebetteten Pflanzenfasern.
Ein anderes auch für deutsche Scheine verwendetes Spezialpapier wurde von der Firma Giesecke & Devrient entwickelt. Man streute in die Papiermasse dünne, schmale Papierstreifen, die mit einem nur unter der Lupe lesbaren Druck versehen waren (Beispiele: Bayerische Notenbank 100 RM 1924, 50 RM 1925; Sächsische Bank 50 und 100 RM 1924).
Ein von der Firma Security Banknote Company, U.S.A. hergestelltes Spezialpapier wurde für die ersten DM-Noten verwendet (ab 1948). Dieses Sicherheitspapier zeigt in die Papiermasse eingestreute kleine Farbplättchen.
Für viele moderne Geldscheine wurde ein Papier mit einem sogenannten Sicherheitsfaden (in der Papiermasse befindlicher Textil- oder Metallfaden) verwendet. Auf diesem nach seinem Erfinder, dem Papierfabrikbesitzer John Dickinson benannten Dickinson-Papier hatte man bereits im vorigen Jahrhundert Briefmarken gedruckt. Der erste deutsche Schein mit einem Sicherheitsfaden war die 5-DM-Note der Bank deutscher Länder mit dem Datum 9.12.1948. Alle Noten der Deutschen Bundesbank, also auch die kursierenden, haben einen solchen Sicherheitsfaden.
Die Herstellerfirmen von modernen Banknotenpapieren wollen aus verständlichen Gründen nicht viel über die Beschaffenheit ihrer Spezialpapiere sagen. Die kursierenden Noten der Deutschen Bundesbank sind auf ein Papier gedruckt, das von der Papierfabrik Louisenthal (Tochtergesellschaft von Giesecke & Devrient) hergestellt wird. In dieses Spezialpapier werden geheimgehaltene »Indikatoren« eingebaut, die nicht zu imitieren, unsichtbar und für jeden Notenwert in anderer Zusammenstellung beigegeben sind. Spezialautomaten können so die Echtheit und auch den Notenwert der Scheine erkennen.
Das ursprünglich nur als Markenzeichen für die Papiersorte gedachte *Wasserzeichen* wurde mit der Weiterentwicklung der Papierherstellung immer mehr zum Schmuck und für die Papiergeldhersteller zu einem wichtigen Fälschungsschutz. Mit dem mehrstufigen Wasserzeichen, das sowohl hellere als auch dunklere Stellen im Vergleich zur durchschnittlichen Papierdurchsichtigkeit zeigt, ließ sich jede Art von Bildern im Wasserzeichen darstellen.
Bereits für die frühesten Scheine der altdeutschen Staaten benutzte man ein Wasserzeichenpapier, so für die sächsischen Kassenbillets von 1772 das Schriftwasserzeichen »C.S.C. BILL.« (= Churfürstlich Sächsisches Cassen Billet). Andere altdeutsche Scheine zeigen nur Bruchstücke eines Schriftwasserzeichens, da das gesamte Wasserzeichen über den ungeteilten Bogen lief. Erst in der 2. Hälfte des 19. Jahrhunderts wurde auch das Schmuckwasserzeichen gebräuchlicher, das später in einer Koordination von Druck und Wasserzeichen gipfelte. Man ließ Papierstellen mit einem deutlichen Wasserzeichen unbedruckt, um das Erkennen zu erleichtern. (Beispiel: Bayerische Notenbank 100 Mk. 1900). Der für die späteren deutschen Reichsbanknoten so charakteristische »Schaurand«, d.i. der breite Rand neben dem Druck, verdeutlicht das Wasserzeichen, das meist mit dem gedruckten Bild identisch ist (Beispiele: Deutsche Reichsbanknoten ab 1929, kursierende belgische, italienische Noten und die der Deutschen Bundesbank). Bei den modernen Noten versuchte man auch den druckfreien Teil harmonischer in das Notenbild einzubeziehen.
Während in Friedenszeiten für die Herstellung von Geldscheinen meist genügend Zeit zur Verfügung stand, war man in Notzeiten oft gezwungen, zu improvisieren. In der Inflationszeit nach dem 1. Weltkrieg mußte die Reichsbank für die Noten, die in verschiedenen Druckereien hergestellt wurden, Papiersorten verwenden, die gerade in den Papierfabriken vorrätig waren. So haben eine Reihe von Geldscheinen aus dieser Zeit verschiedene Wasserzeichen, für die der Sammler spezielle Be-

zeichnungen kennt und die in der Tabelle S. 387 abgebildet werden.
Die zweckgebundene *Gestaltung* der alten Geldscheine beschränkte sich meist auf den Text. Als ersten Schmuck kann man die Rahmen und einige wenige Ornamente ansehen, die oft als Schmuckbuchstaben oder Wertvignetten in den Text eingebaut wurden. Die alten Reichsbanknoten bis 1922 haben im Unterdruck einen wechselnden Buchstaben. Im Zusammenhang mit den ebenfalls wechselnden Serienbuchstaben ergeben sich viele Varianten, die im Katalog in Tabellen zusammengefaßt wurden.
Erst später durchbrach man durch Hinzunahme eines Bildschmuckes, meist durch Wappen oder Schildhalter, den strengen Dokumentencharakter (Beispiele: Sächsische Kassenbillets von 1772 und preußische Tresorscheine von 1806). Im Gegensatz zu den Scheinen der U.S.A., die schon früh im 19. Jahrhundert eine Vielzahl von Motiven zeigen, blieben die europäischen Noten nüchtern und nur vorsichtig wurde weiterer Bildschmuck hinzugenommen. Putten und Engelsfiguren sollten den Schutz des Landes symbolisieren. Oft waren diese allegorischen Figuren nur mit viel Phantasie oder nur durch ihre Beigaben (Helm, Schild, Ballen, Fässer, Räder, Getreide, Früchte, Pflug usw.) zu deuten (Beispiel: Bayern 1866, 50 Gulden, links oben Musik und Malerei, rechts oben Architektur und Plastik). Abbildungen von Göttern des Altertums dienten ebenfalls der Versinnbildlichung, am häufigsten Merkur für den Handel (Beispiel: Commerzbank Lübeck 1865, 10, 20, 100 Taler), dann Ceres für die Landwirtschaft (Beispiel: Anhalt-Bernburg 1850, 1 und 5 Taler) oder Minerva für die Wissenschaft (Beispiel: Preußen 1835, 5 Taler). Die wilhelminische Zeit mit ihrer Vorliebe für Allegorien erfand als Sinnbild des Deutschen Reiches die Germania (z. B. Reichsbank 100 Mk 1908–1910; Noten der Deutsch-Asiatischen Bank).
Im Gegensatz zur Münze, die Porträtprägungen schon im Altertum kannte, finden sich Abbildungen der regierenden Herrscher und Staatsführer auf frühen Geldscheinen selten. Der deutsche Kaiser Wilhelm II. wurde nur auf den Scheinen der Deutsch-Ostafrikanischen Bank (1905: 50 und 100 Rupien in Kürassieruniform, 1912: 500 Rupien in Admiralsuniform) abgebildet. Außerdem finden wir das Portrait Kaiser Wilhelms I. als Wasserzeichen in den 100-Mark-Reichsbanknoten (langes Format) von 1908, 1909 und 1910.
Erst gegen Ende des 19. Jahrhunderts begann man sich in Deutschland intensiver mit der Gestaltung der Scheine zu beschäftigen. In der Presse wurden kritische Stimmen laut über die mangelhafte künstlerische Auffassung. Über das Aussehen der ersten Reichsscheine wurde sogar im Reichstag debattiert. So äußerte sich der Abgeordnete Dr. Reichensperger aus Krefeld über die 20- und 50-Markscheine von 1882: »Die mit Drapierung übermäßig bedachte Frauengestalt auf dem 50-Mark-Schein weiß nicht wohin mit den Kleidern, die ihr zugeteilt wurden, doch wäre es den Genien auf dem 20-Mark-Schein zu wünschen, daß sie etwas von der überflüssigen Garderobe der Dame auf dem 50-Mark-Schein mitbekommen hätten«. Schon 1874 hatte sich der gleiche Abgeordnete über die Reichsscheine kritisch geäußert: »Die Künstler mögen ihren guten Willen anderwärts exerzieren, wo wenigstens nicht jedermann genötigt ist, hernach in ihren Produktionen zu schwelgen«.
Mit zunehmender Bedeutung des Papiergeldes für den Zahlungsverkehr in unserem Jahrhundert legte man immer grösseren Wert auf das Aussehen der Geldscheine. Nicht immer wissen wir die Namen der Künstler, Graphiker und Graveure, die mit der Gestaltung der Scheine beauftragt waren, doch finden wir unter den bekannten und in einer Tabelle (s. S. 384.) aufgezeichneten Namen eine Reihe berühmter Künstler (Beispiel: Bayerische Hypotheken- und Wechsel-Bank 1836, 10 Taler: Leo von Klenze).
Immer mehr Banknoten-Spezialdruckereien entstanden, die mit ihren eigenen Künstlern einen für diese einzelnen Druckereien charakteristischen Notentyp entwickelten. So überwiegen auf den von der Reichsdruckerei nach dem 1. Weltkrieg hergestellten Reichsbanknoten Darstellungen von Kopfbildnissen nach berühmten Gemälden. Von der Deutschen Bundesbank wurde diese Tradition fortgesetzt.
Von den auf den Geldscheinen befindlichen *Texten* sind folgende als charakteristisch für Papiergeld anzusehen:

1. Geldscheinart,
2. Wertangabe und Währungsbezeichnung,
3. Ausgabe- und Einlösungsstelle,
4. Ortsangaben,
5. Daten,
6. Unterschriften,
7. Strafsatz,
8. Numerierung oder Serienbezeichnung.

Die verschiedenen Geldscheinarten wurden schon an anderer Stelle erläutert. Meist erkennt man an der Bezeichnung des Scheines auch die Geldscheinart.
Die auf den Geldscheinen aufgedruckte *Wertangabe* in Ziffern und (oder) Worten steht fast immer in Verbindung mit einer Währungsbezeichnung. Da das Papiergeld in früheren Zeiten weniger gebräuchlich war und meist genügend Zeit zur Wertfeststellung zur Verfügung stand, plazierte man diese Wertbezeichnung auf den alten Scheinen weniger deutlich, als es jetzt auf dem modernen Geld üblich ist. Nicht selten fehlen die Ziffern völlig (Beispiel: Preußen, Tresorscheine von 1806 und 1809), und man mußte oft den Text lesen, um den Wert der Scheine zu erkennen. Später machte man die Wertangaben zu einem Bestandteil des Schmucks oder auch des Unterdrucks (Beispiel. von Giesecke & Devrient gedruckte Noten, so Bayerische Notenbank 100 Mark 1875 und 1900, Sächsische Bank 100 und 500 Mark 1890 und 1911). Auch die Abbildung von Münzen auf Geldscheinen sollte bei alten Scheinen das Erkennen des Wertes erleichtern, später dienten sie jedoch hauptsächlich als Schmuck (Beispiel: Sachsen 1855, 1 und 5 Taler).
Auf den modernen Noten beherrscht oft der mehrfach in Ziffern und Noten aufgedruckte Wert das Notenbild. Nicht genug damit, sollten auch noch das unterschiedliche Format und die farblichen Unterschiede ein leichteres Erkennen der einzelnen Notenwerte ermöglichen. Den kleinen Werten gab man kleinere Formate als den größeren Nominalen. Bereits bei den frühen Reichsbanknoten versuchte man bestimmte Farben für bestimmte Werte einzuführen, was auch zum Teil bis in unsere Zeit hinein durchgeführt wurde. Die blaue Farbe für den Hunderter oder die braune für den Tausender (die Bezeichnung »Blauer Hunderter« und »Brauner Tausender« stammt aus der Zeit vor dem 1. Weltkrieg) wurde auch für unsere kursierenden Bundesbanknoten beibehalten.
Die hinter den Wertangaben stehende *Währungsbezeichnung* ist entweder voll oder in verkürzter Form angegeben. Vor der Einführung einer einheitlichen Markwährung für ganz Deutschland hatten die altdeutschen Staaten im Norden die Taler-, im Süden die Guldenwährung (der Main war die ungefähre Grenze), jedoch mit zeitlich und regional verschiedenen Münzfußangaben. Der sogenannte Münzfuß ist der gesetzlich

bestimmte Maßstab, nach dem der Staat seine Münzen ausprägte und nach dem sich der innere Wert der Münzen richtet. So bestimmte der preußische oder Graumannsche Münzfuß vom 29.3.1764 (auch 21-Gulden- oder 14-Talerfuß genannt), daß aus der Kölnischen Mark (233,8 g) 14 Taler bzw. 21 Gulden geprägt wurden. Eine Vereinbarung zwischen Österreich und Bayern von 1753 legte den »Konventionsfuß« fest, der jedoch von Bayern bereits 1754 gekündigt wurde. Besonders in Süddeutschland galt ab etwa 1760 der »rheinische Fuß« (24-Guldenfuß = 16-Talerfuß). Sachsen hielt bis 1838 am Konventionstaler fest, Sachsen-Coburg-Gotha bis 1836. Der 24-Guldenfuß wurde durch Überbewertung des Kronentalers, einer systemfremden Münze, zum 24½-Guldenfuß, der durch die Münzkonvention vom 25.8.1837 als süddeutsche Währung eingesetzt wurde. Durch die Wiener Münzkonvention vom 24.1.1857 wurde der 30-Taler- oder 52½-Guldenfuß (in Österreich 45 Gulden, auch als »österreichische Währung« bezeichnet) beschlossen. Nach der Einführung des Zollpfundes (500 g) bezogen sich die 30 Taler bzw. 52½ Gulden jetzt auf dieses.
Nach der Reichsgründung wurde in ganz Deutschland durch das Münzgesetz vom 4.12.1871 die Markwährung eingeführt (1 Mark = 100 Pfennig). Kriege und Inflationen verursachten einen zweimaligen Währungsverfall, so daß am 17.12.1923 vorübergehend die Rentenmark, dann mit Gesetz vom 30.8.1924 die Reichsmark und nach der Währungsreform vom 20.6.1948 die Deutsche Mark als neue Währungen folgten.

Die meisten Banknoten nennen als *Ausgabestelle* die Emissionsbank, so auch die kursierenden Noten der Deutschen Bundesbank. In anderen Ländern stellt man mehr den Ländernamen in den Vordergrund, vor allem beim Staatspapiergeld, das dann im Text oder bei den Unterschriften die Ausgabestelle nennt (beispielsweise: Finanz-, Wirtschaftsministerium, Schatzamt u. a.). Den Beweis dafür, daß es sogar Papiergeld ohne Landesbezeichnung und Nennung einer Ausgabestelle gegeben hat, bringen die preußischen Tresorscheine von 1806.
Wenn nicht anders auf den Geldscheinen vermerkt, ist die Ausgabestelle gleichzeitig auch die *Einlösungsstelle.* Meist waren es organisatorische Schwierigkeiten, die die Ausgabestellen veranlaßten, auf den Scheinen genannte Institute mit der Einlösung der Scheine zu beauftragen. Um eine Konzentration der Einlösung auf bestimmte Stellen zu vermeiden, variierte man bei den preußischen Scheinen von 1809 durch verschiedene Aufdrucke die zuständige Einlösungsstelle (»Realisations-Comptoir zu Berlin« bzw. »Breslau« oder »Königsberg«).
Vor dem Ausgabedatum steht meist eine *Ortsbezeichnung,* die sich bei Banknoten nach dem Sitz der Bankzentrale oder der ausgebenden Bankfiliale richtet, beim Staatspapiergeld fast immer die der Landeshauptstadt ist. Mit variierenden Ortsbezeichnungen wollte man das Erkennen der Ausgabe- bzw. Einlösungsstellen erleichtern (Beispiel: die oben erwähnten preußischen Scheine von 1809).

Die auf Geldscheinen zu findenden *Daten* sind nicht immer die Ausgabedaten, sondern können sich auch auf die Beschlußfassung, das Gesetz, den Drucktag und die Einlösung beziehen oder auch nur eine Jahreszahl oder sogar willkürlich festgelegte Tage sein (Beispiel: viele Geldscheine tragen das Datum »1. Januar«, in Österreich ab 1902 und bei zahlreichen deutschen Scheinen der »2. Januar«, weil der Neujahrstag ein Feiertag ist). Die meisten Reichsbanknoten haben das Datum der Beschlußfassung, spätere Noten zusätzlich das Gesetzesdatum. In Zeiten mit stabiler Währung ist die Diskrepanz zwischen gedrucktem Datum und tatsächlicher Ausgabezeit unerheblich. Für die Inflationsnoten jedoch ist das tatsächliche Ausgabedatum zur Berechnung des Wertes zur Zeit der Ausgabe wichtig. In Tabelle S. 383 werden deshalb die Daten der öffentlichen Bekanntmachung seitens des Reichsbankdirektoriums angegeben, die dem tatsächlichen Ausgabedatum ziemlich nahekommen dürften. Weiter wird in der Tabelle der Zeitpunkt der Außerkurssetzung angegeben.
Mit den *Unterschriften* auf den Geldscheinen wollte man deren Gültigkeit garantieren. Die meisten frühen Geldscheine haben handschriftlich ausgeführte Unterschriften. Als dann später höhere Auflagen notwendig wurden, führte man gedruckte Unterschriften ein, wobei oft ein Ausfertigungsbeamter weiterhin mit der Hand unterschrieb (Beispiele: Badische Bank 1870 bis 1907; Bayerische Notenbank 1875 bis 1900; Reichskassenscheine 1874).
Auch bei den gedruckten Unterschriften blieb man in einigen Ländern bei dem Unterschriftenwechsel, so auch in Sachsen, wo die Kassenbillets von 1772 noch handschriftliche, die von 1804 bis 1818 gedruckte wechselnde Unterschriften tragen.
Unter den meist bekannten Unterschriften auf deutschen Scheinen gibt es auch solche berühmter Männer aus der Politik und Wirtschaft. Einige Beispiele: Freiherr vom Stein: Preußen 1806; Dr. Hans Luther (späterer Reichskanzler und Reichsbankpräsident): Essener Notgeld von 1922; Dr. Konrad Adenauer: Kölner Notgeld von 1915 bis 1923; die bekannten Reichsbank- und Bundesbankpräsidenten auf den deutschen Banknoten von 1875 bis heute.
Auf den deutschen Scheinen gibt es relativ wenige Unterschriftenvarianten bei gleichen Notentypen. Um im Katalog eine ständige Wiederholung der Unterschriftenangaben zu vermeiden, wurden sie entweder im Einführungstext global erwähnt, oder aber in der Tabelle S. 385 als Unterschriftenblock registriert und durch einen Hinweis bei den Scheinen festgelegt.
Auf fast allen alten Geldscheinen befindet sich ein Strafandrohungstext gegen Fälscher, der sogenannte *Strafsatz,* der sich in Anlehnung an die verschiedenen Landesgesetze unterscheidet. In einigen Ländern wurde noch auf den Scheinen des 19. Jahrhunderts den Fälschern mit dem Tode gedroht. Unter den vielen verschiedenen Strafsätzen auf den Scheinen der altdeutschen Staaten sollen hier nur zwei Beispiele angeführt werden:

Preußen 1824: »Wer Cassen-Anweisungen nachmacht oder verfälscht, nachmachen oder verfälschen läßt, imgleichen wer nachgemachte oder verfälschte wissentlich ins Publikum bringt oder bringen hilft, hat eine dem zehnfachen Betrage des verursachten Schadens gleichkommende Geldstrafe und außerdem Züchtigung und Strafarbeit verwirkt, welche bis zu lebenswieriger Festungshaft und Staupenschlag geschärft werden kann«.

Sachsen 1840: »Wer dieses Papiergeld nachmacht, in der Absicht, es als Geld auszugeben, ist mit Zuchthausstrafe zweiten Grades bis zu acht Jahren zu belegen, hat er aber dasselbe wirklich ausgegeben, so ist auf Zuchthausstrafe desselben Grades bis zu zehn Jahren zu erkennen«.

Auf allen Reichsbanknoten wird im Strafsatz mit einer Strafe von »nicht unter zwei Jahren Zuchthaus« gedroht. Die gleiche Strafandrohung wurde auch von der Deutschen Bundesbank

für ihre ersten Noten übernommen. Als jedoch die Zuchthausstrafe in der Bundesrepublik abgeschafft wurde, änderte man auch den Strafsatz auf den Notenausgaben ab 1970: »Wer Banknoten nachmacht oder verfälscht oder nachgemachte oder verfälschte sich verschafft und in Verkehr bringt, wird mit Freiheitsstrafe nicht unter zwei Jahren bestraft«.
Der Strafsatz wurde von den Druckereien meist als Kleindruck (Perlschrift) gebracht, der schwer nachzumachen war und so als zusätzlicher Fälschungsschutz angesehen wurde. Oft wiederholte man diesen Strafsatz mehrfach in mehreren Zeilen (Beispiele: Braunschweig 1858; Bayerische Notenbank 1875 und 1900) oder druckte ihn in Spiegelschrift (Beispiel: Preußen 1867).
Zu den wesentlichen Kennzeichen einer Banknote gehört neben dem Text und der Unterschrift die *Numerierung.* Wir nennen die Nummer eines Geldscheines Kontrollnummer (KN) anstelle der früher gewählten Bezeichnung Kontrollziffer (KZ), die nicht logisch war und die überdies unnötigerweise unangenehme Assoziationen zu erwecken imstande ist. Auf früheren Noten wurde die KN von Hand eingetragen. Versuche, vor der Erfindung automatisch weiterzählender Numeratoren (Paginierstempel) die KN zu drucken, wurden wegen des großen Zeitaufwandes – es mußte jede KN einzeln gesetzt werden – bald wieder aufgegeben.
Heute erfolgt die Numerierung mit einer Numeriermaschine, bei der die Ziffern von 0 bis 9 jeweils auf drehbaren Ringen angebracht sind. Sobald eine Nummer gedruckt ist, springt der Zahlenring um eine Ziffer weiter, wenn er eine volle Umdrehung gemacht hat, wird der benachbarte Ring um eine Ziffer weitergedreht. Die Auslösung erfolgt entweder durch nicht druckende Platten, sie kann aber auch durch unveränderlich mitdruckende Buchstaben oder Symbole, etwa Nr. oder No vor der KN oder durch verschiedenartige Sterne, die hinter der KN stehen, bewirkt werden.
Die vorkommenden Kontrollnummertypen werden, soweit sie unterschiedlich und beschreibbar sind, einzeln aufgeführt. Sie weisen teilweise auf verschiedene Auflagen einer Note hin, oft sind sie ein (gewolltes oder ungewolltes) Kontrollmerkmal. Sie verteilen sich meistens in typischer Weise auf die Druckbogen. Mitunter ist eine während des Druckes erfolgte Auswechslung der Numeratoren zu beobachten. In einzelnen Fällen unterscheiden sich auch Drucke verschiedener Firmen allein in der KN (z. B. FZ. GB bei Nr. 90 B).
Die Reichsdruckerei (Rdr.) verwendete 1882 bis 1945 (letztmals beim Druck der 1000-Schilling-Note der Österreichischen Notenbank durch die Staatsdruckerei Wien) eine eigens für sie entworfene KN-Type. Sie wurde zusammen mit einem Nr-Zeichen und einem Serienbuchstaben (SerB.) in wechselnder Anordnung beim Druck fast aller Reichsdrucke eingesetzt. Sie kommt mit engem (1882–1908) oder weitem Ziffernabstand (1904–1945) vor, weiter mit unterschiedlicher Ziffernzahl (6- bis 8-stellig). Das Kontrollsystem der Rdr., das auf einer Kombination von SerB. und Udr.-B. beruht, konnte noch nicht entschlüsselt werden.
Im Jahre 1923 tauchen auch Privatdrucke mit FZ CD und T mit Rdr.-KN auf. Offenbar erhielt die Druckerei Crüwell, Dortmund, von der Rdr. eine Anzahl von Numeratoren zur Verfügung.
Die Privatdruckereien verwendeten zumeist genormte, von der Industrie gelieferte Numeratoren im Antiqua-Charakter. Die älteren Typen weisen bei den Ziffern 2, 5 und 7 geschwungene Kopf- oder Fußstriche auf, daneben eine offene »4« (Type I), die neueren Formen gerade Striche und eine geschlossene »4« (Type II). Zwischentypen (Type I/II) kommen vor.
Eine Anzahl von Druckereien verwendete ähnlich wie die Rdr. besonders geschnittene Ziffern. Diese können heute zur Erkennung der Druckereien dienen, die bestimmte Geldscheine gedruckt haben. Die auf deutschem Papiergeld vorkommenden derartigen Sondertypen sind in Tabelle S. 391 dargestellt.
Die Stellenzahl der Privat-KN, die von 4 bis 7 reichen kann, wird im Katalog jeweils erwähnt. In vielen Fällen ist sie unerheblich, wenn etwa auf die 5-stellige KN 99999 die 6-stellige 1000000 folgt. Sie kann aber von Bedeutung sein, wenn neben einer 5-stelligen gleichzeitig eine 6-stellige zur Verwendung kam, deren erste Stelle 0 lautet. In diesem Falle handelt es sich um unterschiedliche Numeratoren.
Wie oben ausgeführt, werden die KN oft von einem mitdruckenden No-Zeichen oder/und einem Stern begleitet. Diese Zeichen, die vielfach typisch für die Drucke bestimmter Firmen sind, sind in Tabelle S. 392 zusammengestellt.
Die unterschiedlichen Kontrollnummern werden in erster Linie durch die Höhe ihrer Ziffern unterschieden. Diese ist am besten an runden Ziffern (3, 6, 8, 9, 0) zu messen. Hierzu bedient man sich am besten einer Meßlupe. Im Druck können auch gleiche Ziffern etwas unterschiedlich ausfallen. so daß eine größere Meßgenauigkeit als 0,2 mm nicht mehr sinnvoll ist.
Die Unterschiede der KN können aber auch in ihrer Breite liegen. Als Maß hierfür wird, je nachdem, welche Ziffern in der zu messenden KN vorkommen, vom Anfang, der Mitte oder dem Ende einer Ziffer bis zur gleichen Stelle der viertnächsten Ziffer gemessen. Dieses über fünf Ziffern reichende Maß hat den Vorteil, daß 5- oder 6-stellige KN unmittelbar miteinander verglichen werden können, weiter reicht für dieses Maß in der Regel die bei Meßlupen übliche Skala von 20 mm Länge aus. Soweit die Höhe einer KN für ihre Charakterisierung ausreicht, wird nur diese angegeben. Bei unterschiedlich langen KN gleicher Höhe wird das Maß als Bruch angegeben, etwa 4,5/14,5–14,7 mm (4,5 mm hoch, Breite, in der oben genannten Art gemessen, 14,5 – 14,7 mm).
Weitere Kontrollmerkmale, die auf deutschen Banknoten vorkommen, sind Angabe der Seriennummer (Ser.), eines Serienbuchstabens (Lit.), der Ausgabereihe (Fol.) und eines Unterdruck-Buchstabens. Das sich dieser verschiedenen Merkmale bedienende Kontrollsystems der Notenbanken hat sich noch nicht in allen Fällen entschlüsseln lassen. In zwei Beispielen, für diese es geglückt ist, werden die sich ergebenden Kontrollmöglichkeiten erläutert.
Die Reichskassenscheine von 1874 tragen neben der Numerierung eine Seriennummer, einen Reihenbuchstaben (Lit.) und eine Folio-Nr. Jede Serie dieser Scheine umfaßte 100.000 Nummern, eingeteilt in 20 Reihen (Fol.). Jedes Folio hatte also 5000 Druckbogen (zu je 12 Scheinen, mit Lit. A – M). KN und Fol. stehen in folgendem Verhältnis, das zur Überprüfung der Echtheit eines Scheines dienen konnte: KN/5000 + 1 = Fol. Beispiel: KN 0040753, Fol. 9: 40753/5000 + 1 = 8 + 1 = 9.
Die Noten der Sächsischen Bank weisen bis 1922 Serien-Buchstaben in römischen Zahlen auf. Jede Serie umfaßt 50.000 Noten, Ser. I KN 1–50.000, Ser. II 50.000–100.000 usw. Die verschiedenen Ausgaben von 1866–1922 wurden mit Lit. A–M bezeichnet. Neben Numerierung und Lit. B tragen sie handschriftlich eingetragene Folio-Nummern. Diese stehen in folgendem Verhältnis zur KN: KN/200 + 1 = Fol. Beispiel: KN 298487, Fol. 1493: 298487/200 + 1 = 1492 + 1 = 1493.

DRUCKVERFAHREN UND DRUCKEREIEN

Der seit Beginn der Herstellung bestehende Kampf gegen die Fälscher zwang zur Ausnutzung aller zur Verfügung stehenden technischen Möglichkeiten. Beim ältesten *Druckverfahren,* dem Hochdruck (auch Buchdruck genannt), drucken nur die höher liegenden Teile der Druckform. Die frühen Scheine der altdeutschen Staaten sind zum Teil noch von Holzschnitten gedruckt (Beispiele: Wiener Banco-Zettel von 1762; Preußen 1806, 5 Taler). Der Hochdruck mußte zwar im Laufe des 19. Jahrhunderts immer mehr dem exakteren Tiefdruck Platz machen, doch behielt er als preisgünstigeres und schnelleres Verfahren stets eine Bedeutung für die Geldscheinherstellung. In jüngster Zeit gewinnt er als sogenannter indirekter Buchdruck, so auch für die Herstellung der kursierenden Noten der Deutschen Bundesbank, wieder an Boden.
Beim Tiefdruckverfahren, das vor allem als Kupfertiefdruck und später als Stahlstich große Bedeutung für die Papiergeldherstellung erlangte, drucken nur die vertieft in der Druckform liegenden Teile. Dieses Druckverfahren gilt als das exaktere und fälschungssicherere und wurde daher in immer stärkerem Maße für die Papiergeldherstellung angewandt, doch konnte es den Buchdruck nie ganz verdrängen. Lange Zeit, vor allem nach der Einführung der Guillochen (vielfach verschlungene symmetrische Figuren aus feinsten Linien), galt der Tiefdruck als der »Wertpapierdruck« schlechthin (Beispiele: Noten der Bayerischen Hypotheken- und Wechselbank ab 1836; Guillochen auf zahlreichen Reichsbanknoten und den kursierenden Noten der Deutschen Bundesbank).
Der Flachdruck war im Gegensatz zu den beiden bereits genannten Druckverfahren bei der Herstellung von Papiergeld wenig beliebt. Bei diesem Verfahren liegen alle druckenden und nicht druckenden Teile der Druckform auf einer Ebene. Nach einer chemischen Behandlung der Druckplatte nehmen nur die druckenden Teile Farbe an. Die bekanntesten Flachdruckarten sind Offsetdruck, Lichtdruck und Steindruck (Lithographie). Der weniger exakte Druck machte den Fälschern die Arbeit leichter, und so wurde der Flachdruck lange Zeit für den Wertpapierdruck in Deutschland ausgeschlossen. Viele technische Verbesserungen in den letzten Jahrzehnten geben dem Flachdruck jedoch heute die für die Geldscheinherstellung notwendige Exaktheit, und so werden viele kursierende Noten teilweise im Flachdruckverfahren hergestellt. Auch die ersten DM-Noten der Ausgabe 1948 (Druck Bureau of Engraving and Printing, 1/2,1,2,5,20, Frauenkopf links, und 50 DM, Frauenkopf Mitte) wurden in Offsetdruck hergestellt.

Um den Fälschern ihre Arbeit zu erschweren, mußten die Herstellerfirmen von Geldscheinen sich stets die Fortschritte in der Drucktechnik zunutze machen, um eventuell sogar durch den Einbau von Finessen und Schwierigkeiten den Entwicklungen der Drucktechnik ihrer Zeit immer einige Schritte voraus zu sein. So entstanden hochqualifizierte *Spezialdruckereien* für den Druck von Geldscheinen. In Deutschland war es vor allem die Reichsdruckerei, die den größten Teil aller Reichsscheine und darüber hinaus auch Scheine anderer Länder herstellte. Für den Druck der ersten preußischen Tresorscheine, Ausgabe 1806, hatte man Druckmaschinen der »Decker'schen Geheimen Oberhofbuchdruckerei« in dem Gebäude der Hauptbank und Seehandlung in Berlin aufstellen lassen. Auch spätere Scheine wie die von 1824 wurden von dieser Druckerei in Zusammenarbeit mit anderen Firmen hergestellt. Die später gegründete Königlich Preußische Staatsdruckerei stellte dann die meisten preußischen Scheine her. Nach der Reichsgründung übernahm der Staat 1877 die Deckersche und 1879 die Preußische Staatsdruckerei, die so vereinigt zur Reichsdruckerei wurden. Die Produkte dieser Druckerei sind sehr leicht an ihrem Notenstil und an dem besonderen Schnitt der Ziffern für die Numerierung zu erkennen (s. Tabelle). Außer den zahlreichen Reichsscheinen wurden von der Druckerei folgende Noten hergestellt: Danziger Privat-Actienbank 1882, 1887; Oldenburgische Landesbank 1875; Ritterschaftliche Privatbank in Pommern 1874; Ostbank für Handel und Gewerbe und Darlehnskasse Ost 1916, 1918; Bulgarien 1940, 1943; Polen 1916; Rumänien, Banca Generala 1916; Türkei 1916, 1918, 1942–45; Ukraine 1918, 1942.
Nachfolgerin der Reichsdruckerei, deren Gebäude in Berlin während des Krieges zu fast 60 % zerstört wurden, ist die Bundesdruckerei, die 1956 wieder mit dem Banknotendruck begann (Herstellung der 5-DM-Note »Entführung der Europa«, die bis dahin in England gedruckt wurde). Heute druckt die Bundesdruckerei die Werte 10, 50 und 500 DM der kursierenden Noten der Deutschen Bundesbank. Auch wurde der erste Auftrag zum Druck einer ausländischen Banknote durchgeführt: 100 Bolivares von Venezuela. Unter den vielen privaten Druckereien, die sich mit oft sehr zweifelhaftem Erfolg mit dem Druck von Scheinen der altdeutschen Staaten beschäftigten, erlangten zwei Firmen Weltruf: Dondorf und Naumann Frankfurt und Giesecke & Devrient Leipzig. Die beiden Druckereien Dondorf und Naumann vereingten sich von Fall zu Fall zur Durchführung von großen Druckaufträgen. so beispielsweise 1870, als sie den Auftrag zur Herstellung des ersten japanischen Staatspapiergeldes (Ausgabe 1872/73) erhielten. Weitere von dieser Firma hergestellte Banknoten sind: Baden, Generalstaatskasse 1849, 1854, Badische Bank 1870 bis 1907; Bayern, Staatsschuldentilgungskommission 1866; Frankfurter Bank 1855–1890; Hessen, Staatsschuldentilgungskasse 1848–1855, Landesbank 1855; Kurhessen, Hauptstaatskasse 1848/49; Mitteldeutsche Kreditbank 1856, 1875; Nassau, Landeskreditkasse 1840–1848, Landesbank 1856–1865; Waldeck 1854; Württemberg, Staatshauptkasse 1849–1871, Württembergische Notenbank 1871–1875; Luxemburg, National Bank 1873, 1876; Peru, Banco Anglo-Peruano; Schweiz, Bank in Basel 1873–1876, Bank in Glarus 1876, Appenzell-Außerrhodische Kantonalbank 1877 u. a.
Die bedeutendste private deutsche Banknoten- und Wertpapierdruckerei ist Giesecke & Devrient München (früher Leipzig). Dieses 1852 gegründete Unternehmen pflegte von Beginn an den Qualitätsdruck und konnte bereits 1857 eine eigene Fabrik errichten. Vor allem die Entwicklung im Kupfer- und Stahlstich wurde zur Grundlage ihres Wertpapierdruckes. Auch die Noten dieser Firma zeigen einen eigenen, von Zeit zu Zeit sich wandelnden Notenstil. Unter den zahlreichen von G + D hergestellten Noten sollen hier einige als Beispiele angeführt werden: Bayerische Hypotheken- und Wechsel-Bank 1865–1874, Bayerische Notenbank 1900, 1923, 1924/25; Hannoversche Bank 1857, 1871, 1874; Leipziger Bank 1855–1874; Lübecker Commerzbank 1865–1875; Sächsische Bank 1866–1924; Weimarische Bank 1854–1874; Württembergische Notenbank 1890–1911; Brasilien, versch. Banken 1890–1893; China, Sino-Belgian Bank 1912; Islands Banki 1904; Schweiz, versch. Kantonalbanken 1876–1882; Uruguay 1896 und später; Deutsch-Ostafrikanische Bank 1905–1912; Spanien 1936, 1938, 1940 und viele, viele andere Noten der

verschiedensten Länder. Auch am Druck verschiedener Reichsmark- und Rentenmarkscheine beteiligte sich G + D. Einige Noten erkennt man auch an den von der Firma entwickelten Spezialtechniken. So gab man in die Banknoten-Papiermasse kleine bedruckte Seidenpapierstreifen (Beispiel: Bayerische Notenbank 1924/25; Sächsische Bank 1924; Spanien 1936, 1938; Kroatien 1941). Der 1943 zerstörte Betrieb entstand 1948 wieder neu in München. Heute druckt die Firma die Werte 5, 20, 100 und 1000 DM der kursierenden Noten der Deutschen Bundesbank. Für folgende andere Länder wurden nach 1948 Notenaufträge durchgeführt: Bangladesh, Kambodga, Peru, Philippinen, Mauretanien, Zaire. In der Tochtergesellschaft, Papierfabrik Louisenthal, werden neben dem Papier für die Deutschen Bundesbanknoten für weitere 20 Länder Banknotenpapiere hergestellt.
Erstmals 1918/19, dann in verstärktem Umfang 1922/23 (ab Nr. 83) mußte die Reichsbank, um dem Zahlungsmittelmangel zu begegnen, Druckaufträge auch an Privatdruckereien vergeben. Die Druckplatten wurden zentral hergestellt und den Druckereien geliefert, so daß Abweichungen der Firmendrucke untereinander nur in der Farbmischung auftreten können (Ausnahme: verkehrt zusammengesetzte Druckplatten bei Nr. 114 B k F. und 120 F). Die Vergabe der Druckaufträge erfolgte einmal über ein von der Reichsbank geschaffenes, der Berliner Druckerei W. Büxenstein unterstelltes »Sekretariat für Banknotendruck«. Das Sekretariat verteilte Firmen-Kennzeichen (FZ), die aus zwei Buchstaben (nach Möglichkeit die Anfangsbuchstaben des Namens und des Ortes) bestanden. Diese Buchstaben wurden auch in umgekehrter Reihenfolge verwendet, es kommen aber auch willkürlich gewählte Doppelbuchstaben vor. Einige FZ wurden nacheinander auch verschiedenen Druckereien zugeteilt.
Ein anderer Teil der Druckaufträge wurde durch die Reichsdruckerei direkt oder durch die Reichsbank, Abteilung für Hilfsnotendruck, erteilt. Die von diesen Firmen gedruckten Noten erhielten einen vom Namen der Druckerei unabhängigen Kennbuchstaben (Firmenzeichen, FZ) zugeteilt, der die Buchstabenfolge A - Z umfaßt und mit Doppelbuchstaben AB - AZ sowie BA - BK fortgesetzt wurde.
Nach Angabe der Rdr. sollen bis zu 135 Druckereien am Notendruck beteiligt gewesen sein. Leider liegen uns lückenlose Unterlagen über die Zuordnung der FZ zu bestimmten Drukkereien nicht vor. Dr. Keller hat sich etwa fünf Jahre nach der Inflationszeit um entsprechende Angaben bemüht, es war ihm unter größten Mühen jedoch nur noch möglich, einen Teil der Zuordnungen zu ermitteln. Die Tabelle S. 389 gibt die Ergebnisse dieser Forschungen wieder.
Ausnahmsweise gelangten auch privat gedruckte Banknoten ohne FZ zur Ausgabe (z. B. Nr. 115, 121 u. a.).
Die Druckbögen enthielten in Abhängigkeit vom Notenformat eine unterschiedliche Zahl von Scheinen. Soweit diese bekannt ist, wird sie angegeben.
Die Anordnung der Noten im Bogen war sehr unterschiedlich. Scheine mit einem Faserstreifen-Rand mußten so angeordnet werden, daß der Faserstreifen, der in die Papierbahn doppelt breit eingearbeitet war, je zur Hälfte auf zwei Noten aufgeteilt werden konnte. Die zweite senkrechte Reihe mußte zur ersten kopfstehend gedruckt werden (Bogenschema I).
Bei den Noten ohne Faserstreifen konnte eine normale Anordnung der Einzelklischees, die also alle in eine Richtung wiesen, gewählt werden (Bogenschema II).
Die Verteilung der Serienbuchstaben (SerB.) auf die Druckbögen erfolgte bei Reichsdrucken unterschiedlich. Alle Scheine können einer einzigen Serie angehören, daneben gab es auch die Möglichkeit, daß mehrere Serien zugleich gedruckt wurden (Bogenschema I und II).
Die Bögen der Firmendrucke werden in aller Regel eine des höchsten vorkommenden Bogenbuchstaben oder der höchsten Bogennummer entsprechenden Größe gehabt haben. Ein Bogen zu 28 Nutzen hat also 4 senkrechte Reihen zu je 7 Noten mit den Bogennummern 1 – 28 umfaßt. Wo höhere Bogennummern auftreten (z.B. Nr. 115k mit 1 – 96), ist anzunehmen, daß diese auf zwei Drucke verteilt waren, daß also in unserem Beispiel ein Bogen mit BN. 1 – 48, der nächste mit BN. 49 – 96 gedruckt worden sind.
Vollständige Druckbogen von Reichsbanknoten kommen ausserordentlich selten vor. Den Bearbeitern haben lediglich zwei Stücke vorgelegen, deren Anordnung sowie Verteilung der BN und KN in folgenden Schemata dargestellt werden:

Bogenschema I (50.000 M. v. 19. November 1922, Nr. 87)

B·28841147	B·29141147	B·29441147	B·29741147
B·28891147	B·29191147	B·29491147	B·29791147
B·28941147	B·29241147	B·29541147	B·29841147
B·28991147	B·29291147	B·29591147	B·29891147
B·29041147	B·29341147	B·29641147	B·29941147
B·29091147	B·29391147	B·29691147	B·29991147

Bogenschema II (5.000 M. v. 15. März 1923, Nr. VII)

A·00136480	C·00136480	E·00136480
A·01136480	C·01136480	E·01136480
A·02136480	C·02136480	E·02136480
A·03136480	C·03136480	E·03136480
A·04136480	C·04136480	E·04136480
A·05136480	C·05136480	E·05136480
A·06136480	C·06136480	E·06136480
B·00136480	D·00136480	F·00136480
B·01136480	D·01136480	F·01136480
B·02136480	D·02136480	F·02136480
B·03136480	D·03136480	F·03136480
B·04136480	D·04136480	F·04136480
B·05136480	D·05136480	F·05136480
B·06136480	D·06136480	F·06136480

FEHLDRUCKE, DRUCKFEHLER UND DRUCKZUFÄLLIGKEITEN

Obwohl die meisten Geldscheine heute von qualifizierten Druckereien hergestellt werden und vor ihrer Ausgabe die schlecht gedruckten Scheine oder gar Makulaturen aussortiert werden, kommen doch vereinzelt Scheine in den Umlauf, die von den Sammlern als »*Fehldrucke*« bezeichnet und oft viel zu hoch bewertet werden. Viel häufiger kommen derartige Stücke bei den in der Inflationszeit weniger sorgfältig gedruckten Noten und den oft primitiv gedruckten Notgeldscheinen vor. Unter Fehldrucken (auch als Abarten bezeichnet) versteht man alle beim Druckvorgang entstandenen Fehler, also fehlende Druckgänge, kopfstehende oder fehlende Aufdrucke, falsche oder stark abweichende Farbgebung usw. Unbedeutende Fehldrucke wie Abklatsch, Druckverschiebungen, umgeknickte Bogenecken, die zu Papierdeformationen führen können, undeutliche oder fehlende Druckstellen (meist durch Fremdkörper auf der Druckform entstanden) usw. nennt man auch

Druckzufälligkeiten. Druckfehler sind dagegen Fehler in der Druckform, im Satz oder im Klischee, die bereits bei Druckbeginn vorhanden waren, also nicht während des Druckvorganges entstanden sind. Oft werden sie beim Druck bemerkt und dann geändert oder aber später bemerkt und für die nächste Auflage korrigiert.

MUSTERSCHEINE, SPEZIMEN, ESSAYS

Eine Besonderheit für die Papiergeldsammler sind die *Spezimen oder Musterscheine.* Das sind von den Emisssionsinstituten ausgegebene und besonders gekennzeichnete Scheine, die ursprünglich nur an andere Notenbanken oder für die Ausgabe von Noten zuständigen staatlichen Stellen abgegeben wurden, um diese über das Aussehen der gültigen Scheine zu informieren und ihnen für den Fall eines Zweifels an der Echtheit vorkommender Scheine eine Vergleichsmöglichkeit zu geben. Man kann diese Scheine an den entsprechenden Aufdrucken oder Lochungen erkennen. Vereinzelt wurden solche Scheine auch an andere Interessenten unentgeltlich abgegeben und in den letzten Jahren auch an Sammler verkauft. Bei der Bewertung dieser Spezimen ergeben sich Schwierigkeiten. Im allgemeinen bevorzugen die Sammler Originale, doch gibt es auch Sammler, die solchen Musterscheinen den Vorzug geben. Bei den seltenen Scheinen sind die Spezimen meist zu günstigeren Preisen zu bekommen, dagegen sind sie wesentlich teurer als die Originale bei den billigen Scheinen, so bei den Inflationsnoten der Reichsbank.
Man sollte diese Musterscheine nicht mit *Probedrucken* oder Druckproben verwechseln (leider tragen einige Spezimen eine solche irreführende Lochung). Unter Probedrucken versteht man die zur letzten Kontrolle (richtiger Stand, richtige Farbgebung usw.) der bereits fertigen Druckform durchgeführten Drucke, die normalerweise vernichtet werden. *Druckproben* dagegen sollen die ordnungsgemäße Funktion der Druckmaschinen anzeigen oder eine Auswahl der richtigen Farbtöne ermöglichen. Sie können also von den späteren Originalen abweichen. Wurden jedoch Drucke von Entwürfen für Geldscheine angefertigt, die später so nicht ausgegeben wurden, so spricht man von *Essays.*

FÄLSCHUNGEN

Das Nachmachen echten Geldes, ganz gleich, ob es sich um Münzen oder Geldscheine handelt, nennt man Falschmünzerei. Während die *Fälschungen* fast aller Kunstwerke und Sammelobjekte zum Schaden der Sammler gemacht werden, handelt es sich bei den Fälschungen von Papiergeld um Münzverbrechen oder Münzvergehen, die früher oft mit dem Tode bestraft wurden und auch heute noch hohe Freiheitsstrafen zur Folge haben (s. Strafsatz).
Der Kampf gegen die Fälscher von Papiergeld existiert so lange wie es Papiergeld gibt. Oft kann der Sammler bei alten Scheinen überhaupt nicht oder erst nach vielen Jahren, wenn Vergleichsstücke vorliegen, Fälschungen erkennen, oder auch umgekehrt wird er Noten in primitiver Ausführung für Fälschungen halten, bis er feststellt, daß es doch Originale sind. Hinzu kommt noch, daß in früheren Jahren außer Kurs gesetzte Scheine nicht selten in Ermangelung eines anderen Stempels mit »Falsch« abgestempelt wurden. Fälschungen von seltenen Scheinen, die als Originale nur schwer oder überhaupt nicht zu bekommen sind, wird jeder Sammler als »Ersatz« in die Sammlung nehmen. Darüber hinaus suchen Spezialsammler neben den Originalen auch Fälschungen, die bei häufigen Scheinen oft recht selten zu finden sind. Einen direkten Handel mit gefälschten Scheinen sollte es nicht geben, und in einigen Ländern ist der Besitz von gefälschtem Papiergeld, auch wenn diese Scheine bereits außer Kurs sind, genehmigungspflichtig oder auch verboten.

Von den meisten altdeutschen Scheinen hat es auch Fälschungen gegeben, die zum Teil sehr gut ausgeführt waren und nicht selten einiges Aufsehen erregten. So die Fälschung der preußischen Tresorscheine von 1809 durch englische Fälscher. In einem Prozeß gegen diese Fälscher konnte wegen der primitiven Ausführung der Originalscheine (ohne Nennung des Ausgabelandes und einer Ausgabestelle) nicht der Beweis des Verbrechens erbracht werden. Auf späteren Ausgaben des preußischen Staatspapiergeldes finden wir daher das Ausgabeland nicht nur in deutscher Sprache, sondern auch zusätzlich »Prussian Treasury Bill« und »Billet du Trésor Prussien«. In dem in der zweiten Hälfte des 19. Jahrhunderts herausgegebenen »Hentze's Illustrirter Anzeiger über gefälschtes Papiergeld und unächte Münzen« finden wir neben vielen Hinweisen auf die Neuausgaben der Scheine altdeutscher Staaten manche interessante Fälschungsgeschichte. Von anderer Art waren die in der Inflationszeit hergestellten Phantasiefälschungen. Da wegen der schnellen Entwicklung der Hochinflation von 1923 ständig und kurzfristig immer neue Scheine in höheren Wertstufen herausgegeben werden mußten, versuchten Fälscher, mit Phantasieprodukten Arglose zu täuschen.
Auch in unserer Zeit geht der Kampf gegen die Fälscher weiter. Vor allem die nach der Währungsreform von 1948 ausgegebenen ersten DM-Scheine wurden wegen ihres zum Teil wenig exakten Offsetdruckes in großen Mengen gefälscht. Auch von einigen Werten unserer kursierenden Noten kamen und kommen Fälschungen vor, doch konnten bisher die Produkte schnell erkannt und die Fälscher gefaßt werden.
Geldscheinfälschungen zum Schaden der Sammler sind relativ selten. Der Sammler mit seinem geschulten Auge läßt sich weniger leicht täuschen als der normale Benutzer des Kursgeldes, und so kommen solche Fälschungen oder Verfälschungen auch nur von primitiv gedruckten Scheinen oder von leicht nachzumachenden Aufdrucken oder Stempeln vor. Man sollte sich daher vor zu hohen Preisen für primitiv gedruckte Scheine und für Aufdrucke oder gestempelte Scheine hüten.

Wenn eine echte Note verändert wird, um einen höheren Wert oder ihre Kursfähigkeit vorzutäuschen, spricht man von *Verfälschung* (Beispiele: Deutschland, alliierte Militärbehörde 1944/45, 20 Mark in 100 Mark; DDR 1948, Fälschung der Marken (Kuponmark), die auf außer Kurs gesetzte, jedoch echte Scheine geklebt wurden).

BEWERTUNG

Die *Bewertung* der Scheine gilt für zwei verschiedene Erhaltungsgrade, die entweder als III und I oder IV und II bezeichnet sind. Eine genaue Festlegung der Erhaltungsgrade ist beim Papiergeld oft sehr schwer. Für I bis IV trifft folgende ungefähre Beschreibung zu:

I. kassenfrisch, d.h. ohne jede Gebrauchsspuren,
II. außergewöhnlich gut, d.h. nur geringfügige Gebrauchsspuren, wie leichte Knicke, winzige Schmutzflecke oder Stockflecken,
III. sehr fein, d.i. unbeschädigt, doch mit Knicken und (oder) Schmutzflecken ohne wesentliche Beeinträchtigung des Aussehens,
IV. fein, d.i. unbeschädigt, doch mit stärkeren Gebrauchsspuren, also mit mehreren oder (und) stärkeren Knickstellen und gut feststellbaren Schmutzflekken.

Soweit es möglich war, wurden auch die Varianten bewertet, doch auf die Preisfestlegung für Musterscheine wurde verzichtet.

ABKÜRZUNGEN

a.	= auf
Aufdr.	= Aufdruck
B.	= Buchstabe(n)
bds.	= beiderseits
Bill.	= Billion(en) = 10^{12}
BZ.	= Bogenzeichen
DM	= Deutsche Mark
Drfa.	= Druckfirma
eins.	= einseitig(er)
F.	= Fehldruck
faks.	= faksimilierte(r)
Fol.	= Folio
FZ.	= Firmenzeichen
gedr.	= gedruckt
hschr.	= handschriftlich(er)
kfr.	= kassen- (bank-) frisch
KN	= Kontrollnummer (bisher oft als KZ = Kontrollziffer bezeichnet)
l.	= links
M.	= Mark (1875–1923)
MDN.	= Mark der Deutschen Notenbank
Md.	= Milliarde(n) = 10^9
Mio.	= Million(en) = 10^6
Nr.	= Nummer
o.	= oben
r.	= rechts
Rdr.	= Reichsdruckerei
RM	= Reichsmark (1923–1948)
RentM	= Rentenmark
Rp.	= Rupie(n)
Rs., rs.	= Rückseite, rückseitig
Ser.	= Serie(n)
SB.	= Serienbuchstabe(n)
T.	= Tausend = 10^3
u.	= unten oder und
Udr.	= Unterdruck
Uschr.	= Unterschrift(en)
versch.	= verschieden(e)
Vs., vs.	= Vorderseite, vorderseitig
Wz.	= Wasserzeichen
WZ.	= Wertziffer
Zt.	= Zifferntype

Deutsches Reich 1874–1945

IV / II

REICHSKASSENSCHEINE 1874–1914

Nr. 1

125 x 80 mm

1 11. 7.1874 **5 Mark,** dunkelblau u. graublau, Vs. 2 Putten mit Girlande, Rs. Ornamente, Wz. Krone u. »5«, Rs. versch. handschr. Uschr., versch. Ser.- u. Fol.-Bezeichnung, Lit. A – M **1600,–/4500,–**

Nr. 2

140 x 90 mm

2 **20 Mark,** Vs. grün, Herold, Rs. braun u. grün, Adler, Wz. Krone u. »20«, Rs. versch. handschr. Uschr., versch. Ser.- u. Fol.-Bezeichnung, Lit. A – H **8000,–/20000,–**

Nr. 3

150 x 100 mm

3 **50 Mark,** Vs. dunkelviolett u. braun, 2 geflügelte Figuren, Rs. dunkelgrün u. braun, Ornamente, Wz. Adler u. »50«, Rs. versch. handschr. Uschr., versch. Ser.- u. Fol.-Bezeichnung, Lit. A – H **6500,–/16000,–**

IV / II

Nr. 4

125 x 80 mm

4 10. 1.1882 **5 Mark,** Vs. dunkelblau, r. Ritter in Rüstung, Rs. blau u. rot, Ornamente u. Schleife, senkrecht geripptes Papier, r. mit blauem Faserstreifen, Wz. »5«, vor der Nr. KN Buchst. A – Z **650,–/1500,–**
Musterscheine: Lochung »Druckprobe« u. KN A 000 000

Nr. 5

140 x 90 mm

5 **20 Mark,** Vs. grün, 2 Putten mit Früchten, Rs. grün u. rot, Ornamente u. Schleife, senkrecht geripptes Papier, r. mit blauem Faserstreifen, Wz. »20«, vor der Nr. KN Buchst. A – O **2500,–/6000,–**
Musterscheine: Stempel »Wertlos« Vs. u. Rs.

Nr. 6

150 x 100 mm

6 **50 Mark,** Vs. braun u. dunkelgrün, r. geflügelte Frauengestalt mit Merkurstab u. Sanduhr, Rs. blaugrün u. rot, Ornamente u. Schleife, senkrecht geripptes Papier, r. mit blauem Faserstreifen, Wz. »50«, vor der Nr. KN Buchst. A – H **4000,–/10000,–**

IV / II

Nr. 7

150 x 100 mm

7 5. 1.1899 **50 Mark,** Vs. dunkelgrün, l. sitzende Frau unter Eichenbaum, Rs. dunkelgrün u. braun, Adler mit Krone, im Papier r. Streifen aus bunten Fasern, Wz. Kaiserkrone mit Lorbeerzweigen, hinter oder vor der Nr. KN Buchstabe A B C **3500,–/8500,–**

Musterscheine:
1. Lochung »Druckprobe« u. Buchst. hinter Nr. KN mit oder ohne Stpl. »Wertlos«
2. Vs. u. Rs. »WERTHLOS« u. hinter KN Buchst. A

Nr. 8 125 x 80 mm

Nr. 9 140 x 90 mm

III / I

8 31.10.1904 **5 Mark,** blau u. grün, Vs. l. Frau mit Krone u. Knabe mit Taube, Rs. Drache, senkrecht geripptes Papier mit Faserstreifen, Wz. »5« im Ornament,

I. 6-st. KN, davor A – K **4,–/25,–**
L – Z **3,–/12,–**
II. 7-st. KN, davor A – D **3,–/12,–**
E – F **4,–/25,–**

Musterscheine:
1. Vs. u. Rs. »MUSTER« 71 mm zinnober
2. Vs. »Muster«, Rs. »MUSTER«
3. Vs. »MUSTER« 70 mm rotbraun, Rs. ohne Aufdr.

9 6.10.1906 **10 Mark,** dunkelgrün u. olivgrün, Vs. r. Frau mit Palmzweig, Rs. Mitte l. u. r. Frauengestalt, Papier r. mit Streifen aus bunten Fasern, Wz. Merkurkopf,

I. 6-st. KN, davor D, N – Z (wahrsch. A – Z) **30,–/250,–**
II. 7-st. KN, davor A – X **7,–/ 50,–**

Musterscheine:
1. Vs. u. Rs. »MUSTER« 70 mm zinnober
2. Vs. »MUSTER«, Rs. ohne Aufdr.

REICHSBANKNOTEN 1876–1915

Bis 31. 12. 1900 galten die Noten der Preußischen Hauptbank zu 100, 500 und 1000 Mark als Reichsbanknoten.

IV / II

Nr. 10

160 x 103 mm

10 1. 1.1876 **100 Mark,** blau, Vs. l. Adler mit Krone, r. Minervakopf im Kranz, Rs. 2 Putten, ähnlich d. 100-Mark-Note d. Preußischen Hauptbank v. 1.5.1874, Wz. »100/RBD«, №KN, dahinter a – d **15000,–/20000,–**
Druckproben ohne rotes Siegel oder ohne Minervakopf

Nr. 11

190 x 110 mm

11 **1000 Mark,** braun, Vs. l. Adler mit Krone, Rs. sitzende Frau u. 2 Kinder mit Symbolen d. Industrie, d. Handels u. Verkehrs, Wz. »Ein Tausend Mark/1000«, №KN, dahinter a – d **Musterschein 30000,–**
Musterschein:
nur als Muster bekannt mit gekreuzten Aufdrucken »Muster-Abdruck-wertlos« auf Vs. u. Rs. u. Lochung »Druckprobe« oder Vs. u. Rs. Stempel »Wertlos« und ohne KN

IV / II

Nr. 12

160 x 105 mm

12 3. 9.1883 **100 Mark,** blau, Vs. Udr. gekrönter Reichsadler, r. 1 rotes Siegel, Rs. Mitte Mädchenkopf mit Eichenkranz, l. davon knieende, r. sitzende Frauengestalt, senkrecht gerippte Papier, r. mit blauem Faserstreifen, Nr. KN, dahinter a – d **1300,–/3500,–**
Musterscheine: Lochung »Druckprobe« mit Stpl. »Wertlos« Vs. u. Rs.

Nr. 13

187 x 110 mm

13 2. 1.1884 **1000 Mark,** braun, Vs. Udr. gekrönter Reichsadler, unten 1 rotes Siegel, Rs. Mitte gekrönter Reichsadler, l. u. r. davor allegorische Frauengestalten (Schiffahrt u. Landwirtschaft), senkrecht gerippte Papier, r. mit blauem Faserstreifen, Nr. KN, dahinter a – d **2000,–/5000,–**

14 1. 1.1891 **1000 Mark,** braun, ähnlich Nr. 13, Nr. KN, dahinter A **1200,–/3000,–**

15 1. 5.1891 **100 Mark,** blau, ähnlich Nr. 12, Nr. KN, dahinter A – D **900,–/2300,–**

16 1. 3.1895 **100 Mark,** blau, ähnlich Nr. 12, doch r. 2 rote Siegel, Nr. KN, dahinter A – D **1000,–/2500,–**
auch mit Aufdr. »Druckprobe« u. r. nur 1 rotes Siegel

17 **1000 Mark,** braun, ähnlich Nr. 13, doch unten 2 rote Siegel, Nr. KN, dahinter A, B **2000,–/5000,–**
Nr. 16 u. 17 auch mit Lochung »Druckprobe«, Stpl. »Wertlos« u. KN 000 000 A

18 10. 4.1896 **100 Mark,** blau, ähnlich Nr. 16, Nr. KN, dahinter A – H **500,–/1600,–**
auch »Druckprobe« gelocht u. l. Faserstreifen mit rötlichen Fasern

19 **1000 Mark,** braun, ähnlich Nr. 17, Nr. KN, dahinter A – H **800,–/2000,–**
auch »Druckprobe« gelocht u. l. Faserstreifen

IV / II

Nr. 20
mit Stempel

20 1. 7.1898 **100 Mark,** blau, ähnlich Nr. 16, doch l. rötliche Faserstreifen u. oben r. Udr.-Buchstabe **15,–/250,–**

		Udr.-Buchst.											
Ser.Buchst.	A	B	C	D	E	F	J	K	L	M	O	P	W
	B	B	C	D	E	F	J	K	L	M	O	P	W
	C	B	C	D	E	F	J	K	L	M	O	P	W
	D	B	C	D	E	F	J	K	L	M	O	P	W
	E	B											
	F	B											
	G	B											
	H	B											

auch Druckprobe ohne Datum u. ohne Uschr.
Auch mit Stempel »Im Ausland ungiltig, nur zahlbar bei der Staatsbank München« (s. Notiz nach Nr. 47)

21 1. 7.1898 **1000 Mark,** braun, ähnlich Nr. 17, doch l. grüner Faserstreifen u. unten r. Udr.-Buchstabe **100,–/500,–**

		Udr.-Buchst.	
Ser.Buchst.	A	A	Z
	B	A	Z
	C	A	Z
	D	A	Z

Auch mit Stempel wie Nr. 20

22 17. 4.1903 **100 Mark,** blau, ähnlich Nr. 20 **8,–/100,–**

		Udr.-Buchst.									
Ser.Buchst.	A	A	G	H	N		Q		T		
	B	A		H	N	P			T	V	Y
	C	A	G		N			R	T	V	Y
	D	A	G	H		P	Q	R	T	V	

23 10.10.1903 **1000 Mark,** braun, ähnlich Nr. 21 **50,–/450,–**

		Udr.-Buchst.	
Ser.Buchst.	A	B	R
	B	B	R
	C	B	R
	D	B	R

24 18.12.1905 **100 Mark,** blau, ähnlich Nr. 20 **IV / II**

I. KN 25 mm breit **8,–/100,–**

		Udr.-Buchst.			
Ser.Buchst.	A	Q	S	U	
	B	Q	S	U	X
	C	Q	S	U	X
	D	Q	S	U	X

II. KN 29 mm breit **8,–/100,–**

		Udr.-Buchst.	
Ser.Buchst.	A	S	U
	B	S	U
	C	S	U
	D	S	U

Nr. 25

136 x 90 mm

25 10.03.1906 **20 Mark,** blau, Vs. r. Reichsadler mit Krone, Rs. Ornamente, senkrecht geripptes Papier, oben r. Udr.-Buchstabe

I. KN 6-st. **8,–/120,–**

		Udr.-Buchst.				
Ser.Buchst.	A	B		L		X
	B		J		M	X
	C		J	L	M	X
	D		J		M	X

Druckprobe: ohne Schwarzdruck (Datumzeile/Uschr.)

II. KN 7-st. **8,–/120,–**

		Udr.-Buchst.		
Ser.Buchst.	A	B	J	M
	B	B	J	M
	C		J	M
	D		J	M

IV / II

Nr. 26

150 x 100 mm

26 **50 Mark,** grün, Vs. oben l. u. r. Germaniabrustbild, Rs. Ornamente, Papier senkrecht gerippt, l. heller Faserstreifen, oben r. Udr.-Buchstabe

I. KN 6-st. **8,–/100,–**

Ser.Buchst.	Udr.-Buchst.	
A	I	Y
B	I	Y
C	I	Y
D	I	Y

Druckproben:
1. mit Faserstreifen, ohne Schwarzdruck (Datumzeile/Uschr.)
2. ohne Faserstreifen, ohne Schwarzdruck (Datumzeile/Uschr.) Udr. rot
3. ohne Faserstreifen, ohne Schwarzdruck (Datumzeile/Uschr.) Udr. gelb

II. KN 7-st. **8,–/100,–**

Ser.Buchst.	Udr.-Buchst.	
A	I	M
B	I	M
C	I	M
D	I	M

Musterscheine:
Vs. mit Aufdr. »MUSTER« 82 mm rot

27 26. 7.1906 **1000 Mark,** braun, ähnlich Nr. 21 **50,–/300,–**

Ser.Buchst.	Udr.-Buchst.
A	W
B	W
C	W
D	W

28 8. 6.1907 **20 Mark,** blau, ähnlich Nr. 25 II **5,–/100,–**

Ser.Buchst.	Udr.-Buchst.				
A	B	E	F	R	T
B					T
D				R	

IV / II

29 **50 Mark,** grün, ähnlich Nr. 26 II **200,–/800,–**

Ser.Buchst.		Udr.-Buchst.
	A	D
	B	D

30 **100 Mark,** blau, ähnlich Nr. 24 **8,–/150,–**

Ser.Buchst.		Udr.-Buchst.	
	A	X	Z
	B	X	Z
	C	X	Z
	D	X	Z

31 7. 2.1908 **20 Mark,** blau, ähnlich Nr. 25 II **6,–/130,–**

Ser.Buchst.		Udr.-Buchst.						
	A		D		O	P		
	B				O	P	W	
	C	A		K	O		W	X
	D	A	D		O			

Musterscheine:
Vs. mit Aufdr. »MUSTER« 71 mm rot

32 **50 Mark,** grün, ähnlich Nr. 26 II **5,–/120,–**

Ser.Buchst.		Udr.-Buchst.	
	A	D	R
	B	D	R
	C	D	R
	D	D	R

Musterscheine:
Vs. mit Aufdr. »MUSTER« 82 mm rot

33 7. 2.1908 **100 Mark,** blau, ähnlich Nr. 24 **III / I**
KN u. Siegel rot

I. KN 25 mm breit **10,–/60,–**

Ser.Buchst.		Udr.-Buchst.
	A	Z
	B	Z
	C	Z
	D	Z

II. KN 29 mm breit **2,–/5,–**

Ser.Buchst.		Udr.-Buchst.					
	A					J	
	B					J	
	C	A				J	
	D	A					
	E	A	B	C	D		
	F				D		
	M						Q
	N						Q

Scheine M/Q u. N/Q später als Nr. 34 ausgegeben
Musterscheine:
1. Vs. Aufdr. »MUSTER«, 82 mm rot, Rs. ohne Aufdr.
2. Vs. Aufdr. »MUSTER« Rs., »MUSTER« oben waager. 82 mm rot
3. Vs. Aufdr. »MUSTER« RS. »MUSTER« diagonal 82 mm rot

III / I

34 **100 Mark**, blau, ähnlich Nr. 24 **2,–/8,–**
KN u. Siegel grün

Ser.Buchst.	Udr.-Buchst.
E	C
F	D E
G	E F G
H	G H J
J	J K L
K	L M
L	M N
M	N Q

Musterscheine:
1. Vs. Aufdr. »MUSTER«, 82 mm rot, Rs. ohne Aufdr.
2. Vs. Aufdr. »MUSTER«, Rs. »MUSTER« oben waager. 82 mm rot
3. Vs. Aufdr. »MUSTER«, Rs. »MUSTER« diagonal 82 mm rot
4. Lochung »Druckprobe«, Stpl. »Wertlos« u. KN 0 000 000 E

* s. Notiz nach Nr. 47

Nr. 35

207 x 102 mm

35 **100 Mark,** blau, Vs. l. Merkurkopf, r. Cereskopf, Rs. r. Germania mit Schwert u. Schild, l. Kriegsschiffe, Wz. Kopf Kaiser Wilhelm I. u. »100« l. im Schaurand, KN, davor A–D **8,–/200,–**

36 **1000 Mark**, braun, ähnlich Nr. 21 **30,–/350,–**

Ser.Buchst.	Udr.-Buchst.
A	M
B	M
C	M
D	M

37 10. 9.1909 **20 Mark,** blau, ähnlich Nr. 25 II **5,–/100,–**

Ser.Buchst.	Udr.-Buchst.
A	S
B	P S
C	P S
D	S

Musterscheine:
1. Vs. Aufdr. »MUSTER« 82 mm rot
2. Aufdr. »Musterabdruck-Wertlos« u. Perforation »DRUCKPROBE«, KN A · 000000, einseitiger Druck Vs. u. Rs.

III / I

38 10. 9.1909 **100 Mark**, blau, ähnlich Nr. 35, KN, davor A–D **8,–/180,–**
Musterscheine:
Vs. Aufdr. »MUSTER« 70 mm rot

39 **1000 Mark**, ähnlich Nr. 21 **30,–/200,–**

Ser.Buchst.	Udr.-Buchst.
A	P
B	P
C	P
D	P

40 21. 4.1910 **20 Mark**, blau, ähnlich Nr. 25 **4,–/50,–**
A. ohne Wz.

I. KN 6-st.

Ser.Buchst.	Udr.-Buchst.			
E	N		V	
F	N		V	
G	N		V	Z
H			V	Z
J		R		
K		R		

II. KN 7-st. **2,50/40,–**

Ser.Buchst.	Udr.-Buchst.																
A												S	U				
B												S	U				
C												S	U	V			
D												S		V			
E			F	G			L	M	N	Q					X	Y	
F		C	F	G	H	J	L	M	N	Q					X	Y	
G	B	C	F	G	H	J	L	M									Z
H	B	C	F	G	H		L	M			R						Z
J											R						
K											R						

Musterscheine:
1. Vs. u. Rs. »MUSTER« 81 mm rot
2. Vs. »MUSTER« 70 mm rot, Rs. ohne Aufdr.
3. Druck Vs. u. Rs. separat, Aufdr. »Musterabdruck-Wertlos«, Lochung »Druckprobe«

B. mit Wz. »20«, Faserstreifen Rs. l., Udr.-Buchst. E, KN 7st. mit K **25,–/200,–**
Musterscheine:
Vs. »MUSTER« 70 mm rot, Rs. ohne Aufdr.

41 **50 Mark**, grün, ähnlich Nr. 26 II. **8,–/70,–**

Ser.Buchst.	Udr.-Buchst.				
A	A	B	H	K	N	T
B	A	B	H	K	N	T
C	A	B	H	K	N	T
D	A	B	H	K		T

Musterscheine:
1. Vs. Aufdr. »MUSTER« 82 mm rot, Rs. ohne Aufdr.
2. Vs. u. Rs. Aufdr. »MUSTER«

III / I

42 **100 Mark,** blau, ähnlich Nr. 35, Papier weiß oder bläulich, KN u. Siegel rot, KN, davor A–G **5,–/30,–**

Musterscheine: 1. Vs. »MUSTER« 70 mm rot, Rs. ohne Aufdr.
2. Vs. u. Rs. Aufdr. »MUSTER« 84 mm rot (Vs. Aufdr. leicht schräg oder schräg)
3. Druck Vs. u. Rs. separat, Aufdruck »Musterabdruck-Wertlos«

43 21. 4.1910 **100 Mark**, blau, ähnlich Nr. 35, Papier weiß oder bläulich, KN u. Siegel grün, KN, davor G **5,–/40,–**

Musterscheine: 1. Vs. u. Rs. Aufdr. »MUSTER« 84 mm rot
2. Vs. »MUSTER« 70 mm rot, Rs. ohne Aufdr.
* s. Notiz nach Nr. 47

44 **1000 Mark**, braun, ähnlich Nr. 21, KN u. Siegel rot

Nr. 44 mit Stempel

I. KN 6-st. **5,–/50,–**

Ser.Buchst.	Udr.-Buchst.					
A		D	H	M	N	V
B	C	D	H		N	V
C		D	H		N	V
D		D	H		N	V

II. KN 7-st. **2,–/5,–**

Ser.Buchst.	Udr.-Buchst.																
A	C			K			N					S	T		X	Y	Z
B	C																
E		H	J														
F			J	K	L												
G					L	M	N										
H							N	O	P								
J									P	Q	R						
K											R	S					
L												S					
M												S	T				
N													T	U			
O														U			

Auch mit zweizeiligem Stempel »Im Ausland ungültig, nur zahlbar bei der Reichsbank München«. Diesen Stempel soll es auch schon auf früheren Ausgaben (ab 1896) gegeben haben. (s. Notiz nach Nr. 47)

Musterscheine:
1. Vs. Aufdruck »MUSTER« 82 mm rot, Rs. ohne Aufdruck
2. Vs. u. Rs. Aufdruck »MUSTER« 84 mm rot

45 **1000 Mark**, braun, ähnlich Nr. 21, KN u. Siegel grün **III / I**

I. KN 6-st. **8,–/60,–**

Ser.Buchst.	Udr.-Buchst.
C	E F
D	G

II. KN 7-st. **2,50/8,–**

Ser.Buchst.	Udr.-Buchst.
A	Y Z
B	C D E
C	E F G
D	G H
E	H

Musterscheine:
1. Vs. Aufdr. »MUSTER«, 82 mm rot, Rs. ohne Aufdr.
2. Vs. u. Rs. Aufdr. »MUSTER« 82 mm rot
3. Lochung »Druckprobe«, Stpl. »Wertlos« u. KN 0 000 000 A

* s. Notiz nach Nr. 47

46 19. 2.1914 **20 Mark**, blau, ähnlich Nr. 40 B

I. KN 6-st. **5,–/40,–**

Ser.Buchst.	Udr.-Buchst.
L	E
M	T

II. KN 7-st. **2,50/10,–**

Ser.Buchst.	Udr.-Buchst.
J	D O Q T W
K	E K L O P W
L	A E K P S T U
M	A D S T U
N	N U V
O	H N Y Z
P	H L
Q	F L

Musterscheine:
1. Vs. Aufdr. »MUSTER« 70 mm rot, Rs. ohne Aufdr.
2. Vs. u. Rs. Aufdr. »MUSTER« 70 mm rot
3. Vs. u. Rs. Aufdr. »MUSTER« 81 mm rot

Nr. 47

140 x 90 mm

III \ I

47 4.11.1915 **20 Mark**, Vs. violett u. dunkelblau (Farbstufen), 2 Männer, die mit Geld gefüllte Füllhörner entleeren, Rs. blau u. grün, l. Männer- r. Frauenbildnis (Arbeit u. Ruhe), senkrecht geripptes Papier mit Faserstreifen, Wz. »20« in Ornamenten, Vs. Mitte Udr.-Buchst. **2,50/10,–**

Ser.Buchst.	Udr.-Buchst.										
	A	B	C	D	E	F	G	H	K	L	O
A	A	B									
B		B	C	D							
C				D	E	F					
D						F	G	H			
E								H	K		
F									K	L	
G										L	O
H											O

Musterscheine:
1. Vs. Aufdr. »MUSTER« 70 mm rot, Rs. Ohne Aufdr.
2. Vs. u. Rs. Aufdr. »MUSTER« 70 mm rot
3. ohne Aufdr., Udr.-Buchst. L mit A 0 000 000

* Nach der Bekanntmachung vom 18. Dezember 1918 (RGBl. S. 1440) über den Zahlungsverkehr mit dem Ausland wurde darauf hingewiesen, daß die Noten in Zukunft mit grünen Stempeln ausgegeben wurden (Nr. 34, 43 und 45). Damit sollte verhindert werden, daß aus dem Ausland künftig Banknoten eingeschmuggelt und zum Vorkriegskurs zur Einlösung vorgelegt würden. Dem gleichen Zweck sollten Abstempelungen dienen, die von der Reichsbank München und der Staatsbank München vorliegen:
1. Typenstempel »Im Ausland ungiltig, nur zahlbar / bei der Staatsbank München«, 85 mm lang, violett (auf Nr. 20 oder 21)
2. Typenstempel »Im Ausland ungiltig, nur zahlbar / bei der Reichsbank München«, 40 oder 65 mm lang, violett (auf Nr. 44)

DARLEHENSKASSENSCHEINE 1914–1922

Nr. 48

125 x 80 mm

48 5. 8.1914 **5 Mark,** Vs. grauviolett, Mitte Udr. gekrönter Reichsadler, Rs. blau, Mitte gekreuzte Schwerter u. Krone, l. u. r. Germaniabrustbilder, Papier mit Faserstreifen, Wz. »5« in Ornamenten
I. KN 6-st., davor A – Z **20,–/200,–**
II. KN 7-st., davor A – Z **4,50/40,–**
III. KN 8-st., davor A – Z **4,50/40,–**
Musterscheine:
1. Vs. u. Rs. Aufdr. »MUSTER« 72 mm rot
2. Vs. ohne Aufdr., Rs. Aufdr. »MUSTER« 70 mm rot

III / I

Nr. 49

140 x 90 mm

49 **20 Mark,** Vs. braun u. violett, Mitte Udr. gekreuzte Schwerter u. Krone, Rs. braun, l. Minerva-, r. Merkurkopf, Papier mit Faserstreifen, Wz. »20« in Ornamenten

I. KN 6-st., davor A – Z **8,–/150,–**

II. KN 7-st., davor A – Z **4,–/80,–**

Musterscheine:
1. Vs. u. Rs. »MUSTER« 70 mm rot
2. Vs. u. Rs. »MUSTER« 82 mm rot
3. Vs. ohne Aufdr., Rs. Aufdr. »MUSTER« 82 mm rot

Nr. 50

150 x 100 mm

50 **50 Mark,** Vs. lilabraun u. grau, l. Udr. gekreuzte Schwerter mit Krone, r. Udr. gekrönter Reichsadler mit Wappenschild, Rs. l. u. r. Germaniabrustbilder, Papier mit Faserstreifen, Wz. Kaiserkrone u. Lorbeerzweige

I. KN 6-st., davor A – Z **6,–/80,–**

II. KN 7-st., davor A – Z **4,–/40,–**

Musterscheine:
1. Vs. u. Rs. Aufdr. »MUSTER« 82 mm rot
2. Vs. »MUSTER« 82 mm rot, Rs. ohne Aufdr.

III / I

Nr. 51

95 x 59 mm

51 12. 8.1914 **1 Mark,** Vs. hellgrün oder grün u. lila, l. unten Prägestempel, Rs. grün, Mitte gekrönter Reichsadler mit Wappenschild, Wz. »Vierpaß«, ohne Udr. (Serien-)Nummern vor der KN

I. Vs. hellgrün u. lila, (Serien-)Nummern vor der KN 1–239 **1,50/10,–**

II. Vs. grün u. lila, (Serien-)Nummern vor der KN 695–850 **1,– / 5,–**

Musterscheine:
1. Vs. u. Rs. Aufdruck »Muster«
2. nur Vs. Aufdr. »MUSTER« 70 mm rot
3. Lochung »Druckprobe«, Stpl. »Wertlos« u. KN 801.000 000

Auch Druckprobe auf Seide

52 **1 Mark,** ähnlich Nr. 51, doch mit Netz-Udr., KN u. Siegel rot, (Serien-)Nummern vor der KN 137–144, 241–718, 839–970 **1,–/5,–**

Musterscheine:
1. Vs. Aufdr. »MUSTER« 70 mm rot, Rs. ohne Aufdr.
2. Vs. u. Rs. Aufdr. »Muster«
3. Vs. u. Rs. Aufdr. »MUSTER« 70 mm rot

53 **1 Mark,** ähnlich Nr. 52, mit Netz-Udr., doch KN u. Siegel blau, (Serien-)Nummern vor der KN 1–120 **1,–/6,–**

Musterscheine:
1. Vs. u. Rs. Aufdr. »Muster«
2. Vs. Aufdr. »MUSTER« 70 mm rot, Rs. ohne Aufdr.

Nr. 54

110 x 70 mm

54 12. 8.1914 **2 Mark,** karminrot, Rs. Mitte gekrönter Reichsadler mit Wappenschild, Wz. »Vierpaß«, ohne Udr.

I. (Serien-)Nummern vor der KN 1–180 **1,50/6,–**

II. (Serien-)Nummern vor der KN 476–615 **1,– /5,–**

Musterscheine:
1. Vs. Aufdr. »MUSTER« 70 mm rot, Rs. ohne Aufdr.
2. Vs. u. Rs. Aufdr. »Muster«
3. Lochung »Druckprobe«, Stpl. »Wertlos« u. KN 603.000 000

III / I

55 **2 Mark,** ähnlich Nr. 54, doch mit Netz-Udr., KN u. Siegel rot, (Serien-)Nummern vor der KN 175–514, 556–695 **1,–/4,–**

Musterscheine:
1. Vs. Aufdr. »MUSTER« 70 mm rot, Rs. ohne Aufdr.
2. Vs. u. Rs. Aufdr. »Muster«
3. Vs. u. Rs. Aufdr. »MUSTER« 70 mm rot
4. Lochung »Druckprobe«, Stpl. »Wertlos« u. KN 595.200 000

56 **2 Mark,** ähnlich Nr. 55, mit Netz-Udr., doch KN u. Siegel blau, (Serien-)Nummern vor der KN 1–120 **1,–/4,50**

Musterscheine:
1. Vs. u. Rs. Aufdr. »Muster«
2. Vs. Aufdr. »MUSTER« 70 mm rot, Rs. ohne Aufdr.
3. Lochung »Druckprobe«, Stpl. »Wertlos« u. KN 688.000 000

Nr. 57

125 x 80 mm

57 1. 8.1917 **5 Mark,** Vs. graublau bis grauviolett, l. oben gekrönter Reichsadler, r. Mädchenkopf, Rs. dunkelgrün, Mitte Krone im Eichenlaub, Papier mit Faserstreifen, Wz. »5« in Ornamenten

I. KN 7-st., davor A – Z **2,–/8,–**

II. KN 8-st., davor A – Z **1,–/5,–**

Musterscheine:
1. Vs. u. Rs. Aufdr. »MUSTER« 70 mm rot
2. Vs. Aufdr. »MUSTER« 70 mm rot, Rs. ohne Aufdr.

Nr. 58

140 x 90 mm

58 20. 2.1918 **20 Mark,** Vs. dunkelbraun a. karmin, l. Minerva-, r. Merkurkopf, Rs. dunkelbraun, l. Krieger in Rüstung, r. Frau mit Ähren u. Palmzweig (Krieg u. Frieden), Papier mit Faserstreifen, Wz. »20« in Ornamenten, KN ,davor A – Z **2,50/15,–**

Musterscheine:
1. Vs. Aufdruck »MUSTER« 82 mm rot, Rs. ohne Aufdr.
2. Vs. u. Rs. Aufdr. »MUSTER« 70 mm rot
3. Vs. u. Rs. Aufdr. »MUSTER« 82 mm rot

III / I

Nr. 59

90 x 60 mm

59 1. 3.1920 **1 Mark,** dunkelbraun a. grün, r. Prägestempel, Rs. dunkelgrün u. gelbbraun a. grau, Wz. »Vierpaß«, (Serien-)Nummern vor der KN 1–561 **–,50/1,50**

Musterscheine:
1. Vs. Aufdr. »MUSTER« 70 mm rot, Rs. ohne Aufdr.
2. Vs. u. Rs. Aufdr. »Muster«
3. Vs. u. Rs. Aufdr. »MUSTER« 70 mm rot

Nr. 60

100 x 65 mm

60 **2 Mark,** Druck Vs. rot, KN u. Siegel braun, r. Prägestempel, Rs. braun, Wz. »Vierpaß«, (Serien-)Nummern vor der KN 1–200 **–,50/1,50**

Musterscheine:
1. Vs. Aufdr. »MUSTER« 70 mm rot, Rs. ohne Aufdr.
2. Vs. u. Rs. Aufdr. »Muster«
3. Vs. u. Rs. Aufdr. »MUSTER« 70 mm rot

61 1. 3.1920 **2 Mark,** ähnlich Nr. 60, doch Druck Vs. braun, KN u. Siegel rot, (Serien-)Nummern vor der KN 1–100, 151–250 **1,–/2,–**

Musterscheine:
1. Vs. Aufdr. »MUSTER« 70 mm rot, Rs. ohne Aufdr.
2. Vs. u. Rs. Aufdr. »Muster«
3. Vs. u. Rs. Aufdr. »MUSTER« 70 mm rot

Nr. 62

85 x 59 mm

62 15. 9.1922 **1 Mark,** grün, Papier grün, Wz. »Vierpaß« **–,50/1,–**
F.: Papier grau **80,–/200,–**
(Vorsicht, es gibt Scheine mit vergilbtem grünen Papier)

Musterscheine: **III / I**
1. Vs. Aufdr. »MUSTER« 70 mm rot, Rs. ohne Aufdr.
2. Vs. u. Rs. Aufdr. »Muster«
3. Vs. u. Rs. Aufdr. »MUSTER« 70 mm rot

Nr. 63

90 x 65 mm

63 **2 Mark,** dunkelbraun, Papier rosa (Schwankungen im Farbton), Wz. »Vierpaß« **–,50/1,–**
Musterscheine:
1. Vs. Aufdr. »MUSTER« 70 mm rot, Rs. ohne Aufdr.
2. Vs. u. Rs. Aufdr. »Muster«
3. Vs. u. Rs. Aufdr. »MUSTER« 70 mm rot

Von 62 u. 63 gibt es viele verdruckte oder verschnittene Scheine.

ZINSKUPONS DER KRIEGSANLEIHEN

Zur Linderung des gegen Kriegsende entstandenen Zahlungsmittelmangels wurden durch Bundesratsverordnung v. 22.10.1918 alle Zinskupons der 5-prozentigen Reichskriegsanleihen von 1915–1918, die am 2.1.1919 fällig waren, also nur die mit dem Buchstaben »q«, für die Zeit vom 23.10.1918 bis 2.1.1919 zu gesetzlichen Zahlungsmitteln erklärt. Alle Kupons haben einen grünen Udr., in der Mitte oben einen Prägestempel und als Wasserzeichen einzelne Buchstaben des Bogenwasserzeichens »REICHSSCHULDENVERWALTUNG« in hell und dunkel.
Der Gesamtbetrag der als Zahlungsmittel benutzten Zinskupons wird auf 800 Millionen Mark geschätzt.

A. B. und C. je mit 8 Uschr., D. mit 9 Uschr.

64 **2,50 Mark,** schwarz a. orange u. grün, mit »q«
A. Kupons d. Anleihen von 1915 **40,–/80,–**
B. Kupons d. Anleihen von 1916 **40,–/80,–**
C. Kupons d. Anleihen von 1917 **30,–/60,–**
D. Kupons d. Anleihen von 1918 **30,–/60,–**

Nr. 65

102 x 42 mm

65 **5 Mark,** schwarz a. blau u. grün, mit »q«
A. Kupons d. Anleihen von 1915 **50,–/90,–**
B. Kupons d. Anleihen von 1916 **50,–/90,–**
C. Kupons d. Anleihen von 1917 **40,–/80,–**
D. Kupons d. Anleihen von 1918 **40,–/80,–**

			III / I
66	12,50 **Mark,** schwarz a. violett u. grün, mit »q«		
		A. Kupons d. Anleihen von 1915	**100,–/150,–**
		B. Kupons d. Anleihen von 1916	**100,–/150,–**
		C. Kupons d. Anleihen von 1917	**80,–/120,–**
		D. Kupons d. Anleihen von 1918	**80,–/120,–**

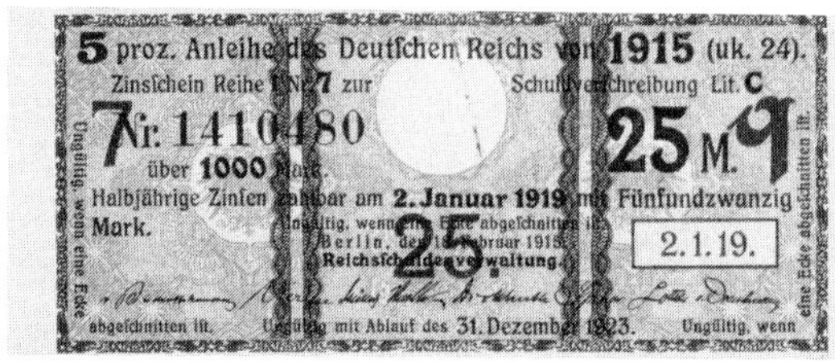

Nr. 67

102 x 42 mm

67	25 **Mark,** schwarz a. rot u. grün, mit »q«		
		A. Kupons d. Anleihen von 1915	**150,–/200,–**
		B. Kupons d. Anleihen von 1916	**150,–/200,–**
		C. Kupons d. Anleihen von 1917	**120,–/180,–**
		D. Kupons d. Anleihen von 1918	**120,–/180,–**
68	50 **Mark,** schwarz a. oliv u. grün, mt »q«		
		A. Kupons d. Anleihen von 1915	**250,–/300,–**
		B. Kupons d. Anleihen von 1916	**250,–/300,–**
		C. Kupons d. Anleihen von 1917	**200,–/250,–**
		D. Kupons d. Anleihen von 1918	**200,–/250,–**
69	125 **Mark,** schwarz a. braun u. grün, mit »q«		
		A. Kupons d. Anleihen von 1915	**450,–/500,–**
		B. Kupons d. Anleihen von 1916	**450,–/500,–**
		C. Kupons d. Anleihen von 1917	**400,–/450,–**
		D. Kupons d. Anleihen von 1918	**400,–/450,–**

REICHSBANKNOTEN 1918–1924

Nr. 70

140 x 110 mm

70 20.10.1918 **50 Mark,** Vs. dunkelbraun a. graubraun, Udr. Mitte Reichsadler, breiter dunkler Linienrand, Rs. graubraun, Ornamente.
Die Scheine wurden in verschiedenen Privatdruckereien hergestellt, u. a. bei Otto Elsner, Berlin. Im Volksmund erhielten sie die Bezeichnungen wie »Trauerschein« oder »Todesanzeige«, offensichtlich im

III / I

Hinblick auf den verlorenen Krieg und wegen des Erscheinungsbildes. Wegen des Auftretens von zahlreichen Fälschungen, darunter auch solchen mit Wz. Sechseckflechtwerk, wurden sie bereits am 10.9.1919 für ungültig erklärt.

Serienbezeichnungen (A–K) und Seriennummern schwarz. Jeder Buchstabe kommt in Verbindung mit jeweils 20 Bogennummern vor, nur A mit 40 Nummern, also:
A 1–20, B 21–40, C 41–60, D 61–80, E 81–100, F 101–120, G 121–140, H 141–160, I 161–180, K 181–200, A 201–220

A) Wz. Wellenlinien waager. **400,–/800,–**
- I. № KN mit A, E, F, H
- II. Nr KN E

B) Wz. Wellenlinien diagonal (steigend oder fallend) **300,–/700,–**
- I. № KN 3,7 mm
- II. № KN 4,5 mm
- III. № KN 3,8 mm
- IV. Nr KN 4,2 mm

C) Wz. Schippen (oft undeutlich) **250,–/600,–**
- I. № KN 3,7 mm
- II. Nr KN 4,2 mm
- III. № KN
- IV. Nr KN

Nr. 71

144 x 114 mm

71 30.11.1918 **50 Mark,** Vs. schwarz a. olivbraun u. blaugrau, breiter Rahmen mit eiförmiger weißer Fläche, Rs. schwarz a. braun. Ornamente, Wz. Stern-Sechseckmustter. Die Scheine wurden in verschiedenen Privatdruckereien hergestellt. Im Volksmund erhielt die Note die Bezeichnung »Eierschein« oder »Bilderrahmen«. Wegen des Auftretens von Fälschungen durch Verordnung vom 27. 12. 1920 am 21. 1. 1921 ungültig, wurde jedoch bei der Reichsbankhauptkasse bis zum 31. 7. 1921 eingelöst. **15,–/50,–**

Serienbezeichnung und Seriennummer schwarz:

A 1– 20, 201–220	B 21– 40, 221–240
C 41– 60, 241–260	D 61– 80, 261–280
E 81–100, 281–300	F 101–120, 301–320
G 121–140, 321–340	H 141–160, 341–360
J 161–180, 361–380	K 181–200, 381–400

Die Serienzahlen über 200 sind selten.
- I. № KN 3,7 mm A–K
- II. № KN 4,0 mm B, C, E
- III. № KN 4,5 mm A, B, E, F
- IV. № KN 3,8 mm D, H, J, K
- V. Nr KN 4,2 mm D, H, J, K

Musterscheine:
1. Vs. Aufdr. »MUSTER« 82 mm rot, rs. ohne Aufdr.
2. Vs. u. Rs. Aufdr. »MUSTER« 82 mm rot

III / I

Nr. 72

153 x 102 mm

72 24. 6.1919 **50 Mark,** grün u. braun, Vs. r. Frauenkopf mit Eichenkranz, Rs. Ornamente, (sog. »Wiener«), ohne Wz.,

I. №KN violett
»Reihe 1«, Druck Reichsdruckerei **1,50/15,–**
Serien-Kleinbuchst. a, Serien-Großbuchst. A–U,
AA–AU, BA–BU, CA-CU, DA–DU,
EA–AU, FA–FU, IM–IU, KA–KU,
LA–LU, MA–MU, NA–NU, OA–OU,
PA–PU, QA–QU, RA–RU, SA–SU,
TA–TU, UA–UU, AAA–AAU, ABA–ABU,
ACA–ACU, ADA–ADU, AEA–AEN, AQA
Serien-Kleinbuchst. c, Serien-Großbuchst. FJ–FU, GA
Serien-Kleinbuchst. d, Serien-Großbuchst. GB–GP
Serien-Kleinbuchst. k, Serien-Großbuchst. IM–IS
Musterscheine:
1. Vs. Aufdr. »MUSTER« 82 mm rot, Rs. ohne Aufdr.
2. Vs. u. Rs. Aufdr. »MUSTER« 82 mm rot

II. №KN violett
a. **»Reihe 2«**, Druck Wiener Staatsdruckerei **2,50/25,–**
Serien-Kleinbuchst. b, Serien-Großbuchst. A–U, AA–AU, BA–BU
Musterscheine:
Vs. Aufdr. »MUSTER« 82 mm rot, Rs. ohne Aufdr.
b. **»Reihe 3«**, Druck W. Büxenstein, Berlin **2,50/25,–**
Serien-Kleinbuchst. b, Serien-Großbuchst. A–U, AA–AU, BA–BU, CA–CK
Musterscheine:
Vs. Aufdr. »MUSTER« 82 mm rot, Rs. ohne Aufdr.
c. **»Reihe 4«**, Druck Otto Elsner, Berlin **4,–/30,–**
Serien-Kleinbuchst. e, Serien-Großbuchst. GR–GU, HA–HC
Serien-Kleinbuchst. f, Serien-Großbuchst. HD–HK
Serien-Kleinbuchst. g, Serien-Großbuchst. HL–HR
Serien-Kleinbuchst. h, Serien-Großbuchst. HS–HU, IA–ID
Serien-Kleinbuchst. i, Serien-Großbuchst. IE–IL
Musterscheine:
Vs. Aufdr. »MUSTER« 82 mm rot, Rs. ohne Aufdr.

73 6. 2.1920 **10 Mark,** Vs. grün u. olivbraun, Ornamente, Rs. grün u. rotbraun, Wz. »10« in Ornamenten, Mitte unten roter Udr.-Buchst.
I. KN 7st. schwarz, vor der KN Buchst. **2,–/5,–**

III / I

Udr.-Buchst.	Ser.Buchst.																								
A	A	B	C	D	E	F	G																		
B	A	B	C	D	E	F	G																		
C	A	B	C	D	E	F	G	H	J	K	L	M	N	O											
D								H	J	K	L	M	N	O											
E								H	J	K	L	M	N	O											
F								H	J	K	L	M	N	O	P	Q	R	S	T	U	V				
G															P	Q	R	S	T	U	V				
H															P	Q	R	S	T	U	V				
J															P	Q	R	S	T	U	V	W	X	Y	Z
K																						W	X	Y	Z

Nr. 73

126 x 84 mm

F.: Ohne Udr.-Buchst., vor der KN X, Y **250,–/600,–**
Musterscheine:
1. Vs. Aufdr. »MUSTER« 82 mm rot, Rs. ohne Aufdr.
2. Vs. u. Rs. Aufdr. »MUSTER« 82 mm rot

II. KN 8-st. schwarz, Udr.-Buchst. K, vor d. KN A–D **10,–/40,–**

Nr. 74

150 x 100 mm

74 23. 7.1920 **50 Mark,** grün, Vs. r. Frau mit Blumenkranz u. Früchten, Rs. l. Bauer, r. Arbeiter, Papier mit Faserstreifen, Wz. »50« in Ornamenten, Rs. Mitte oben Udr.-Buchstaben. Die Ausgabe war schon im Jahre 1916 geplant, unterblieb aber – wohl infolge der Ausgabe des Darlehnskassenscheines Nr. 50 – vorerst.
3,–/15,–

Udr.-Buchst.	Ser.Buchst.		
U	A		
V	A		
W	A	B	
X		B	C

III / I

Musterscheine:
1. Vs. Aufdr. »MUSTER« 70 mm rot, Rs. ohne Aufdr.
2. Vs. u. Rs. Aufdr. »MUSTER« (Vs. 81 mm, Rs. 83 mm rot)
3. ohne Aufdr., Udr.-Buchst. X, A 000 000

Nr. 75
162 x 108 mm

75 1.11.1920 **100 Mark,** dunkelbraun a. blaugrün, blau u. oliv, Vs. l. u. r. Kopf d. Bamberger Reiters, Rs. Ornamente, Papier mit Faserstreifen, Wz. »100 M«, Vs. Mitte unten, Udr.-Buchst.

I. KN 7-st. **2,50/12,–**

Udr.-Buchst.	Ser.Buchst.																								
A	A	B	C	D	E	F																			
B	A	B	C	D	E	F																			
C	A	B	C	D	E	F	G	H	J	K	L	M													
D							G	H	J	K	L	M													
E							G	H	J	K	L	M	N	O	P	Q	R	S							
F													N	O	P	Q	R	S							
G													N	O	P	Q	R	S	T	U	V	W	X	Y	Z
H																			T	U	V	W	X	Y	Z

II. KN 8-st. **1,–/8,–**

Udr.-Buchst.	Ser.Buchst.																								
H	A	B	C	D	E	F																			
J	A	B	C	D	E	F	G	H	J	K	L	M													
K							G	H	J	K	L	M													
L							G	H	J	K	L	M													
M							G	H	J	K	L	M	N	O	P	Q	R	S							
N													N	O	P	Q	R	S							
O													N	O	P	Q	R	S	T	U	V	W	X	Y	Z
P																			T	U	V	W	X	Y	Z
Q	A	B	C	D	E	F													T	U	V	W	X	Y	Z
R	A	B	C	D	E	F																			
S	A	B	C	D	E	F																			
T	A	B	C	D	E	F																			
U	A	B	C	D	E	F	G	H	J	K	L	M													
V							G	H	J	K	L	M													
W							G	H	J	K	L	M													
X													N	O	P	Q	R	S							
Y													N	O	P	Q	R	S							

III / I

Udr.-Buchst. Q mit A–F sehr selten
Musterscheine:
1. Vs. Aufdr. »MUSTER« 70 mm rot, Rs. ohne Aufdr.
2. Vs. u. Rs. Aufdr. »MUSTER« 81 mm rot

Nr. 76

210 x 124 mm

76 19. 1.1922 **10 000 Mark**, dunkelgrün u. dunkelblau a. olivbraun, Vs. r. junger Mann (von Albrecht Dürer), Rs. mehrfarbig, dunkelgrün u. dunkelblau a. olivbraun, Mitte Reichsadler, Papier mit Faserstreifen u. l. grauem Farbstreifen, WZ. »10000 M«, Format 208 x 123 mm, Mitte unten Udr.-Buchst. **5,–/15,–**

		Ser.Buchst.																						
Udr.-	A	A	B	C	D	E																				
Buchst.	B	A	B	C	D	E	F	G	H	J	K															
	C						F	G	H	J	K	L	M	N	O	P	Q	R								
	D													N	O	P	Q	R	S	T	U	V	W			
	E																		S	T	U	V	W	X		
	F	A	B	C	D	E																			Y	Z
	G	A	B	C	D	E																				
	H	A	B	C	D	E																				
	J	A	B	C	D	E																				
	K	A	B	C	D	E	F	G	H	J	K															

Selten sind: Udr. A/D,E – B/A,B,C,K – C/F,G,H – K/A,B,C,D
Musterscheine:
1. Vs. Aufdr. »MUSTER« 82 mm rot, Rs. ohne Aufdr.
2. Vs. u. Rs. Aufdr. »MUSTER« 82 mm rot

77 **10 000 Mark,** ähnlich Nr. 76, doch Rs. einfarbig grün, Vs. ohne Udr.-Buchst., Format 210 x 124 mm, KN, davor F–P **4,–/12,–**
Musterscheine:
1. Vs. Aufdr. »MUSTER« 82 mm rot, Rs. ohne Aufdr.
2. Vs u. Rs. Aufdr. »MUSTER« 82 mm rot

III / I

298 x 123 mm

Nr. 77, Rückseite

Nr. 78

180 x 100 mm

78 **10 000 Mark,** blaugrün a. olivbraun, Vs. r. junger Mann (von Albrech Dürer), ähnlich Nr. 76 u. 77, Rs. ähnlich Nr. 77, Papier mit Faserstreifen, doch l. kein Farbstreifen, Wz. »Vierpaß«, Format 180 x 100 mm

a.	Reichsdr.-KN 7-st. A		a	**15,– /35,–**
b.	Reichsdr.-KN 8-st. B–W		b	**2,50/10,–**
c.	Firmenz. B, KN 3,8 mm 7-st.	1–21	c–l	**2,50/10,–**
d.	G, KN 3,5 mm	1–21		
e.	H, KN 4,0 mm	1–21		
f.	J , KN 3,8 mm	1–21		
g.	K, KN 4,0 mm	1–21		
h.	M ,KN 4,0 mm	1–21		
i.	N, KN 3,5 mm	1–21		
j.	P , KN 4,0 mm	1–21		
k.	R , KN 4,0 mm	1–21		
l.	S , KN 4,5 mm	1–21		

Musterscheine:
1. Vs. Aufdr. »MUSTER« 70 mm rot, Rs. ohne Aufdr.
2. Vs. u. Rs. Aufdr. »MUSTER« (Vs. 70, Rs. 83 mm rot)

III / I

Nr. 79

174 x 112 mm

79 27. 3.1922 **500 Mark,** Vs. dunkelbraun u. dunkelgrün a. olivgrün, r. Junker J. Mayer (nach einem Gemälde eines unbekannten Meisters), Mitte Udr. Reichsadler, Rs. braun, braun-lila u. grün, Papier mit Faserstreifen, l. hellblauer Streifen, Wz. »500 M«, Vs. oben Udr.-Buchst. A, KN, davor A – E **5,–/40,–**
Musterscheine:
1. Vs. u. Rs. Aufdr. »MUSTER« (Vs. 70 mm, Rs. 82 mm rot)
2. ohne Aufdr., KN 0 000 000

Nr. 80

174 x 90 mm

80 7. 7.1922 **500 Mark,** schwarz a. weißem Papier, Rs. unbedruckt, r. mit Faser- u. blauviolettem Farbstreifen, Wz. »500 M«, Einlösungstermin 1.1.1923, KN rot, davor A – F **6,–/200,–**
Musterscheine:
Vs. Aufdr. »MUSTER« 82 mm rot

81 **500 Mark,** ähnlich Nr. 80, doch Einlösungstermin 1.4.1923
I. KN grün 7-st., davor A – Z **2,–/12,–**
II. KN grün oder hellgrün 8-st., davor A – Y **1,50/8,–**
Musterscheine:
1. Vs. Aufdr. »MUSTER« 69 mm rot
2. Vs. Aufdr. »MUSTER« 82 mm rot
3. Vs. Aufdr. »MUSTER« 88 mm rot mit KN 0 000 000

III / I

Nr. 82

162 x 90 mm

82 4. 8.1922 **100 Mark,** schwarzblau a. weißem Papier mit Faser- u. blauem Farbstreifen, Wz. »100 M«, KN, davor A – K **3,–/15,–**
H J K seltener
Musterscheine:
1. Vs. Aufdr. »MUSTER« 70 mm rot, Rs. ohne Aufdr.
2. Vs. u. Rs. Aufdr. »MUSTER« 81 mm rot

Nr. 83

160 x 85 mm

83 15. 9.1922 **1000 Mark,** Vs. grauer Udr. mit Ziffer »1000«, verschlungene Bänder mit »1000 MARK« graugrün und lila, Rs. auf grauem Grund aus verschlungenen Wellenlinien grünes Ornament* mit Wertangabe in grau, Papier in unterschiedlicher Farbe und mit verschiedenen Wasserzeichen, nur Privatdrucke mit FZ, KN in verschiedenen Farben.

A) Papier weiß, Wz. GD-Muster, KN dunkelgrün bis schwarz, als Fehlfarbe auch violett (Verwechslung mit 83 D) **2,–/6,–**

a.	BB	KN 4,0 mm dunkelgrün blaugrün bis grün auf blaugrau bis grau	Ar-Yr
b.	GD	KN 4,1 mm schwarz (Sondertype 23)	A-Y Aa-Ea
c.	LV	KN 4,5 mm schwarz (Sondertype 11)	A-Y
d I.	OE	KN 3,5/11,7 mm dunkelgrün	Rk-Yk
d II.		KN 4,0/12,5 mm dunkelgrün	Ak-QK Al-Yl
d III.		*KN 4,5 mm dunkelgrün (Sondertype 13)	Ak-Yk Al-Yl

*Das Ornament wurde von den bei Giesecke u. Devrient für das türkische Finanzministerium gedruckten Noten zu ¼ Pfund (1915, Serie B und 1916, Serie C, PICK Nr. 11 und 21) übernommen.

III / I

e.	PL		KN 3,5 mm schwarz	Ab, Bc,Cd, . . . Ya
f I.	RD		KN 4,5/16,0 mm schwarz	Aa-Ya
f II.			KN 5,0/15,2 mm schwarz	A-Y
g I.	VL		KN 4,2 mm schwarz	A-Y
g IF.			KN 4,2 mm violett	G,L,M
g II.			KN ✶ 4,0 mm schwarz	D
g IIF.			KN ✶ 4,0 mm violett	D
g III.			✶ KN 4,0 mm schwarz	B

Musternoten: M 1. »MUSTER« 70 mm rot nur vs.
M 2. »MUSTER« 82 mm rot bds.
M 3. »Wertlos« bds. kursiv, KN 000 000

B) Papier weiß, Wz. C-Muster, KN braun bis rot **1,–/5,–**

a I.	BD		KN 4,5 mm gelbbraun Type I	A-X
a II.			KN 4,5 mm gelbbraun Type II	B,D,G,K,T,V-Y
b I.	BK	(7 mm breit)	KN 4,7 mm Type I rot	A-Y Aa-Ya
b II.		(8,5 mm breit)	KN 4,7 mm Type I rot bis braunrot	A-Y Aa-Ya
c I.	CD		KN 3,5-3,6 mm braun	J-Y Aa-Ya Lb-Yb
c II.			KN 3,9-4,1 mm braun	A-J Ab-Kb
d I.	EK	(halbfett)	KN 4,3 mm braun (Sondertype 24)	Aa-Ya
d II.		(fett)	KN 4,3 mm braun (Sondertype 24)	Aa-Ya
e.	GB		KN 4,5 mm braun (Sondertype 10)	A-Y
f.	HD		KN 3,8 mm braun (BZ. J,K,N,Q,X jeweils in zwei Typen)	A-Y
g I.	HH		KN ∗4,5 mm braun 5-stellig	A-Y
g II.			KN ∗4,5 mm braun 6-stellig	A-Y
h.	KH		KN 3,8 mm braun	A-Y Ad-Yd
i I.	NF		KN 3,5 mm braun (Sondertype 6)	Ad-Yd
i II.			KN ∗3,7 mm braun (Sondertype 7)	A-Y Ab-Yb Ac-Yc
i III.			KN ∗3,7 mm braun (Sondertype 7)	A-Y Ab-Yb Ac-Yc
k I.	OE		KN 3,5/11,5 mm braun	Ed,Rd-Yd
k II.			KN 3,8/12,2-12,5 mm braun	Ad-Qd Ae-Ye
k III.			KN✶ 4,5 mm braun	Ad-Yd Ae-Ye
k IV.			KN✶ 4,5 mm braun	Ed (?) Ge
k V.			KN∗ 4,5 mm braun	Ad-Yd Ae-Ye
k VI.			∗ KN 4,5 mm braun (Sondertype 13)	Ah-Yh Ai-Yi
l I.	RB	(halbfett)	KN 3,8 mm braun	Aa-Ya
l II.		(fett)	KN 3,8 mm braun	Aa-Ya
m I.	WD		KN 3,8 mm braun	Ab-Yb
m II.			KN ∗4,5 mm braun	Ac-Yc
n I.	WM		KN 4,0 mm braun	Aa-Ya
n II.			✶ KN 4,3 mm braun	A-Y

Musternoten: M 1. »MUSTER« 71 mm rot nur vs. **III / I**
M 2. »MUSTER« 82 mm rot bds.
M 3. »Muster« bds. weinrot, zusätzlich 2 x Perforation »R. BOLL/DRUCKPROBE«

C) Papier weiß, Wz. Gitter mit 8, KN grün **1,–/5,–**

a I.	FZ	KN 3,5 mm blaugrün (Sondertype 2)	A-U
a II.		KN 4,5 mm blaugrün	V-Y
b I.	GB	KN4,5 mm dunkel- bis blaugrün (Sondertype 10) BZ 2-4 mm vom l. Rand entfernt	Aa-Ya
b II.		KN 4,5 mm dunkelgrün	C-E,H,K.L,N,P, W-Y
b III.		KN 4,5 mm dunkel- bis blaugrün (Sondertype 10) BZ 6-8 mm vom l. Rand entfernt	Aa-Ya
c I.	PG	KN 4,0 mm grün	Af-Yf Ag-Yg Ah-Yh Ai-Yi
c II.		KN ∗ 4,5 mm grün	Ah-Yh Ai-Yi Ak-Yk Al-Yl Am-Ym
c III.		KN ∗ (kon.) 4,6 mm Type I grün	An-Yn Ah,Ch,Sh(Ah-Yh?) Ai-Yi Ak-Yk Al-Yl Am-Ym An-Yn
c IV.		∗ (kon.) KN 4,5 mm Type I grün	Ag-Yg Ah-Yh Ai-Yi Ak-Yk Am-Ym An-Yn
d.	PL	KN 3,5 mm grün bis schwarzgrün	Aa-Ya Ab,Bc,Cd . . . -Ya
e.	RD	KN 4,7 mm dunkel- bis blaugrün	Ad-Yd Ae-Ye
f I.	VL	KN 3,5 mm blaugrün	Aa-Ya
f II.		KN 4,5 mm blaugrün (Sondertype 11)	Ae-Ye
f III.		KN ∗ 4,5 mm blaugrün	Ad-Yd Fa (?)

FZ. SB, von KELLER erwähnt, konnte nicht bestätigt werden (BZ. S)

Musternoten: M 1. »MUSTER« nur vs. rot 70 mm
M 2. »MUSTER« weinrot gestempelt, KN Hd 000 000

D) Papier weiß, Wz. Vierpaß, KN violett, als Fehldrucke auch schwarz (Verwechslung mit A) **2,–/8,–**

a.	DV	KN 3,5 mm violett	Aa-Ya
b I.	GP	KN 4,5/14,0 mm violett	Aa
b II.		KN 4,5/14,8 mm violett	Aa-Ya
b III.		KN 4,5/15,2 mm violett	Aa,Ka,Ra,Ta,Wa
b IV.		KN 5,0/14,4 mm violett	Ga,Ja,Qa,Xa

Die bei anderen Noten der Firma GP vorkommende KN 4,5/16,0 konnte hier nicht nachgewiesen werden.

III / I

c I.	LV		KN 3,7 mm violett (Sondertype 18)	Ab-Yb
c II.			KN 4,5 mm violett (Sondertype 11)	A-Y
c IIF.			KN 4,5 mm schwarz (Sondertype 11)	A-Y
d I.	NF		KN * 3,7 mm violett (Sondertype 7)	Aa-Ya,o.Aa,Ea,Va
d II.			KN * 3,7 mm violett (Sondertype 7)	Aa,Ba,Ea,Fa,Ha, La-Na,Va-Ya
e.	NN		KN 4,5 mm violett	A-Y
f I.	OE		KN * 4,5/13,9 mm violett	Rg-Ug,Xg,Yg
f II.			KN * 4,5/15,8 mm violett	Af-Wf,Yf
				Hg,Vg,Wg
f III.			KN * 4,5 mm violett	Xf
f IV.			KN * 4,5 mm violett	Jf,Pf,Qf
				Ag-Ug,Xg,Yg
g I.	PG		KN 4,0 mm violett	Aa-Ya
				Ae,Se
				Af-Yf
				Ah-Yh
g II.			KN * 4,5 mm violett	A-Y
				Aa-Ya
				Ab-Yb außer Ub
				Ac-Yc
				Ad-Yd
				Ae-Ye
				Cf,Df,Ff,Gf,Hf,Kf, Tf,Wf
				Ah-Yh
				Ai-Yi
				Dl,Fl,Hl,Jl,Kl,Rl
				Am-Ym
g III.			KN * (kon.) 4,7 mm violett Type I	A-Y
				Aa-Ya
				Db,Fb,Nb,Pb,Rb, Wb,Yb
				Ac-Yc
				Ad-Yd
				Ae-Ye
				Qg
				Hh,Ai,Ci,Ki,Mi,Ni, Si,Ti,Wi,Yi
				Em,Fm,Hm,Nm
				An-Cn,En-Gn,Jn, Mn,Pn,Tn,Un
g IV.			* (kon.) KN 4,5 mm violett Type I	W
				Ab-Yb
				Gc,Mc,Qc,Rc
				Bd,Cd,Jd,Ld-Nd, Xd,Yd
				Bf
				Cg,Dg,Lg,Mg,Og, Og-Sg,Xg,Yg
				Qi,Ti,Yi
				Bk,Fk-Hk,Kk-Mk, Sk-Uk
				An-Yn
h.	PL		KN 3,5 mm braunlila	A-Y
i I.	RB	(halbfett)	KN 3,7 mm violett	Ab-Yb
				Ac-Yc
i II.		(fett)	KN 3,7 mm violett	Mb,Pb,Qb,Sb
				Hc

III / I

k I.	RD	KN 4,5 mm violett	Ac-Yc
k II.		KN 5,0 mm violett	Ab-Yb
l I.	VL	KN 3,7 mm violett (Sondertype 18)	A-Y
l II.		KN 4,5 mm schwarz (Sondertype 11)	E,M
l III.		KN ✶4,5 mm violett	A-Y
m I.	WD	KN 3,8 mm violett, BZ. halbfett	A-Y
m II.		KN 3,8 mm violett, BZ. fett	A-Y
m III.		KN ✶ 4,5 mm violett, BZ. halbfett	Aa-Ya
m IV.		KN ✶ 4,5 mm violett, BZ. fett	Aa-Ya
n.	ohne FZ (PG ausgefallen)	KN 4,0 mm violett	Ua

Musternoten: M 1. »MUSTER« rot 71 mm nur vs.
M 2. »MUSTER« rot 81 mm bds.
M 3. »Muster« bds. mit Sb und KN 000 000

E) Papier weiß, Wz. EKAHA-Achterstreifen, KN rot **3,–/10,–**

a I.	EK (halbfett)	KN 4,3 mm rot (Sondertype 24)	Ab-Yb
a II.	(fett)	KN 4,3 mm rot (Sondertype 24)	Ab-Yb
b.	KH	KN 3,8-4,0 mm rot	Aa-Ya Ab-Yb Ac-Yc

Musternoten: M 1. »MUSTER« rot 70 mm nur vs.
M 2. »WERTLOS« bds. mit Gb KN 000 000

F) Papier gelb, Wz. SphärischeDreiecke, KN rot **1,–/5,–**

a I.	BB	KN 3,5 mm rot	Ae-Ye An-Yn
a II.		KN 3,7 mm rot Vorderseite hell- bis dunkelgrün	A-Y
a III.		KN 4,3 mm rot	Ac-Yc Ad-Yd
a IV.		KN 4,5 mm rot (Sondertype 10)	Ab-Yb
a V.		KN 4,7 mm rot	Aa-Ya
a VI		KN ✶ 4,5 mm rot	Am-Ym
b.	BW	KN 4,5 mm rot (Sondertype 10)	A-Y
c I.	BX	KN 3,5 mm rot	A-Y Aa-Ya De (Fehldruck ?)
c II.		KN 4,3 mm rot	Ab-Yb
c III.		KN 4,7 mm rot	C
d.	EK	KN 4,3 mm rot (Sondertype 24)	A-Y
e I.	GP	KN 4,5 / 14,7 mm rot	Ad-Yd
e II.		KN 4,7 / 16,0 mm rot	Dd, Ed, Hd, Sd
e III.		KN 5,0 / 14,4 mm rot	Ld, Qd
f.	KH	KN 4,0 mm rot	Ae-Ye
g I.	NF	KN 3,5 mm rot (Sondertype 6)	Af-Yf
g II.		KN ✶3,7 mm rot (Sondertype 7)	Be, Ce, He, Je, Le, Ne, Oe, Pe, Re, Te, Ve, We
g III.		KN✶ 3,7 mm rot (Sondertype 7)	Ae, De, Fe, Ge, Qe, Xe, Ye
h.	NN	KN 4,5 mm rot	Ab-Yb

III / I

i I.	OE	KN 3,5/11,6 mm rot,	Rh-Yh
		BZ. 3,9 – 4,2 mm hoch	
i II.		KN 3,7 – 3,8 / 12,3 – 12,7 mm rot,	
		BZ. 3,9 – 4,2 mm hoch	A-Y
			Aa-Ya
			Ab-Yb
			Ac-Yc
			Ah-Yh
			Ai-Yi
i III.		KN 3,7 – 3,8 / 12,3 – 12,7 mm rot,	
		BZ. 4,7 mm hoch	A-Y
			Ja-Ya
i IV.		KN ✶4,5 / 14,0 mm rot,	
		BZ.,3,9 – 4,2 mm hoch	Aa-Ja
			Rb-Yb
			Rh-Yh
i V.		KN ✶4,5 / 14,0 mm rot,	
		BZ. 4,7 mm hoch	Aa-Ha
i VI.		KN ✶4,5 / 16,1 mm rot,	
		BZ. 3,9 – 4,2 mm hoch	A-J
			Aa-Ja
i VII.		KN ✶4,5 mm hoch,	
		BZ. 3,9 – 4,2 mm hoch	K-Y
			Ka-Ya
i VIII.		✶ KN 4,5 mm rot (Sondertype 13),	
		BZ. 3,9 – 4,2 mm hoch	A-Y
			Aa-Ya
			Ab-Yb
			Ac-Yc
			Ah-Yh
			Ai-Yi
i IX.		✶ KN 4,5 mm rot (Sondertype 13),	
		BZ. 4,7 mm hoch	A-Y
			Aa-Ya
		i VIII. mit BZ. Ci auch ohne KN	
k I.	PG	KN 4,2 mm rot	Af-Yf
			Ag–Yg ohne Bg
k II.		KN ✶4,5 mm rot	Gf
			Ag-Cg, Jg-Mg, Og-Qg, Sg-Vg
			Km, Nm, Om, Qm
			Cn, Dn, Fn-Jn, Pn, Tn-Vn
k III.		KN ✶ (kon.) 4,7 mm rot Type I	Ff, Xf, Yf
			Fg, Xg, Yg
			Am, Bm, Em, Hm, Mm, Nm, Pm, Um, Xm, Ym
			An, Bn, Dn, En, Hn-On, Qn, Sn-Un, Wn-Yn
k IV.		✶ (kon.) KN 4,5 mm rot Type I	Af-Yf
			Am, Bm, Fm, Hm-Km, Nm, Tm, Um, Wm, Ym
l.	RB	KN 3,8 mm rot	A-Y
m.	SB	✶ KN 4,5 mm rot	A-Y
			Aa-Ya
n.	WB	KN 4,5 mm rot	A-Y
o I.	XB	KN 3,7 mm rot	Ab-Yb

				III / I
o II.		KN 4,0 mm rot	Aa-Ya	
o III.		KN 4,5 – 4,7 mm rot	Aa-Ya	
o IV.		KN ∗ 4,5 mm rot	A-Y	

Musternoten: M 1.»MUSTER« 70 mm rot nur vs.
M 2.»MUSTER« 81 mm rot bds.
M 3. Perforierung »UNGÜLTIG«

G) Papier blaßgrün, Wz. Schlangenlinien,KN rot **1,–/5,–**

a I.	DV	(4,2 mm, halbfett)	KN 3,5 mm rot	Ac-Yc
a II.		(4,5 mm, mager)	KN 3,5 mm rot	Hc, Qc
a III.		(4,2 mm, halbfett)	KN 4,5 mm rot	Ab-Yb
a IV.		(4,5 mm, mager)	KN 4,5 mm rot	Hb
b I.	GP		KN 4,5 / 14,0 mm rot	Ab Ac
b II.			KN 4,5 / 14,8 mm rot	Ab-Yb Ac-Yc
b III.			KN 4,7 / 15,2 mm rot	Ab-Yb Ac-Yc
b IV.			KN 4,7 / 16,0 mm rot 5-stellig	Lb, Rb, Sb, Tb Sc
b V.			KN 4,7 / 16,0 mm rot 6-stellig	Db, Eb, Hb, Jb, Lb, Rb, Sb, Tb Dc, Ec, Hc, Sc
b VI.			KN 5,0 / 14,4 mm rot	Ab, Gb, Lb, Qb, Sb, Xb Ac, Lc, Qc
c.	MK		KN 3,5 mm rot	Aa-Ya Ab-Yb
d.	NN		KN 4,5 mm rot	A-Y Aa-Ya
d F.			KN 4,5 mm rot	ohne BZ.
e I.	OM	(8,3 mm breit, »M«)	∗KN 4,5 mm rot	B, C, G, L, M, R, S, T Aa, Ba, Ca, La, Ma, Pa, Ra, Sa, Ta, Va, Wa
e II.		(8,8 mm breit, »M«)	∗KN 4,5 mm rot	U Ja, Ka, Na, Ua
e III.		(9,5 mm breit, »M«)	∗ KN 4,5 mm rot	A-Y Aa-Ya ohne Sa, Ta

Musternoten: M 1. »MUSTER« 71 mm rot nur vs.
M 2. »MUSTER« 81 mm rot bs.
M 3. »WERTLOS«, graublauer Stempel, Rb mit KN 000 000

H) Papier blaßgrün, Wz. Verschlungene Vielecke, KN grün **2,–/5,–**

a.	DV	KN 3,5 mm grün	A-Y
b I.	GP	KN 4,5 / 14,8 mm grün	A-H, K-Y
b II.		KN 4,7 / 16,0 mm grün 5-stellig	W, X, Y
b III.		KN 4,7 / 16,0 mm grün 6-stellig	W, X, Y
b IV.		KN 5,0 / 14,7 mm grün	J, N
c I.	MK (halbfett)	KN 3,5 mm grün	A-Y
c II.	MK (fett)	KN 3,5 mm grün	A-Y Aa-Ya
d.	MM	KN 4,7 mm grün	A-Y Aa-Ya Ab-Yb

Musternoten: M 1. »MUSTER« 70 mm rot nur vs.
M 2. »MUSTER« 82 mm rot bds.

Nr. 83 wurde in Bogen zu 24 Scheinen (4 breit, 6 hoch) gedruckt, lediglich Nr. 83 A b (FZ. GD) unter vollständiger Ausnutzung des Papierbogens zu 30 Nutzen (4 Reihen zu je 7, am Ende des Bogens weitere zwei Stück, um 90° gedreht). So kommt bei den GD-Drucken neben den BZ. A-Y noch Aa-Ea aus dem gleichen Bogen vor.

III / I

Eine ganze Reihe von Druckunregelmäßigkeiten ist bei Nr. 83 zu beobachten. Besonders häufig erscheint in der obersten Zeile der Vorderseite das erste »e« wie ein »c«, so daß das Wort »Rcichsbanknote« zu lesen ist (vorgekommen bei: 83 A: BB, OE; 83 B: BD, CD, HH, KH, NF, WD, WM; 83 C: FZ, PL, VL; 83 D: LV, NF, PG, RB, WD; 83 E: KH; 83 F: BB, BW, GP, NF, OE, SB, WB; 83 G: GP, MK, NN; 83 H: GP, MK, MM).

Nr. 84

130 x 90 mm

84 16. 9.1922 **5000 Mark,** Vs. Udr. gelbrau mit WZ und Reichsadler, Druck dunkelblau und grün, r. Bildnis des Münzmeisters Nicolo Spinelli von Hans Memling, Rs. dunkelblau und braun auf grünem Udr., Papier gelb mit Wz. Sphärische Dreiecke, ca. 130 x 90 mm, nur Privatdrucke mit KN und doppeltem BZ. dunkelblau, KN 4,2 mm

BZ. A–K **10,–/150,–**

Am Druck waren beteiligt die Firmen Crüwell, Edler u. Krische und König u. Ebhardt.

Musternoten: M 1. »MUSTER« in konturierten Buchstaben 66 mm bds.
M 2. Vs. »Muster«, rs. »MUSTER« 82 mm
M 3. nur vs. »MUSTER« 70 mm

Nr. 85

198 x 107 mm

85 19.11.1922 **5000 Mark,** Vs. schwarz und grün auf graubraun, Kopfbildnis aus dem Gemälde »Mann mit Kind« eines unbekannten schwäbischen Meisters, rs. rotbraun auf olivgrün, Papier weiß mit blaugrünem Farbstreifen und Wz. verschlungene Bänder mit »5000« hell und dunkel, ca. 200 x 107 mm, Rdr.-KN 8-st. olivgrün mit A–F **5,–/80,–**

Musternoten: M 1. »MUSTER« vs. 69, rs. 88 mm

III / I

Nr. 86

190 x 110 mm

86 **50 000 Mark,** Vs. schwarz auf braun und grün, Udr. Reichsadler, l. Bildnis des Kölner Bürgermeisters Brauweiler von Bartholomäus Bruyn, rs. braun und violett auf braun und grün, Papier weiß mit grünem (gelb- bis blaugrün) Faserstreifen und Wz. Streifen von Eichenlaub und Kreuzdorn, Rdr.-KN 8-st. braun mit C-F und J-M **4,–/20,–**

Musternoten: M 1. »MUSTER« 84 mm bds.
M 2. »MUSTER« vs. 63, rs. 111 mm
M 3. nur vs. »MUSTER« 82 mm

87 **50000 Mark,** wie Nr. 86, aber bds. Druck nur schwarz, Rdr.- und Privatdrucke **4,–/16,–**

a I.	Rdr.-KN 8-st. braun		A,B,G,H
a II.	Rdr.-KN 8-st. rotbraun, wasserfest		G,H
a III.	Rdr.-KN 8-st. rotbraun, wasserlöslich		G,H
b.	E	KN 3,5 mm braun	1-24
c I.	M	KN 3,8 mm braun	1-24
c II.		KN 4,7 mm braun	13,14,25-48
d.	N	KN 4,5 mm braun	1-24
e.	P	KN 4,0 mm braun	1-24

Musternoten: M 1. »MUSTER« 84 mm bds.
M 2. »MUSTER« 69 mm nur vs.

Nr. 88

130 x 90 mm

88 2.12.1922 **5000 Mark,** Vs. Udr. grün und gelbbraun mit WZ und Reichsadler, Druck schwarz und braun, r. Bildnis des Kaufmanns Imhoff von Albrecht Dürer, Rs. Udr. grün bis oliv mit ausgesparter WZ., Druck blau und braun, Papier weiß mit verschiedenen Wz., ca. 130 x 90 mm, nur Privatdrucke mit BZ, KN und FZ braun bis schwarz

III / I

A) Wz. GD-Muster **1,–/5,–**

a.	A	KN 4,5 mm braun (Sondertype 10)	A-Z
b.	B	KN 4,2 mm braun	A-Z
c.	BK	KN 4,7 mm braun Type I	A-Z
d I.	C	KN 4,5 mm braun Type I	A-Z
d II.		KN 4,5 mm braun Type II	L,Q
e.	E	KN 4,3 mm braun (Sondertype 24)	A-Z
f I.	F	KN 3,5 mm braun (Sondertype 2)	A-Z
f II.		KN 4,7 mm braun	W-Z
g.	GE	KN 4,5 mm braun bis schwarzbraun	A-Z
h.	HA	KN ∗ 4,5 mm braun bis schwarzbraun	A-Z
i.	HG	KN 3,7 mm braun	A-Z
k.	HR	KN 3,7 mm braun	A-Z Aa-Za
l.	J	KN 4,8-5,0 mm braun	A-Z
m.	L	KN 4,5 mm braun (Sondertype 11)	A-Z
n I.	LE	KN 3, 5mm braun Type I	A-C,E-H,K-N,P-S, U-X,Z
n II.		KN 3,5 mm braun Type II	D,I,O,T,Y
n III.		KN 4,7 mm braun	A-Z
o.	M	KN 4,5 mm braun	A-Z
p.	N	KN 4,7 mm braun	A-Z
q.	O	KN 3,5 mm braun bis schwarzbraun	A-Z Aa-Za
r I.	OE	KN ∗ 4,5/14,0 mm braun, FZ 6 mm breit	A-U
r II.		KN ∗ 4,5/14,0 mm braun, FZ 7 mm breit	A-V
r III.		KN ∗ 4,5/15,5-16 mm braun, FZ 6 mm breit	A-Z
r IV.		KN ∗ 4,5/15,5-16,0 mm braun, FZ 7 mm breit	A-Z
r V.		KN ∗ 4,5 mm braun, FZ 7 mm breit	G
r VI.		KN ∗ 4,5 mm braun, FZ 6 mm breit	B,E,O,P,S-Z
r VII.		KN ∗ 4,5 mm braun, FZ 7 mm breit	B,E,O,P,S-Z
r VIII.		∗ KN 4,5 mm braun (Sondertype 13), FZ. 6 mm breit	A-Z
r IX.		∗ KN 4,5 mm braun (Sondertype 13), FZ. 7 mm breit	A-Z
s.	P	KN 3,8 mm braun	A-Z mit I und J
t I.	PG	KN 4,2 mm braun	A-Z
t II.		KN ∗ 4,5 mm braun	A-Z
t III.		KN ∗ (kon.) 4,7 mm braun Type I	A,B,F-K,O,Q,R, V,W
t IV.		∗ KN (kon.) 4,7 mm braun Type I	A-Z
u I.	R	KN 4,5 mm braun, »R« normal	A-G,K,M-O, Q,S-Z
u II.		KN 4,5 mm braun, »R« mit langem spitzen Abstrich	H,J,L,P,R
v.	RH	KN 3,3-3,7 mm braun bis schwarzbraun (Sondertype 1)	A-Z
w.	S	KN 4,7 mm braun	A-Z

III / I

x.	T	KN 3,5 mm braun	A-Z
y.	U	KN 3,7 mm braun	A-Z
			Aa-Za
			Ab-Zb
z.	V	KN 3,5 mm braun	A-Z
aa.	W	KN 3,8 mm braun	A-Z
bb.	WF	⋆KN 4,5 mm braun	A-Z
cc.	WO	KN 4,0 mm braun	A-Z
dd I.	X	KN 4,2 mm braun	A-Z
dd II.		KN 4,7 mm braun	B,D,H,P,Q,U,X,Y
ee.	Y	KN∗4,5 mm braun	A-Z
ff.	ohne FZ.	KN 3,5 mm braun (wohl zu q gehörender Fehldruck)	Ka

Musternoten: M 1. »MUSTER« 70 mm rot nur vs.
M 2. »MUSTER« in konturierten Buchstaben 66 mm rot bds. mit KN 000 000

B) Wz. Gitter mit 8 **1,–/5,–**

a.	A	KN 4,5 mm braun (Sondertype 10)	Aa-Za
b.	B	KN 4,2 mm braun	A-Z
c.	E	KN 4,3 mm braun (Sondertype 24)	A-Z
			Aa-Za
d.	K	KN 4,3 mm braun (Sondertype 24)	A-Z
e I.	OH	KN∗4,0 mm braun 5-stellig	F-L,N,O,T,V,Y
e II.		KN∗4,0 mm braun 6-stellig	A-L,N,O,R-T,V, W,Y
e III.		KN∗4,5/15,0 mm braun	F,M,N,P,Q,S,V
e IV.		KN∗4,5/15,5-15,8 mm braun	A-E,G-L,O,R,T,U, W-Z
e V.		KN⋆4,0 mm braun 5-stellig	M,P,Q,S,U,X,Z
e VI.		KN ⋆ 4,0 mm braun 6-stellig	M,P,Q,S,U,X,Z
f.	P	KN 3,7 mm braun	A-Z
			Aa-Za
g.	UB	∗KN 4,7 mm braun	A-Z
h.	X	KN 4,2 mm braun	A-Z

Musternoten: M 1. »MUSTER« 70 mm rot nur vs.
M 2. »WERTLOS« bds. mit KN 000 000

C) Wz. C-Muster **1,50/6,–**

a.	BK	KN 4,7 mm braun Type I	A-Z
b.	C	KN 4,5 mm braun Type I	A-Z
c.	EG	KN 4,0 mm braun	A-Z
d I.	EO	KN∗4,5/14,2 mm braun, FZ. 6 mm breit	A-Z
d II.		KN∗4,5/14,2 mm braun, FZ. 7 mm breit	A-Z
d III.		KN∗4,5/15,5-16,0 mm braun, FZ 6 mm breit	A-Z
d IV.		KN∗4,5/15,5-16,0 mm braun, FZ 7 mm breit	A-Z
d V.		KN⋆4,5 mm braun, FZ 7 mm breit	G
d VI.		KN∗4,5 mm braun, FZ 6 mm breit	V-Z
d VII.		KN∗4,5 mm braun, FZ 7 mm breit	V-Z
d VIII.		∗KN 4,5 mm braun (Sondertype 13), FZ. 6 mm breit	A-Z
d IX.		∗KN 4,5 mm braun (Sondertype 13), FZ. 7 mm breit	A-Z
e.	GE	KN 4,5 mm braun	A-Z
f.	O	KN 3,7 mm braun	A-Z
			Aa-Za

III / I

g I.	OE	KN ∗ 4,5/14,2 mm braun, FZ 6 mm breit	A-Z
g II.		KN ∗ 4,5/14,2 mm braun, FZ 7 mm breit	A-Z
g III.		KN ∗ 4,5/15,5-16,0 mm braun, FZ 6 mm breit	A-Z
g IV.		KN ∗ 4,5/15,5-16,0 mm braun, FZ 7 mm breit	A-Z
g V.		KN ∗ 4,5 mm braun, FZ 6 mm breit	G,N
g VI.		KN ∗ 4,5 mm braun, FZ 6 mm breit	V,W,X,Z
g VII.		KN ∗ 4,5 mm braun, FZ 7 mm breit	V,W,X,Z
g VIII.		∗ KN 4,5 mm braun (Sondertype 13), FZ 6 mm breit	A-Z
g IX.		∗ KN 4,5 mm braun (Sondertype 13), FZ 7 mm breit	A-Z
h.	U	KN 3,7 mm braun	Aa-Za Ab-Zb Ac-Zc Ad-Zd

Musternoten: M 1. »MUSTER« 49 mm nur vs.
M 2. »MUSTER« in schattierten Buchstaben 63 mm, KN 000000

D) Wz. Sphärische Dreiecke 1,–/5,–

a I.	B	KN 3,5 mm braun	A-Z
a II.		KN 4,2 mm braun	A-Z
b.	HA	KN 4,0 mm braun (Sondertype 20)	A-Z
c I.	LE	KN 3,5 mm braun Type I	A-C,E-H,K-N,P-S, U-X,Z
c II.		KN 3,5 mm braun Type II	D,I,O,T,W,Y
c III.		KN 4,5/14,3 mm braun	A-Z
c IV.		KN 4,5/15,7 mm braun, FZ schmaler oder breiter (gleitender Unterschied), auch DZ dünn oder kräftig	A-Z Aa-Za
d I.	X	KN 4,2 mm braun	A-Z
d II.		KN 4,7 mm braun	A-Z

Musternoten: M 1. »MUSTER« 70 mm rot nur vs.
M 2. »MUSTER« in konturierten Buchstaben 66 mm mit KN 000000

E) Wz. Schlangenlinien 3,–/15,–

	S	KN 4,5 mm braun	Aa-Za

Musternoten: M 1. »MUSTER« 70 mm rot nur vs.
M 2. »Muster« vs., rs. »MUSTER« 82 mm rot
M 3. »Wertlos« olivbraun vs. einmal, rücks. zweimal

Druck in Bogen zu 25 Scheinen. Als Druckzufälligkeit auch »Banknot__« in der zweiten Textzeile.

89 1. 2.1923 **100 000 Mark,** Udr. Guillochen in lila und braungrau, Druck schwarzbraun, links Bildnis des Kaufmanns Georg Gisze von Hans Holbein d. J., Rs. Udr. lila Guillochen mit grün, weißes Papier mit Wz. Streifen von Eichenlaub und Kreuzdorn, rechts lila Faserstreifen, Rdr.- und Privatdrucke mit BZ, FZ und KN in grün, bei FZ T dieses schwarz

III / I

Nr. 89

190 x 115 mm

a.	Rdr.- KN 8-stellig		A-U	a) **6,–/15,–**
b.	A	KN 3,3 mm grün (Sondertype 16)	1-20	
c.	C	KN 3,5 mm grün	1-20	b)–m) o)–r) **6,–/15,–**
d.	D	KN 3,3 mm grün (Sondertype 16)	1-20	
e I.	H	KN 4,3 mm grün 6-stellig (Sondertype 24)	1-20	nI. **20,–/50,–**
e II.		KN 4,3 mm grün 7-stellig (Sondertype 24)	1-20	nII. **10,–/20,–**
f.	J	KN 5,0 mm grün	1-20	
g.	K	KN 4,0 mm grün	1-20	
h.	M	KN 4,6 – 4,8 mm grün (Sondertype 14)	1-20	
i.	N	KN 3,8 mm grün	1-20	
k.	P	KN 3,8 mm grün	1-20	
l.	R	KN 4,2 mm grün	1-20	
m.	S	KN 4,6 mm grün Type I	1-20	
n I.	T (schwarz)	Rdr.-KN 8-stellig oben und unten	A-U	
n II.		Rdr.-KN 8-stellig nur unten	A-U	
o.	U	KN 3,5 mm grün	1-20	
p.	V	KN 4,2 mm grün	1-20	
q.	W	KN 3,7 mm grün	1-20	
r.	X	KN 3,8 mm grün	1-20	
s.	ohne FZ	ohne KN (Reststücke)		

Musternoten: M 1. »MUSTER« 69 mm nur vs.
M 2. »MUSTER« 81 mm nur vs.
M 3. »MUSTER« vs. 71 mm, rs. 111 mm

Druck in Bogen zu 20 Stück (4 breit, 5 hoch).

90 20. 2.1923 **20000 Mark,** Vs. Udr. grün und rot, darin graue WZ 20000, Druck schwarzblau, Rs. grün, rot und grau, Papier weiß mit verschiedenen Wasserzeichen, nur Privatdrucke mit FZ, BZ FZ und KN schwarzblau bis schwarz

III / I

Nr. 90

160 x 95 mm

A. Wz. GD-Muster **1,–/5,–**

a.	BB	KN 4,2 mm	A-V
b.	BD	KN 4,5 mm Type I	A-V
c I.	BH	KN 3,3 – 3,7 mm (Sondertype 1)	A-V
c II.		KN 3,8 mm	A-V
c III.		KN 4,8 mm (Sondertype 14)	A-G, T, U
d.	BK	KN 4,8 mm Type I	A-V Aa-Va
e.	BM	KN 4,8 mm	A-V
f.	BR	KN 3,5 mm rot oder orange	A-V
g.	BW	KN 3,8 mm	A-V
h.	BX	KN 4,2 mm	A-V
i.	CD	KN 3,8 mm	A-V
k I.	DB	KN 4,5 mm 6-stellig	Aa-Va
k II.		KN 4,5 mm 7-stellig	A-V
l.	DC	KN 3,8 mm	A-V
m.	DK	KN 4,0 mm	A-V Aa-Va
n I.	EB	KN ∗4,5 / 14,3 mm	A-V
n II.		KN ∗4,5 / 15,4 mm	A-V (F, G, O, U, V)
n III		KN ∗4,5 mm	G, M, O Q, U, V
o I.	EO	KN ∗4,7 mm	A-V
o II.		KN ∗4,7 mm	F
o III.		KN ∗4,5 mm	H-V
p.	FG	KN 3,5 mm	A-V
q.	FN	KN 3,5 – 3,6 mm (Sondertype 6)	A-V
r.	GD	KN 3,7 – 3,8 mm (Sondertype 18)	A-V, Aa
s.	GF	KN ∗3,5 mm Type I	A-V
t I.	GP	KN 4,2 mm	A-V
t II.		KN∗4,7 mm	A-V
t III.		∗KN 4,7 mm (∗kon., Type I)	A-V
u.	HB	KN 3,3 – 3,7 mm (Sondertype 1)	A-V
v I.	HH	KN 3,8 mm	A-V
v II.		KN 4,0 mm (Sondertype 20)	A-V
		HH bei beiden KN-Formen auch ohne Querstriche (IIII)	
w I.	HR	KN 3,3 – 3,7 mm (Sondertype 1)	A-V
w II.		KN 3,8 / 12,3 mm	A-V
w III.		KN 3,8 / 12,7 mm	A-V
w IV.		KN 4,6 – 4,8 mm (Sondertype 14)	P-V
x.	KH	KN 3,8 mm Udr. gelb- bisdunkelgrün	A-V
y.	KM	KN 4,2 mm (Sondertype 9)	A-V

III / I

z I.	LE	KN 3,5 mm Type I	A-U
z II.		KN 3,5 mm Type II	O, V
z III.		KN 4,5 mm	A-V
		FZ auch zu E verstümmelt	
aa.	MB	KN 4,5 mm	A-V
bb.	MK	KN 3,5 mm	A-V
cc.	MN	KN 4,7 mm	A-V
dd.	MV	KN ∗ 3,7 mm	A-V
ee.	NF	KN 3,5 – 3,6 mm (Sondertype 6)	A-V
ff I.	OE	KN ∗ 4,7 mm	A-V
		∗ auch im Blinddruck	
ff II.		KN ∗ 4,5 mm	G, O, U, V
gg I.	PB	KN 4,2 mm	A-V
gg II.		KN ∗ 4,7 mm	A-V
gg III.		∗ (kon.) KN 4,7 mm Type I	A-V
hh I.	PG	KN 4,2 mm	A-V
hh II.		KN ∗ 4,7 mm	A-V
hh III.		∗ (kon.) KN 4,7 mm Type I	A-V
ii I.	PR	KN 3,5 mm (2 ähnl. Typen)	A-V
ii II.		KN 4,7 mm	A-V
kk.	RB	KN 3,7 mm	A-V
ll I.	RH	KN 3,3 – 3,7 mm (Sondertype 1)	A-V
ll II.		KN 3,8 mm	A-V
ll III.		KN 4,6 – 4,8 mm (Sondertype 14)	A-G, P-V
mm.	RP	KN 3,5 mm	A-V
nn.	SP	KN 4,0 mm	A-V
		Udr. hellrot oder orangerot	
oo.	WB	KN 3,7 mm	A-V
pp I.	WK	KN 3,7 mm, FZ mit Kopf- und Fußstrichen, 8,9 mm breit	F, H
pp II.		KN 3,7 mm, FZ ohne Kopf- und Fußstriche, 7,6 mm breit	A-V
qq.	WW	KN 3,7 mm	A-V
rr I.	YZ	KN ∗ 4,5 / 14,8 mm, Y im FZ	G, O, R, V
rr II.		KN ∗ 4,5 / 14,8 mm, *Y* im FZ	A, B, C, E, F, H, N, O, P, Q, S, T

Musternoten: M 1. »MUSTER« 82 mm rot bds.
M 2. »Muster« kursiv bds.

B) Wz. Ringel 1,–/5,–

a.	BK	KN 4,8 mm Type I	A-V Aa-Va
b I.	BX	KN 4,2 / 13,6 mm (volle Ziffern)	A-V
b II.		KN 4,2 / 14,0 mm (schlanke Ziffern)	A-V
b III.		KN ∗ 4,2 mm	A-V
c.	CD	KN 3,8 mm	A-V
d I.	DB	KN 4,7 mm 6-stellig	Aa-Va
d II.		KN 4,5 mm 7-stellig	A-V
e.	DC	KN 3,8 mm	A-V
f.	DK	KN 4,0 mm	A-V Aa-Va
g.	FZ	KN 3,4 – 3,5 mm (Sondertype 2)	A-V
h I.	GB	KN 3,5 mm (Sondertype 17)	Aa-Va
h II.		KN 4,5 mm (Sondertype 10)	A-V Aa-Va
		A-V Udr. hellrot oder orangerot	
i I.	HR	KN 3,3 – 3,7 mm (Sondertype 1)	A-V
i II.		KN 3,8 / 12,3 mm	A-V
i III.		KN 3,8 / 12,7 mm	A-V
i IV.		KN 4,6 – 4,8 mm (Sondertype 14)	P-V
		Udr. bei allen KN-Typen hellrot bis orangerot	
k.	KE	KN 3,7 mm	A-V

III / I

l.	LV	KN 3,7 mm (Sondertype 18)	A-V
m.	MB	KN 4,5 mm	A-V
n.	MM	KN 4,5 mm	A-V
o.	MN	KN 4,8 mm	A-V
p I.	MV	KN 3,7 mm	A-V
p II.		KN * 3,7 mm 5-stellig	A-V
p III.		KN * 3,7 mm 6-stellig	A-V
q I.	ND	KN * 4,2 mm 5-stellig	A-V
q II.		KN * 4,2 mm 6-stellig	A-V
r I.	RH	KN 3,3 – 3,7 mm (Sondertype 1)	A-V
r II.		KN 3,8 / 12,3 mm	A-V
r III.		KN 3,8 / 12,7 mm	A-V
r IV.		KN 4,6 – 4,8 mm (Sondertype 14)	A-G, P-V
		Udr. bei allen KN-Typen hellrot bis orangerot	
s.	UB	* KN 4,5 – 4,7 mm	A-V
t.	VL	KN 3,7 mm	A-V
u.	WB	KN 3,7 mm	A-V
v.	WK	KN 3,7 mm (FZ wie bei 90 A pp II)	A-V
w.	XB	KN 4,2 mm (Ziffern schlank oder voll)	A-V
x I.	YZ	KN * 4,5 mm, Y im FZ	A-V
x II.		KN * 4,5 mm, *Y* im FZ	A-V
y I.	ohne FZ	KN 3,5 mm	ohne BZ
y II.		KN 4,6 – 4,8 mm (Sondertype 14) (Fehldruck zu i IV. oder r IV.)	ohne BZ

Musternoten: M 1. »MUSTER« 70 mm rot nur vs.
M 2. »MUSTER« 82 mm rot bds.
M 3. »WERTLOS« rot in konturierten Buchstaben, KN 000 000

C) Wz. Gitter mit 8 **2,–/6,–**

a.	BB	KN 4,2 mm	A-V
b.	BR	KN 3,5-3,7 mm (2 ähnl. Typen)	A-V
		Udr. hellrot oder orangerot	
c.	EB	KN * 4,7 mm	A-V
d I.	EO	KN * 4,7 mm, * 4,2 mm	A-V
d II.		KN * 4,7mm, * 4,8 mm	A-V
d III.		KN * 4,7 mm	F,K
d IV.		KN * 4,7 mm	H-V
e I.	GP	KN 4,2 mm	A-V
e II.		KN * 4,7 mm	A-V
e III.		*(kon.) KN 4,7 mm Type I	A-V
f I.	OE	KN 4,7 mm	J
f II.		KN * 4,7 mm	A-V
f III.		KN * 4,7 mm	G,O,U,V
g I.	PB	KN 4,2 mm	A-V
g II.		KN * 4,7 mm	A-V
g III.		*(kon). KN 4,7 mm Type I	A-V
h I.	PG	KN 4,2 mm	A-V
h II.		KN * 4,7 mm	A-V
h III.		*(kon.) KN 4,7 mm Type I	A-V
i.	PR	KN 3,5 mm	A-V
k.	RB	KN 3,7 mm	A-V
		Udr. hellrot oder orangerot	
l.	RP	KN 3,5 mm	A-V
m.	XB	KN 4,2 mm	A-V
n.	XX	KN 4,2 mm	A-V

Musternoten: M 1. »MUSTER« 82 mm bds. rot
M 2. »Muster« kursiv bds.

				III / I
D) Wz. Sphaerische Dreiecke				5,–/20,–
a I.	PB	KN 4,2 mm	D,J,S,V	
a II.		KN ∗ 4,7 mm	A-V	
a III.		∗ (kon.) KN 4,7 mm Type I	A-V	
b I.	PG	KN 4,2 mm	A-V	
b II.		KN ∗ 4,7 mm	A-V	
b III.		∗ (kon.) KN 4,7 mm Type I	A-V	
c.	XX	KN 4,2 mm	A-V	

Musternoten: M 1. »WERTLOS« bds. mit KN 000000

E) Wz. C-Muster				6,–/25,–
a,	CD	KN 3,8 mm	Aa-Va	
b.	DC	KN 3,8 mm	Aa-Va	

Musternoten: M 1. »MUSTER« 82 mm rot bds.

F) Wz. Schlangenlinien				4,–/15,–
a I.	BH	KN 3,3-3,7 mm (Sondertype 1)	B-E,G,K,Q,V	
a II.		KN 3,8 mm	J,K,U	
a III.		KN 4,8 mm (Sondertype 14)	A,B,D-G	
b.	EB	KN ∗ 4,5 mm	A-V	
c.	FN	KN 3,5 mm (Sondertype 6)	Aa-Va	
d I.	GP	KN 4,2 mm	A-V	
d II.		KN ∗ 4,7 mm		
d III.		∗ (kon.) KN 4,7 mm Type I d II und d III deren Existenz sehr wahrscheinlich ist, konnten nicht nachgewiesen werden.		
e.	HB	KN 3,3–3,7 mm (Sondertype 1)	A-V	
f I.	HR	KN 3,3-3,7 mm (Sondertype 1)	A-V	
f II.		KN 3,8/12,3 mm	H	
f III.		KN 4,6 mm (Sondertype 14)	Q-V	
g I.	PB	KN 4,2 mm		
g II.		KN ∗ 4,7 mm	A-V	
g III.		∗ (kon.) KN 4,7 mm Type I g I konnte noch nicht nachgewiesen werden.	A-V	
h I.	PG	KN 4,2 mm		
h II.		KN ∗ 4,7 mm	A-V	
h III.		∗ (kon.) KN 4,7 mm Type I h I konnte nicht nachgewiesen werden.	A-V	
i I.	PR	KN 3,7 mm	A-V	
i II.		KN 4,7 mm	A-V	
k I.	RH	KN 3,3-3,7 mm (Sondertype 1)	A-V	
k II.		KN 3,8 mm	N,U	
k III.		KN 4,6 mm (Sondertype 14)	A,C-F	

Musternoten der Nr. 90 F wurden nicht bekannt.

Nr. 90 wurde in Bogen zu 21 Stück (3 breit, 7 hoch) gedruckt, lediglich Nr. 90 A r in Bogen zu 22 Stück, wobei ähnlich dem Vorgehen bei Nr. 83 A b (ebenfalls FZ GD) offenbar ein Schein quer zum Druck der anderen angeordnet war, um den Papierbogen vollständig auszunutzen.

Nach einer amtlichen Bekanntmachung der Deutschen Reichsbank haben französische Einheiten am 6. März 1923 aus der Druckerei E. Marks in Mülheim (Ruhr) halb- und ganz fertiggestellte Noten zu 20 000 Mark in Beträgen von 336 und 1 530 Millionen Mark konfisziert, die das Kennzeichen MX trugen und die von der Reichsbank für ungültig erklärt wurden. Ein Exemplar L-MX, Wz. Ringel wurde bekannt (entwertet).

III / I

Nr. 91

160 x 110 mm

91 20. 2.1923 **1 Mio Mark,** einseit. Druck, dunkelbraun auf ocker und blaugrün, im Udr. Wertbezeichnung, Papier weiß mit Wz. GD-Muster, nur Privatdrucke mit BZ und FZ dunkelbraun oder (o) rot, KN rot

a.	GB	KN 4,5 mm (Sondertype 10)	A-S	**5,–/30,–**
b.	GD	KN 3,7 mm (Sondertype 18)	A-S	
c.	HG	KN 4,0 mm (Sondertype 20)	A-S	
d.	HH	KN 4,0 mm (Sondertype 20)	A-S	
e.	HR	KN 3,3-3,7 mm (Sondertype 1)	A-S	
f.	LE	KN 4,2 mm	A-S	
g.	MM	KN 4,5 mm	A-S	
h.	MN	KN 4,7 mm	A-S	
i I.	PG	KN 4,2 mm	A-S	
i II.		KN ∗ 4,7 mm	A-S	
k.	PR	KN 3,5 mm	A-S	
l.	UB	∗ KN 4,2 mm	A-S	
m.	VL	KN 3,7 mm	A-S	
n.	WB	KN 4,2 mm	A-S	
o.	YZ	KN ∗ 4,5 mm	A-S	

Auch mit Wz. Rdr.- Wellenlinien vorgekommen (91 K, B I B)

Musternoten: M 1. »MUSTER« 70 mm rot nur vs.
M 2. »MUSTER« 103 mm rot nur vs.

Gedruckt in Bogen zu 18 (3 x 6) Nutzen.

92 1. 5.1923 **500000 Mark,** vs. Udr. lilarot und graugrüne Guillochen, Druck schwarzgrün, zwei symmetrische Köpfe bärtiger Männer mit Jakobinermütze, Rs. lilarot und graugrün, im Udr. Reichsadler, weißes Papier, rechts mit Faserstreifen und Wz. »500 M« hell und dunkel, Reichsdruckerei- und Privatdrucke, KN und, soweit vorhanden, BZ und FZ lilarot

a I.	Rdr.	Rdr.-KN bds. je zweimal, 8-stellig	A-F	**10,–/25,–**
a II.		Rdr.-KN bds. je zweimal, 7-stellig	G-J	
a III.		Rdr.-KN nur vs. zweimal, 8-stellig	A-F	
a IV.		Rdr.-KN nur vs. zweimal, 7-stellig	G-J	
b.	AB	KN 4,2 mm (Sondertype 9) zweimal	1-42	
c.	AC	KN 3,5 mm (Sondertype 2) einmal	1-21	
d I.	W	KN ∗ 4,7 mm einmal	1-3,10-21	
d II.		KN ⋆ 4,5 mm einmal	4-9	
e I.	Z	KN 4,0 mm (Sondertype 20) **einmal, links**	1-7,15-21	
e II.		KN 4,0 mm (Sondertype 20) **einmal, rechts**	8-14	
e F.	ohne FZ	KN 4,0 mm (Sondertype 20)	ohne BZ	–,–/–,–

III / I

Nr. 92

170 x 95 mm

Musternoten: M 1. »MUSTER« rot vs. 71, rs. 82 mm
M 2. »MUSTER« rot bds. 82 mm
M 3. »MUSTER« rot 82 mm nur vs.
M 4. »WERTLOS« rot
Druckbogen zu 42 Nutzen (6 breit, 7 hoch)

Nr. 93

175 x 95 mm

93 1. 6.1923 **5 Mio Mark,** vs. graubraun auf graugrünem Liniennetz, Frauenkopf der Verfassungsmedaille, Rs. graubraun und graugrün, Papier weiß rechts mit gelbem Faserstreifen und Wz. Distelstreifen, nur Rdr.-Drucke, KN rot 8-stellig mit A-D **50,–/100,–**
Musternoten: M 1. »MUSTER« 82 mm rot bds.
M 2. »MUSTER« 82 mm rot nur vs.

Nr. 94

162 x 87 mm

III / I

94 23. 7.1923 **2 Mio Mark,** vs. schwarzbraun auf blaugrün, lilarosa und grau, zwei symmetrische Abbildungen des Brustbildes des Kaufmanns Georg Gisze von Hans Holbein d. J. (s. auch Nr. 89). Rs. schwarzgrün auf ocker und lila, weißes Papier mit Wz. Ringel, nur Privatdrucke mit FZ und BZ schwarzbraun, KN rot **20,–/35,–**

I.	E	KN 3,7/11,5 mm zinnoberrot bis braunrot	A-V (mit I und J) Aa-Va (mit Ia und Ja)
II.		KN 3,8/12,0 mm ziegelrot	A-V (mit J) Aa-Va (mit Ja)
III.		KN 3,8/12,5-12,7 mm karmin	A-V (mit I und J) Aa-Va (mit Ia und Ja)
IV.		KN 3,8/12,5-12,7 mm braunrot	A-V (mit I) Aa-Va (mit Ia)

Musternoten: M 1. »MUSTER« 69 mm rot nur vs.
M 2. »MUSTER« 82 mm rot bds.
M 3. »Wertlos« bds. mit KN ∗4,5 mm und KN 000000

Nr. 94 (Fehldruck)

162 x 87 mm

F. Plattenfehler: »Mulionen« anstatt »Millionen« vs. in der zweiten Zeile, entstanden durch Abbruch des oberen Teils des ersten »l« E Ha **350,–/500,–**

Nr. 95

110 x 80 mm

95 25. 7.1923 **100000 Mark,** einseitiger schwarzer Druck auf grünem Unterdruck, Papier grünlich mit unterschiedlichen Wasserzeichen, nur Privatdrucke mit FZ und BZ schwarz, ohne KN

A) Wz. GD-Muster, Papier hellbläulichgrün **1,50/6,–**

a.	AD	1-108 (109?)
b.	AJ	1-72
c.	AL	1-36
d.	E	1-72

III / I

e.	N	1-72	
f.	OE	1-72	
g.	OH	1-72	
h.	V	1-72	

Musternoten: M 1. »MUSTER« 69 mm nur vs.
M 2. »MUSTER« 82 mm nur vs.

B) Wz. Schlangenlinien, Papier blaßgrün **3,–/18,–**

a.	AD	1-72
b.	AJ	1-72
c.	E	1-72
d.	N	1-72
e.	OE	1-72
f.	OH	1-72
g.	V	1-72

Musternoten: M 1. »MUSTER« 69 mm nur vs.
M 2. »MUSTER« 82 mm nur vs.

Nr. 96

175 x 80 mm

96 25. 7.1923 **500000 Mark,** einseitiger roter bis braunroter Druck auf weißem Papier rechts mit blauem bis lila Faserstreifen, Wz. »500 M« hell und dunkel. Rdr.- und Privatdrucke, KN und (bei Firmendrucken) FZ und BZ schwarz

a.	Rdr.	Rdr.-KN 8-stellig	A-C	**2,–/10,–**
b.	AB	KN 3,5 mm	1-24	
c.	B	KN 3,7 mm Druck rot bis braunrot	1-24	
d.	G	KN 3,5 mm	1-48	
e.	P	KN 3,8 mm Druck blaßrot bis braunrot	1-72	

Musternoten: M 1. »MUSTER« 69 mm nur vs.
Druck in Bogen zu 24, 48 oder 72 Nutzen.

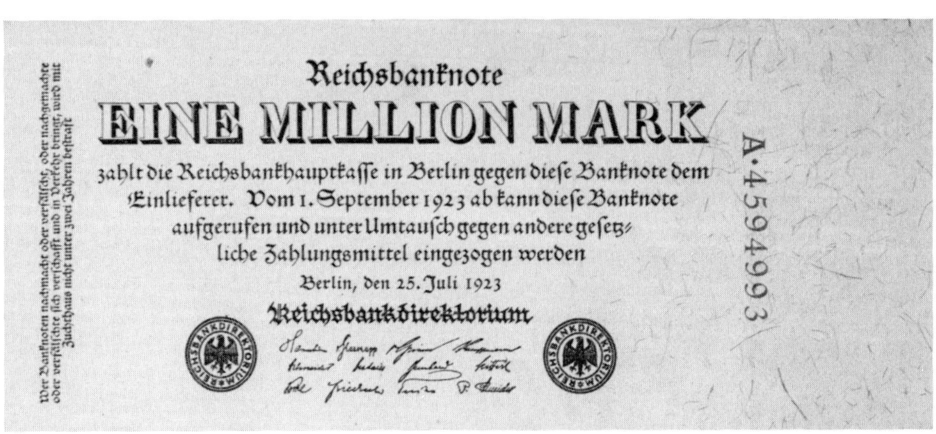

Nr. 97

185 x 80 mm

III / I

97 25. 7.1923 **1 Mio Mark,** einseitiger schwarzer Druck auf weißem Papier rechts mit gelbem Faserstreifen und Wz. Distelstreifen, Rdr.- und Privatdrucke, KN rot, bei Privatdrucken FZ und BZ schwarz

a I.	Rdr.	Rdr.-KN 7-stellig, im Datum »5« nach unten überstehend	A-D	**2,–/20,–**
a II.		Rdr.-KN 7-stellig, im Datum »5« nach oben überstehend	A-D	
a III.		Rdr.-KN 7-stellig, im Datum »5« nach unten, »2« nach oben überstehend	A-D	
b I.	W	KN 4,2 mm nach innen	33-40,49-56,65-72, 81-88	
b II.		KN 4,2 mm nach außen	41-48,57-64,73-80, 89-96	
b III.		KN 4,7 mm nach innen	1-8,17-24,69	
b IV.		KN 4,7 mm nach außen	9-16,25-32	
c. ohne FZ u. ohne KN				–,–/–,–

Musternoten: M 1. »MUSTER« 82 mm nur vs.

Nr. 98

160 x 95 mm

98 25. 7.1923 **1 Mio Mark,** vs. schwarzblau auf orangebraun, graulila und grau, Rs. nur orangebraun und graulila, weißes Papier mit Wz. Ringel, nur Privatdrucke, FZ und BZ schwarzblau, KN schwarz

a.	BK	KN 4,7 mm Type I	A-V	**20,–/60,–**
b.	DB	KN 4,7 mm	Aa-Va	
c.	DK	KN 3,8 mm	A-V	

Zum Druck der Nr. 98 wurden die abgeänderten Klischees von Nr. 90 verwendet. Die links stehende Wertliste wurde unverändert übernommen, durch Überdruck aber berichtigt.
Der Untergrund der rs. WZ ist bei a und c grau, bei b braun.
Musternoten: M 1. »MUSTER« 82 mm nur vs.
M 2. »MUSTER« 82 mm bds.
Gedruckt in Bogen zu 21 Nutzen (3 breit, 7 hoch).

Nr. 99

190 x 80 mm

III / I

99 25. 7.1923 **5 Mio Mark,** einseitiger schwarzer Druck auf weißem, geripptem Papier links mit grünem Faserstreifen und Wz. »5000« hell, »Mark« dunkel, nur Reichsdrucke, KN rot 7-stellig mit A-D **3,–/25,–**
Musternoten: M 1 »MUSTER« 82 mm rot vs.
Gedruckt wahrscheinlich in Bogen zu 28 (4 breit, 7 hoch) Nutzen.

Nr. 100

195 x 80 mm

100 25. 7.1923 **10 Mio Mark,** einseitiger schwarzer Druck, Udr. Wertangabe in grau, Papier weiß rechts mit gelbem Faserstreifen und Wz. Distelstreifen, nur Reichsdrucke, KN rot 7-stellig mit A-H **2,50/12,–**
Musternoten: M 1. »MUSTER« 82 mm nur vs.
Gedruckt wahrscheinlich in Bogen zu 28 (4 x 7) Scheinen.

Nr. 101

195 x 83 mm

101 25. 7.1923 **20 Mio Mark,** einseitiger schwarzer Druck, Udr. Wertangabe in graublau, Papier weiß rechts mit lila Faserstreifen, Wz. Streifen von Eichenlaub und Kreuzdorn, ca. 195 x 83 mm, Reichs- und Privatdrucke, KN rot, FZ und BZ rot oder (nur bei FZ J und T) schwarz

a.	Rdr.	Rdr.-KN 7-stellig	W-Z	**2,50/10,–**
b.	AB	KN 4,2 mm rot (Sondertype 9)	1-14	
c.	AE	KN 4,1 mm rot (Sondertype 21)	1-28	
d.	AF	KN 4,5 mm rot	1-28	
e.	AG	KN 4,0 mm rot	1-14	
f.	D	KN 3,3 mm rot (Sondertype 16)	1-28	
g.	H	KN 4,3 mm rot (Sondertype 24)	1-28	
h I.	J	KN 4,7 mm rot, FZ unter KN schwarz	29-42	
h II.		KN 5,0 mm rot, FZ vor KN schwarz	1-28,43-56	
i.	K	KN 4,0 mm rot	1-28	
k.	N	KN 3,8 mm rot	1-28	
l.	P	KN 3,8 mm rot	1-28	
m.	R	KN 4,0 mm rot	1-28	
n.	S	KN 4,7 mm rot Type I	1-14	

III / I

o.	T	Rdr.-KN 8-st., FZ und BZ schwarz	1-28
p I.	V	KN 4,2 mm rot	1-28
p II.		∗KN 4,5 mm rot	1-14

Musternoten: M 1. »MUSTER« 82 mm rot nur vs.
M2. Farbstreifen gelb, KN A 000 000 mit Perforation »DRUCKPROBE«

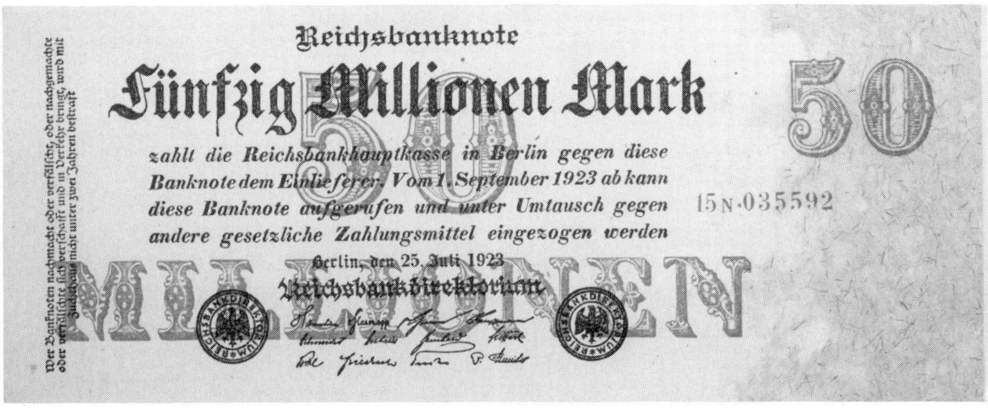

Nr. 102

195 x 86 mm

102 25. 7.1923 **50 Mio Mark,** einseitiger schwarzer Druck, Udr. Wertangabe in grau- bis lilabraun, Papier weiß mit rechts lila Faserstreifen und Wz. Streifen von Eichenlaub und Kreuzdorn, Rdr.- und Privatdrucke, FZ, BZ und KN rot, lediglich bei FZ T FZ und BZ schwarz **2,–/10,–**

a.	Rdr.	Rdr.-KN 7-stellig	R-Z
b I.	A	KN 3,3 mm (Sondertype 16)	1-28
b II.		KN 3,8 mm	22-28
b III.		KN 4,7/15,1 mm	1-2,4-6,8,9,11-21
b IV.		KN 4,7/16,0 mm	3,7,10
c.	C	KN 3,5 mm	1-28
d I.	M	KN 3,3-3,7 mm (Sondertype 1)	5,23,26-28
d II.		KN 3,8 mm	1-26,28
d III.		KN 4,6-4,8 mm (Sondertype 14)	11-14
e.	N	KN 3,5-3,7 mm (2 Typen)	1-28
f.	P	KN 4,0 mm	1-42
g	T	Rdr.-KN 8-st. (FZ und BZ schwarz)	1-28
h.	X	KN 4,0 mm	1-28
i.	ohne FZ	ohne BZ unverausgabte Reststücke	

Musternoten: M 1. »MUSTER« 81 mm rot nur vs.
M2. Farbstreifen gelb, KN A 000 000 mit Perforation »DRUCKPROBE«

Gedruckt in Bogen zu 14, 28 oder 42 Scheinen.

Nr. 103

105 x 70 mm

103 9. 8.1923 **50000 Mark,** einseitiger schwarzer Druck auf blaßorange Udr., Papier weiß ohne Wz., nur Privatdrucke ohne FZ, BZ und KN **3,–/15,–**
Musternoten: M 1. »MUSTER« 70 mm rot nur vs.
M 2. »Muſter« rot

Der Schein wurde zur besseren Raumausnutzung am Rand des Druckbogens von Nr. 105 gedruckt.

III / I

Nr. 104

115 x 70 mm

104 9. 8.1923 **200000 Mark,** einseitiger schwarzer Druck, Udr. hellgrau, weißes Papier ohne Wz., nur Privatdrucke, FZ und BZ schwarz oder fehlend, ohne KN **2,–/8,–**

a.	K		1-20
b.	N		1-20
c.	V		1-20
d.	ohne	(Druckerei: H.S. Hermann, Berlin)	

Musternoten: M 1. »MUSTER« 70 mm rot nur vs.
M 2. »MUSTER« 81 mm rot nur vs.

Es soll Stücke geben, deren WZ die letzten drei Nullen fehlen, die also nur »200« lautet.
Der Schein wurde zumindest zum Teil zur besseren Raumausnutzung am Rand des Druckbogens von Nr. 107 gedruckt.

Nr. 105

120 x 80 mm

105 9. 8.1923 **1 Mio Mark,** einseitiger schwarzer Druck auf weißem Papier rechts mit grünem Faserstreifen und Wz. Streifen von Eichenlaub und Kreuzdorn, nur Rdr.-Drucke, KN rot mit S-Z **1,–/6,–**

Musternoten: M 1. »MUSTER« 70 mm rot nur vs.
M 2. »Muſter« rot

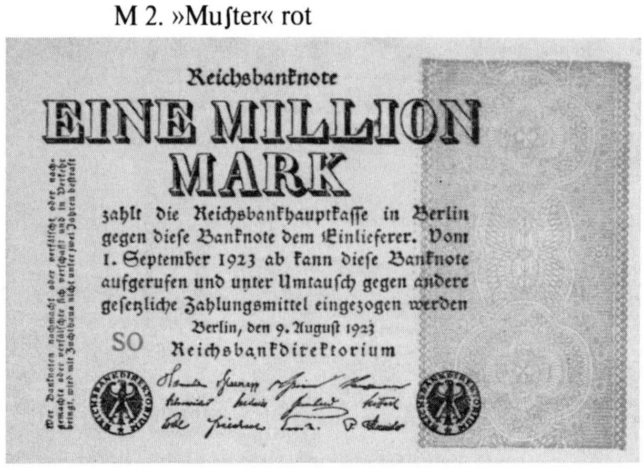

Nr. 106

120 x 80 mm

106 9. 8.1923 **1 Mio Mark,** wie Nr. 105, aber anstelle des Faserstreifens grüner Guilloche-Unterdruck, weißes Papier mit unterschiedlichem Wasserzeichen, nur Privatdrucke, ohne BZ und KN, nur FZ grün

III / I

A) Wz. GD-Muster **1,–/5,–**

a. AK
b. AR
c. AΩ
d. BH
e. BM
f. CD
g. EK
h. FG
i. FM
k. GB
l. GU
m. HH
n. HM
o. HO
p. KH
q. MV
r I. ℜ𝔇
r II. ℜ𝔇
s. NF
t. RL
u. RW
v. SO
w. VB
x. WK (grün bis graugrün)
y. YZ

Musternoten: M 1. »Muster« weinrot, fett nur vs.
M 2. »Muſter« zinnober, schmal nur vs.

B) Wz. Ringel **1,–/5,–**

a. BD
b. BK
c. CD
d. DK
e. MV
f. ℜ𝔇
g. RS
h. SC
i. VD
k. YZ
l. ZK

Musternoten: M 1. »MUSTER« rot 70 mm nur vs.
M 2. »Muſter« rot nur vs.
M 3. »WERTLOS« rot nur vs.
M 4. Perforation »Wertlos/Reichsbank«

C) Wz. Gitter mit 8 **2,–/6,–**

a. BM
b. FM
c. GU
d. HO
e. NF
f. SO
g. VD
h. WH

Musternoten: M 1. »MUSTER« 70 mm rot nur vs.
M 2. »Muſter« rot nur vs.

D) Wz. Schlangenlinien

BM **3,50/12,–**

Musternoten: M 1. »Muſter« weinrot vs.

Nr. 106 A–D wurden in Bogen zu 28 Scheinen (4 x 7) gedruckt. die Farbstreifen links schwanken zwischen gelbgrün, dunkelgrün und blaugrün.

III / I

Nr. 107

125 x 80 mm

107 9. 8.1923 **2 Mio Mark,** einseitiger schwarzer Druck auf weißem Papier, rechts mit lila Faserstreifen und Wz. Streifen von Eichenlaub und Kreuzdorn, Reichsdruckerei- und Privatdrucke, FZ und BZ rot oder schwarz, KN rot **2,–/8,–**

a.	Rdr.	Rdr.-KN 8-stellig	A–D
b.	A (rot)	KN 3,3 mm (Sondertype 16)	1-28
c.	AE (schwarz)	KN 4,1 mm (Sondertype 21)	1-28
d.	AF (rot)	KN 4,5 mm	1-28
e.	AG (rot)	KN 4,0 mm	1-14
f.	C (rot)	KN 3,5 mm	1-28
g.	D (rot)	KN 3,3 mm (Sondertype 16)	1-28
h.	H (schwarz)	KN 4,3 mm (Sondertype 24)	1-28
i.	J (schwarz)	KN 5,0 mm	1-56
k I.	K (schwarz)	KN ∗4,8 mm Type I	1-28
k II.		KN ∗4,8 mm Type II	1-28
l I.	M (rot)	KN 3,3 – 3,7 mm (Sondertype I)	5
l II.		KN 3,8 mm	1-4, 6-14
m.	N (schwarz)	KN 3,5 – 3,8 mm (2 Typen)	1-28
n.	R (rot)	KN 4,0 mm	1-28
o.	S (rot)	KN 4,7 mm Type I	1-14
p.	T (schwarz)	KN 3,5 mm	A-O Aa-Oa
q.	V (rot)	KN 4,2 mm	1-28
r.	X (schwarz)	KN 3,8 mm (BZ mager wie FZ oder halbfett)	1-28

Musternoten: M 1. »MUSTER« 70 mm rot nur vs.
M 2. »Muſter« rot nur vs.
M 3. Perforation »Wertlos/Reichsbank«

Nr. 108

125 x 80 mm

108 9. 8.1923 **2 Mio Mark,** wie Nr. 107, aber anstelle des Faserstreifens rechts violetter Guilloche-Unterdruck, weißes Papier mit unterschiedlichen Wz., nur Privatdrucke mit FZ, aber ohne BZ und KN

		III / I
A) Wz. GD-Muster		**1,–/5,–**
a.	AK	
b.	AR	
c.	AΩ	
d.	BH	
e.	BM	
f.	CD	
g.	EK	
h.	FG	
i.	FM	
k.	GB	
l.	GD	
m.	GU	
n.	HH	
o.	HM	
p.	HO	
q.	KH	
r.	LE	
s.	MM	
t.	MR	
u.	MV (violett bis lilagrau)	
v.	𝔑𝔇	
w.	NF	
x I.	PG	
x II.	<u>PG</u>	
y.	RL	
z.	RW	
aa.	SO	
bb.	VB	
cc.	VL	
dd I.	WB	
dd II.	<u>WB</u>	
ee.	WK (violett bis grauviolett)	
ff.	YZ (violett bis graubraun)	
gg.	ohne FZ (nicht verausgabt)	

Fehldruck: FZ WK kommt auch kopfstehend vor.
Das von KELLER erwähnte FZ VD konnte nicht bestätigt werden.
Musternoten: M 1. »MUSTER« 70 mm rot nur vs.
M 2. »Muſter« weinrot, fett, nur vs.
M 3. »Muſter« rot nur vs.

B) Wz. Ringel		**1,–/5,–**
a.	BD	
b.	BK	
c.	CD	
d.	DK	
e.	MV	
f.	𝔑𝔇	
g.	SC	
h.	VD	
i.	YZ	
k.	ZK	

Musternoten: M 1. »MUSTER« 70 mm rot nur vs.
M 2. »Muster« rot nur vs.

C) Wz. Gitter mit 8		**1,–/5,–**
a.	BM	
b.	FM	
c.	GB	
d.	GU	
e.	HO	
f.	MM	

III / I

g. NF
h. PG
i. SO
k. VD
l. VL
m. WB
n. WH

Musternoten: M 1. »MUSTER« 70 mm rot nur vs.
M 2. »Muſter« rot nur vs.
M 3. »Muster« rot nur vs.

D) Wz. Schlangenlinien **2,50/10,–**

a. BM
b. MM

Musternoten: M 1. »Muſter« rot nur vs.
M 2. »Muster« rot nur vs.

Nr. 108 wurde in Bogen zu 28 Nutzen (4 x 7) gedruckt.
Auch mit Wz. Hakenmäander mit FZ vorgekommen. Wahrscheinlich Fälschung.

Nr. 109

128 x 80 mm

109 20. 8.1923 **5 Mio Mark,** einseitiger schwarzer Druck auf graugrünem Unterdruck, Papier rosa mit Wz. Vierpaß, Reichsdruckerei- und Privatdrucke, FZ und BZ rot (bei einem Teil mit FZ N schwarz), KN rot **4,50/12,–**

a.	Rdr.	Rdr.-KN 8-stellig	A-H
b I.	A	KN 4,5 mm (Sondertype 12)	1-9
b II.		KN 4,8 – 5,2 mm	10-36
c I.	AB	KN 3,5 mm	3, 5, 7, 12, 15, 17, 20-23, 28
c II.		KN 4,2 mm (Sondertype 9)	2-4, 11, 15, 17, 19, 25, 26, 34
c III.		KN ∗ 4,5 mm (∗ 4,5 mm)	1,3–9,11,12 15–22,24,26–30 32, 34-36
c IV.		KN ∗ 4,5 mm (∗ 5,5 mm)	23
d.	AD	KN 4,2 mm (Sondertype 22)	1-36
e I.	AJ	∗ KN 4,7 mm	18, 33
e II.		∗ KN 4,5 mm	1-17, 19-32, 34-36
f.	AK	KN 3,8 mm	1-36
g.	AL	KN 3,5 mm	6, 11
h.	B	KN 4,7 mm	1-36
i.	D	KN 3,3 mm (Sondertype 16)	1-36
k.	G.	KN 3,5 mm	1-36
l.	H	KN 4,0 mm	1-20
m.	K	KN 4,7 mm	1-36
n I.	M	KN 3,3 – 3,7 mm (Sondertype 1)	55-90
n II.		KN 3,8 mm (Sondertype 19)	1-54
o I.	N (rot)	KN 3,5 mm	1-54
o II.	N (schwarz)	KN 4,5 mm	1-36
p I.	P	KN 4,0 / 12,7 mm	6-9

III / I

p II.		KN 4,2 / 13,7 mm	1-5, 10-36
q.	V	∗KN 4,5 mm	1-36
r.	ohne FZ	ohne KN	ohne BZ

Musternoten: M 1. »MUSTER« 70 mm rot nur vs.
M 2. »Muſter« rot nur vs.

Nr. 110

125 x 80 mm

110 22. 8.1923 **10 Mio Mark,** schwarzer Druck einseitig auf olivgrünem Unterdruck, Papier weiß mit unterschiedlichen Wz., nur Privatdrucke, FZ und BZ schwarz, KN rot

A) Wz. GD-Muster **1,–/5,–**

a.	AK	KN 4,0 mm Type I	1-64
b I.	AR	KN ∗4,5 mm 5-stellig (∗4,0 mm)	1-3,5-10,14,15
b II.		KN ∗4,5 mm 5-stellig (∗5,0 mm)	4,11
b III.		KN∗4,5/14,0 mm 6-stellig	4,12,17-40
b IV.		KN∗4,5/16,0 mm 6-stellig	1-16,24
c.	AΣ	KN 3,5 mm	1-64
d I.	BB	KN 3,7/12,2 mm	49-64
d II.		KN 4,0/14,0 mm	33-48
d III.		KN 4,7/14,5 mm	1-32
e.	BD	KN 4,5 mm Type I BZ. 1-27 siehe unter DB	28-32
f.	BH	KN 4,5 mm Type I	1-32
g.	BK	KN 4,5 mm Type I	1-32
h.	BW	KN 3,5 mm	1-64
i.	BX	KN 4,0 mm	1-64
k.	CD	KN 3,5 mm	1-128
l.	DB	KN 4,5 mm BZ 28-32 siehe unter BD; BD und DB ergänzen sich zu einer Reihe 1-32.	1-27
m.	DK	KN 3,7-4,0 mm (2 Typen)	1-64
n.	DV	KN 4,5-4,7/14,0-15,5 mm (4 Typen)	1-64
o I.	EO	KN∗4,7/14,0 mm (∗4,0 mm)	1-6,13,15,19, 20,27
o II.		KN∗4,7/16,0 mm (∗4,2 mm)	1,3,6-8,15,24, 59,64
o III.		KN∗5,0/14,5 mm (∗5,2 mm)	1,2,4-6
o IV.		KN∗4,7 mm	16
o V.		KN∗4,5 mm	9-14,42,45, 50,51
o VI.		∗KN 4,5 mm (Sondertype 13)	17-64
p.	FG	KN∗3,5 mm Type I	1-32
q I.	FM	KN 3,5 mm	1-32
q II.		KN∗4,5 mm	1,5,7-9,12-14,23
r.	GB	KN 4,5 mm (Sondertype 10)	1-64
s.	GD	KN 3,8 mm (Sondertype 18)	1-64

III / I

t I.	GE	KN 3,5 mm Type I	49-64
t II.		KN 4,0 mm	25-48
t III.		KN 4,5 mm	1-24
u.	GU	KN 4,0 mm	1-32
v.	HG	KN 3,8 mm	1-32
w.	HH	KN 4,0 mm (Sondertype 20)	1-32
x.	HM	KN 3,8 mm	1-32
y.	HO	KN 3,8 mm	1-32
z I.	HR	KN 3,3-3,7 mm (Sondertype 1)	1-38
z II.		KN 3,8 mm (Sondertype 19)	39-64
aa.	KH	KN 4,0-4,2/12,6-13,0 mm (2 Typen)	1-64
bb I.	LE	KN 3,5 mm Type I	49-64
bb II.		KN 4,2/15,2 mm halbfett	1-48
bb III.		KN 4,5/14,3 mm	65-96
b IV.		KN 4,5/15,5 mm fett	81,86-88,91-96
cc I.	MB	KN 4,2 mm	1-64
cc II.		∗KN 4,5 mm Type I	9,41,45,46,50, 52,54,56,62
dd I.	MM	KN 4,2/14,7 mm	25-32
dd II.		KN 4,8/16,0 mm	1-24
dd III.		∗KN 4,5 mm Type I	33-64
ee.	MR	№ KN 4,6-5,0 mm (№ schmal oder breit)	1-40
ff I.	MV	KN ∗3,5 mm 5-stellig	A-Y
ff II.		KN ∗3,5 mm 6-stellig	A-Y
gg I.	𝔑𝔇	KN ∗4,2-4,5/14,0-14,2 mm (2 Typen)	1-31
gg II.		KN ∗(kon.) 4,2 mm	1,13,30,32
hh.	NF	KN 3,5 mm (Sondertype 6)	1-64
ii.	𝔑𝔑	KN ∗4,0mm	3
kk.	NN	KN 4,5 mm	1-32
ll I.	OE	KN ∗4,5/13,8-14,1 mm (2 Typen) (∗4,0 oder 4,7 mm)	7,9-40
ll II.		KN∗ 4,5/15,7-16,3 mm (2 Typen) (∗4,0 oder 4,7 mm)	1-8,57-64
ll III.		KN∗5,0/13,8 mm (∗5,2 mm)	2,3
ll IV.		KN∗4,5 mm	16
ll V.		KN∗ 4,5 mm	9-14,41-56
ll VI.		∗KN 4,5 mm (Sondertype 13)	12,17-64
mm I.	OF	KN 4,0 mm	33-64
mm II.		KN 4,8 mm	1-32
nn I.	PG	KN 3,5 mm	1-16
nn II.		KN 4,0 mm	17-64
nn III.		KN ∗4,5 mm	1-25,32,34-52, 54-57
nn IV.		KN ∗(kon.) 4,5 mm Type I (∗in verschiedenen Formen)	25-32,54-58, 60,62,63
nn V.		∗(kon.) KN 4,5 mm Type I (∗in verschiedenen Formen)	33-64
oo.	PR	KN 3,2-3,5 mm	1-64
pp I.	RH	KN 3,3-3,7 mm (Sondertype 1)	1-38
pp II.		KN 3,8 mm (Sondertype 19)	18,25,39-64
qq.	RL	KN 3,5 mm	1-64
rr.	RW	№ KN 3,7-4,0 mm	1-32
ss I.	SC	KN ∗4,5/14,0 mm	1-4,21,23-25,27
ss II.		KN ∗4,5/15,7 mm	1,3,5-13,16-20, 22,23,25,26, 28-32
ss III.		KN ∗4,0 mm	25
ss IV.		KN ∗(kon.) 4,5 mm Type I	15,17,18,25, 26,29-32

III / I

ss V.		KN ✱ (kon. ohne Mittelpunkt) 4,5 mm Type I	6-8,19,20,22-24
ss VI.		KN ✱ (kon. mit Mittelpunkt) 4,5 mm	28
tt.	SD	KN 4,0-4,2 mm	1-64
uu I.	SO	KN ∗ 4,2 mm	1,2,4,5,8,17, 19,21-24
uu II.		KN ∗ 4,2 mm	3,5-7,9-16, 18-20.25-32
vv I.	UB	KN 4,0 mm	1-64
vv II.		∗ KN 4,7 mm	3,4,7,8,11-17, 19,20,23,24, 27,28,31-64
vv III.		∗ KN 4,7 mm Type I	1,2,5,6,9,10, 13,14,17,18, 21-23,25-27, 29-31,33,34,37, 38,41,42,45,46, 49-51,53-55, 57-59,61-63
ww I.	VB	KN ∗ 4,5 mm 5-stellig	1-16
ww II.		KN ∗ 4,5 mm 6-stellig	1-16
xx I.	VL	KN 3,5 mm	1-16,33-64
xx II.		KN 4,5 mm (Sondertype 11)	17-32
yy I.	WB	KN 4,0 mm	1-64
yy II.		KN 4,5 mm (Sondertype 11)	57-64
yy III.		KN ∗ 4,5 mm	1-8
yy IV.		KN ∗ 4,5 mm	9-32
zz I.	WK	KN 3,7 mm	1-16,19,21,26
zz II.		KN 4,5 mm	17-32
aaa I.	YZ	KN ∗ 4,5 mm (∗ in unterschiedlicher Form)	1-18,20-27,29, 30,32-41,44-49, 53,54,56,57, 59,61
aaa II.		KN ∗ 4,5/14,0-15,0 mm (2 Typen)	1,2,4,6,9-11, 13,14,18-23, 25-32,37-39, 41-46,49-55, 57-64
aaa III.		№ KN 4,5 mm	2-4,6-8,11-13, 15,16,18-20,22, 24,26,27,29-32, 35,36,39,40,43, 44,47,51,56, 58-60,62,64
aaa F.	ohne	KN ∗ 4,5 mm (aaa I mit fehlendem FZ und BZ)	ohne

Musternoten: M 1. »MUSTER« 69 mm rot vs.
M 2. »Muſter« rot vs.
M 3. »WERTLOS« blauviolett vs., FZ 00

B) Wz. Ringel **2,–/6,–**

a I.	BB	KN 3,7 mm	49-64
a II.		KN 4,2 mm	33-48
a III.		KN 4,7 mm	1-32
a III F.		KN 4,7 mm	ohne BZ.
b.	BW	KN 3,5 mm	1-64
c I.	BX	KN 3,5 mm	53,58,63

III / I

c II.		KN 4,2 mm	1-64
c III.		KN 4,7 mm	1,3-5,7,8,15, 16,22,25,27, 28,30,31
d.	CD	KN 3,7 mm	1-128
e.	LE	KN 4,5-4,7 mm	65-96
f.	VD	KN 3,7 mm(Sondertype 3)	1-16
g I.	WB	KN 4,0-4,2 mm	3,27,33-56
g II.		KN 4,5 mm (Sondertype 11)	57-64
g III.		KN * 4,5 mm	9-32
g IV.		KN * 4,5 mm	1-8

Musternoten: M 1. »Muſter« rot nur vs.
M 2. »WERTLOS« blauviolett nur vs., FZ 00

C) Wz. Gitter mit 8 **2,50/8,–**

a I.	FM	KN 3,7 mm	10,12,18-20,22, 24,28,30
a II.		KN * 4,5 mm	3,12,19,25
b.	GD	KN 3,7 mm (Sondertype 18)	1-64
c.	GU	KN 4,2 mm	6,9,13,19,26,31
d.	MB	KN 4,0 mm	1-64
e I.	PG	KN * 4,5 mm	1-25,32,41,48
e II.		KN * (kon.) 4,5 mm Type I	26-31,34
e III.		* (kon.) KN 4,5 mm Type I	1-64
f I.	SO	KN * 4,5 mm	4,24,26
f II.		KN * 4,5 mm	1,3,5,7,11,15-17, 19,21,23,26, 28-30,32
g I.	VD	KN 3,7 mm (Sondertype 3)	5-7,9,12,14-16
g II.		KN * 3,5 mm	26
h I.	WH	KN * 4,0 mm 5-stellig	1-6,8,9,11-14, 19,20,22,24,25, 29,34,35,38-42
h II.		KN * 4,5 mm 6-stellig	28,31,32

Musternoten: M 1. »MUSTER« 71 mm rot nur vs.
M 2. »Muſter« rot vs.
M 3. »WERTLOS« blauviolett vs., FZ 00

D) Wz. Schlangenlinien **3,–/9,–**

a I.	MM	KN 4,5/14,7 mm	25-32,57-64
a II.		KN 4,8/16,0 mm	1-24,33-56
a III.		* KN 4,5 mm Type I	33-64
b I.	OF	KN 4,0 mm	33-64
b II.		KN 4,5 mm	1-32

Musternoten: M 1. »MUSTER« 70 mm rot vs.
M 2. »Muſter« vs. rot

Nach der amtlichen Bekanntmachung sollte Nr. 110 auch mit Wz. C-Muster hergestellt werden. Solche Stücke sind jedoch nicht bekannt geworden.

111 22. 8.1923 **100 Mio Mark,** einseitiger schwarzer Druck auf blaugrünem und braungrauem Unterdruck, Papier weiß mit unterschiedlichem Wz., Rdr.- und Privatdrucke

A) Wz. Streifen von Eichenlaub und Kreuzdorn rechts in grauem Faserstreifen, FZ und KN braun bis rotbraun **3,–/10,–**

III / I

Nr. 111

150 x 86 mm

a.	Rdr.	Rdr.-KN 8-stellig	A-M
b.	AB	KN 4,2 mm (Sondertype 9)	1-28
c.	C	KN 3,5 mm	1-28
d.	G	KN 3,5 mm	1-28
e I.	K	KN 3,5/11,3 mm	28
e II.		KN 3,9/12,5 mm	1-3,5-7,9,10, 12,14-17,19-21, 26-28
e III.		KN 4,3/13,5 mm	8,22-24
f.	Z	KN 4,0 mm (Sondertype 20)	1-14
F.	ohne	ohne KN (unfertig gebliebene Reststücke)	ohne

Musternoten: M 1. »MUSTER« 70 mm rot vs.
M 2. »MUSTER« 81 mm rot vs.

B) Wz. Vierpaß, ohne rs. Faserstreifen, KN braun oder (besonders angegeben) rot, FZ braun oder (besonders angegeben) schwarz oder rot **3,–/10,–**

a.	Rdr.		Rdr.-KN 8-stellig	A-D
b.	AC		KN 3,5 mm (Sondertype 2)	1-24
c.	D	(rot)	KN 3,8 mm rot	1-24
d I.	E	(schwarz)	KN ∗ 4,7/14,0 mm	7,8,16,23-48
d II.			KN ∗ 4,7/15,5 mm	1-6,30,34,35, 42,43
d III.			KN ∗ 4,5 mm	9-15,17,18, 20-22,40
e.	H		KN 4,3 mm (Sondertype 24)	1-24
f.	J	(schwarz)	KN 4,6 mm rotbraun bis rot	1-24
g.	M		KN 3,8 mm	1-12
h.	N	(schwarz)	KN 4,5 mm	1-24
i I.	P		KN 3,9/12,7 mm	25-48
i II.			KN 4,0/13,8 mm 5-stellig	12
i III.			KN 4,0/13,8 mm 6-stellig	1-24
k.	R		KN 4,0 mm	1-24
l.	S		KN 4,5 mm Type I	1-24
m I.	V	(direkt vor KN)	∗ KN 4,7 mm	19
m II.			∗ KN 4,7 mm Type I	10,15,18
m III.		(ganz links)	∗ KN 4,7 mm	16,19
m IV.			∗ KN 4,7 mm Type I	1-15,17,18, 20-24
n.	X		KN 3,8 mm	1-24

Musternoten: M 1. »MUSTER« 70 mm rot vs.
M 2. »MUSTER« 81 mm rot vs.

III / I

C) Wz. Vierpaß, rs. roter Faserstreifen, KN und FZ wie B **4,–/12,–**

a.	D	(rot)	KN 3,8 mm rot	1-24
b.	M		KN 3,8 mm	1-12
c.	N	(schwarz)	KN 4,5 mm	1-24
d I.	P		KN 3,9/12,7 mm	25-48
d II.			KN 4,0/13,8 mm	1-24
e I.	V	(ganz links)	∗KN 4,7 mm	16,19
e II.			∗KN 4,7 mm Type I	1-15,17,20-24

Musternoten: M 1. »MUSTER« 81 mm rot

D) Wz. GD-Muster, FZ schwarz, KN braun, sofern nicht anders vermerkt **3,–/10,–**

a.	AR	KN∗4,5 mm	1-24
b.	AS	KN∗3,7 mm	1-24
c.	BH	KN 4,5 mm Type I	1-24
d I.	BM	KN∗4,5 mm	31,32,34-41,44
d II.		KN∗4,5 mm	19-23,43
d III.		KN∗(kon.) 4,5 mm Type I	9,11,17,18, 24-30,33,42, 45-48
d IV.		№KN 4,5 mm	1-8,10-16,19
e I.	CD	KN 3,5 mm rot	11,22,45
e II.		Rdr.-KN 8-stellig	17,24
f.	DV	KN 4,5 mm	1-24
g.	FM	KN∗4,5 mm	1-24
h.	GC	KN 3,8 mm	1-24
i.	GD	KN 3,8 mm (Sondertype 18)	1-48
k.	GU	KN 4,2 mm	1-24
l.	HH	KN 4,0 mm (Sondertype 20)	1-48
m.	HM	KN 3,8 mm	1-24
n I.	HR	KN 3,8 mm (Sondertype 19)	1-48
n II.		KN 5,0 mm	3-6,10,12,17, 21-23,26,28,29, 31,37,43
o.	HS	KN∗4,7 mm	1-24
p.	LE	KN 4,7 mm	1-24
q.	MB	KN 4,2 mm	1-48
r I.	MM	KN 4,5 mm	1-48
r II.		∗KN 4,7 mm Type I	1-48
s.	MV	KN∗3,5 mm	1-24
t I.	ND	KN∗3,5 mm	2,3,5,6,8,9,11, 12,14-21
t II.		KN∗4,5 mm	1,4,7,10,13, 17,19
t III.		KN∗4,5 mm	10
t IV.		KN∗(kon.) 4,5 mm	8
t V.		∗KN (kon.) 4,5 mm	13
u.	NN	KN 4,5 mm	1-24
v I.	OF	KN 4,2 mm	7-27
v II.		KN 4,7 mm	28-48
v III.		KN∗3,8 mm	1-6
w I.	PG	KN 4,0 mm	1-48
w II.		KN∗4,5 mm	1-28,47
w III.		KN∗(kon.) 4,5 mm Type I	9,10,29
w IV.		∗(kon.) KN 4,5 mm Type I ∗bei w III und IV in unterschiedlicher Form und Größe.	25-48
x I.	RL	KN 3,5 mm	1-24
x II.		KN∗4,8 mm	1-3
y.	SD	KN 4,2 mm	1-48

				III / I
z I.	SO	KN ∗ 4,2 mm	6,14,21	
z II.		KN ∗ 4,2 mm	1,3,4,7,10,12, 13,15,17-20,22	
aa.	VB	KN ∗ 5,0 mm	1-24	
bb I.	VD	KN 3,7 mm (Sondertype 3)	1,3,4,8-10,13-16, 19-22,25-28, 31-34,37-40, 43-46	
bb II.		KN 4,2/12,5 mm	2,4,7,8,14,19,20, 25,26,31,37	
bb III.		KN 4,5/14,8 mm	2,3,5,6,8,11,12, 14,15,17,18,21, 23,24,26,27,29, 30,32,35,36,38, 39,41,42,44,45, 47,48	
cc I.	VL	KN 3,5 mm	1-16	
cc II.		KN 4,5 mm (Sondertype 11)	17-24	
dd.	WH	KN ∗ 4,0 mm	1-24	
ee I.	YZ (rot)	№ KN 4,5 mm (rot bis braun) 5-stellig	R,U (rot)	
ee II.		№ KN 4,5 mm (rot bis braun) 6-stellig	A-Y (rot)	

Musternoten: M 1. »MUSTER« 81 mm rot vs.
M 2. »Wertlos« robraun vs.

E) Wz. Ringel, FZ und KN wie bei D **3,–/10,–**

a.	BK	KN 4,7 mm Type I	1-24
b I.	CD	KN 3,5 mm	1-48
b II.		Rdr.-KN 8-stellig	6,22,27,45,46
c I.	DB	KN 4,5 mm Type I	20,22-24
c II.		KN 4,7 mm	1-24
d I.	DK	KN 3,7/12,4 mm (Ziffern schmal)	1-24
d II.		KN 4,0/12,5 mm (Ziffern breit)	1-24
e I.	GE	KN 4,0/13,5 mm	25-48
e II.		KN 4,5/15,6 mm	1-24
f.	LE	KN 4,5 mm	1-24
g.	NN	KN 4,5 mm	1-24
	RL kommt nur mit Aufdruck »Wertlos« (M 2) vor.		
h.	VB	KN ∗ 5,0 mm	2,4,5,10,13
i.	WH	KN ∗ 4,0 mm	1-24
k I.	YZ (rot)	KN ∗ 4,5 mm (rot)	U rot)
k II.		KN ∗ 4,5 mm (rot)	S-V (rot)
k III.		№ KN 4,5 mm (rot) 5-stellig	G (rot)
k IV.		№ KN 4,5 mm (rot) 6-stellig	A-V (rot)

Musternoten: M 1. »MUSTER« 81 mm rot vs.
M 2. »Wertlos« braun vs. (auf nicht zur Ausgabe gelangtem FZ RL)

F) Wz. Sterne mit S, FZ und BZ schwarz, KN braun bis schwarz **4,–/12,–**

a I.	AR	KN ∗ 4,5/16,0 mm	1,3,4,6,7
a II.		KN ∗ 4,7/14,2 mm	9,11,13,14,16, 19,23
b.	FM	KN ∗ 4,5 mm	1-24
c.	GC	KN 3,7 mm	1-24
d.	GD	KN 3,7 mm (Sondertype 18)	1-42
e.	GU	KN 4,2 mm braun bis schwarz	1-24
f I.	OF	KN 4,2 mm	7-24
f II.		KN 4,7 mm	28-48
f III.		KN ∗ 3,8 mm	1-6
g I.	RL	KN 3,5 mm	10,15,19,21,27, 29,32

III / I

g II.		KN ∗ 4,8 mm	2,25
h I.	SO	KN ∗ 4,2 mm	2,8,11,14,16,21, 24
h II.		KN ∗ 4,2 mm	1,3-7,9-13,15, 17-20,22,23

Musternoten: M 1. »MUSTER« 70 mm rot vs.
M 2. »MUSTER« 81 mm rot vs.
M 3. »Wertlos« braun

G) Wz. Rauten (stehend oder liegend), FZ und BZ schwarz, KN braun **10,–/20,–**

a I.	MM	KN 4,5 mm	1,4,5,9,13,14,18, 22,30,37
a II.		KN 4,7 mm Type I (wie a III, aber ∗ im Blinddruck)	25,31,36,37
a III.		∗ KN 4,7 mm Type I	2,4,15,26,28,35, 38,39,41,46

Musternoten mit Wz. Rauten sind nicht bekannt geworden.

Nr. 112

125 x 82 mm

112 1. 9.1923 **20 Mio Mark,** einseitiger schwarzer Druck auf gelb-bis graugrünem und braun- bis gelboliv Unterdruck, Papier weiß mit unterschiedlichem Wz., nur Privatdrucke, FZ und BZ schwarz, KN braun bis schwarz

A) Wz G-D-Muster **2,–/6,–**

a.	BH	KN 4,5 mm Type I	1-32
b I.	BM	KN ∗ (kon.) 4,5 mm	18-27,50-59
b II.		KN ∗ 4,3 mm	5-8,17,37-40,49
b III.		KN ∗ (kon.) 4,5 mm	1-4,9-16,28-36, 41-48,60-64
c.	FM	KN ∗ 4,5 mm	1-32
d.	GB	KN 3,5 mm (Sondertype 17)	1-64
e.	GD	KN 3,7 mm (Sondertype 18)	1-64
f.	GU	KN 4,2 mm	1-64
g.	HM	KN 3,7 mm	1-64
h.	KH	KN 3,7 mm	1-32
i.	LE	KN 3,5 mm	1-28
k.	MB	KN 4,0 mm	1-64
l I.	MR	№ KN 4,5 mm (№ breit)	1-32
l II.		№ KN 5,0 mm (№ schmal)	15
m.	NF	KN 3,5 mm (Sondertype 6)	1-64
n I.	PG	KN 3,5/12,4 mm	1-16
n II.		KN 4,0/13,5 mm	17-64
n III.		KN ∗ 4,5 mm	2,5,7-57,64
n IV.		KN ∗ (kon.) 4,5 mm Type I	6,8-64

III / I

n V.		∗(kon.) KN 4,5 mm Type I ∗bei n IV und V in unterschiedlicher Form und Größe.	1-64
o I.	RD	KN∗ 4,0 mm	1-28
o II.		№ KN 4,2 mm	5-32
p I.	SO	KN ∗4,2 mm	32
p II.		KN ∗4,2 mm	1,5,9,10,12,14, 18,29
q.	VB	KN∗ 4,5 mm	1-64
r I.	YZ	KN∗4,5 mm	1-30
r II.		KN∗4,5 mm	2,18,24
r III.		№ KN 4,5 mm	12,13,16,21,24, 26,28,30,31

Musternoten: M 1. »MUSTER« 70 mm rot vs.
M 2. »Muster« vs. rot
M 3. »Musternote«

B) Wz. Ringel **2,–/6,–**

a.	BD	KN 4,5 mm Type I	28-32
b.	DB	KN 4,5 mm a und b ergänzen sich zu einer Reihe 1-32	1-27
c I.	LE	KN 3,5 mm Type I	1,3,5,8,9,17,19, 24,25,28
c II.		KN 3,5 mm Type II	3,4,6-8,10-13, 15,16,18-22, 24-32
d.	ZK	№ KN 4,5 mm	1-16

Musternoten: M 1. »Muster« rot vs.

C) Wz. Gitter mit 8 **3,–/8,–**

a I.	BM	KN∗(4,5 mm)	18-27,50-59
a II.		KN∗4,5 mm	5-8,17,37-40,49
a III.		KN∗(kon.) 4,5 mm Type I	1-4,9-16,28-36, 41-48,60,62-64
b.	FM	KN∗4,5 mm	1-27
c I.	GH	KN 4,2 mm	1,13,27,28
c II.		KN∗3,8 mm	6,8
d.	MB	KN 4,0 mm	1-64
e.	NF	KN 3,5 mm (Sondertype 6)	1-32
f I.	PG	KN∗ 4,5 mm	1-64
f II.		KN∗(kon.) 4,5 mm Type I	1-64
f III.		∗(kon.) KN 4,5 mm Type I ∗bei f II und III in unterschiedlicher Form und Größe.	1-24
g.	WH	∗ KN 4,5 mm	1-32

Musternoten: M 1. »Muſter« rot vs.
M 2. »Musternote« 65 mm rot vs.

D) Wz. Schlangenlinien **3,–/8,–**

a I.	BM	KN∗(kon.) 4,5 mm	18-27,50-59
a II.		KN∗4,5 mm	5-8,17,37-40,49
a III.		KN∗(kon.) 4,5 mm Type I	1-4,9-16,28-36, 41-48,60-64
b.	HM	KN 4,0 mm	1-64
c.	NF	KN 3,5 mm (Sondertype 6)	1-64
d.	OF	KN 4,0 mm	1-32

Musternoten: M 1. »Muſter« rot vs.

				III / I
E) Wz. Sterne mit S				
a.	GU	KN 4,2 mm	1-32	**60,–/120,–**
Musternoten: nicht bekannt				
F) Wz. Rauten (stehend oder liegend)				**8,–/20,–**
a I.	AR	KN ∗ 4,5/16,0 mm 5-stellig	20,21,31	
a II.		KN ∗ 4,5/16,0 mm 6-stellig	1-30	
a III.		KN ∗ 4,8/14,0 mm 5-stellig	20	
a IV.		KN ∗ 4,8/14,0 mm 6-stellig	1,2,4,9-32	
a V.		KN ∗ 5,0 mm	2,3	

Musternoten: M 1. »MUSTER« vs. rot 70 mm
M 2. »Muſter« rot vs.

Nach den amtlichen Bekanntmachungen war auch die Verwendung von Papier mit Wz. Vierpaß und von braunem Papier vorgesehen. Entsprechende Stücke sind nicht bekannt geworden.

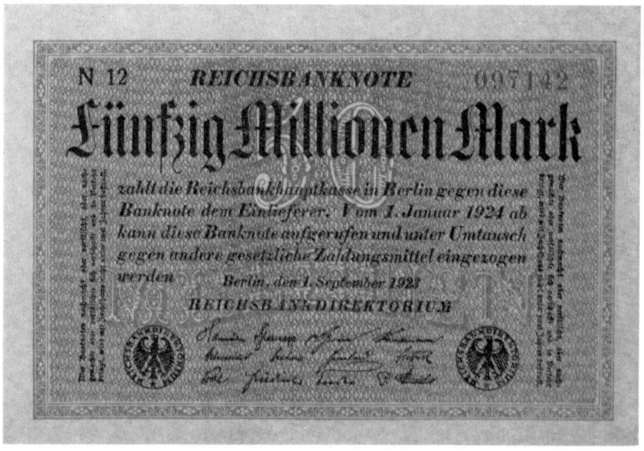

Nr. 113

125 x 84 mm

113 1. 9.1923 **50 Mio Mark,** einseitig schwarzer Druck auf grauem und rotem Unterdruck, Papier mit verschiedenen Wasserzeichen, nur Privatdrucke

A) Papier grau, Wz. Vierpaß, FZ und BZ grün oder (besonders angeführt) schwarz, KN grün **1,–/6,–**

a I.	A		KN 3,3 mm (Sondertype 16)	1-32
a II.			KN 3,5 mm 5-stellig	22-32
a III.			KN 4,5 mm 5-stellig	3,7,10,16,21, 23
a IV.			KN 4,5/14,0 mm	20
a V.			KN 4,5/14,5 mm	15-19,21
a VI.			KN 4,5/15,0 mm	1-14
b.	AB	(schwarz)	KN 3,3 mm blau- bis schwarzgrün	1-64
c.	AE		KN 4,1 mm (Sondertype 21)	1-32
c F.			KN 4,1 mm (Sondertype 21)	ohne BZ
d.	B		KN 3,5 mm grün bis schwarzgrün	1-32
e I.	E	(schwarz)	KN 3,5/11,5 mm	a + b: 1-60
e II.			KN 3,7/12,5 mm	
f I.	M		KN 3,3-3,7 mm (Sondertype 1)	8-19,25-28, 30-32,54-56
f II.			KN 3,5 mm	57,59-62,64
f III.			KN 3,8 mm (Sondertype 19)	1-7,18,20-25, 27-41,43-54, 57-59,61
g.	N	(schwarz)	KN 3,5 mm	1-64
h.	P		KN 3,8 mm	1-64
F.	ohne		ohne (unvollständige Reststücke)	ohne

Musternoten: M 1. »Muſter« vs. rot

III / I

B) Wz. G-D-Muster, FZ und BZ schwarz, KN grün bis blau, Papier weiß **1,–/6,–**

a.	AK	KN 4,0 mm Type I (hell-, dunkel-, blaugrün)	1-32
b.	AΣ	KN 3,5 mm dunkelblau	1-64
c.	BH	KN 4,5 mm	1-32
d I.	BW	KN 4,0 mm	1-24
d II.		KN 4,5 mm (Sondertype 11)	25-32
d III.		KN✶4,5 mm	33,45,46,48, 61-64
d IV.		KN✶4,5 mm	34-44,47,49-60
e.	BX	KN 3,5 mm	1-64
f I.	DK	KN 3,5 mm	1-64
f II.		KN 4,0 mm	3,6-64
g.	DV	KN 4,5 mm	1-64
h I.	EK	KN✶(kon.) 4,5 mm Type I 5-stellig	24
h II.		KN✶(kon.) 4,5 mm Type I 6-stellig	24
h III.		KN✶(kon.) 4,0 mm Type I 5-stellig	3,6,24-29
h IV.		KN✶(kon.) 4,0 mm Type I 6-stellig	2
h V.		KN✶(kon.) 4,5 mm Type I 6-stellig	21
h VI.		KN✶(kon.) 4,5 mm Type I 5-stellig	8,13,15,17
h VII.		KN✶(kon.) 4,5 mm Type I 6-stellig	1-32
h VIII.		✶(kon.) KN 4,5 mm Type I 6-stellig ✶ bei h VII und VIII in unterschiedlicher Form und Größe	1-32
i.	FG	KN✶3,5 mm Type I	1-32
k.	FM	KN✶4,5 mm	1-32
l.	GB	KN 4,5 mm (Sondertype 10)	1-64
m.	GD	KN 3,8 mm (Sondertype 18)	1-64
n I.	GE	KN 3,7 mm Type I	1-16
n II.		KN 4,0 mm	17-40
n III.		KN 4,5 mm	41-64
o.	HH	KN 4,0 mm (Sondertype 20)	1-40
p.	HO	KN 3,8 mm	1-24
q I.	HR	KN✶3,8 mm	43
q II.		KN✶(kon.) 4,5 mm Type I 5-stellig	33,36,37,49,52, 56,61
q III.		KN✶(kon.) 4,5 mm Type I 6-stellig	2-7,9-43,46,56
q IV.		№ KN 4,5 mm Type I	44,47-49,53-64
q V.		Nr KN 4,5 mm	1,6,8,45,47,48, 50-52,55,62
r.	KH	KN 4,0 mm	1-64
s I.	LE	KN 4,0/15,0 mm	zusammen
s II.		KN 4,5/14,5 mm	1-64
t I.	MM	KN 4,5 mm	1,20,52,55
t II.		✶KN 4,5 mm	1-64
t F.	M	KN 4,5 mm	43,48
u I.	MR	KN✶4,5 mm (blau-, olivgrün)	1-24
u II.		№ KN 4,5 mm (blau-, olivgrün)	25-64
v I.	ND	KN✶4,0 mm Type I	12
v II.		KN✶4,0 mm	10,11,13-23, 25-27,29,30
v III.		KN✶4,5 mm	4,6,8,12,16,20, 24,28,31
v IV.		KN✶4,5 mm	32
w I.	NF	KN✶3,7 mm (Sondertype 7)	1-64
w II.		KN✶3,7 mm (Sondertype 7)	1-64
x.	NN	KN 3,6-3,8 mm (blau-, dunkelgrün)	1-32
y.	PR	KN 3,3-3,5 mm	1-64
z.	RD	№ KN 4,5 mm	1-32

III / I

aa I.	RH	KN ✱ 4,5 mm Type I 5-stellig	36,61	
aa II.		KN ✱ 4,5 mm Type I 6-stellig	4,5,7,11-42,46, 51	
aa III.		№ KN 4,5 mm Type I	44,53-63	
aa IV.		Nr. KN 4,5 mm	8,47,48,50,51	
bb.	RL	KN 2,8 mm (Sondertype 15) 5-stellig FZ und BZ mitunter verstümmelt	1-64	
cc I.	RS	No KN 4,5 mm	1-29,32	
cc II.		Nr KN 4,5 mm	30,31	
dd.	RW	№ KN 3,8 mm	1-32	
ee I.	SC	KN ✱ 4,5 mm dunkel-, olivgrün	1,2,9-11,14,17, 19,21,28,29,31, 33,37,39,43,46, 49,50,52,56	
ee II.		KN ✱ (kon.) 4,5 mm Type I	5,7,13,23,24, 43,47	
ee III.		KN ✱ (kon.) 4,5 mm Type I	29,37,42,54, 62,63	
ff I.	SO	KN ✱ 4,0 mm 5-stellig	14,15	
ff II.		KN ✱ 4,0 mm 6-stellig	4,9,11,17,21, 24,31	
ff III.		KN ✱ 4,0 mm	3,5,7,8,10,12,14, 22,28-39	
gg.	UB	KN 4,2 mm dunkel-, blaugrün	1-64	
hh.	VL	KN 3,5 mm FZ und BZ mitunter verstümmelt	1-32	
ii.	WB	KN 4,0 mm	1-64	
kk I.	YZ	KN ✱ 4,5 mm	4,6,7,9,10,12-14, 17,18,20-22,24, 27,28,30,32,34, 59	
kk II.		KN ✱ 4,5 mm 5-stellig	18,22,26,30	
kk III.		KN ✱ 4,5 mm 6-stellig (Typen!)	5,8,15,19,22,23, 35,42,51	

Musternoten: M 1. »Mufter« vs. rot
M 2. »WERTLOS« blauviolett vs., FZ 00

C) Wz. Ringel, FZ und BZ schwarz, KN grün **2,–/7,–**

a.	BD	KN 4,5 mm Type I BZ. 1-27 siehe DB	28-32
b.	BK	KN 4,5 mm Type I	1-32
c.	BX	KN 3,5 mm	1-64
d.	DB	KN 4,5 mm a und d ergänzen sich zu einer Reihe 1-32	1-27
e.	KH	KN 4,0 mm	1-64
f.	LD	No KN 4,5 mm Type I	1-64
g I.	LE	KN 4,0/15,0 mm	17-64
g II.		KN 4,5/14,0 mm	1-16
h I.	MM	KN 4,5 mm (✱ farblos)	33
h II.		✱ KN 4,5 mm Type I	1-64
i I.	PG	KN 3,5 mm	1-14
i II.		KN 4,0 mm	15-56
i III.		KN ✱ (kon.) 4,5 mm Type I	1-56
i IV.		✱ (kon.) KN 4,5 mm Type I ✱ bei i III und IV in unterschiedlicher Größe und Form	1-56
k.	PR	KN 3,5 mm	1-64
l.	RL	KN 2,8 mm (Sondertype 15) 5-stell.	3,4,9,18
m I.	RS	No KN 4,5 mm Type I	1-29,32

				III / I
m II.		№ KN 4,5 mm	30,31	
n I.	SC	KN ∗ 4,5/14,0 mm	35	
n II.		KN ∗ 4,5/15,5 mm	4,28	
n III.		KN ∗ 4,0 mm	5,13,15,17,23	
n IV.		KN ∗ (kon.) 4,5 mm	7,13,20,23,24,38, 43,47	
n V.		KN ∗ (kon.) 4,5 mm Type I	1,8,9,12,13,16, 26,27,30,34, 40-42,45,46,49, 53,54,61-64	
o.	SD	KN 4,0 mm	1-64	
p I.	YZ	KN ∗ 4,2 mm	5,7-52	
p II.		KN ∗ 4,2 mm	1-26	
q I.	ZK	KN 4,5 mm	29	
q II.		№ KN 4,5 mm, Abstand №-KN 1,0 mm	23,24,29,31,32, 37,38,40,46,47	
q III.		№ KN 4,5 mm, Abstand №-KN 3,5 mm	1-9,11-14,17,18, 22,26,30,37,41	
q IV.		№ KN ∗ 4,5 mm	16,19,20,25,28, 34-36,43	

Musternoten: M 1. »Muſter« rot vs.
M 2. »WERTLOS« vs. blauviolett (00 anstatt FZ.)

D) Wz. Gitter mit 8, FZ und BZ schwarz, KN grün **2,–/7,–**

a.	DV	KN 4,5 mm	1-64
b.	GD	KN 4,1 mm (Sondertype 23)	1-64
c I.	HR	KN ∗ 4,5 mm Type I	9,11-13,15,16,17, 19-21,28,30,37, 41,49
c II.		№ KN 4,5 mm Type I	59
c III.		№ KN 4,5 mm Type II	50
c IV.		Nr. KN 4,5 mm	6,8,50-52,61
d I.	NF	KN ∗ 3,7 mm (Sondertype 7)	1-64
d II.		KN ∗ 3,7 mm (Sondertype 7)	1-49,51,54,56, 60,61
e.	PR	KN 3,5 mm	1-64
f.	UB	KN 4,2 mm	1-64

Musternoten: M 1. »Muſter« vs. rot
M 2. »WERTLOS« vs. blauviolett, FZ 00

E) Wz. Sterne mit S, FZ und BZ schwarz, KN grün **3,–/8,–**

a.	GD	KN 4,1 mm (Sondertype 23)	1-64
b.	KH	KN 4,0 mm	1-64
c I.	NF	KN ∗ 3,7 mm (Sondertype 7)	1-64
c II.		KN ∗ 3,7 mm (Sondertype 7)	4-9,11,12,14, 16,18,19,22,24, 27,30,31,37,38, 41,42,47-49,51, 54,60
d.	VL	KN 3,5 mm	1-32

Musternoten: M 1. »MUSTER« 70 mm vs. rot
M 2. »Muſter« vs. rot

F) Wz. Rauten (stehend oder liegend), FZ und BZ schwarz, KN grün **4,–/8,–**

a.	AR	KN ∗ 4,5 mm	1-32
b I.	BS	KN 4,5 mm 5-stellig	33-35,37-41,43, 48,50,54,56-69, 61-63
b II.		KN 4,5 mm 6-stellig	17,18,20-24,41, 49,50,52-56

				III / I
b III.		KN ∗ 4,5 mm 5-stellig	3,4,7,12,19,20, 23,27,28,31	
b IV.		KN ∗ 4,5 mm 6-stellig	2,5,6,8,10,12-18, 21,24,26,29,30, 32,42,43,45-48	
b V.		KN ∗ 4,2 mm Type I 5-stellig	6,18	
b VI.		KN ∗ 4,2 mm Type I 6-stellig	35,36,41	
b VII.		KN ∗ 4,5/14,2 mm 5-stellig	1,9,25,29,30	
b VIII.		KN ∗ 4,5/14,2 mm 6-stellig	6,8,37,38	
b IX.		KN ∗ 4,3/15,5 mm 6-stellig	27-31,50,57-64	
c.	FG	KN ∗ 3,5 mm Type I	1-32	
d I.	GB	KN 3,5 mm (Sondertype 17)	33-64	
d II.		KN 4,5 mm (Sondertype 10)	1-32	
		d I. wurde bei Gundlach, Bielefeld gedruckt, d II. bei Grass u. Barth in Breslau.		

Musternoten: M 1. »MUSTER« 97 mm rot, fein
M 2. »Muſter« vs. rot

Nr. 114

155 x 86 mm

114 1. 9.1923 **500 Mio Mark,** einseitiger schwarzbrauner Druck auf gelbbraunem und lila Unterdruck, Papier weiß mit unterschiedlichem Wz., KN grün

A) Wz. Streifen von Distelblättern rechts mit violettem Faserstreifen, Rdr.-KN 7-stellig grün **4,–/10,–**

A–M

Musternoten: M 1. »MUSTER« 69 mm rot vs.
M 2. »MUSTER« 81 mm rot vs.
M 3. Perforation »Wertlos/Reichsbank«

B) Wz. Vierpaß, FZ und BZ grün			a.–K., l.	**3,50/10,–**
a.	AB	KN 4,2 mm (Sondertype 9)	1-48	
b.	AC	KN 3,5 mm (Sondertype 2)	1-24	
c.	C	KN 3,5 mm	1-20	
d.	D	KN 3,8 mm	1-24	
e.	G	KN 3,5 mm	1-48	
f.	H	KN 4,3 mm (Sondertype 24)	1-24	
g.	K	KN 3,9 mm	1-24	
h.	N	KN 3,8 mm	1-48	
i.	P	KN 3,9 mm	1-24	
k.	R	KN 4,0 mm	1-24	
k F.		KN 4,0 mm, WZ »500« am rechten Rand nach außen anstatt nach innen weisend	13,14	**300,–/600,–**
l.	S	KN 4,5 mm Type I	1-24	

III / I

m.	V	KN 4,5 mm Type I	33-56
n.	Z	KN 4,0 mm (Sondertype 20)	1-24
F.	ohne	(unfertig gebliebene Drucke)	

Musternoten: M 1. »MUSTER« 81 mm rot vs.

C) Wz. G-D-Muster, FZ und BZ schwarz **3,–/10,–**

a.	AR	KN∗4,7 mm	1-24
b I.	AS	KN∗3,7 mm	1-20,28,31,34
b II.		KN∗3,7 mm	21-24
c.	AΣ	№ KN 3,5 mm grün bis olivgrün	1-48
d.	BB	KN 4,2 mm	1-48
e.	BH	KN 4,5 mm Type I	1-48
f.	BN	KN 4,7 mm Type I	1-48
g.	BX	KN 4,0 mm	1-48
h I.	CD	KN 3,5 mm	1-16,48
h II.		Rdr.-KN 8-stellig	15,17-48
i.	DS	KN 4,0 mm	19-21
k I.	DV	KN 3,5 mm	1-24
k II.		KN 4,5 mm	9,18,25-48
l I.	FM	KN 3,7 mm	2-9,11-13,15-18, 20,21
l II.		KN 4,0 mm	7,14
m I.	GB	KN 3,5 mm (Sondertype 17)	1-24
m II.		KN 4,5 mm (Sondertype 10)	25-64,68,70,71
		m I bei Gundlach, Bielefeld, m II bei Grass u. Barth, Breslau gedruckt	
n.	GD	KN 3,7 mm (Sondertype 18)	1-48
o I.	GE	KN 3,9 mm	25-48
o II.		KN 4,5 mm	1-24
p.	GU	KN 4,2 mm	1-24
q.	HM	KN 3,8 mm	1-24
r.	HO	KN 3,8 mm	1-48
s.	HR	KN 3,8 mm (Sondertype 19)	1-48
t I.	HS	KN 4,5 mm 5-stellig	3,7,8,10,11,14, 16-18,24
t II.		KN 4,5 mm 6-stellig	1,4,7,12,14, 17,23
u.	LD	№ KN 4,7 mm Type I	1-24
v I.	LE	KN 4,5/14,2 mm (mager)	17-24
v II.		KN 4,5/15,5 mm (fett)	1-16
w.	MB	KN 4,0 mm	1-48
x I.	MM	KN 4,3/14,6 mm	1-48
x II.		KN 4,5/15,8 mm	1-48
y.	MV	KN∗3,5 mm	1-21
y F.	V (M ausgefallen)	KN∗3,5 mm	15
z.	ND	KN∗4,0 mm	9,16,21,22
aa.	NF	KN 3,5 mm (Sondertype 6)	1-48
bb I.	NN	KN 4,5 mm (FZ 13-15 mm vom l. Rand)	1-24
bb II.		KN 4,5 mm (FZ 3-5 mm vom l. Rand)	1-24
		bb I. ist eine erste Auflage (KN bis ca. 30000), bb II. eine zweite, deren KN über 30000 liegen.	
cc I.	OH	KN☆4,2 mm	25-48
cc II.		KN☆4,6 mm	1-24
		☆ bei cc I und II in unterschiedlicher Form und Größe	
dd I.	PR	KN 3,3 mm (voll auf violettem Udr.)	1-48

III / I

dd II.		KN 3,5 mm (auf weißen Rand übergehend)	1-48
		dd I. ist eine erste Auflage (KN bis etwa 30000), dd II. eine zweite (KN über 30000)	
ee.	RD	* KN 4,5 mm	1-48
ff.	RL	KN 3,5 mm	1-24
ff F.		ohne KN (Gebrauchsstück)	1
gg.	RW	№ KN 4,0 mm	1-48
hh.	SD	KN 4,2 mm	1-48
ii.	SO	KN * 4,2 mm	1-24 (?)
kk.	SS	* KN 4,5 mm	1-48
ll I.	UB	KN 4,2 mm	1-24
ll II.		* KN 4,7 mm	1-14,16,18,21, 22,24
ll III.		* KN 4,5 mm	15-24
mm.	VB	KN * 4,8 mm	1-21
nn I.	VL	KN 3,5 mm	1-16,25-48
nn II.		KN 4,5 mm (Sondertype 11)	17-24
oo.	WB	KN 4,0 mm	1-48
pp I.	WH	KN * 4,5 mm	18-21
pp II.		* KN 4,5 mm	1-16
qq I.	WK	KN 3,6 mm	2-5,7,9,10,12-14, 16-18,20
qq II.		KN 4,5 mm	16
q III.		KN * 3,6 mm	10,21
rr I.	YZ	KN * 4,5 mm	7,23
rr II.		KN* 4,5 mm	1,6,7,14,22-24
rr III.		№ KN 4,5 mm (gelb-, dunkelgr.)	1-24
F.	ohne	KN 3,7-3,8 mm (Sondertype 19) ohne BZ.	

Musternoten: M 1. »MUSTER« 81 mm vs. rot
M 2. »Wertlos« vs. rot, KN 000000

D) Wz. Ringel, sonst wie B **3,–/10,–**

a I.	AK	KN 4,0 mm Type I	1-24
a II.		KN * 4,5 mm	1-23
b.	BK	KN * 4,2 mm	1-24
c I.	BW	KN 3,5 mm	26,27,29,30,32, 33,35,36,38,39, 41,42,44,45
c II.		KN 4,7 mm	1-21,25,28,31, 34,37,40
d I.	CD	KN 3,5 mm	1-15
d II.		Rdr.-KN 8-st.	22,23,27,29,33, 34,35,43-45,47, 48
e.	DB	KN 4,5 mm	1-24
f.	DK	KN 3,7-4,0/12,5-13,0 mm	1-24
g.	GE	KN 4,0 mm	1-28
h.	LD	No KN 4,7 mm	13,16
i I.	LE	KN 4,5/14,2 mm (mager)	18-24
i II.		KN 4,5/15,5 mm (fett)	1-17
k.	NN	KN 4,5 mm	1-24
l.	PG	KN 3,8-4,2/12,5-13,8 mm (mindestens drei Typen)	1-42
	RL	nur als Muster bekannt (M 2.)	
m.	SD	KN 4,0 mm	1-48

				III / I
n.	VB	KN ∗ 4,8 mm	1-24	
o.	WB	KN 4,0 mm	1-48	
p I.	WH	KN ∗ 4,5 mm	17,21	
p II.		∗ KN 4,5 mm	4,5,10,13,16	
q I.	YZ	KN ∗ 4,5 mm	6,14	
q II.		№ KN 4,5 mm	1-24	

Musternoten: M 1. »MUSTER« 81 mm rot vs.
M 2. »Wertlos« mit FZ RL und KN 000 000 braun

E) Wz. Sterne mit S, sonst wie C				4,–/12,–
a.	AR	KN ∗ 4,5 mm	1-24	
b.	FM	KN 3,7 mm	1-24	
c.	GU	KN 4,2 mm	1-24	
d.	KH	KN 4,0 mm	1-48	
e.	KL	KN 3,5 mm	3	
f.	NF	KN 3,5 mm (Sondertype 6)	1-48	
g I.	OH	KN ☆ 4,2/13,5 mm	25-48	
g II.		KN ☆ 4,5/16,2 mm	1-24	
h I.	OK	KN ∗ 4,2 mm	1,2,9-11,18,19	
h II.		KN ∗ 4,5/14,8 mm	3,12,20,21	
h III.		KN ∗ 4,2 mm	5,14-16,22,23	
i.	RL	KN 3,5 mm grün bis schwarzgrün	1-28,30,33,34, 36,37	
k.	SC	KN ∗ 4,5 mm	1-24	
l I.	SO	KN ∗ 4,2 mm	1-24	
l II.		KN ∗ 4,2 mm	1-24	

Musternoten: M 1. »MUSTER« vs. rot 81 mm
M 2. »Wertlos« vs. rot

F) Wz. Gitter mit 8, sonst wie C				8,–/20,–
a I.	PG	KN 4,0 mm	1,5,30	
a II.		KN ∗ 4,5 mm	20,34,35	
a III.		KN ∗ (kon.) 4,5 mm Type I	8,10,11,15, 16,18	
a IV.		∗ (kon.) KN 4,5 mm Type I	30,31,39-41	

Musternoten: M 1. »MUSTER« 81 mm rot vs.

G) Wz. Rauten, sonst wie C				200,–/300,–
a.	FG	KN 3,7 mm	1-48	
	HO	nur als Muster bekannt (M 2)		

Musternoten: M 1. »MUSTER« 81 mm rot vs.
M 2. »Wertlos« mit FZ HO, KN 000000

Außer den genannten Papierarten wurde in der amtlichen Bekanntmachung vom 24. Oktober 1923 die Verwendung von Papier mit Wasserzeichen-Streifen »500 M« hell und dunkel mit blauem Farbstreifen und orange Fasern angekündigt. Dieses offenbar bei der Herstellung der 500 M.-Noten vom 7. Juli 1922 (Nr. 80-81) übriggebliebene Papier gelangte aber nicht mehr zur Verwendung.

115 ohne neues Datum **1 Md** **Mark,** roter Aufdruck auf nicht ausgegebene Note zu 1000 Mark vom 15. Dezember 1922 (Nr. V), verschiedenartiges Papier, BZ und FZ grün oder (besonders angegeben) schwarz, KN grün

A) Papier weiß (unterschiedliche Qualität, kräftig weiß bis pergamentartig bräunlich) mit braunem Faserstreifen und Wz. verschlungene Bänder mit »1000« und »Mark«, bei Einzelstücken im Wz. Ziffern »1«, »2« oder »3« (»1« selten)

Nr. 115

140 x 90 mm

				III / I 6,–/10,–
a.	Rdr.		Rdr.-KN 8-stellig	A-H
b I.	A		KN 3,3 mm (Sondertype 16)	1-51
b II.	A	(schwarz)	KN 3,3 mm (Sondertype 16)	52-83
b III.			KN 4,5 mm (Sondertype 12)	40,52-66,71,73, 74,81
c.	AD		KN 4,2 mm (Sondertype 22)	1-32
d.	AE		KN 4,1 mm (Sondertype 21)	1-32
e.	AF		KN 4,5 mm	1-32
f.	B		KN 3,5 mm	1-64
g.	C		KN 3,5 mm	18,49,51-53,58, 59,67-70,72, 74-76,79,80
h.	D		KN 3,3 mm (Sondertype 16)	1-48
i I.	E		KN 3,5 mm	1-96
i II.	E	(schwarz)	KN 3,5 mm	97,110,112, 114-118,120, 121,123-131, 133,135-138, 140-146-148-153, 155-160
i III.			KN 4,0 mm	119,121,131,137, 139-145,147,148, 150-155,158, 159
i IV.			KN∗ 4,5/14,0 mm	118,147,154, 156-160
i V.			KN ∗4,5/16,0 mm	138-141,145,146, 148-153,155,156, 159,160
i VI.			KN∗ 4,5 mm	105,137,152
i VII.			KN∗4,5 mm (bei BZ 110 unter linkem Siegel »25«, bei BZ 128 »26«)	110,128
i VIII.			∗ KN 4,5 mm (Sondertype 13)	97-112,114-133, 135,137-139, 142-144,152, 158
k.	F		KN 4,0 mm	1-96
l.	H		KN 4,3 mm (Sondertype 24)	1-32
m.	J		KN 4,8 mm	1-16
n.	K		KN 4,5 mm	1-32

				III / I
o I.	M		KN ∗(kon.) 4,2 mm Type I	2-6,8-14,19,21, 23,25,26,29, 30,32
o II.			∗(kon.) KN 4,2 mm Type I	15
o III.			№ KN 4,5 mm Type I	3,11,13,27
o IV.			№ KN 4,5/14,5 mm Type II	2
o V.			№ KN 4,5/15,0 mm Type II	6
o VI.			№ KN 4,8/14,0 mm Type II	8,14-16
o VII.			Nr. KN 4,5 mm	14,25
p I.	P		KN 3,5 mm	14,26,29-32, 34-38,40,45-57, 59-62,64,66,72
p II.			KN 4,0 mm	1-11,17-32, 49-51,56-58,60, 61,63-65,67,72
q.	S		KN 4,5 mm	1-32
r I.	ohne		KN∗ 4,5/14,0 mm	1,2,4,5,8-13, 15,18-24,26,27, 29,32,60-64
r II.			KN ∗ 4,5/16,0 mm	4,28,49-55,
			(∗ 4,0 oder 4,7 mm)	57-59,61-64
r III.			KN ∗ 4,5 mm	56
r IV.			KN∗ 4,5 mm	16,31,34,35, 37-40,42-45,48
r V.			∗ KN 4,5 mm (Sondertype 13)	1-4,6,9-12,14, 15,17-31,33-36, 38-44,46-48
r VI.			KN 4,5 mm	ohne BZ.
r VII.			∗ KN 4,5 mm (Sondertype 13)	ohne BZ.

Musternoten: Lochung »Druckprobe« A/KN

Es kommen Fehldrucke ohne vorderseitigen (115 Af) oder rückseitigen Überdruck (115 Af) vor. je **60,–/100,–**

Nr. 115 Ak wurde auch mit kopfstehendem Aufdruck auf der Rückseite bekannt.

Von Nr. 115 Af liegt auch ein Schein vor mit Aufdruck »1 Milliarde Mark« rechts von unten nach oben verlaufend.

Aus Stücken mit verschobenem Aufdruck läßt sich erkennen, daß jeweils jeder zweite Überdruck kopfstehend zum ersten angeordnet ist. Die Urnoten müssen also im Bogen entsprechend angeordnet gewesen sein (s. S. 17 Bogenschema I).

B) Papier braun mit Wz. Vierpaß **8,–/15,–**

a.	C		KN 3,5 mm	62,67,76,77
b I.	E	(schwarz)	KN 3,5 mm	97-99,102-109, 111-118,123-127, 130,132,134-140, 144,145,149-151, 155,157,160
b II.			KN 4,0 mm	99,104-106, 108-110,115, 118,120-123,125, 128,129,131,132, 137,139,143-146, 148,149,150,152, 155-157,160
b III.			KN∗ 4,5/14,0 mm	157
b IV.			KN∗ 4,5/16,0 mm	146,149,158
b V.			KN ∗ 4,5 mm	152
b VI.			KN∗ 4,5 mm	
b VII.			∗ KN 4,5 mm (Sondertype 13)	101,102,106,107, 115,120,123, 125,127,131,135, 137,139,144

				III / I
c I.	J		KN 4,6/15,5 mm	1-5,8,9,11,12,16
c II.			KN 5,0/15,8 mm	1,2,4-14
d I.	M		KN ∗(kon.) 4,2 mm Type I	7,9,17,23,25
d II.			№ KN 4,5 mm	6,18,24
e I.	P		KN 3,5 mm	25,31,38,39,42,43, 46,61-64
e II.			KN 4,0 mm	1,2,5,10,26,50, 54,55,57,60,68,69
f.	S		KN 4,5 mm	1-32
g.	ohne		∗ KN 4,5 mm (Sondertype 13)	15

Ohne Überdruck ist diese Note nicht bekannt geworden.
Musternoten: M 1. »MUSTER« 50 mm rot bds. waagerecht

C) Papier weiß, dünn mit Wz. Vierpaß **10,–/20,–**

a.	C		KN 3,5 mm	62
b I.	E	(schwarz)	KN 3,5 mm	98,111,118,120, 124,126,135,137, 146,154,159
b II.			KN 4,0 mm	99,101,108, 112-114,117, 119,121,124, 128,137,144, 148,150,152,160
b III.			KN ∗ 4,5/14,0 mm	105,109,110, 113,116,120, 124
b IV.			KN∗ 4,5/16,0 mm	99,101,102, 106,111,147,166
b V.			KN∗ 4,5 mm	98,111,112, 156-158,160
b VI.			∗ KN 4,5 mm (Sondertype 13)	129,133-135, 138,141,142, 144-146,148- 150,152,154, 213
c.	H		KN 4,3 mm (Sondertype 24)	4,11,15,23
d.	P		KN 4,0 mm	15,25,32,51
e.	S		KN 4,5 mm Type I	10,30

Ohne Überdruck nicht bekannt geworden. Kommt auch ohne rs. Überdr. vor. –,–/–,–
Musternoten: M 1. »MUSTER« 50 mm rot waagerecht nur vs.

Nr. 116

160 x 86 mm

116 5. 9.1923 **1 Md Mark,** einseitiger Druck schwarz auf oliv, lilarosa und grau, Randdruck grün, Papier weiß mit Wz. Distelstreifen in grünem Farbstreifen, BZ., FZ und KN rot, soweit nicht anders angegeben

5,–/16,–

				III / I
a.	Rdr.	Rdr.-KN 8-stellig	A-D	
b.	AC	KN 3,5 mm (Sondertype 2)	1-28	
c.	AG	KN 4,2 mm	1-28	
d.	E (schwarz)	KN 3,8 mm	1-28	
e.	G	KN ∗3,5 mm Type I	1-2,4,6,7,11-14, 16,17,19-22,24, 26	
f.	P	KN 4,0 mm	1-28	
g.	X	KN 4,0 mm	1-28	

Musternoten: M 1. »MUSTER« 69 mm vs. rot
M 2. »MUSTER« 81 mm vs. rot

Nr. 117

165 x 86 mm

117 10. 9.1923 **5 Md Mark,** einseitiger schwarzer Druck auf oliv und lilarosa, Papier weiß mit unterschiedlichem Wz., Reichs- und Privatdrucke, BZ, FZ und KN grün

A) Wz. Streifen von Eichenlaub und Kreuzdorn auf lila Faserstreifen **8,–/25,–**

a.	Rdr.	Rdr.-KN 8-stellig	A-D
b.	R	KN 4,0 mm	1-24
c.	X	KN 4,0 mm	1-24

Musternoten: M 1. »MUSTER« 82 mm rot vs.

B) Wz. Vierpaß **15,–/30,–**

a I.	AB	KN 3,5 mm	15,21,24,27, 31,32,34-40
a II.		KN ∗4,5 mm (∗4,5 mm)	1,3,5,8,12,13, 17
a III.		KN ∗4,5 mm (∗5,5 mm)	20
b.	K	KN 3,8-4,2/12,4-13,5 mm (mehrere Typen, die nicht scharf definiert werden können, da Übergänge vorkommen)	1-20
c.	R	KN 4,0 mm	1-21

Musternoten nicht bekannt.

118 15. 9.1923 **10 Md Mark,** einseitiger schwarzer Druck auf grau, braun, blau- und gelbgrün, Papier weiß mit unterschiedlichem Wz., BZ und FZ braun oder schwarz (besonders angegeben), KN braun

A) Wz. Streifen von Distelblättern, rechts gelber Faserstreifen **15,–/30,–**

a.	Rdr.	Rdr.-KN 8-stellig	A-D
b.	A (schwarz)	KN 4,5 mm (Sondertype 12)	1-28
c.	AM	KN 4,0 mm	1-28
d.	X	KN 4,0 mm	1-28

Musternoten: M 1. »MUSTER« 69 mm vs. rot
M 2. »MUSTER« 81 mm rot vs.

III / I

Nr. 118

170 x 86 mm

B) Wz. Vierpaß **30,–/60,–**

a.	AB	KN ✱ 4,5 mm (✱4,5 mm)	1-24
b.	AC	KN 3,5 mm (Sondertype 2)	1-48
c.	K	KN 3,8-4,2/12,4-13,5 mm (mehrere Typen, s. 117 Bb.)	1-24

Musternoten: M 1. »MUSTER« 81 mm vs. rot

Nr. 119

160 x 105 mm

119 1.10.1923 **10 Md Mark,** einseitiger Druck schwarzgrün auf lilarot, gelbbraun und grünblau auf weißem Papier mit unterschiedlichem Wz., BZ und FZ schwarzgrün, KN rot

A) Wz. G-D-Muster **15,–/50,–**

a I.	BM	KN ✱ 4,5 mm	1-5
a II.		kN ✱ 4,5 mm	10,11,13
a III.		KN ✱ (kon.) 4,5 mm Type I	7,8,13-17
a IV.		№ KN 4,5 mm (№ unterschiedlich)	3,5,6,8,9,11, 12,14,15,17, 18
b I.	BS	KN ✱ 4,8 mm	10
b II.		KN ✱ 4,5 mm	6
c.	CD	KN 3,5 mm	2,3,8,10-12, 14,15,17-19, 21,22,25,29, 30,32,35,36
d.	DV	KN 3,5 mm	1,3-9,11-16

				III / I
e.	FG	KN 3,5 mm	1,2,5,19,22, 23,25,29,32,35,	
f.	FM	KN ∗4,8 mm	1,5,6,10,13,18	
g.	GB	KN 3,5 mm (Sondertype 17)	10,11,18,22,27	
h I.	GC	KN 3,5 mm	1,3,4,7,14,17	
h II.		NrKN 4,2 mm (Sondertype 12)	7,10,14,15,16,	
i.	GD	KN 4,1 mm (Sondertype 23)	3-8,14-23,25, 27-32,34-36	
k I.	GE	KN 3,7-4,0 mm	7-10,12,15,19	
k II.		KN 4,5 mm	24-26,39,30,36	
l.	GU	KN 4,3 mm	3,8,18	
m.	HH	KN 3,8 mm	4,5,9,11,12, 16,18,21,25, 26,33	
n I.	LE	KN 4,3 mm 5-stellig	43	
n II.		KN 4,3 mm 6-stellig	2,5,7,8,11,13, 15,17,20-22, 24,26,28-30, 34,40,42	
o.	MR	№ KN 4,5 mm	1-36	
p I.	NF	KN 3,5 mm (Sondertype 6)	1,3,4,6,10,17,18 21,30,36	
p II.		KN∗ 3,7 mm (Sondertype 7)	1,3,4,6,7,15, 19-21,23,25, 27,28,31,32, 34,36	
p III.		KN∗ 3,7 mm (Sondertype 7)	4,8-12,14, 16-18,26	
q.	NN	KN 4,5 mm	1-19,24,25, 29,31,32,36	
r I.	PG	KN 4,0 mm	2,3,5,7-9,11, 16,20-22,26, 29,31,34	
r II.		KN ∗4,5 mm	4	
s.	RH	KN 3,5 mm (Sondertype 1)	2-4,7-9,19-22, 25,26,29,32, 35	
t I.	SO	KN ∗4,0 mm	1,3,5-9,11,15, 17,18	
t II.		KN ∗4,0 mm	2-4,6,8,9,16	
u.	WB	KN 4,2 mm	2,9,12,29,30, 32,33,35	

M1: »WERTLOS« violett Vs. 64 mm, FZ 00 schwarzgrün, KN 000 000 rot

B) Wz. Ringel				15,–/50,–
a.	DB	KN 4,5 mm	1-3,5,8-13,17	
b.	DK	KN 3,7-3,9 mm	1-18	
c.	GB	KN 3,5 mm (Sondertype 17)	1,9-11,19,20, 24-27,33	
d I.	GE	KN 4,0/13,4 mm	2,6,8,9,12	
d II.		KN 4,5/15,7 mm	19,23,24-26, 29,30	
e.	LE	KN 4,3 mm	27,28,31	
f.	MR	№ KN 4,5 mm	1-3,5-36	
g.	NN	KN 4,5 mm	1-18	
h.	PR	KN 3,5 mm	1,4,6-9,11,12, 14-17,19-22, 24-29,31-36	
i I.	VB	KN∗ 4,7/14,6 mm	1	

				III / I
i II.			KN ∗ 4,7/16,0 mm	6,7,12-14,17,18
k I.	WB	(3,0 mm hoch)	KN 4,0-4,2 mm	2,6,7,12,16, 18-20,22,25-27,31 35,36
k II.		(3,5 mm hoch)	KN 4,0-4,2 mm	1,3,4,6,7,9,10, 12,14-16,18-21, 23-30,32-36

Musternoten: M 1. »MUSTER« 81 mm rot vs.
M 2. »WERTLOS« 64 mm blauviolett vs., FZ 00, KN 000000

C) Wz. Sterne mit S **30,–/60,–**

a.	FM	KN ∗ 4,7 mm	1,5,8,12,14,16,17
b.	GU	KN 4,2 mm	17
c.	RL	KN 3,5 mm	2,4,5,7,9,12, 14-18
d I.	SO	KN ∗ 4,0 mm	10,12
d II.		KN ∗ 4,0 mm	8,11

Musternoten: M 1. »MUSTER« 81 mm vs. rot
M 2. »WERTLOS« grün vs. 69 mm, FZ 00, KN 000000

D) Wz. Gitter mit 8 **35,–/70,–**

a.	DV	KN 3,5 mm	3,6,8
b.	HH	KN 3,8 mm	3-6,9,14,19, 25,28,30,32, 33,36
c I.	PG	KN 4,0 mm	5,12,14,32
c II.		KN ∗ (kon.) 4,5 mm Type I	4,5,10,15,18
c III.		∗ (kon.) KN 4,5 mm Type I	19,27,30,34
d.	RH	KN 3,5 mm (Sondertype I)	4,8,15,18,22, 30,31

Musternoten: M 1. »MUSTER« vs. rot 82 mm
M 2. »Muster« 82 mm rot kursiv mit bei Originalen unbekanntem FZ GD und KN 4,0 mm (000000), BN 00

E) Wz. Rauten **120,–/240,–**

a I.	BS	KN ∗ 4,8 mm	8,10,13
a II.		KN ∗ 4,5 mm	2-4,6,9

Musternoten: M 1. »MUSTER« 82 mm vs. rot
M 2. »WERTLOS« grün vs. 68 mm FZ 0000 schwarz, KN 000000

Nr. 120

140 x 90 mm

120 1.10.1923 **20 Md Mark,** einseitiger schwarzblauer Druck auf grünblau, graubraun und gelb- bis dunkelgrau, Papier weiß mit unterschiedlichem Wz., FZ und BZ schwarzblau, KN rot, Wertleiste am rechten Rand

			III / I
A) Wz. G-D-Muster			**20,–/50,–**
a.	BH	KN 4,5-4,7 mm	1,3,7,8,10,12-14, 16,18,19,21,25
b I.	BK	KN 4,5 mm Type I 5-stellig	1,2,7,8,19,22, 23,26,28,31, 40,42,46,48, 49
b II.		KN 4,5 mm Type I 6-stellig	27,32
c I.	BM	KN ✶4,5 mm	1-8,14,15,18, 20
c II.		KN✶ 4,5 mm	7,10,12,13
c III.		KN ✶(kon.) 4,5 mm Type I	5,7-9,11,15, 17-19
d I.	BS	KN✶ 4,8 mm (✶ nur teilweise)	7,20
d II.		KN✶4,5 mm (✶nur teilweise)	6,11
e.	BW	KN 3,5 mm	12,15,18,32, 40
f.	CD	KN 3,7 mm	9,12,36,38,41
g.	DV	KN 4,5 mm	2-12,14,18-22, 24-26,31,34, 39-42,44,45,49
h I.	EK	KN✶ 4,5 mm 5-stellig	2,9,27,42
h II.		KN✶ 4,5 mm 6-stellig	49
h III.		KN✶(kon.) 4,5 mm Type I 5-stellig	1,7,24
h IV.		KN ✶(kon.) 4,5 mm Type I 6-stellig	?
h V.		KN✶ (kon.) 4,5 mm Type I 5-stellig	2,4-6,17,19, 25,27,29,31, 34
h VI.		KN ✶(kon.) 4,5 mm Type I 6-stellig	38,41,44,48
		h V. auch ohne FZ, mit oder ohne BZ	
i.	FM	KN 4,0 mm	2,8,13,16,18, 21
k I.	GB	KN 3,5 mm (Sondertype 17)	3-5,8,10,14 15,18,20,27,28 32,36,38,39 41,43,45,46
k II.		KN 4,5 mm (Sondertype 10)	2,4,8,12,13, 26,31,41,42
l.	GC	KN 3,8 mm	1-3,7-10,12-21
m.	GD	KN 3,7 mm (Sondertype 18)	1,2,7,11,15 16,25,35,36, 39,42,47,49
n.	GU	KN 4,2 mm	2,6,7,14,16, 18,25
o.	HH	KN 4,0 mm (Sondertype 20)	1,3,4,6,9,10,12 14,16,21-28 33,34,38,40 42
		Druck mitunter stark verschmiert (besonders die RBD.-Siegel)	
p.	HM	KN 3,8 mm	8-10,12,14, 16,17
q.	HO	KN 3,8 mm	34,40,42
r I.	HR	KN 3,5 mm (Sondertype 1)	14,16,17,21
r II.		KN 3,8 mm (Sondertype 19)	6,20,23-25, 28,35-39,49
r III.		KN 3,8 mm	2,6,20,33
s I.	KE	KN 3,5 mm	22,25,27,31-34, 36,43,44,46,49
s II.		KN 4,5 mm	2-4,6,8,12-14, 18,21

III / I

s III.		KN ∗ 4,5 mm Type I	13,43
t.	LE	KN 4,5 mm	4,7,12,32,34, 35,37,38,40, 41,45,47
u.	MB	KN 4,2 mm	1,16,17,19, 20,26,28,31,40
v I.	MM	KN ∗ 4,5 mm	1-18,20-25
v II.		KN ∗ 4,5 mm	19,25,27-36 38-48
w.	MV	KN ∗ 3,5 mm	1,4,5,8,16,17 20,24,27,32, 33,42,48,49
x I.	ND	KN ∗ 3,8/12,8 mm	2,23,44
x II.		KN ∗ 4,0/13,8 mm	6,17
x III.		KN ∗ 4,9 mm	18
y.	NN	KN 3,5-3,8 mm (Typen)	1-3,9,11,14–17, 20,23,27,28
z I.	OF	KN 3,8/12,5 mm	36,38,40,42, 44,46,48,49
z II.		KN 4,2/13,8 mm	1,3,4,6-9,11, 12,14-18,20, 23-26
aa I.	PG	KN 4,0/13,0 mm	29,39,42
aa II.		KN 4,0/13,7 mm	5,12,17,20,22, 28,33,34,40
aa III.		KN ∗ 4,5 mm	43,46
aa IV.		KN ∗ (kon.) 4,5 mm	?
bb.	RD	∗ KN 4,5 mm	2-4,15,19,30,40
cc.	RW	№ KN 4,0 mm	3,7,8,19-21,41
dd.	SD	KN 4,2 mm	7,9,14,15,30, 31,33,37,38, 44,46,49
ee.	SS	∗ KN 4,5 mm	5,6,8,9,12,15, 18,19
ff I.	VD	KN 3,7 mm (Sondertype 3)	15,17,19,21, 34,44,47
ff II.		KN 4,0 mm	1,7-9
gg I.	VL	KN 3,5/12,3 mm	2-8,10,12-14
gg II.		KN 4,2/14,0 mm	26-30,34-43, 48,49
gg III.		KN 4,5 mm (Sondertype 11)	15,17,19,21
hh.	WB	KN 3,7 mm	1,4-8,10,11, 13-16,18-25, 27,28,30-32, 34,36,38,40, 42-49
ii I.	WH	KN ∗ 3,9 (∗ 3,7 mm)	31,45
ii II.		KN ∗ 4,2 mm (∗ 4,2 mm)	7,8,10,14,34, 47
ii III.		KN ∗ 4,5 mm	3,19,20,26,27
kk I.	WK	KN 3,5 mm	23,26
kk II.		KN 4,5 mm	9,14,20,44, 45,48
ll I.	YZ	KN ∗ 4,5 mm 5-stellig	29
ll II.		KN ∗ 4,5 mm 6-stellig	15,16,18,21, 22,24,26-28,32
ll III.		KN ∗ 4,5 mm	6,8-10
ll IV.		№ KN 4,5 mm Bei ll IV. ist die erste KN-Stelle oft farblos, so daß die KN 5-stellig erscheint. Dieser Schein kommt auch mit verstümmeltem FZ »Z« vor (BZ. 22), auch ohne Udr. Adler	36,37,39,41, 42,44,48
mm.	ZY	№ KN 4,5 mm	47

III / I

Auch bei der KN von mm. erscheint die erste Stelle farblos.

Musternoten: M 1. »MUSTER« 82 mm rot vs.
M 2. »WERTLOS« blauviolett, anstatt FZ 00, KN 000000.

B) Wz. Ringel				**30,–/50,–**
a.	KH	KN 4,0 mm	3,5,7,9,10,19, 23,28,29,35, 38,39,46,49	
b.	LE	KN 4,3 mm	24	
c.	ND	KN ∗ 3,8 mm	41	
d I.	NN	KN 3,5 mm	4,8,9	
d II.		KN 3,8 mm	1,19	
e I.	PB	KN 4,0 mm	1,3,8,9,12,19	
e II.		KN ∗ 4,2 mm	?	
e III.		KN ∗ (kon.) 4,5 mm Type I	16,17	
f I.	SC	KN ∗ 4,5 mm	3,4,6-8,10,13, 15,16,18,21, 22,24,26-28, 31,34,35	
f II.		KN ∗ (kon.) 4,5 mm Type I	37-39,41-44, 47,48	
g.	SD	KN 4,2 mm	5,7,9,12,13, 15,20,23,27, 29,32,37,44	
h.	UB	KN 4,0 mm	1,3,5,7,8,11, 13,15,17-19, 20,22-25,27-29, 31-36,42,43,46-48	
i.	VB	KN ∗ 4,5 mm	2,4,19	
k.	ZK	KN 4,5 mm	1,2,4,5,11,14,20 29,35-37,39, 40	

Musternoten: M 1. »WERTLOS« blauviolett vs., FZ »00« KN 000000 rot

C) Wz. Sterne mit S				**35,–/50,–**
a.	FM	KN 4,0 mm	2,3,5,7,15-17, 19	
b.	OH	KN ☆ 4,0-4,2 mm	2-21	
c.	PG	KN 4,0 mm	23	
d.	RL	KN 3,5 mm	1,3,5,6,9,10, 12,19,21	

Musternoten nicht bekannt.

D) Wz. Gitter mit 8				**30,–/50,–**
a.	GD	KN 3,7 mm (Sondertype 18)	4,10,13,18, 19,26,30,45	
b.	MB	KN 4,2 mm	19,32,40,42, 47	
c.	PG	KN 4,0 mm	3,6,7,16,19, 29,35,48	
		Aus Aktennotizen ist FZ. PG auch mit KN ∗4,5 mm und KN ∗ (kon.) 4,5 mm bekannt		
d.	UB	KN 4,0 mm	8	
e I.	VD	KN 3,7 mm (Sondertype 3)	21,22,24,32, 43,46	
e II.		KN 4,0 mm	4,6	

Musternoten: M 1. »MUSTER« 82 mm vs. rot
M 2. »Muster« kursiv vs. rot, FZ GD–OO, KN 000000

E) Wz. Rauten				**III / I**
a I.	BS	KN 4,5 / 15,5 mm	17	**35,–/50,–**
a II.		KN 4,7 / 14,6 mm	8, 9	
a III.		KN ∗ 4,5 mm	4, 7	
a IV.		KN ∗ (kon.) 4,5 mm mit Punkt, Type I	17, 19, 20	
a V.		KN ∗ (kon.) 4,5 mm ohne Punkt, Type I	8-10, 12	
b.	HH	KN 4,0 mm (Sondertype 20)	8, 17, 31	
c.	HO	KN 3,8 – 4,0 mm	1, 3, 4, 7, 10, 12, 14-19, 22, 23, 25, 26, 28, 29, 33-37, 40, 44, 45, 48	
d I.	MM	KN ∗ 4,5 mm	1-3, 5, 8, 10, 16, 20-22, 24	
d II.		KN ∗ 4,5 mm	26, 28-30, 35, 36, 38, 39, 42, 49	

Musternoten: M 1. »MUSTER« 82 mm vs. rot

120 F **20 Md Mark,** wie Nr. 120, aber Wertleiste links

A) Wz. GD-Muster				**200,–/400,–**
a I.	ST	KN ∗ 4,5 mm 5-stellig	4, 32, 34, 47	
a II.		KN ∗ 4,7 mm 6-stellig	9, 10, 16, 24, 27, 37, 38, 39, 40, 46, 47	
B) Wz. Ringel				**200,–/400,–**
a I.	ST	KN ∗ 4,5 mm 5-stellig	18, 19, 49	
a II.		KN ∗ 4,7 mm 6-stellig	3, 18, 20-22, 44, 47	

120 F entstand dadurch, daß in der Druckerei (Stalling, Oldenburg?) die drei einzeln angelieferten Teile der Druckplatte falsch zusammengesetzt wurden.
Musternoten sind nicht bekannt.

Nr. 121

180 x 86 mm

121 10.10.1923 **50 Md Mark,** einseitiger Druck schwarz auf gelborange, oliv und hellblau auf weißem Papier mit unterschiedlichem Wz., BZ und FZ rot, braun oder schwarz, KN rot oder braun, Wertangabe am rechten Rand 54 mm lang

A) Wz. Streifen von Eichenlaub und Kreuzdorn, rechts grüner Faserstreifen, Rdr.- und Firmendruck **20,–/50,–**

a.	Rdr.	Rdr.-KN 8-stellig	A-D
b.	AB	KN 4,2 mm (Sondertype 9)	1-28
c.	AC (schwarz)	ohne KN	ohne BZ
d.	B	KN 3,7 mm	1-28
e.	ohne FZ	ohne KN	ohne BZ

Musternoten: M 1. »MUSTER« 69 mm vs. rot

B) Wz. Vierpaß, ohne Faserstreifen, weißes Papier, 175 x 86 mm **III / I**

a.	AC (schwarz)	ohne KN	ohne BZ	**25,–/50,–**
b.	AE	KN 3,3 mm	2, 4, 6, 14-17, 19	
c.	AF (schwarz)	ohne KN	3, 5, 6, 12, 14, 22, 26, 29, 31-33, 36, 40, 42	
d.	AG	KN 4,0 mm	2, 11-13, 17, 18	
e.	B	KN 3,7 mm	1, 8, 15-17, 20	
f.	G	KN 3,5 mm	8	
g I.	H (braun, 2,8 mm hoch)	KN 4,0 mm braun	1, 4, 12, 14, 16, 19, 20	
g II.	H (braun, 4,2 mm hoch)	KN 4,3 mm (Sondertype 24)	21, 22, 24, 27, 38	
h.	PL (schwarz)	ohne KN	ohne BZ	
i.	R	ohne KN	ohne BZ	
k.	Z	KN 4,0 mm (Sondertype 20)	11	
l.	ohne FZ	ohne KN	ohne BZ	

Musternoten: M 1. »MUSTER« 82 mm vs. rot

C) wie B, aber graues Papier

a.	ohne FZ	ohne KN	ohne BZ	**40,–/70,–**

Musternoten: M 1. »MUSTER« 82 mm vs. rot

Nr. 121 C, vielfach als »Franzosenschein« bezeichnet, soll unfertig aus der Druckerei geraubt worden sein. In Südwestdeutschland kommt er öfter in gebrauchtem Zustand vor. Dieser Umstand wie das Vorkommen von Musterdrucken spricht dafür, daß diese Note doch im allgemeinen Umlauf war.

Nr. 122

166 x 80 mm

122 **50 Md Mark,** wie Nr. 121, doch etwas kleineres Format, 166 x 80 mm, Wertangaben am rechten Rand nur 44,5 mm und rechts grüner Guillochen-Druck

A) Wz. GD-Muster **40,–/80,–**

a.	AK	KN 4,0 mm Type I	1,2,4-14,16-20, 22-24
b.	AS	KN ✱ 4,5 mm 5- u. 6-stellig	1,5,9,16-19, 21,23,25-27, 30,33-35,37, 41,45,46,47
c.	BH	KN 4,7 mm Type I	1,4,5,8,9,16 17,20,35,39, 44-46,48
d I.	BM	KN ✱ 4,5 mm	3,9
d II.		KN ✱ (kon.) 4,5 mm Type I	23,24
d III.		✱ KN 4,5 mm	3,8,14

III / I

e.	BN	KN 4,7 mm Type I	2,4,13,15,19 26,28,31,36, 38,43,44,46,48
f I.	BR	KN 3,7 mm 5-stellig	11,15
f II.		KN ∗3,7 mm 6-stellig Type I	3,7,9,11,26, 36,39,42
g I.	CD	KN 3,5-3,9 mm	21,31,41
g II.		Rdr.-KN 8-stellig	5,15,24,31
h.	DK	KN 4,0 mm	1,4,6,7,9,10, 12,13,15-17, 19,21,22,24
i.	GB	KN 4,5 mm (Sondertype 10)	10,13,16
k I.	GE	KN 4,0/13,2 mm	26,27,33,40
k II.		KN 4,5/15,7 mm	3
l I.	GK	№ KN 4,2/13,7 mm	42-45,48
l II.		№ KN 4,5/15,2 mm Type I	2,16
l III.		№ KN 4,5/15,2 mm	24,34
m.	GU	KN 4,2 mm	19-21
n I.	HM	KN 3,8 mm	12,17,18,24
n II.		KN ∗4,5 mm	32,34,37,39
n III.		KN ∗4,0 mm	25,27
o I.	HS	KN 4,5 mm 5-stellig	27,29
o II.		KN 4,5 mm	33,45
o III.		KN ∗4,5 mm	4,16
p.	LD	No KN 4,7 mm Type I	12,15,17
q.	MB	KN 4,0 mm	1,4,10,11,22, 26,39,44,48
r I.	MM	KN 4,5/15,0 mm	26,29-32,34-36, 39-41,45,47
r II.		KN 4,5/15,9 mm	2,3,5,9-11,14, 16-18,20,22-24
r III.		∗ KN 4,5 mm	33,34,47
r IV.		∗ KN4,5 mm	1,2,4,8,20-23 25,27-31, 41,43,48
s I.	NF	KN 3,5 mm (Sondertype 6)	3,4,7-9,11,14, 16,17,20,22-26, 29,30,33,34, 36,37,40,41, 45,47
s II.		KN ∗3,7 mm (Sondertype 7)	1,4,6,7,10,13, 18,19,21,24,38,42
s III.		KN ∗3,7 mm (Sondertype 7)	3,5
t I.	NL	KN 3,5/11,7 mm	34,46
t II.		KN 4,0/12,6 mm	1,2,5,7,8,10, 13,15,17-20, 22,23,25,35, 36,42
u.	PB	KN 4,0 mm	23
v I.	RK	KN ∗4,5 mm	10,18
v II.		KN ∗4,7 mm	22
w.	RL	KN 3,5 mm	4,6,17
x.	RS	No KN 4,5 mm Type I	1,2,4-12,14, 16,18-20,22
y I.	SL	KN 3,5/11,5 mm	20-23,48
y II.		KN 4,5/15,7 mm	12,38
y III.		KN ∗4,5 mm 5-stellig	9,11,34
z I.	SO	KN ∗4,0 mm	5,6,10
z II.		KN ∗4,0 mm	1,8,10,13, 19-22,24

III / I

aa.	SS	∗ KN 4,5 mm	2,3,7,10,11, 14,15,16,18, 21-24
bb I.	VL	KN 3,5 mm	1,6-8,10,11, 14-16,29,32, 39-42,47,48
bb II.		KN 4,5 mm (Sondertype 11)	19,20,23,24
cc.	WB	KN 4,0-4,2 mm (Zifferntypen breit oder schmal)	1,2,9-11,16, 19-21,24,29,32, 36,38-40,44, 45,61,65,67, 69,70
dd I.	YZ	KN 4,5 mm	1,2,6,7,9, 12-14,17,18, 21,22,
dd II.		KN ∗ 4,5 mm	24
dd III.		№ KN 4,5 mm	11
		Bei dd I-III ist die erste Ziffer mitunter undeutlich abgedruckt, so daß die KN wie 5-stellig erscheint.	

Musternoten: M 1. »MUSTER« vs. rot 69 mm

B) Wz. Ringel **45,–/90,–**

a I.	DB	KN 4,0/12,8 mm	3,12,24
a II.		KN 4,2/13,7 mm	1,2,4,8,9,11, 13,23
a III.		KN 4,5/14,8 mm	10,15,21,22
b.	DK	KN 4,0 mm	1,11,21
c.	GB	KN 4,5 mm (Sondertype 10)	3-6,8,15,16, 20,21,24
d I.	GE	KN 4,0 mm	25,26,28,30, 31,35,42-44,47
d II.		KN 4,5 mm	1,3,5-7,11-13, 15,17,24
e.	LD	No KN 4,7 mm Type I	2,3,7,9-11,14, 18,24
f I.	PB	KN 4,0 mm	4,11,12,15, 16,18,20,23,24
f II.		KN 4,5 mm	17
f III.		∗ (kon.) KN 4,5 mm Type I	21,23
g.	PR	KN 3,5 mm	1,8,10-13,29, 33,38,42,45,46
h I.	SC	KN ∗ 4,5/14,0 mm	33
h II.		KN ∗ 4,5/15,7 mm	6,16
		außerdem h I und II:	1,7,11,13,15, 19,20,22,24, 26,29,36,43-45
h III.		KN ∗ 4,0 mm	38
h IV.		KN ∗ (kon.) 4,2 mm	48
h V.		KN ∗ 4,8 mm	10
i.	UB	∗ KN 4,8 mm	1-3,10-12,14, 19,24,26,27, 31,35,36,39,47
k.	VB	KN ∗ 4,5 mm	2,5,14,15,17

Musternoten nicht bekannt.

C) Wz. Sterne mit S **45,–/90,–**

a I.	AR	KN ∗ 4,5/16,1 mm	17,22,23
a II.		KN ∗ 4,7/13,8 mm	1,5,7,8,15,25, 26,34,35,45,46

			III / I
b I.	GU	KN 4,0 mm Type I	23
b II.		KN 4,2 mm	14,20-22,24
c I.	HA	KN ∗4,0 mm	8,16,22
c II.		KN ∗4,5 mm	24
c III.		KN ✱4,5 mm	1,2,18
d I.	NF	KN 3,5 mm (Sondertype 6)	29,35,37,40, 42,43,47
d II.		KN ∗ 3,7 mm (Sondertype 7)	2,14,18,19, 21,23
d III.		KN ✱ 3,7 mm (Sondertype 7)	11,17
e.	OH	KN ☆4,5 mm (Lochstern 4,0 oder 4,7 mm)	1,4,9,15,16, 22,24
f.	RL	KN 3,5 mm	3,4,6,8,10,12, 17-19,22-24
g.	VB	KN ∗ 4,5 mm	1,17,19

Musternoten: M 1. »MUSTER« 82 mm rot vs.

Nr. 123

140 x 80 mm

123 15.10.1923 **200 Md Mark,** einseitiger Druck schwarz auf gelbbraun, lilarot und graugrün auf weißem Papier mit unterschiedlichem Wasserzeichen, FZ und BZ schwarz oder (besonders vermerkt) braun, KN rot

A) Wz. GD-Muster			**30,–/60,–**
a I.	AK	KN 3,4 mm 7-stellig (Sondertype 4)	9,14,17,25,31
a II.		KN 4,0 mm	37,54,56
b I.	BM	KN ∗ 4,5 mm	2,3,5,6,8,12
b II.		KN ∗ (kon.) 4,3 mm Type I	9,14,17
c I.	BS	KN ✱ 4,7 mm	2,4,7
c II.		KN ✱4,5 mm	24,26,28,31
d.	CD	KN 3,7 mm	4,30,34,41,45
e.	DV	KN 4,7 mm (Typenunterschiede)	4,8,12,13,20, 30,33,36,37,39, 56
f.	FG	KN 3,5 mm	9,19,33,51,55
g.	GB	KN 4,5 mm (Sondertype 10)	4
h.	GD	KN 3,7 mm (Sondertype 18)	5,11,14,23,42,50
i.	GU	KN 4,2 mm	7,11,48,51
k.	HH	KN 4,0 mm (Sondertype 20)	15,31,44
l.	HM	KN 3,8 mm	1,2,16,19,20 24,25,28,43,46, 48
m.	HR	KN 5,0 mm	7,18,54
n.	KH	KN 3,7-4,0 mm	28,42,48
o I.	KL	KN 3,5 mm 5-stellig	53
o II.		KN 4,7 mm 5-stellig	15

III / I

o III.		KN 4,5/13,3 mm Type I	27,28,49
o IV.		KN 4,5/15,2 mm Type I	16,44
p I.	LE	KN 3,5/11,7 mm Type I	1,2
p II.		KN 4,2/15,3 mm	24,28,30,37
q.	MA	KN*4,7 mm	7,20,24,33,35
r I.	MM	KN 4,5/14,6 mm	6,8,12,14,15,22
r II.		KN 4,5/15,8 mm	34,37,41,43, 45,46,52
r III.		KN✶4,5 mm	7,10,13,14,27
r IV.		KN*4,5 mm	8,30
r V.		*KN 4,5 mm	26,31
s I.	MR	KN*4,7 mm	7,9,13,14,16
s II.		№KN 4,7 mm	18,21,22,25,27, 30,32,33,36, 37,40,42,43, 48,50
t.	MV	KN*3,5 mm	14,21,23,43,52
u I.	ND	KN 3,5/11,8 mm	2
u II.		KN 4,2/13,7 mm Type I	10,37
v I.	NF	KN 3,5 mm (Sondertype 6)	26,27,30,44
v II.		KN*3,7 mm (Sondertype 7)	4-6,9,16,24
v III.		KN*3,7 mm (Sondertype 7)	9,22
w.	NN	KN 4,5 mm	1,3,5,9-12,15, 19,22,24,25, 30
x I.	PB	KN 3,7/12,3 mm	25
x II.		KN 4,0/13,5 mm	13,29
y.	PG	KN 4,0 mm	34
z.	PR	KN 3,5 mm	6
aa.	RD	*KN 4,5 mm	18,25
bb.	RL	KN 3,5 mm	1-3,15,22,23
cc.	RW	№KN 4,0 mm	13,18,21,23, 26,28,34,40, 46,47,56
dd.	SB	KN*4,5 mm	8,37
ee.	SD	KN 4,2 mm	12,34,39,40, 45
ff I.	SF	KN 3,7 mm 5-stellig	45
ff II.		KN 3,7 mm 6-stellig	48
ff III.		KN 4,5/14,2 mm	5,37,43,49
ff IV.		KN 4,5/15,4 mm	15,20,23,30, 52
gg.	SS	*KN 4,5 mm	3,9-11
hh.	VB	KN*4,5 mm	19
ii I.	VL	KN 3,7/12,7 mm	26,28,30,35, 51,52
ii II.		KN 4,0/13,7 mm	1,3,4,10,19,22
ii III.		KN 4,5 mm (Sondertype 11)	9,43,47
kk I.	WB	KN 4,0/14,0 mm	1,9,13,17, 20-22,24,31, 52,55,61,67,69, 70,74
kk II.		KN 4,8/14,5 mm	19
ll I.	WE	KN 4,0 mm	4,23
ll II.		KN*4,5 mm	27
ll III.		*KN 3,5 mm Type I	1,4,11,12,17,19, 20
ll IV.		№KN 3,5 mm	5,6
ll V.		№KN 4,5 mm	21,22,30
mm I.	WF	KN 4,7 mm	26

III / I

mm II.		KN * 4,5 mm 5-stellig	5,30,40
mm III.		KN * 4,5 mm 5-stellig	24,54,56
nn I.	WK	KN 3,7 mm	53
nn II.		KN 4,5 mm	22,27,44,47
oo I.	YZ (braun)	KN * 4,5 mm	1,28
oo II.		KN * 4,5 mm	2,6,27,43,53, 54
oo III.		№ KN 4,5 mm Bei oo ist eine KN-Stelle oft farblos, so daß 5-stellige KN vorgetäuscht wird.	17,22,36
pp.	ZK	KN 4,5 mm	56

Musternoten: M 1. »MUSTER« 69 mm vs. rot
M 2. »MUSTER« 81 mm vs. rot
M 3. »WERTLOS« vs. grün

B) Wz. Ringel **35,–/65,–**

a I.	AK	KN 3,4 mm 7-stellig (Sondertype 4)	11,15,51,54
a II.		KN 4,0 mm	35,38,48
b.	CD	KN 3,7 mm	32,35
c I.	DB	KN 4,2/13,5 mm	1,15,23,39
c II.		KN 4,5/14,5-15,0 mm	9,14,31,35,53
d.	GB	KN 4,5 mm (Sondertype 10)	2,15,23
e I.	GE	KN 4,0/13,3 mm	29,40,42,45,47
e II.		KN 4,2/14,7 mm Type I	53
e III.		KN 4,5/15,6 mm	2,3,12,19,24
f.	KH	KN 4,0 mm	24,29,39,40,42, 47,53
g I.	ND	KN * 3,5 mm	31
g II.		KN * 4,5/13,9 mm	28
g III.		KN * 4,5/15,7 mm	39
h.	PG	KN 4,0 mm	19,21
i.	PR	KN 3,5 mm	2,3,7,8,10,12, 21,25,29,31, 34,44,45
k.	RD	* KN 4,5 mm	3,18,27,31,33,36
l I.	SC	KN * 4,5 mm	6,7,9-11,14, 15,20,34,37, 41,42,44,46, 48,52
l II.		KN * 4,5 mm Type I	21
l III.		KN * 4,5 mm Type I	4,11,16,18,19, 24,26,28,31, 32,56
m.	SD	KN 4,2 mm	12,24,40
n.	VB	KN * 4,5 mm	3,6,20,23
o I.	ZK	KN 4,2/14,5 mm	4,5
o II.		KN 4,5/14,2 mm	39

Musternoten: M 1. »MUSTER« 69 mm vs. rot
M 2. »MUSTER« 81 mm vs. rot
M 3. »Muſter« vs. rot
M 4. »WERTLOS« vs. grün, FZ »00«, KN 000000

C) Wz. Sterne mit S **50,–/100,–**

a I.	NF	KN 3,5 mm (Sondertype 6)	25,33,35,37, 38,40
a II.		KN * 3,7 mm (Sondertype 7)	14,17,23
a III.		KN * 3,7 mm (Sondertype 7)	20
b I.	OK	KN * 4,5 mm	14,21
b II.		KN * 4,5 mm	6
b III.		KN * 4,5 mm	26,33

				III / I
c.	RL	KN 3,5 mm (FZ auch verstümmelt zu RI)	3,7,13,14,16, 19,21,22	
d.	VB	KN ∗ 4,7 mm	3,22	
e.	VL	KN 3,7 mm	31,37	
f.	WH	KN ∗ 4,0 mm	19,26,37,40, 42,46,49-53	

Musternoten: M 1. »MUSTER« 81 mm vs. rot

D) Wz. Gitter mit 8 **150,–/400,–**
a. NF KN ∗3,7 mm (Sondertype 7) 11,13,16,21,23
Musternoten nicht bekannt.

E) Wz. Rauten FG KN 3,5 mm 55 **800,–/1500,–**
Musternote nicht bekannt

Nr. 124

125 x 65 mm

124 20.10.1923 **1 Md Mark,** schwarz auf graugrün, einseitiger Druck auf dünnem weißen Papier mit Wz. Vierpaß, FZ und BZ, soweit vorhanden, schwarz, ohne KN **6,–/12,–**

a.	AJ		1-63
b.	AK		ohne BZ.
c.	AN		ohne BZ.
d.	AO		ohne BZ.
e.	AP		ohne BZ.
f I.	AR	(A)	ohne BZ.
f II.	AR	(A)	ohne BZ.
g.	AS		ohne BZ.
h I.	AT	(2,3 mm hoch)	ohne BZ.
h II		(2,5 mm hoch)	ohne BZ.
i.	X		ohne BZ.
k.	ohne FZ.		ohne BZ.

Fehldrucke ohne Schwarzdruck, die also nur den graugrünen Udr. zeigen, sind bekannt.
Musternoten: M 1. »MUSTER« 49 mm vs. rot

Nr. 125

130 x 65 mm

125 20.10.1923 **5 Md Mark,** schwarz auf grauviolett, einseitiger Druck auf dünnem weißen Papier mit Wz. Vierpaß, FZ und BZ schwarz, sofern nicht anders angegeben, KN rot, soweit vorhanden **5,–/15,–**

III / I

a I.	AC	KN 3,5 mm (Sondertype 5) 6-stellig	38-63
a II.		KN ∗4,5 mm 5-stellig	28
a III.		∗KN 4,7 mm Type I, 6-stellig	2,5,7,8,12,14, 16-18,20-22,24, 26,30,31,33-35
a IV.		ohne KN	1-63
b.	AN	ohne KN	ohne BZ
c.	AO	ohne KN	ohne BZ
d.	AP	ohne KN	ohne BZ
e.	AT	ohne KN	ohne BZ
f.	AZ	ohne KN	ohne BZ
g.	B	ohne KN	ohne BZ
h.	H (rot)	KN 4,0 mm	5
i I.	M	KN 3,7 mm	36,54,61
i II.		KN 3,8 mm (Sondertype 19)	2-4,9-11,13,16, 19-21,27,38
i III.		KN 4,8 mm (Sondertype 14 A) 5-stellig	1, 2, 4, 6, 8, 9, 11, 16, 18, 19, 28, 31, 37, 43, 45-49, 51, 61, 63
i IV.		KN 4,8 mm (Sondertype 14 A) 6-stellig	37, 43, 53, 63
			63
k I.	P (rot)	KN 4,2 mm	22, 69, 71
k II.	P (schwarz)	ohne KN	1-92, 95, 97, 106, 109, 116, 117, 120
l.	PL	ohne KN	ohne BZ
m I.	V	KN 4,0 mm	1-63
m II.		ohne KN	1-63
n.	ohne FZ	ohne KN	ohne BZ

Fehldrucke ohne Schwarzdruck, die also nur den grauvioletten Unterdruck zeigen, sind bekannt.
Auch verstümmelte FZ (BZ 13) bekannt.
Musternoten: M 1. »MUSTER« 70 mm vs. rot
M 2. »Muſter« vs. rot

Nr. 126

145 x 90 mm

126 ohne neues Datum **500 Md Mark,** auf 5000,– Mark vom 15. März 1923 (Nr. VII), Druck schwarz auf grün und lilabraun, weißes Papier links mit grünem Faserstreifen, Wz. Streifen mit »5000 Mark«, vs. Kopfbild von Hans Holbein, FZ, BZ und KN braun, Reichs- und Privatdrucke

a.	Rdr.	Rdr.-KN 8-stellig	A-F	**70,–/200,–**
b.	G	KN 3,7 mm	1-42	**60,–/180,–**

Es sind Fehldrucke ohne vs. oder rs. Überdruck bekannt: **(je 180,–/350,–)**
F I. Vs. Überdruck fehlt: a.
F II. Rs. Überdruck fehlt: b.

Musternoten: M 1. »MUSTER« 70 mm vs. rot **III / I**
M 2. »MUSTER« 81 mm bds.
M 3. »Mufter« vs., »MUSTER« rs. rot
M 4. »Wertlos/Reichsbank« als Perforation

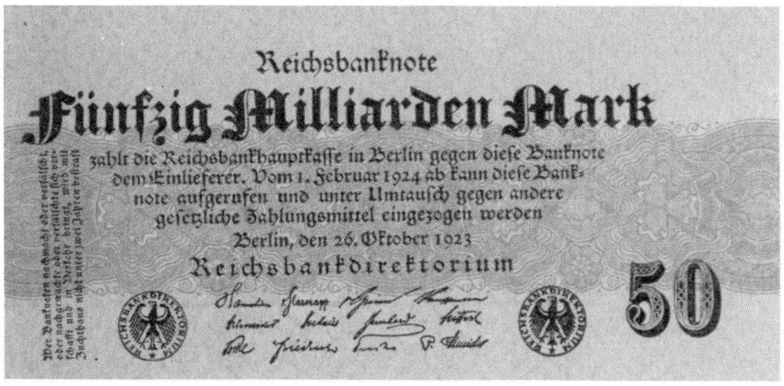

Nr. 127

135 x 65 mm

127 26.10.1923 **50 Md Mark,** einseitiger schwarzer Druck auf grüner Guilloche, farbiges Papier mit Wz. Vierpaß, ohne BZ und KN

A) Papier grau

a.	H	ohne KN und BZ	**15,–/35,–**
b.	ohne FZ	ohne KN und BZ	**12,–/30,–**

Musternoten: M 1. »MUSTER« 70 mm vs. rot
M 2. »Mufter« vs. rot

B) Papier grün **20,–/40,–**

a.	ohne FZ	ohne KN und BZ	

Musternoten: M 1. »MUSTER« 70 mm vs. rot
Ein gleicher Schein auf weißem Papier mit Wz. Vierpaß ist in der amtlichen Übersicht der Reichsbank aufgeführt. Die Note gelangte nicht mehr zur Ausgabe. Ein einziges Exemplar mit der FZ AF befand sich in der Sammlung der Reichsbank.

Nr. 128

135 x 65 mm

128 26.10.1923 **100 Md Mark,** einseitiger blauer Druck rechts mit blauem Faserstreifen auf weißem Papier mit Wz. Streifen von Eichenlaub und Kreuzdorn, ohne FZ, BZ, KN **10,–/30,–**
Musternoten: M 1. »MUSTER« 70 mm rot vs.

Nr. 129

138 x 65 mm

129 26.10.1923 **500 Md Mark,** einseitiger brauner Druck auf weißem Papier rechts mit farbigem Faserstreifen und unterschiedlichen Wz., FZ und BZ schwarz oder braun (besonders vermerkt), KN schwarz

A) Faserstreifen grün, Wz. Streifen von Eichenlaub und Kreuzdorn				**III / I**
a I.	Rdr.	Rdr.-KN 7-stellig	L-T	**50,–/100,–**
a II.		Rdr.-KN 8-stellig	A-K	
	FZ WB, von Keller erwähnt, existiert offenbar nicht.			
Musternoten: M 1. »MUSTER« 70 mm vs. rot				
M 2. »Muſter« 62 mm vs. rot				
B) Faserstreifen blau bis violett, Wz. Band mit »500 M«				**50,–/100,–**
a I.	A	KN 3,7 mm 5-stellig	14, 15	
a II.		KN 3,7 mm 6-stellig	18	
a III.		KN 4,5 / 15,0 mm	23, 25, 26	
a IV.		KN 4,5 / 16,0 mm 5-stellig	21, 29	
a V.		KN 4,5 / 16,0 mm 6-stellig	21	
b.	AB	KN 4,2 mm (Sondertype 9)	2, 4, 5, 8, 12, 14, 16, 17, 21, 23, 24, 27, 30,	
c.	AC	KN 3,5 mm (Sondertype 5)	2, 5, 10, 13, 15, 18, 20, 22, 24, 27, 29	
d.	AD (braun)	KN 4,2 mm (Sondertype 22)	14, 16, 17	
e.	AL	KN 3,7 mm	23, 26, 30	
f I.	AR (braun)	KN 4,0 mm (Sondertype 8)	24, 25, 27	
f II.		KN 4,3 mm	10, 15	
g I.	AS (braun)	KN ∗ 3,5 mm 5-stellig	4, 5, 8	
g II.		KN ∗ 3,5 mm 6-stellig	14, 22, 25, 26, 30	
h.	B	KN 3,5 mm	1-5, 7-18, 20, 21, 25-30	
i.	BD (braun)	KN 3,7 mm	3, 16	
k I.	BE (braun)	KN ∗ 4,0 mm	8, 27	
k II.		KN ∗ 4,5 mm 5-stellig Type I	5, 6, 22, 25	
k III.		∗ KN 4,5 mm	10, 18	
l.	BF	KN 4,0 mm	15	
m.	BG (braun)	KN 4,0 mm	3, 5, 12, 27, 29	
n.	BJ (braun)	KN 3,5 – 3,9 mm	2, 3, 7, 12, 17	
o.	BH (braun)	KN 4,2 mm (davor ∗blind)	13	
p.	BK	KN ?	17	
q.	BW (braun)	KN 4,0 mm	27	
r.	C	KN 3,5 mm	5-9, 13, 14, 17, 21, 23-25, 27, 30	
s.	E (braun)	KN ∗ 4,5 mm	1, 23, 39, 58	
t.	K	KN 4,5 mm	1, 6, 11, 13, 16, 17, 19, 20, 23, 26, 28, 29	
u I.	M (braun)	KN 3,5 mm (Sondertype 1)	11, 14, 22, 33, 43	
u II.		KN 3,8 mm (Sondertype 19)	50	
v I.	MB (braun)	KN 4,2 mm	2, 29	
v II.		∗ KN 4,5 mm Type I	5, 15, 21, 22, 26	
w.	P	KN 4,0 mm	26	
x I.	PG (braun)	KN ∗ 4,5 mm	1, 5, 10	
x II.		KN ∗ (kon.) 4,5 mm Type I	9, 10	
x III.		∗ (kon.) KN 4,5 mm Type I	28	
y.	R	KN 4,0 mm	4, 6, 8, 9, 15, 16, 25, 30	
z.	S	KN 4,5 mm Type I	7, 16, 17, 21, 27, 30	
aa.	WB (braun)	KN 4,8 mm	2-8, 11, 12, 14, 19, 23	
bb.	X	KN 4,0 mm	5	
cc.	Z	KN 4,0 mm (Sondertype 20)	9, 11, 13, 18, 21, 24, 25	

Musternoten: M 1. »MUSTER« 70 mm vs. rot
M 2. »Muſter« 62 mm vs. rot **III / I**

Nr. 130

174 x 86 mm

130 26.10.1923 **100 Bill Mark,** einseitiger Druck auf weißem Papier mit Wz. Distelstreifen und hellbraunem Faserstreifen rechts

a.	Rdr.	Rdr.-KN 7-stellig	A-G	a. **2000,–/3000,–**
b.	AC	KN 4,5 mm	11,12,16,17,20	b.–h. **2000,–/4000,–**
c.	FG	?	?	
d.	G	KN 4,0 mm	10	
e.	H	?	?	
f.	L	KN 4,0 mm	24,36	
g.	N	KN 4,5 mm	5,14	
h.	WH	?	?	

Nr. 131

141 x 65 mm

131 1.11.1923 bis ab 1. 2.1924 **1 Bill Mark,** einseitiger brauner Druck auf weißem Papier rechts mit Wz. Streifen von Eichenlaub und Kreuzdorn und violettem Faserstreifen, FZ und BZ rot oder braun (besonders angegeben), KN rot

80,–/160,–

a.	Rdr.	Rdr.-KN 8-stellig	A-J
b.	AF	KN 3,5 mm	1, 2, 3, 4, 6, 8, 9, 13, 14, 17, 18
c.	N (schwarzbraun)	KN 3,5 – 3,8 mm	2, 3, 8, 13, 16, 18, 20, 21, 24-27, 30, 35, 36
d.	P	KN 4,0 mm	3, 24, 27, 31, 33, 34
e.	R	KN 4,0 mm	1, 7, 8, 15, 18, 20, 22, 26, 28-30, 33
f.	X	KN 4,0 mm	1-3, 5, 7-13, 15, 17, 18, 20, 21, 23, 28, 31, 33, 34, 36

Musternoten: M 1. »MUSTER« 69 mm vs. rot

III / I

Nr. 132

168 x 86 mm

132 1.11.1923 bis ab 1. 2.1924 **5 Bill Mark,** einseitiger schwarzer Druck auf hellblau und gelbbraun, Papier weiß mit unterschiedlichem Wz., FZ und BZ rot oder schwarz (besonders angegeben), KN rot

A) rechts gelber Faserstreifen, Wz. Distelstreifen **300,–/600,–**

a.	Rdr.	Rdr.-KN 8-stellig	A-D
b.	AD	KN 4,2 mm (Sondertype 22)	7,8,11,27
c.	D	KN 4,0 mm	1
d.	N	KN 4,5 mm	1,8,10,14,16
e.	X	KN 3,8 mm	4,5,10,11,19,22, 24,28
f.	Z	KN 4,0 mm (Sondertype 20?)	3,10,11,13

Musternoten: M 1. »MUSTER« 70 mm vs. rot

B) ohne Faserstreifen, Wz. Vierpaß **350,–/700,–**

a.	A (schwarz)	KN 4,5 mm (Sondertype 12)	6,12,15
b.	AF	KN 4,0 mm	15
c.	B	KN 3,5 mm	3,6,11,15,18
d.	C	KN 3,5 mm	24
e I.	E	KN 3,5 mm	5,8,12
e II.		∗KN 4,0 mm	2,11
f.	J	KN 4,7 mm	14,17,20,21, 24
g.	K	KN 4,3 mm	2,7,13,17,19, 20
h.	P	KN 4,0 mm	3,6
i.	R	KN 4,0 mm	5,6,8,9,12
k.	S	KN 4,5 mm Type I	1
l.	V	KN 4,2 mm	9,13,28

Musternoten: M 1. »MUSTER« 82 mm vs. rot

Nr. 133

171 x 86 mm

133 1.11.1923 bis ab 1. 2. 1924 **10 Bill Mark,** einseitiger schwarzer Druck auf verschiedenfarbigem Unterdruck, weißes Papier rechts mit grünem Faserstreifen und Wz. Distelstreifen, FZ und BZ braun, rot oder schwarz (letztere besonders vermerkt), KN braun oder rot (besonders angegeben)

III / I

A) Udr. grün, lilabraun, gelbbraun und grau, Mitte gelbbraun **350,–/700,–**

a.	Rdr.		Rdr.-KN 8-stellig	A-D
b.	AG		KN 4,0 mm	3,8,14,15, 17,19,23
c.	E	(schwarz)	KN 4,0 mm	9,23,24,28
d.	G	(rot)	KN 3,5 mm rot	3,7,18,23,27
e.	P		KN 4,0 mm	25

Musternoten: M 1. »MUSTER« 70 mm vs. rot
M 2. »MUSTER« 82 mm vs. rot

B) Udr. lilabraun, grau, blaugrün und gelbgrün, Mitte grün **450,–/900,–**

a.	AE	KN 4,1 mm (Sondertype 21)	5,14

Keine Musternoten bekannt.

C) ohne Faserstreifen, Wz. Vierpaß, Udr. wie A **400,–/800,–**

a.	A		KN 3,3 mm (Sondertype 16)	20,25,28
b I.	AB		KN 4,2 mm (Sondertype 9)	13
b II.			KN∗4,5 mm	3
c.	AC		KN 3,5 mm (Sondertype 2)	8
cc.	AG			15
d.	AM		KN 3,7 mm	2,4,14,38,42
e.	B		KN 3,5 mm	7,16
f.	C		KN 4,0 mm	36
g.	E	(schwarz)	KN 4,0 mm (braun)	5,56,58,67
h.	H		KN 4,2 mm	1,4,6,14
i.	s		KN 4,5 mm Type I	12
k.	V		KN 4,2 mm	22-24,30,41
l.	X		KN 4,0 mm	5,7,9,15

Musternoten: M 1. »MUSTER« 70 mm vs. rot
M 2. »MUSTER« 82 mm vs. rot

Nr. 134

120 x 82 mm

134 1.11.1923 **10 Bill Mark,** einseitiger schwarzer Druck auf graugrün, hellblau und gelbbraun auf weißem Papier mit unterschiedlichen Wz., FZ und BZ schwarz, KN rot

A) Wz. GD-Muster **500,–/1000,–**

a. I.	BM	KN ∗4,5 mm	10,14,25,27
II.	BM	KN 4,2 mm	14
b.	CD	KN 3,5 mm	11,18,45
c.	DK	KN 4,0 mm	1,7,10,13,17,25 30
d.	GB	KN 3,5 mm (Sondertype 17)	19,22
e.	GD	KN 4,1 mm (Sondertype 23)	4
f.	HM	KN 4,0 mm	3,8,24,29, 32

				III / I
g.	KE	KN 4,5 mm	12,53,60	
h.	NF	KN 3,5 mm (Sondertype 6)	2,5,14,28,53, 56,58,60	
i.	WB	KN 3,5 mm	15	
k.	YZ	№ KN 4,5 mm	24	

Musternoten: M 1. »Muſter« 63 mm vs. rot
M 2. »WERTLOS« 65 mm vs. grün mit FZ »00«, KN 000000 rot

B) Wz. Ringel **550,–/1100,–**

a.	DB	KN 4,5 mm	3,10,20,21, 27,34,44,53, 59

Musternoten: M 1. »MUSTER« 70 mm rot vs.
M 2. »Muſter« 63 mm rot vs.
M 3. »WERTLOS« 65 mm vs. grün mit FZ »00«, KN 000000 rot

In der amtlichen Bekanntmachung dieser Noten wurde auch die Verwendung des WZ. Sterne mit S erwähnt. Solche Stücke sind bisher nicht bekannt geworden.

Nr. 135

135 x 65 mm

135 5.11.1923 bis ab 1. 2.1924 **100 Md Mark,** einseitiger Druck rot auf oliv auf weißem Papier mit Wz. Vierpaß, FZ und, soweit vorhanden, BZ rot (andere Farbe besonders vermerkt), ohne KN **20,–/40,–**

a.	AJ	(u.r.)	6,12,19,20,22, 24,25,29,32-37,40 43,46,47,49,53
b.	AN	(o.l.)	ohne BZ
c.	AO	(o.r.)	ohne BZ
d.	AP	(u.r.)	ohne BZ
e.	AS	(u.r.)	ohne BZ
f.	AT	(u.r.)	ohne BZ
g.	BK	(u.r.)	ohne BZ
h.	H	(u.r., oliv)	ohne BZ
i.	M	(u.r.)	1-38,40,43
k.	P	(u.r.)	69,88-141
l.	ohne FZ		ohne BZ

Das von KELLER aufgeführte FZ ND konnte nicht bestätigt werden.
Von k liegt ein Exemplar vor, das nur den Rotdruck zeigt und auf rötlichem Zwischenlagepapier gedruckt ist (P 138).
Musternoten: M 1. »MUSTER« 49 mm vs. rot
M 2. »MUSTER« 70 mm vs. rot

136 5.11.1923 bis ab 1. 2.1924 **1 Bill Mark,** einseitiger Druck schwarz auf lila und gelbbraun auf weißem Papier mit Wz. Vierpaß, FZ, BN und KN rot, sofern nicht anders angegeben **120,–/250,–**

a.	Rdr.		Rdr.-KN 8-stellig	A-H
b I.	AC	(o.r.)	KN ∗ 4,5 mm 5-stellig	4-7,9,19
b II.			∗ KN 4,5 mm	13,17
b III.			Nr KN 3,5 mm (Sondertype 5)	20,24
c.	AD	(o.r., schwarz)	KN 4,2 mm (Sondertype 22)	1,2,7-11,13,16,24
d.	AJ	(u.r., schwarz)	KN 4,2 mm	1,7-10,14,19,21,22

III / I

Nr. 136

143 x 86 mm

e I.	AR	(o.r., schwarz)	KN 4,0 mm (Sondertype 8)	1,4,8,19-21,24, 29-31,44,47,51, 53,54
e II.			KN 4,5 mm	1,3,5,6,8-13,15, 21
f.	D		KN 4,0 mm	5,8,9,16-18,22, 23
g.	G		KN *3,5 mm	11,25
h.	H		KN 4,0 mm	3-5,9,10,12,16
i.	N	(o.r.)	KN 4,5 mm	1,5,11,14-16, 21-23
k.	S		KN 4,2 mm	14,22

Musternoten: M 1. »MUSTER« 70 mm vs. rot

Nr. 137

120 x 71 mm

137 5.11.1923 **2 Bill Mark,** einseitiger Druck schwarz auf grün, braunorange und grau auf weißem Papier mit unterschiedlichem Wz., FZ und BZ schwarz, KN rot

A) Wz. GD-Muster **130,–/250,–**

a I.	BH	KN 4,5 mm Type I eng	19,20
a II.		KN 4,5 mm Type II weit	7
b.	BN	KN 4,7 mm Type I	21,39,50
c I.	BR	KN 4,5 mm 5-stellig	64
c II.		KN 4,5 mm 6-stellig	1,12,27,35
d.	CC	KN 4,0 mm	36
e.	CD	KN 3,7 mm	13,20
f.	DV	KN 4,2 mm	23,34,48,56,65,67,79
g.	FG	KN 3,5 mm	20,42,43,50
h.	FM	KN * 4,5 mm	22,24,32,70
i.	GB	KN 3,5 mm (Sondertype 17)	11,24,34
k.	GC	KN 3,7 mm	38,47

			III / I
l I.	GK	KN 4,0 mm	24, 30
l II.		№ KN 4,0 – 4,5 mm	4, 29, 51
m.	GU	KN 4,0 mm	2
n.	HO	KN 3,7 mm	63, 66, 68
o.	KL	KN 4,5 mm	3
p.	LD	KN 4,5 mm Type I	3, 10, 11, 17, 31, 36
q I.	LE	KN 3,5 mm	27, 48, 69,72
q II.		KN 4,0 mm	16, 18, 25
r.	MB	KN 4,0 mm	11, 41, 44, 63
s I.	MM	KN ✶ 4,2 mm	29, 32, 34, 36, 61, 64, 67, 71
s II.		KN ✶ 4,5 mm	35, 38, 41, 47, 51, 54-56
s III.		✶ KN 4,5 mm	1, 6, 15, 21, 22
s IV.		✶ KN 4,7 mm	4, 7, 24, 25, 27
t.	MV	KN ✶ 3,5 mm	50, 53
u.	ND	KN ✶ 4,0 mm	52
v.	NL	KN 3,7 mm	68
w.	NN	KN 3,7 mm	12, 18, 26, 31, 59
x I.	OE	KN 3,5 mm	13, 53
x II.		KN ✶ 4,5 mm	1, 21, 25, 43
y.	PB	KN 4,0 mm	65
z.	PG	KN 4,0 mm	9, 13, 20, 26, 35, 36, 48, 51, 52, 54, 68, 71
aa.	RK	KN ✶ 4,0 mm	6
bb.	RL	KN 3,5 mm	2, 6, 20
cc.	RS	№ KN 4,2 mm	12
dd.	SD	KN 4,0 mm	6, 20, 23, 27, 43, 48, 58, 70
ee.	SS	✶ KN 4,5 mm	36
ff.	ST	KN ✶ 4,5 mm	24, 31
gg.	UB	KN 4,0 mm	1, 6
hh I.	VD	KN 3,7 mm (Sondertype 3)	38, 46, 64, 65, 69
hh II.		KN 4,5 mm	8
ii.	VL	KN 3,5 mm	3, 9, 19, 23, 24, 26 27
kk I.	WB	KN 3,5 mm	35, 98, 122
kk II.		KN 4,0 mm	59

Musternoten: M 1. »MUSTER« 71 mm vs. rot
M 2. »MUSTER« 82 mm vs. rot
M 3. »WERTLOS« blau mit FZ »OO« und KN 000000

B) Wz. Ringel **200,–/350,–**

a.	BK	KN 4,7 mm 5-stellig Type I	8, 16, 17,22
b.	DK	KN 4,0 mm (Sondertype 8)	18, 25, 31, 33, 34, 39
c.	LD	KN 4,2 mm	6, 18, 31
d.	ND	KN ✶ 4,0 mm	10, 52, 55, 63, 70
e I.	OE	KN 3,5 mm	53
e II.		KN ✶ 4,5 mm	12
f.	ST	KN ✶ 4,5 mm	17, 25
g.	UB	KN 4,2 mm	16, 21, 35, 44, 61, 62
h I.	WH	KN 4,0 mm	5, 8, 34
h II.		KN ✶ 4,0 mm	6, 8, 25
i I.	YZ	KN ✶ 4,5 mm	19, 28
i II.		KN ✶ 4,5 mm	12, 20, 50

Musternoten: M 1. »MUSTER« 49 mm vs. rot
M 2. »MUSTER« 82 mm rot

C) Wz. Sterne mit S **III / I**

a I.	OH	KN ☆ 4,0 mm	52, 70	**400,–/600,–**
a II.		KN ☆ 4,5 mm	15, 21, 23, 37, 45	

Musternoten: M 1. »MUSTER« 82 mm vs. rot

Nr. 138

165 x 86 mm

138 7.11.1923 bis ab 1. 2.1924 **5 Bill** **Mark,** wie Nr. 132, aber geändertes Datum und Wertangabe am rechten Rand senkrecht anstatt waagerecht stehend

A) rechts gelber Faserstreifen, Wz. Distelstreifen **500,–/800,–**

a.	Rdr.	Rdr.-KN 8-stellig	B
b.	H	KN 4,3 mm (Sondertype 24)	1-3, 8, 10, 13, 16, 21

Musternoten: M 1. »MUSTER« 82 mm vs. rot

B) Wz. Vierpaß, ohne Faserstreifen **500,–/1000,–**

a.	AB	KN 3,5 mm	17, 19,28, 40
b.	CD	Rdr.-KN 8-stellig	13, 18

Keine Musternoten bekannt.

C) Wz. GD-Muster, ohne Faserstreifen **550,–/900,–**

a.	AK	KN ∗ 4,5 mm	11
b.	BK	KN 4,5 mm Type I	4
c.	CD	Rdr.-KN 8-stellig	26, 30
d.	DB	KN 4,2 mm	2, 3, 12, 13, 15, 24, 25, 28, 31, 33, 37
e I.	EK	KN ∗ 4,0 mm	41
e II.		KN ∗ 4,0 mm 5-stellig Type I	22
e III.		KN ∗ 4,0 mm 5-stellig Type II	23
e IV.		KN ∗ 4,2 mm 5-stellig Type I	11, 16, 24, 26
e V.		KN ∗ 4,5 mm	31
f.	WK	KN 4,0 mm	16

Musternoten: M 1. »MUSTER« 82 mm vs. rot
M 2. »Wertlos« blaugrün

D) Wz. Ringel, ohne Faserstreifen **500,–/800,–**

a.	BK	KN 4,5 mm Type I	16, 17, 21
b.	CD	Rdr.-KN 8-stellig	12, 13, 33, 34, 38
c.	DB	KN 4,0 mm	13, 28, 31
d I.	GE	KN 4,0 mm	18
d II.		KN 4,5 mm	4, 15

Musternoten: M 1. »MUSTER« 70 mm vs. rot
M 2. »MUSTER« 82 mm vs. rot

Aufdrucke zu 1, 5, 10, 25, 50 und 100 Billionen auf RBN. zu 1000,– Mark vom 21. April 1910 sind Fälschungen zum Schaden der Sammler, die Ende 1951 im Handel auftauchten.

ÜBERGANGSAUSGABEN 1924

Bis zur Verabschiedung des Reichsbankgesetzes vom 30. August 1924 konnte die Reichsbank nur Noten in Papiermark-Währung ausgeben. Um die teilweise recht primitiv gedruckten Hilfsbanknoten, die während der rapiden Entwertung der Mark in aller Eile provisorisch hergestellt worden waren, zu ersetzen, gelangte im Februar / März 1924 eine letzte Reihe von Billionenwerten zur Ausgabe, die dann Ende 1924 durch die erste auf Reichsmark lautende Notenreihe ersetzt wurde.

III / I

Nr. 139

140 x 72 mm

139 1. 2.1924 **10 Bill Mark,** schwarzblau auf graubraun und graugrün, Papier weiß, rechts mit violettem Faserstreifen, Wz. Streifen von Eichenlaub und Kreuzdorn
Rdr. Rdr.-KN 7-stellig schwarzbraun A-Q **180,–/300,–**
Musternoten: M 1. »MUSTER« 71 mm bds. rot
M 2. »Muſter« bds. rot

Nr. 140

160 x 95 mm

140 5. 2.1924 **20 Bill Mark,** schwarzbraun auf blaugrün und lilarot, Papier weiß, rechts mit blaugrauem Faserstreifen, Wz. Streifen von Eichenlaub und Kreuzdorn, Vs. Frauenbildnis nach Albrecht Dürer
Rdr. Rdr.-KN 7-stellig schwarzbraun A-C **800,–/1800,–**
Musternoten: M 1. »MUSTER« 67 mm vs. rot

Nr. 141

175 x 95 mm

III / I

141 10. 2.1924 **50 Bill Mark,** dunkelbraun auf rötlichbraun und grün, Papier weiß, rechts mit gelbgrünem Faserstreifen, Wz. Streifen von Eichenlaub und Kreuzdorn, Vs. Bildnis des Ratsherrn J. Muffel nach Albrecht Dürer
Rdr. Rdr.-KN 7-stellig schwarzbraun A **1500,–/3000,–**

Musternoten: M 1. »MUSTER« 71 mm vs., 82 mm rs. rot

Nr. 142

180 x 95 mm

142 15. 2.1924 **100 Bill Mark,** braun auf lilarot und grün, Papier weiß, rechts mit hellblaugrünem Faserstreifen, Wz. Distelstreifen, Vs. Bildnis W. Pirckheimer nach Albrecht Dürer
Rdr. Rdr.-KN 7-stellig grün A **3500,–/6500,–**

Musternoten: M 1. »MUSTER« 67 mm vs. rot
M 2. »MUSTER« 82 mm bds. rot mit KN 000000
M 3. »ECHTES MUSTER« vs. mit KN 000000

Nr. 143

120 x 72 mm

143 15. 3.1924 **5 Bill Mark,** schwarzbraun auf blaugrün, grau und lilarot, Papier weiß, rechts mit grauem Faserstreifen, Wz. Streifen von Eichenlaub und Kreuzdorn
Rdr. Rdr.-KN 8-stellig rot A-F **180,–/350,–**

Musternoten: M 1. »MUSTER« 70 mm vs. rot

WERTBESTÄNDIGES NOTGELD DES DEUTSCHEN REICHS UND DER REICHSBANK

I. Ganze Schatzanweisungen, ausgefertigt von der Reichsschuldenverwaltung

III / I

Nr. 144

160 x 100 mm

144 25. 8.1923 bis 2. 9.1935 **4,20 Mark Gold = 1 Dollar,** schwarz auf gelb, rs. nur Schwarzdruck, weißes Papier mit unterschiedlichem Wz., Buchstabe J, KN und, sofern vorhanden, FZ und BZ schwarz

A) Wz. HVDS-Kreismuster, l. u. ein Siegel, r. u. handschr. Uschr. **300,–/500,–**
a I. Nr KN o. r. 4,0 mm, u. l. 2,5 mm 6-stellig
a II. Nr. KN o. r. 4,0 mm, u. l. 2,5 mm 7-stellig

B) Wz. RSV-Linienmuster, Siegel und Uschr. wie A) **300,–/500,–**
a I. Nr. KN o. r. 4,0 mm, u. l. 2,5 mm 7-stellig
a II. Nr. KN o. r. 4,0 mm, u. l. 2,5 mm 8-stellig

C) Wz. RSV-Linienmuster, l. u. r. u. je ein Siegel, ohne handschr. Ausfertigungsunterschrift
a I. KN o. r. 4,0 mm, u. l. 3,5 mm 7-stellig **350,–/600,–**
a II. KN o. r. 4,0 mm, u. l. 3,5 mm 8-stellig (Gruppen zu je 3 Ziffern)

b.	AD	KN 4,0 mm	6, 8, 11
c.	AK	KN 4,0 mm	7, 11
d.	AL	KN 3,5 mm	5, 6, 8, 10, 11
e.	AW	KN 3,8 mm	1
f.	D		
g.	M		
h.	N	KN 4,5 mm	4, 9, 10, 17, 25, 32
i.	P	KN 4,0 mm	5, 6, 15

Nr. 145

160 x 100 mm

III / I

145 25. 8.1923 bis 2. 9.1935 **8,40 Mark Gold = 2 Dollar,** schwarz auf rosa, rs. nur Schwarzdruck, weißes Papier mit unterschiedlichem Wz., Buchstabe H, KN schwarz

A) Wz. HVDS-Kreismuster, l. u. ein Siegel, r. u. handschr. Unterschr. **900,–/1600,–**
a I. Nr. KN o. r. 4,0 mm, u. l. 2,5 mm 6-stellig
a II. Nr. KN o. r. 4,0 mm, u. l. 2,5 mm 7-stellig

B) Wz. RSV-Linienmuster, Siegel und Uschr. wie A) **1000,–/1800,–**
Nr. KN o. r. 4,0 mm, u. l. 2,5 mm 7-stellig

C) Wz. RSV-Linienmuster, l. u. r. u. je ein Siegel, ohne handschr. Ausfertigungsunterschrift
KN o. r. 4,0 mm, u. l. 2,7 mm 7-stellig
(Gruppen zu je 3 Ziffern) **1200,–/2000,–**

Nr. 146

160 x 100 mm

146 25. 8.1923 bis 2. 9.1935 **21 Mark Gold = 5 Dollar,** schwarz auf grün, rs. nur Schwarzdruck, weißes Papier mit unterschiedlichem Wz., Buchstabe G, KN schwarz

A) Wz. HVDS-Kreismuster, l. u. ein Siegel, r. u. handschr. Uschr. **1500,–/2500,–**
a I. Nr. KN o. r. 4,0 mm, u. l. 2,5 mm 6-stellig
a II. Nr. KN o. r. 4,0 mm, u. l. 2,5 mm 7-stellig

B) Wz. RSV-Linienmuster, Siegel und Uschr. wie A) **2500,–/3500,–**
Nr. KN o. r. 4,0 mm, u. l. 3,5 mm 7-stellig

C) Wz. RSV-Linienmuster, l. u. r. u. je ein Siegel, ohne handschr. Ausfertigungsunterschrift
KN o. r. 4,0 mm, u. l. 3,5 mm 7-stellig **2600,–/3600,–**
Von C) liegt ein Exemplar mit Buchstabe H vor, das o. r. № KN 4,5 mm und u. l. KN 3,5 mm (beide Type I) zeigt. Hierbei handelt es sich offenbar um eine Fälschung.

II. Zwischenscheine der Reichsbank zu den Schatzanweisungen des Deutschen Reichs

Nr. 147

125 x 60 mm

III / I

147 23.10.1923 **0,42 Mark Gold = 1/10 Dollar,** einseitiger Druck schwarz auf graublau, weißes Papier mit Wz. Hermann-Stimmgabel, Buchstabe C, FZ und BZ schwarz, KN rot **60,–/120,–**

a.	L	KN 3,8 mm (Sondertype 19)	2, 3, 7, 13-16, 19-23, 25, 29, 32, 35, 37, 38, 41, 44, 47
b.	M	KN 3,5 mm (Sondertype 1)	1, 2, 3, 5, 7, 10-13, 17-23, 29, 31, 32, 34, 35, 39, 40

Das von KELLER erwähnte FZ. R existiert offensichtlich nicht.

Nr. 148

130 x 60 mm

148 23.10.1923 **1,05 Mark Gold = ¼ Dollar,** Druck schwarz auf weißem Papier mit unterschiedlichem Wz., Buchstabe B, FZ und BZ schwarz, KN rot

A) Wz. »50« in Verzierungen, links Faserstreifen braun, rs. graue Buchstaben **100,–/200,–**

a I.	AJ	✱ KN 4,5 mm	rs. RBD	20, 34, 42
a II.		✱ KN 4,5 mm	rs. Z	2, 17
b I.	AM	KN 4,0 mm	rs. RBD	17, 23
b II.		KN 4,0 mm	rs. Y	10
b III.		KN 4,0 mm	rs. Z	8
c I.	AU	№ KN 4,5 mm	rs. RBD	12
c II.	AU	№ KN 4,5 mm	rs. Z	13
d I.	D	KN 4,0 mm	rs. RBD	2, 4
d II.		KN 4,0 mm	rs. Z	23
e I.	M	KN 4,5 mm Type I	rs. RBD	12
e II.		KN 4,5 mm Type I	rs. Z	7, 41
f I.	N	KN 3,5 mm	rs. RBD	31
f II.		KN 3,5 mm	rs. Z	32
g I.	P	KN 3,7 mm	rs. RBD	14, 17
g II.		KN 3,7 mm	rs. Z	6
h I.	V	✱ KN 4,5 mm	rs. Z	3, 5
h II.		✱ KN 4,5 mm	rs. Z	5, 9, 13, 15
h III.	V	✱ KN	rs. RBD	2, 11
i I.	ohne FZ	KN 4,2 mm 8-stellig (Sondertype 14 B)	rs. RBD	ohne BZ
i II.		KN 4,2 mm 8-stellig (Sondertype 14 B)	rs. Y	ohne BZ

KELLER erwähnt außerdem FZ. AN, das aber nicht bestätigt werden konnte.

B) Wz. »5« in Verzierungen, links Faserstreifen rot, Rs. leer **150,–/300,–**

a.	AM	KN 4,0 mm	9

Nr. 149

140 x 65 mm

III / I

149 23.10.1923 **2,10 Mark Gold = ½ Dollar,** Druck schwarz auf weißem Papier mit Wz. »20 MARK« in Verzierungen, links brauner Faserstreifen, Buchstabe C (offenbar irrtümlicherweise anstatt A), Vs. Buchstabe und RBD in grau, FZ und BZ schwarz, KN grün **300,–/500,–**

a I.	AV	KN ∗ 4,5 mm	Q/RBD	?
a II.		∗ KN 4,5 mm	Q/RBD	2, 4
b I.	E	KN ∗ 4,5 mm	Q/RBD	46, 53, 58, 61, 65, 71
b II.		KN ∗ 4,5 mm	Q/RBD	64
b III.		∗ KN 4,2 mm (Sondertype 13)	Q/RBD	5, 6, 8, 14, 31
c I.	ohne FZ	KN 4,0 mm 8-stellig (Sondertype 14 B)	O/RBD	ohne BZ
c II.		KN 4,0 mm 8-stellig (Sondertype 14 B)	R/RBD	ohne BZ

III. Teilstücke der Schatzanweisungen des Deutschen Reichs, ausgefertigt von der Reichsschuldenverwaltung

Nr. 150

125 x 60 mm

150 26.10.1923 bis 2. 9.1935 **0,42 Mark Gold = 1/10 Dollar,** einseitiger Druck schwarz auf violettem Unterdruck-Band, Papier weiß mit grünem Faserstreifen rechts, Wz. Streifen von Eichenlaub und Kreuzdorn, Buchstabe M, FZ, BZ und KN, soweit vorhanden, schwarz **60,–/120,–**

a.	AD	KN 4,0 mm	5,27
b I.	AJ	KN 4,5 mm Type I	2,6,9,10,13,17,19, 23,28,31-33
b II.		∗KN 4,5 mm	7,19,21,34
c.	AK	KN 4,0 mm	10,14,15,21,25, 33,34
d.	D	KN 3,8-4,2 mm	3,9,11,12,19-21, 28,38
e. I.	E	KN∗4,5 mm	28,30,36
e. II.	E	∗KN	2,14
f.	N	KN 3,5 mm	1,4,6-8,10,11,21,26, 35,38,40
g.	P	KN 4,0 mm	1,2,22,25,28,31,33, 35,40
h.	V	KN 4,0 mm	1,5,24,26,29,33,34 39,40
i I.	ohne	KN 4,0 mm 7-stellig (Sondertype 14 B)	ohne BZ
i II.		KN∗4,2 mm (Sondertype 13)	ohne BZ

KELLER erwähnt außerdem Stücke mit FZ AY und O, die aber nicht bestätigt werden konnten.

151 26.10.1923 bis 2. 9.1935 **1,05 Mark Gold = ¼ Dollar,** Druck schwarz auf orangerotem bis orangebraunem Unterdruck-Streifen, Papier weiß links mit Faserstreifen, mit unterschiedlichem Wz., Buchstabe L, FZ und BZ, soweit vorhanden, schwarz, KN rot

III / I

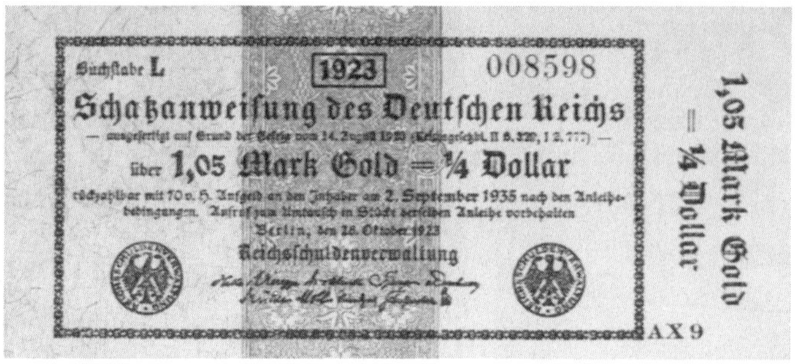

Nr. 151

130 x 60 mm

A) Wz. »50« in Verzierungen, Faserstreifen braun, Rs. mit grauen Buchstaben oder leer
100,–/200,–

a I.	AJ	⁎ KN 4,5 mm Type I	rs. RBD	2,8,11
a II.		⁎ KN 4,5 mm Type I	rs. Y	10
b I.	AM	KN 4,0 mm	rs. Y	14
b II.		KN 4,0 mm	rs. leer	1,7,11-13, 16
c I.	AU	KN 4,0 mm	rs. RBD	13
c II.		KN 4,0 mm	rs. Y	8
d.	AX	KN 4,0 mm	rs. Y	5,9,15
e I.	AY	KN ⁎5,2 mm 4-stellig Type I	rs. ?	3
e II.		KN ⁎5,2 mm 5-stellig Type I	rs. Y	5
e III.		KN ⁎5,2 mm 5-stellig Type I	rs. leer	1,4,5,8,9,13, 15
e IV.		KN ⁎5,2 mm 6-stellig Type I	rs. leer	1,2
f.	BA	KN 4,0 mm	rs. leer	1,3,5,15
g I.	D	KN 4,0 mm	rs. Y	11,29
g II.		KN 4,0 mm	rs. leer	2,15,21,23
h I.	N	KN 3,5 mm	rs. RBD	9
h II.		KN 3,5 mm	rs. Y	6,16
h III.		KN 3,5 mm	rs. leer	2,6,10
i I.	P	KN 3,7 mm	rs. RBD	40
i II.		KN 3,7 mm	rs. leer	6,23,38
i. III.	P	KN 3,7 mm	rs. Y	31
k.	V	⁎ KN 4,5 mm	rs. leer	6,10
l I.	ohne	KN 4,0 mm 7-stellig (Sondertype 14 B)	rs. RBD	ohne BZ
l II.		KN 4,0 mm 7-stellig (Sondertype 14 B)	rs. leer	ohne BZ
l III.		KN 4,0 mm 8-stellig (Sondertype 14 B)	rs. leer	ohne BZ

Das bei KELLER erwähnte FZ F konnte nicht bestätigt werden.

B) Wz. »10« in Verzierungen, oben rechts »II«, Faserstreifen links grün, Rs. leer, vs. im Udr. »RBD«

a.	AY	KN ⁎5,2 mm Type I	3,8,12	**200,–/350,–**

C) Wz. »10« in Verzierungen, oben rechts »III«, Faserstreifen links grün, Rs. leer, im Udr. keine Buchstaben
125,–/250,–

a.	AD	KN 4,0 mm	1,8,13
b.	AV	KN 4,5 mm Type I (davon ⁎ farblos)	8
c.	AX	KN 4,0 mm	20
d.	AY	KN ⁎5,2 mm Type I	2

D) Wz. »5« in Verzierungen, oben rechts »IV«, Faserstreifen links rot, Rs. leer, im Udr. keine Buchstaben
200,–/400,–

a.	AM	KN 4,0 mm	1,5,9-11,13
b.	AY	⁎ KN 4,0 mm	5
c.	N	KN 3,5 mm	9

III / I

Nr. 152

140 x 65 mm

152 26.10.1923 bis 2. 9.1935 **2,10 Mark Gold = ½ Dollar,** Druck schwarz auf grünem Farbstreifen, Papier weiß, links mit Faserstreifen, mit unterschiedlichem Wz., Buchstabe K, FZ und BZ schwarz, soweit vorhanden, KN grün

A) Wz. »20 MARK« in Verzierungen, links brauner Faserstreifen, Vs. Buchstabe und »RBD« in grau

200,–/350,–

a.	AJ	*KN 4,5 mm Type I	Q/RBD	5,7,10
b.	AM	KN 4,0 mm	O/RBD	5,8,11
c I.	AV	KN *4,5 mm	P/RBD	10,11
c II.		KN *4,5 mm	R/RBD	7,8
c III.		KN *4,5 mm	Q/RBD	3,6,11
d I.	BA	KN 4,0 mm	O/RBD	9
d II.		KN 4,0 mm	Q/RBD	6,9
e I.	D	KN 4,0 mm	O/RBD	5
e II.		KN 4,0 mm	Q/RBD	3,12,18,22
f I.	E	KN *4,5 mm	O/RBD	4
f II.		KN *4,5 mm	Q/RBD	2,4,58
f III.		KN *4,2 mm (Sondertype 13)	Q/RBD	9
f IV.		* KN 4,2 mm (Sondertype 13)	O/RBD	1,10
f V.		*KN 4,2 mm (Sondertype 13)	Q/RBD	4,9
g I.	N	KN 3,5 mm	O/RBD	4,10,12
g II.		KN 3,5 mm	Q/RBD	2,5-9,12
h. I	P	KN 3,7 mm	Q/RBD	20
h. II	P	KN 4,3 mm	P/RBD	13
i.	V	* KN 4,5 mm Type I	Q/RBD	3
k I.	ohne	KN 4,0 mm 7-stellig (Sondertype 14 B)	O/RBD	ohne BZ
k II.		KN 4,0 mm 7-stellig (Sondertype 14 B)	P/RBD	ohne BZ
k III.		KN 4,0 mm 7-stellig (Sondertype 14 B)	Q/RBD	ohne BZ

B) Wz. »5« in Verzierungen, links Faserstreifen rot, oben rechts »II«, ohne Udr.-Buchstaben

300,–/450,–

a.	AV	KN *4,5 mm	4,12
b.	P	KN 3,7 mm	9,10,19,23

DEUTSCHE GOLDDISKONTBANK

Am 19.3.1924 gegründet. Grundkapital 10 Millionen Pfund Sterling. Die Reichsbank übernahm hiervon die Hälfte, nachdem ihr von der Bank von England die Mittel zur Verfügung gestellt worden waren. Die Noten dieser Bank sollten ausgegeben werden, falls mit den Rentenmarkscheinen nicht die Stabilisierung der Währung erreicht wurde. Die über 5 und 10 Pfund Sterling lautenden Noten wurden gedruckt, nicht ausgegeben und bis auf wenige Exemplare vernichtet.

III / I

Nr. 152 I

144 x 80 mm

152 I. 20.4.1924 5 **Pfund Sterling,** dunkelbraun u. violettbraun a. olivbraun, Vs. Mitte Jünglingskopf, Papier mit Faserstreifen u. r. gelbem Farbstreifen, Wz. r. Eichenblätter, Rdr.-KN l. grün, r. rot, Rs. grün je mit A davor
nur Muster mit Lochung »Wertlos/Reichsbank« **8000,–**

Nr. 152 II

155 x 80 mm

152 II. 10 **Pfund Sterling,** dunkelgrün u. dunkelbraun a. braun, oliv u. blaßviolett, Vs. Mitte Jüngling mit Eichenkranz, Papier mit Faserstreifen u. r. lila Farbstreifen. Wz. r. Eichenblätter, Rdr.-KN l. braun, r. blaugrün, Rs. braun, je mit A davor
nur Muster mit Lochung »Wertlos/Reichsbank« **8000,–**

RENTENBANKNOTEN AB 1923

Nr. 156

120 x 65 mm

156 1.11.1923 1 **Rentenmark,** Vs. schwarz a. grau, graugrün oder grün, Rs. grün oder graugrün a. grün u. braun, starke Farbabweichungen, weißes Papier mit Wz. Kreuzringelmuster, KN grün
I. Rdr.-KN 8-stellig, Ser.Buchst. A – L **50,–/100,–**
II. KN 4 mm, FZ WB mit 1 – 88 **150,–/300,–**
Musterscheine:
1. Vs. u. Rs. Aufdr. »MUSTER« 71 mm rot und Perforation »DRUCKPROBE«
2. nur Perforation »DRUCKPROBE«, lfd. Rdr.-KN
3. Vs. u. Rs. Stempel »Wertlos« und Lochung, lfd. Rdr.-KN

III / I

Nr. 157

125 x 65 mm

157 **2 Rentenmark,** Vs. schwarz a. rosa, lila u. grün, Rs. grün a. violett, weißes Papier r. orange Färbung mit Faserstreifen, Wz. Kreuzringelmuster, Rdr.-KN 8-stellig grün, Ser.Buchst. A – Z **150,–/250,–**

Musterscheine:
1. Vs. u. Rs. Aufdr. »MUSTER« 71 mm rot und Perforation »DRUCKPROBE«
2. nur Perforation »DRUCKPROBE«, lfd. Rdr.-KN
3. Vs. u. Rs. Stempel »Wertlos« und Lochung, lfd. Rdr.-KN

Nr. 158

125 x 68 mm

158 **5 Rentenmark,** Vs. schwarz a. grün, braunviolett u. blau, Rs. schwarz a. blau, grün u. braun, starke Farbvarianten, weißes Papier r. gelbl. Färbung mit Faserstreifen, Wz. Kreuzringelmuster, KN 3,8 mm rot, Ser.Buchst. A – Q **200,–/600,–**

I. KN 3,8 mm 6-stellig
II. KN 3,8 mm 7-stellig
III. KN 3,8 mm 6-stellig (Sondertype 18)
IV. KN 3,8 mm 7-stellig (Sondertype 18)
(III./IV. sind Drucke von Giesecke u. Devrient, I./II. müßten demnach von W. Büxenstein stammen).

Musterscheine:
1. Vs. u. Rs. Aufdr. »MUSTER« 71 mm rot und Perforation »DRUCKPROBE«
2. nur Perforation »DRUCKPROBE«, lfd. KN
3. Vs. u. Rs. Stempel »Wertlos« und Lochung, lfd. Rdr.-KN

Nr. 159

130 x 71 mm

III / I

159 **10 Rentenmark,** Vs. u. Rs. schwarz a. grün u. lila, weißes Papier r. grüne Färbung mit Faserstreifen, Wz. Kreuzringelmuster, Rdr.-KN 8-stellig rot, Ser.Buchst. A – S **600,–/1600,–**
Musterscheine:
1. Vs. u. Rs. Aufdr. »MUSTER« 71 mm rot und Perforation »DRUCKPROBE«
2. nur Perforation »DRUCKPROBE«, lfd. Rdr.-KN
3. Vs. u. Rs. Stempel »Wertlos« mit Lochung, lfd. Rdr.-KN

Nr. 160

140 x 77 mm

160 **50 Rentenmark,** Vs. u. Rs. braun a. grün, rotbraun u. violett, weißes Papier r. graue Färbung mit Faserstreifen, Wz. Kreuzringelmuster, KN braun **2500,–/5000,–**
I./II. KN 3,8 mm 6- oder 7-stellig, Ser.Buchst. A – Q
III. FZ WB, KN 4,9 mm, Bogenz., F, H, K
Musterscheine:
1. Perforation »DRUCKPROBE«, lfd. KN
2. Vs. u. Rs. Stpl. »Wertlos«, lfd. KN
3. Vs. u. Rs. Stempel »Wertlos« und Lochung, lfd. Rdr.-KN

Nr. 161

150 x 80 mm

161 **100 Rentenmark,** Vs. schwarz a. braun u. blaugrün, Rs. schwarz a. blaugrün, braun u. violett, weißes Papier r. hellbraune Färbung mit Faserstreifen, Wz. Kreuzringelmuster, Rdr.-KN 7-stellig braun, Ser.Buchst. A **800,–/2500,–**
Musterscheine:
1. Vs. u. Rs. Aufdr. »MUSTER« 89 mm rot, Perforation »DRUCKPROBE«
2. nur Perforation »DRUCKPROBE«, lfd. Rdr.-KN
3. Vs. u. Rs. Stpl. »Wertlos« und Lochung, Lfd. Rdr.-KN

162 **500 Rentenmark,** Vs. schwarz a. braun u. grün, Rs. schwarz a. braun, grün u. rotbraun, weißes Papier mit senkrechter Linienriefelung r. violett mit Faserstreifen, Wz. Kreuzringelmuster, Rdr.-KN 7 stellig braun, Ser.-Buchst. A **8000,–/10000,–**

III / I

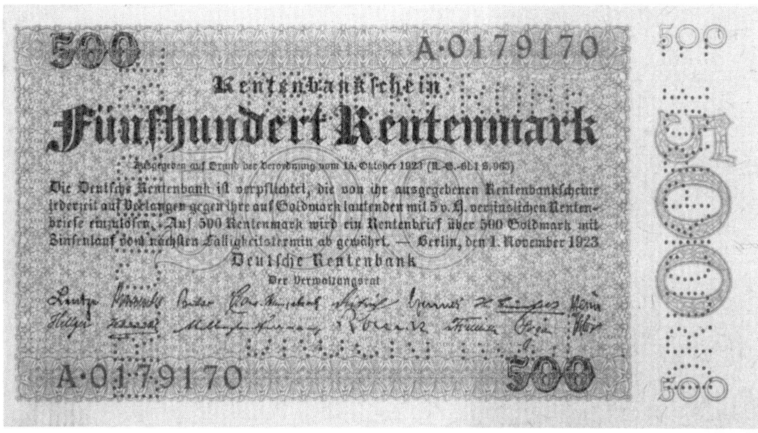

Nr. 162

155 x 80 mm

Musterscheine: Muster: –,–/**6500,–**
1. Vs. u. Rs. Aufdr. »MUSTER« 89 mm rot, Perforation »DRUCKPROBE«
2. nur Perforation »DRUCKPROBE«, lfd. Rdr.-KN
3. Vs. u. Rs. Stpl. »Wertlos« und Lochung, lfd. Rdr.-KN

Nr. 163

155 x 86 mm

163 **1000 Rentenmark**, Vs. schwarz a. braun u. grün, Rs. schwarz a. braun, grün u. blau, weißes Papier mit senkrechter Linienriefelung r. hellbraun mit Faserstreifen, Wz. Kreuzringelmuster, Rdr.-KN 7 stellig rot, Ser.Buchst. A **5000,–/7000,–**
Musterscheine: Muster: –,–/**7000,–**
1. Vs. u. Rs. Aufdr. »MUSTER« 89 mm rot, Perforation »DRUCKPROBE«
2. nur Perforation »DRUCKPROBE«, lfd. Rdr.-KN
3. Vs. u. Rs. Stpl. »Wertlos« und Lochung, lfd. Rdr.-KN

Nr. 164

155 x 85 mm

III / I

164 20. 3.1925 **50 Rentenmark**, Vs. schwarz u. dunkelbraun a. braun, grün, rotbraun u. blau, Rs. dunkelbraun a. braunlila, braun u. grün, Vs. rechts Bildnis eines Landarbeiters mit Sense, Rs. Mitte Ährenbündel, r. Schaurand, weißes Papier mit gemusteter Riefelung, r. rosa Färbung mit Faserstreifen u. Wz. Eichenlaub und Kreuzdorn, l. unten Prägestempel: Ährenbündel u. »Deutsche Rentenbank, Berlin«, Rdr.-KN 7 stellig rot, Ser. Buchst. A–S **600,–/2400,–**
Musterscheine:
Vs. u. Rs. Aufdr. »MUSTER« 72 mm rot, Perforation »DRUCKPROBE«, Rdr.-KN A 0 000 000

Nr. 165

145 x 78 mm

165 3. 7.1925 **10 Rentenmark**, Vs. u. Rs. dunkelblau u. dunkelbraun a. braun u. grün, Vs. l. Kopfbildnis einer Landarbeiterin, Rs. Mitte Ährenbündel, r. Schaurand, weißes Papier mit senkrechter Wellenlinien-Riefelung, r. grünliche Färbung mit Faserstreifen und Wz. Eichenlaub und Kreuzdorn, r. unten Prägestempel: Ährenbündel und »Deutsche Rentenbank, Berlin«, Rdr.-KN 7-stellig rot, Ser.Buchst. A–F **600,–/2500,–**
Musterscheine:
Vs. u. Rs. Aufdr. »MUSTER« 70 mm rot, Perforation »DRUCKPROBE«, Rdr.-KN A 0 000 000

Nr. 166

133 x 74 mm

166 2. 1.1926 **5 Rentenmark**, Vs. dunkelgrün a. grün u. braun, Rs. dunkelgrün a. lila u. grün, Vs. Landmädchen mit einem Ährenbündel, Rs. Ährenbündel, r. Schaurand, weißes Papier mit senkrechter Riefelung (gerade u. Wellenlinien), r. bläuliche Färbung mit Faserstreifen und Wz. Ähren u. Kornblumen, l. unten Prägestempel: Ährenbündel u. »Deutsche Rentenbank, Berlin«, KN 3,8 mm rot
I. KN 7-stellig, Ser.-Buchst. A–Z **25,–/100,–**
II. KN 8-stellig, Ser.-Buchst. A–Z **12,–/ 60,–**
Musterscheine:
Vs. u. Rs. Aufdr. »MUSTER«, Vs. 52 mm, Rs. 70 mm rot, Perforation »DRUCKPROBE«, KN A 0 000 000

167 6. 7.1934 **50 Rentenmark**, Vs. dunkelbraun a. braun, grün u. oliv, Rs. schwarz u. dunkelbraun a. braun u. grün, Vs. r. Kopfbildnis des Freiherrn vom Stein, Rs. Mitte Ährenbündel, l. Schaurand, weißes Papier mit Riefelung (Wertziffern in Kreise), l. Faserstreifen u. Wz. Kopfbildnis Freiherr vom Stein, l. unten Prägestempel: Ährenbündel u. »Deutsche Rentenbank, Berlin«, Rdr.-KN 7 stellig rot, Ser.Buchst. A, B **150,–/800,–**
Musterscheine:
Vs. u. Rs. Aufdr. »MUSTER« 72 mm rot, Perforation »DRUCKPROBE«, Rdr.-KN A 0 000 000

III / I

Nr. 167

155 x 85 mm

Nr. 168

120 x 65 mm

168 30. 1.1937 1 **Rentenmark**, Vs. u. Rs. dunkelgrün a. grün u. braun, Rs. Ährenbündel, weißes Papier r. gelbl. Färbung mit Faserstreifen, Wz. »Kleinkaro«, unten Prägestempel: Ährenbündel u. »Deutsche Rentenbank, Berlin«, Nr. 168 behielt auch nach der Währungsreform vom 20.6.1948 zu einem Zehntel seines Nennwertes seine Gültigkeit bis zum 31.8.1948

I. Rdr.-KN 7-stellig rot, Ser.Buchst. A–Z	**30,– /80,–**
II. Rdr.-KN 8-stellig rot, Ser.Buchst. A–Z	**1,50/ 5,–**
III. KN 4 mm 8-stellig ziegelrot oder rot, A–K	**2,50/ 8,–**

Nr. 169

125 x 70 mm

169 2 **Rentenmark**, Vs. u. Rs. dunkelbraun a. braun u. grauoliv, Rs. Mitte Ährenbündel, weißes Papier, r. bräunliche Färbung mit Faserstreifen, Wz. »Kreuzball«, r. unten Prägestempel: Ährenbündel u. »Deutsche Rentenbank, Berlin«,

I. Rdr.-KN 7-stellig rot, Ser.Buchst. A–Z	**20,– /60,–**
II. Rdr.-KN 8-stellig rot, Ser.Buchst. A–G	**1,50/ 5,–**
III. KN 4,2–4,5 mm 8-stellig ziegelrot oder rot, Ser.Buchst. A–J	**2,50/ 6,–**

REICHSBANKNOTEN 1924–1945

III / I

Nr. 170

150 x 75 mm

170 11.10.1924 **10 RM,** Vs. schwarz a. lila u. dunkelgrün, Rs. schwarz a. graublau, rosa u. braun, Vs. Kaufmann Dietrich Born (Gemälde von H. Holbein), Rs. Ornamente, r. Schaurand mit Blindprägung (Wellenmuster und »Ausfertigungs-Kontrollstempel«), weißes Papier, r. bläul. Färbung u. Faserstreifen, Wz. »Reichsbank« u. Adler im Halbkreis, Rdr.-KN Vs. rotbraun, Rs. braun **250,–/1500,–**

I. Rdr.-KN 7-stellig,	Udr.Buchst.	C,	Ser.Buchst.	N, Q, R, T
		G,		E, M, N, O, Q
		U,		A, B, E, F, K, M, P, T, V
II. Rdr.-KN 8-stellig,	Udr.Buchst.	A,	Ser.Buchst.	P, Q
		F,		B, G
		K,		T
		U,		B

Musterscheine: M I. (KN 7-st.) U/A KN Perf. »Wertlos/Reichsbank«
M II. (KN 7-st.) U/A KN, Aufdr. »MUSTER« u. senkr. Perf. 0 000 000

Nr. 171

160 x 80 mm

171 **20 RM,** Vs. dunkelbraun a. rotbraun u. braun, Rs. schwarz a. braun u. schwarzgrün, Vs. weibl. Bildnis (Gemälde von H. Holbein), Rs. Ornamente, r. Schaurand mit Blindprägung (Rautenmuster u. »Ausfertigungs-Kontrollstempel«), gelbl. Papier, r. rötl. Färbung und Faserstreifen, mit Wz. »Reichsbank« und Adler im Halbkreis, Rdr.-KN 7-stellig, Vs. rot, Rs. grün **300,–/1600,–**

Udr.Buchst.	E,	Ser.Buchst.	C, D, F
	H,		W
	M,		R, U, Y
	O,		F
	Q,		B, C, M, N, T, U, X, Y
	W,		A, J, L, N
	Y,		D
	Z,		L, S, T

III / I

Nr. 172

170 x 85 mm

172 **50 RM,** Vs. dunkelbraun a. grün, violett u. braun, Rs. schwarzbraun a. dunkelgrün, Vs. junger Mann (Gemälde von H. Holbein), Rs. Ornamente, r. Schaurand mit Blindprägung (Liniemuster u. »Ausfertigungs-Kontrollstempel«), rosa Papier, r. Faserstreifen, Wz. »Reichsbank« u. Adler im Halbkreis, Rdr.-KN 7-stellig, Vs. rotbraun, Rs. braun **40,–/350,–**

Udr.Buchst.	C,	Ser.Buchst.	A, B, C, D, E, F, G
	D,		A, B, C, D, E, F, G
	L,		B, D, E, J, L, M, O, S, U, V
	M,		A, B, D, F, N, O, R, T
	N,		A, D, E, F, L, M, N, V
	R,		A, B, C, D, E, F
	V,		A, B, C, D, E, F, G
	X,		A, B, C, D, E, F, G

Musterscheine:
Vs. u. Rs. Aufdr. »MUSTER« 80 mm,
Rdr.-KN A · 0 000 000

Nr. 173

180 x 90 mm

173 **100 RM,** Vs. schwarzbraun a. braun u. grün, Rs. schwarz a. grün u. oliv, Vs. Frauenbildnis (Gemälde von H. Holbein), Rs. Ornamente, r. Schaurand mit Blindprägung (Kreismusterung) u. »Ausfertigungs-Kontrollstempel«), weißes Papier, r. grünl. u. Faserstreifen, Wz. »Reichsbank« u. Adler im Halbkreis, Rdr.-KN 7-stellig lila **40,–/350,–**

Udr.Buchst.	Ser.Buchst.			
A,	A			III / I
B,			C	
C,		B		
F,	A			
H,	A,	B		
K,		B		
O,		B,	C	
Q,		B		
S,		B		
Z,			C	

Musterscheine:
Vs. u. Rs. Aufdr. »MUSTER« 80 mm, Rdr.-KN A · 0 000 000

Nr. 174

190 x 95 mm

174 **1000 RM,** Vs. u. Rs. dunkelbraun a. braun u. grün, Vs. Kopfbildnis des Patriziers H. Hillebrandt Wedigh, Köln (Gemälde von H. Holbein), Rs. Ornamente, r. Schaurand mit Blindprägung (Kreismusterung und »Ausfertigungs-Kontrollstempel«), weißes Papier, r. bräunl. u. Faserstreifen, Wz. »Reichsbank« mit Adler im Halbkreis, Rdr.-KN 7-stellig, Vs. rot, Rs. braun **200,–/600,–**

Udr.Buchst.	Ser.Buchst.	
A,	A	
P,	A,	R
Q,	A	
R,	A	
T,	A	

Musterscheine:
Vs. u. Rs. Aufdr. »MUSTER« 80 mm rot, KN A · 0 000 000

Nr. 175

150 x 75 mm

III / I

175 22. 1.1929 **10 RM,** Vs. u. Rs. dunkelgrün a. grün u. braun, Vs. Kopfbildnis von Albrecht Daniel Thaer, Rs. Mitte Reliefbildnis einer Frau mit Sichel und Kornähren, l. Putto mit Fisch, r. Putto mit Füllhorn (allegorische Darstellung der Landwirtschaft), weißes Papier, l. Faserstreifen mit Wz. Kopfbildnis von A. D. Thaer l. im Schaurand, Blindprägung (Wertangabe in Buchst. und Zahlen und »Ausfertigungs-Kontrollstempel«) im Schaurand umschließt das Kopfwz., Rdr.-KN 8-stellig rot Vs. u. Rs. **2,–/10,–**

Udr.Buchst.		Ser.Buchst.		
	B,		A – S	
	E,		A – Q,	Y
	F,		A – Q,	T – Z
	G,		A – Q	
	K,		E – M	
	P,		A – Z	
	Q,		R – Y	
	R,		A – F,	R – Z
	S,		N – Z	

Musterscheine:
Vs. u. Rs. (Spiegeldruck) Aufdr. »MUSTER« 70 mm, Perforation »DRUCKPROBE«, KN A · 00 000 000
s. auch Nr. 182 u. 186

Nr. 176

160 x 80 mm

176 **20 RM,** Vs. dunkelbraun a. braun, rotbraun u. oliv, Rs. dunkelbraun a. braun u. rotbraun, Vs. Kopfbildnis von Werner von Siemens, Rs. Mitte Reliefbildnis eines Arbeiters mit Hammer, von schwebenden Putten flankiert (allegorische Darstellung des Handwerks), weißes Papier, l. Faserstreifen mit Wz. Kopfbildnis von W. von Siemens l. im Schaurand, Blindprägung (»20« und Sterne und »Ausfertigungs-Kontrollstempel«) im Schaurand umschließt das Kopfwz., Rdr.-KN 8-stellig rot Vs. u. Rs. **2,50/12,–**

Udr.Buchst.		Ser.Buchst.		
	A,		Q – U	
	B,		A – G,	V – Z
	C,		A – F,	V – Z
	D,		L – U	
	E,		Q – Z	
	F,		A – E,	Q – Z
	G,		A – G,	J
	H,		F – K	
	I,		A – K	
	K,		E – P	
	L,		A – P	
	M,		A – O	
	N,		L – U	
	S,		L – U	
	X,		Q – Z	
	Z,		F – P	

Musterscheine:
Vs. u. Rs. (Spiegeldruck) Aufdr. »MUSTER« 70 mm rot,
Perforation »DRUCKPROBE«, KN A · 00 000 000
s. auch Nr. 183

III / I

Nr. 177

170 x 85 mm

177 30. 3.1933 **50 RM,** Vs. u. Rs. grün a. braun u. grün, Vs. Kopfbildnis von David Hansemann, Rs. Mitte Reliefbildnis v. Merkur mit dem Schlangenstab, von 2 Putten flankiert (allegorische Darstellung d. Handels), weißes Papier, l. Faserstreifen mit Wz. Kopfbildnis von D. Hansemann l. im Schaurand, Blindprägung (»50« in Kreise und »Ausfertigungs-Kontrollstempel«) im Schaurand umschließt das Kopfwz., Rdr.-KN rot Vs. u. Rs.

I. Rdr.-KN 7-stellig **2,50/12,–**

Udr.Buchst.	B,	Ser.Buchst.	A – U
	D,		Q – U
	E,		A – P
	H,		A – P
	I,		V – Z
	M,		A – P
	O,		A – P
	T,		A – P
	X,		V – Z
	Z,		Q – U

II. Rdr.-KN 8-stellig **2,50/12,–**

Udr.Buchst.	A,	Ser.Buchst.	A – K
	C,		F – Q
	F,		L – U
	K,		A – E
	L,		A – G
	X,		A – E

Musterscheine:
Vs. u. Rs. (Spiegeldruck) Aufdr. »MUSTER« 73 mm rot,
KN A · 0 000 000
s. auch Nr. 184 u. 187

Nr. 178

180 x 90 mm

III / I

178 24. 6.1935 **100 RM,** Vs. u. Rs. blau a. grün u. braun, Vs. r. Kopfbildnis von Justus Liebig, Mitte Udr. Hakenkreuz, Rs. Mitte weibl. Reliefkopf mit Fackel als Sinnbild d. Wissenschaft, von 2 sitzenden Frauengestalten flankiert, weißes Papier, l. Faserstreifen mit Wz. Kopfbildnis von J. Liebig l. im Schaurand, Blindprägung (»100«, Wellenlinien mit Sterne und »Ausfertigungs-Kontrollstempel«) im Schaurand umschließt das Kopfwasserzeichen ,Rdr.-KN 7-stellig rot Vs. u. Rs. **5,–/20,–**

Udr.Buchst.	Ser.Buchst.
A,	G
B,	T – Y
C,	A – C
D,	C, D
E,	G – M
F,	G – K
G,	L – R
S,	T – Y
U,	D – F
V,	F, G, T – Y

Musterscheine:
Vs. u. Rs. (Spiegeldruck) Aufdr. »MUSTER« 73 mm rot, KN A · 0 000 000
s. auch Nr. 185 und 188

Nr. 179

190 x 95 mm

179 22. 2.1936 **1000 RM,** Vs. u. Rs. braun a. oliv, braun u. grau, Vs. r. Kopfbildnis von Karl Friedrich Schinkel, Mitte Udr. Hakenkreuz, Rs. Mitte männlicher Reliefkopf mit Zirkel als Symbol der Kunst, flankiert von einer sitzenden Frauen- und Männergestalt, weißes Papier, l. Faserstreifen mit Wz. Kopfbildnis von K. F. Schinkel l. im Schaurand, Blindprägung (»1000« mit verschlungenen Ornamenten und »Ausfertigungs-Kontrollstempel«) imSchaurand umschließt das Kopf-Wz., Rdr.-KN 6-stellig rot **150,–/300,–**

Udr.Buchst.	Ser.Buchst.
E,	B, C
G,	A

Nr. 180

160 x 80 mm

III / I

180 16. 6.1939 **20 RM,** Vs. u. Rs. dunkelbraun a. mehrfarbigem Udr., Vs. r. Österreicherin mit Edelweiß, Mitte Udr. Hakenkreuz, Rs. Mitte Gosausee mit Dachstein, l. davon Holzfäller, r. Sämann (die Klischees stammen von der nicht mehr ausgegebenen österr. 100-Schillingnote mit dem Datum 2.1.1936), gelbl. Papier, l. Faserstreifen mit Wz. Frauenkopf l. im Schaurand, Rdr.-KN 8-stellig rot **4,–/25,–**
Udr.Buchst. W, Ser.Buchst. A – O (I u. J)

Nr. 181

140 x 70 mm

181 1. 8.1942 **5 RM,** Vs. u. Rs. rotbraun u. braun a. grün u. blaugrün, Vs. r. »Kopfbildnis eines jungen deutschen Mannes von soldatischen Ausdruck«, Rs. Mitte Braunschweiger Dom mit Löwendenkmal, l. davon Bäuerin mit Sichel und Getreide, r. Schreiner mit Hobel und Brett, weißes Papier, l. brauner Farbstreifen mit Wz. »5«, KN rot

I. KN 3,2 mm 7-stellig **3,–/ 12,–**
Udr.Buchst. P, Ser.Buchst. A – Z

II. KN 3,2 mm 8-stellig **2,50,–/12,–**
Udr.Buchst. P, Ser.Buchst. A – Z

Fehldruck: Wz. »5« kopfstehend **100,–/250,–**

Musterscheine:
Vs. u. Rs. (Spiegeldruck), Aufdr. »MUSTER«
58 mm rot, KN A · 0 000 000

Nr. 182

150 x 75 mm

182 22. 1.1929 (ausgegeben Jan. 1945) **10 RM,** ähnlich Nr. 175, vereinfachte Ausführung mit folgenden Unterschieden: Wz. Tulpenstreifen l. im Schaurand, Rs. ohne KN, ohne Udr.-Buchst., ohne geprägten »Ausfertigungs-Kontrollstempel«, Rdr.-KN 8-stellig mit Ser.Buchst. A – G **7,–/30,–**

III / I

Nr. 183

160 x 80 mm

183 22. 1.1929 (ausgegeben Jan. 1945)

20 RM, ähnlich Nr. 176, vereinfachte Ausführung mit folgenden Unterschieden: Wz. Ringmäanderstreifen l. im Schaurand, Rs. ohne KN, ohne Udr.-Buchst., ohne geprägten »Ausfertigungs-Kontrollstempel«, Rdr.-KN 8-stellig mit Ser.Buchst. A – G **8,–/35,–**

Bei der Besetzung Berlins 1945 wurden aus Druckereien halbfertige Bogen gestohlen, die Scheine ausgeschnitten und teilweise mit handschr. KN versehen in Umlauf gebracht.

Nr. 184

170 x 85 mm

184 30. 3.1933 (ausgegeben Jan. 1945)

50 RM, ähnlich Nr. 177, vereinfachte Ausführung mit folgenden Unterschieden: Wz. Eichenblätterstreifen l. im Schaurand, Rs. ohne KN, ohne Udr.-Buchst., ohne geprägten »Ausfertigungs-Kontrollstempel«, Rdr.-KN 8-stellig mit Ser.Buchst. A – N **6,–/20,–**

Nr. 185

180 x 90 mm

III / I

185 24. 6.1935 (ausgegeben Jan. 1945) — **100 RM,** ähnlich Nr. 178, vereinfachte Ausführung mit folgenden Unterschieden: Wz. Blütenkettenstreifen l. im Schaurand, Rs. ohne KN, ohne Udr.-Buchst., ohne geprägten »Ausfertigungs-Kontrollstempel«, Rdr.-KN 7-stellig mit Ser.Buchst. A – E **8,–/30,–**

Staatliche Notausgaben des Frühjahrs 1945

REICHSBANKSTELLEN GRAZ, LINZ UND SALZBURG

Primitive, von privaten Firmen angefertigte Drucke (photomechanisch) der Scheine Nr. 175, 177 u. 178 mit wesentlichen Änderungen starke Farb- und Druckvarianten. Die Scheine waren im ganzen Reichsgebiet bis August 1945 gültig.

Nr. 186

150 x 80 mm

186 22. 1.1929 (ausgegeben März 1945) — **10 RM,** Vs. u. Rs. blaugrün, Abbildung auf Vs. u. Rs. ähnlich Nr. 175, doch l. Strafsatz a. d. Schaurand gedruckt und »10« 6 mm hoch, weißes Papier mit Wz. kleine Schuppen (Lebensmittelkartenpapier), alle Scheine haben die gleiche blaugrün aufgedruckte KN D · 02 776 733 **250,–/450,–**
gelocht/150,–

Nr. 187

165 x 90 mm

187 30. 3.1933 (ausgegeben März 1945) — **50 RM,** Vs. u. Rs. grün, Abbildung auf Vs. u. Rs. ähnlich Nr. 177, doch l. a. dem Schaurand Strafsatz u. »50« 6 mm hoch, weißes Papier mit Wz. kleine Schuppen (Lebensmittelkartenpapier), alle Scheine haben die gleiche grün aufgedruckte KN E · 06 647 727 **150,–/250,–**
gelocht/100,–

III / I

Nr. 188

178 x 95 mm

188 24. 6.1935 (ausgegeben März 1945)

100 RM, Vs. u. Rs. blau, Abbildung auf Vs. u. Rs. ähnlich Nr. 178, doch l. a. dem Schaurand Strafsatz und »100« 6 mm hoch, weißes Papier mit Wz. kleine Schuppen (Lebensmittelkartenpapier), alle Scheine haben die gleiche blau aufgedruckte KN T · 7 396 475 **150,–/250,–**
gelocht/100,–

In der amtlichen Bekanntgabe dieser Scheine wird auch ein 5-RM-Schein KN G · 13 663 932 erwähnt, der aber nicht hergestellt wurde.

Nr. 186–188 werden vielfach als »Schörner-Scheine« bezeichnet. Die Armee Schörner befand sich im Frühjahr 1945 in Kurland, so daß sie mit dieser Banknotenausgabe nichts zu tun haben kann.

AUSGABE FÜR DAS SUDETENLAND UND NIEDERSCHLESIEN

Anordnung d. Reichsverteidigungskommissars Sudetenland und Niederschlesien

Nr. 189

151 x 80 mm

189 28. 4.1945

20 RM, rotbraun a. ocker, Rs. braun a. ocker, Vs. u. Rs. Rahmen mit Ornamenten u. Text, weißes Papier mit Wz. .diagonales Gittermuster, ohne Uschr., Drfa. Gebr. Stiepel K.G., Reichenberg (Sudetenland), No. KN rot, Serie AA – AZ **5,–/10,–**

I. № KN 3,5 mm
II. № KN 4,0 mm

NOTAUSGABE FÜR KÄRNTEN

III / I

Durch den Reichsstatthalter in Kärnten (Gauselbstverwaltung) ausgegeben. Die einseitig gedruckten Scheine waren »durch Guthabungen des Reichsgaues Kärnten bei der Deutschen Reichsbank gedeckt«.

Nr. 190

155 x 85 mm

190 15. 4.1945 **50 RM,** lilabraun, r. Wappen, ohne Wz., A Nr. KN schwarz **300,–/400,–**

NOTAUSGABEN FÜR SACHSEN

Ausgegeben auf Grund der Verordnung des Reichsstatthalters in Sachsen und der Landesregierung vom 26.4.1945 durch die Sächsische Staatsbank.

Nr. 191

160 x 80 mm

191 26. 4.1945 **20 RM,** braun, Wz. l. Ornamentstreifen, Drfa. Aktiengesellschaft für Kunstdruck, Niedersedlitz bei Dresden, KN 5-stellig l. und Ser. Bez. r. rot **250,–/400,–**

I. KN ∗, Serie A, D, E, G, H, V
II. KN ∗, Serie C, F, J, M, N, O, P, R, S, T
III. KN ☆, Serie H

Es existieren Drucke von 5- und 50-RM-Scheinen, die jedoch nicht ausgegeben wurden.

191 I **5 RM,** rot, Papier l. mit braunem Farbstreifen u. Wz. »5« wie bei Nr. 181, KN 5-stellig rot, Serie A, B, E, H, L, M, N, O, P, S, V, X, Y, AB
unentwertet **–,–/1200,–**
Ecke abgeschnitten **–,–/500,–**

III / I

191 I

138 x 70 mm

191 II **50 RM,** grün, Wz. Eichenlaub, mit und ohne KN und Ser. Bez. Serie C, K
unentwertet **–,–/1300,–**
Ecke abgeschnitten **–,–/600,–**

Die ebenfalls kurz vor der Kapitulation des Deutschen Reiches 1945 von einigen Schleswig-holsteinischen Reichsbankanstalten durch Überstempelung von Reichskreditkassenscheinen geschaffenen Not-Geldscheine s. unter Reichskreditkassenscheine S. 203.

Deutschland unter alliierter Besetzung 1944–1948

ALLIIERTE MILITÄRBEHÖRDE 1944

Von den Alliierten Militärbehörden der vier Besatzungsmächte Deutschlands ab 1944 ausgegebenen Alliierten Markscheine auch AMC (Allied Military Currency) genannt, die nach der Besetzung neben den Reichsbank- und Rentenbanknoten zirkulierten. Die Scheine für die Gebiete der drei westlichen Alliierten wurden von Forbes, U.S.A. gedruckt und tragen das Stecherzeichen »F«. Den Russen wurden am 18.4.1944 Vorlagen, Farbe und Papier von den Amerikanern zur Verfügung gestellt, so daß sie ihre eigenen Noten drucken konnten (alle ohne das Stecherzeichen »F«). Während der Strich vor der KN bei allen von den Sowjets gedruckten Noten mit 8-stelliger KN vorkommt, haben von den bei Forbes gedruckten Scheine nur die Ersatznoten diesen Strich. Alle Scheine sind auf einem Papier gedruckt, das ein Bogenwasserzeichen »Allied Military Authority« besitzt, von dem bei den einzelnen Scheinen nur Einzelbuchstaben erscheinen oder überhaupt nichts zu erkennen ist. Die Noten waren gültig bis zur Währungsreform am 20.6.1948. ½- und 1-Markscheine (zu 1/10 ihres Nennwertes) bis zum 31.8.1948. Es gibt zahlreiche Fälschungen, vor allem von dem 100-Markschein und Verfälschungen von 20- zu 50-Mark- und 100-Markscheinen.

Nr. 192

78 x 67 mm

Nr. 193

78 x 67 mm

192 1944 ½ **Mark,** Vs. schwarz u. grün a. hellblau, Rs. braun a. blaßlila
a) mit Stecherzeichen »F«
I. – KN 8-stellig **80,–/250,–**
II. KN 9-stellig **4,–/ 12,–**
b) ohne Stecherzeichen »F«
– KN 8-stellig **15,–/ 45,–**

193 1944 **1 Mark,** Vs. schwarz u. blau a. hellblau, Rs. braun a. blaßlila
a) mit Stecherzeichen »F«
I. – KN 8-stellig **100,–/300,–**
II. KN 9-stellig **4,–/ 12,–**
b) ohne Stecherzeichen »F«
I. – KN 8-stellig **8,–/ 25,–**
II. KN 9-stellig **6,–/ 20,–**

III / I

Nr. 194

78 x 67 mm

Stecherzeichen
d. Nr.
192–194

194 1944 **5 Mark,** Vs. schwarz u. lila a. hellblau, Rs. braun a. blaßlila
a) mit Stecherzeichen »F«
I. – KN 8-stellig **300,–/450,–**
II. KN 9-stellig **5,–/ 20,–**
b) ohne Stecherzeichen »F«
I. – KN 8-stellig **4,–/ 30,–**
II. KN 9-stellig **15,–/ 60,–**

Nr. 195

112 x 67 mm

Stecher-
zeichen
d. Nr. 195

195 1944 **10 Mark,** Vs. schwarz u. blau a. hellblau, Rs. braun a. blaßlila
a) mit Stecherzeichen »F«
I. – KN 8-stellig **400,–/800,–**
II. KN 9-stellig **10,–/ 30,–**
b) ohne Stecherzeichen »F«
I. – KN 8-stellig **8,–/ 30,–**
II. KN 9-stellig **10,–/ 30,–**

Nr. 196

156 x 65 mm

Stecher-
zeichen
d. Nr.
196–199

196 1944 **20 Mark,** Vs. schwarz u. rot a. hellblau, Rs. braun a. blaßlila
a) mit Stecherzeichen »F«
I. –KN 8-stellig **400,–/800,–**
II. KN 9-stellig **15,–/ 40,–**

b) ohne Stecherzeichen »F« **III / I**
I. – KN 8-stellig **15,–/40,–**
II. KN 9-stellig **25,–/60,–**

Nr. 197

156 x 67 mm

197 1944 **50 Mark,** Vs. schwarz u. blau a. hellblau, Rs. braun a. blaßlila
a) mit Stecherzeichen »F«
I. – KN 8-stellig **400,–/800,–**
II. KN 9-stellig **25,–/ 60,–**
b) ohne Stecherzeichen »F«
I. – KN 8-stellig **15,–/ 40,–**
II. KN 9-stellig **25,–/ 60,–**

Nr. 198

156 x 67 mm

198 1944 **100 Mark,** Vs. schwarz u. lila a. hellblau, Rs. braun a. blaßlila
a) mit Stecherzeichen »F«
I. – KN 8-stellig **600,–/1200,–**
II. KN 9-stellig **30,–/ 70,–**
b) ohne Stecherzeichen »F«
I. – KN 8-stellig mit Kleinbuchstaben vor der KN c, m, o, p, x **20,–/ 50,–**
II. KN 9-stellig **25,–/ 60,–**

Nr. 199

156 x 67 mm

III / I

199 1944 **1000 Mark,** Vs. schwarz u. grün a. hellblau, Rs. braun a. blaßlila
a) mit Stecherzeichen »F«, – KN 9-stellig **600,–/900,–**
b) mit Stecherzeichen »F«, – KN 8-stellig **2000,–/2500,–**
c) ohne Stecherzeichen »F«, – KN 8-stellig **200,–/350,–**

KLEINGELDSCHEINE DER LANDESREGIERUNGEN IN DER FRANZÖSISCHEN BESATZUNGSZONE

Mit Genehmigung der Militärregierung gaben in der französischen Besatzungszone die Landesregierungen über die Landeszentralbanken Kleingeldscheine in Umlauf, die den Mangel an Münzgeld lindern sollten. Die Ausgabe der Scheine wurde davon abhängig gemacht, daß ein gleich hoher Betrag an anderen gesetzlichen Zahlungsmitteln aus dem Verkehr gezogen wurde. Baden und Württemberg-Hohenzollern gaben für je 500.000 RM, Rheinland-Pfalz für 1 Million RM Scheine aus. Nach der Währungsreform vom 20.6.1948 behielten neben dem 1-Rentenmark-Schein die 5-, 10- und 50-Pfg.-Noten der französischen Zone zu einem Zehntel ihres Nennwertes Gültigkeit und zwar die 5-Pfg.-Scheine bis zum 31.8.1948, die 10- und 50-Pfg.-Scheine bis zum 31.5.1949.

Baden, Staatsschuldenverwaltung

Nr. 200

74 x 51 mm

200 1947 **5 Pfg.,** braun u. grün, Rs. Landeswappen, Wz. »Pro Valore«, schwarze KN
I. № KN, davor A, B, C **2,50/8,–**
II. Nr KN, davor A **20,–/40,–**

Nr. 201

74 x 51 mm

201 **10 Pfg.,** blau u. grau, Vs. u. Rs. Landeswappen, Wz. »Pro Valore«, rote KN
I. № KN, davor A, B, C, D **3,–/10,–**
II. Nr KN, davor B, C, D **20,–/50,–**

Nr. 202

73 x 51 mm

202 **50 Pfg.,** rot u. gelb, Rs. Landeswappen, Wz. »Pro Valore«, A № KN schwarz **10,–/25,–**

Rheinland-Pfalz, Landesregierung, Koblenz

III / I

Nr. 203

75 x 53 mm

203 15.10.1947 **5 Pfg.**, braun u. violettbraun, Vs. Ähren, Rs. Burg mit Rheinlandschaft, Wz. Schuppen, A, B, C
KN ∗ schwarz **2,50/8,–**

Nr. 204

75 x 52 mm

204 **10 Pfg.**, blau u. grünblau, Vs. Ähren, Rs. Burg mit Rheinlandschaft, Wz. Schuppen, A, B, C, D, E, F
KN ∗ schwarz **2,50/8,–**

Nr. 205

74 x 52 mm

205 **50 Pfg.**, lila u. rot a. grauoliv, Vs. Ähren, Rs. Rheinlandschaft, A KN ∗ schwarz **10,–/25,–**

Württemberg-Hohenzollern, Finanzministerium, Tübingen

Nr. 206

75 x 52 mm

206 Oktober 1947 **5 Pfg.**, braun, Rs. Schloß Lichtenstein, graues Papier mit Wz. Bogenkreuz, KN blau **2,50/8,–**
I. № KN, davor A, B, C, D
II. KN ∗, davor C, D

III / I

Nr. 207

75 x 52 mm

Nr. 208

75 x 52 mm

207 **10 Pfg.**, blau, Rs. Schloß, graublaues Papier mit Wz. Bogenkreuz, KN rot **2,50/8,–**

I. №KN, davor A, B, C, D
II. KN ∗, davor C, D

208 **50 Pfg.**, rot, Rs. Schloßtor (Hohentübingen), graublaues Papier mit Wz. Bogenkreuz, KN blau **10,–/25,–**

I. A№KN
II. A KN ∗

NICHT AUSGEGEBENE REICHSBANKNOTEN UND ESSAYS

Während die gedruckten, aber nicht ausgegebenen Reichsbanknoten ursprünglich für die Zirkulation bestimmt oder als Ersatznoten gedacht waren, dienten die Essays lediglich zur Vorlage bei der Auswahl von neu zu druckenden Scheinen oder es waren Drucke für bereits ausgewählte Noten, die aber dann doch nicht mehr hergestellt werden konnten. Einige dieser Drucke, so die 1000- und 5000-Markscheine vom Dez. 22 bzw. März 23, die später mit einem 1 Md.- bzw. 500-Md.-Mark-Aufdruck wirklich ausgegeben wurden, stehen in einigen Katalogen zusammen mit den wirklich in Umlauf gewesenen Scheinen. Da jedoch viele dieser Scheine für den privaten Sammler unerrreichbar sind, wurden sie alle separat katalogisiert.

I 1. 7.1893 **20 Mark**, wie 20-Markschein vom 10.3.1906 (Nr. 25), doch Unterdruck im Kreise rechts unten elfenbeinf. und andere Unterschriften; unter den Unterschriften steht »Gesetz vom 1. April 1893«, mit oder ohne Faserstreifen rechts. –,–/–,–

Nr. II

162 x 105 mm

III / I

II 1. 7.1902 **100 Mark**, Zeichnung ähnlich dem kleinen 100-Markschein, 1883–1908, doch l. 38 mm breite Leiste mit »100« und Strafsatz, 160 x 105 mm, Essay, es liegt nur ein Foto der Vorderseite vor. –,–/–,–

Nr. III

159 x 103 mm

III 1. 7.1903 **100 Mark,** Zeichnung ähnlich dem späteren großformatigen 100-Markschein (1908–1910), l. oben Merkurkopf, r. oben Frauenkopf, doch l. ohne Schaurand, 158 x 103 mm, Essays, es liegen drei verschiedene Fotos der Vorderseite vor (KN l. u. r. senkrecht rot oder braun, KN unten zweimal waagerecht).
–,–/–,–
–,–/–,–

IV 23. 4.1906 **100 Mark,** wie großformatiger 100-Markschein vom 7.2.1908 (Nr. 35), 20 x 100 mm –,–/–,–

Nr. V

140 x 90 mm

V 15.12.1922 **1000 Mark,** wie Nr. 115, doch ohne Überdruck

a. Rdr.-KN dunkelgrün mit A – F, H	**800,–/1400,–**
b. A KN 3,2 mm mit 5, 10	**60,–/ 120,–**
c. B KN 3,5 mm mit 1 – 48	**5,–/ 10,–**
d. C KN 3,5 mm mit 16, 44, 48	**100,–/ 150,–**
e. D KN 3,2 mm mit 12, 45	**60,–/ 120,–**
f. E KN 3,5 mm mit 2, 41	**100,–/ 150,–**
g. F KN 4,0 mm mit 60, 80, 84, 88	**60,–/ 120,–**

Musternote: a. mit Lochung »Druckprobe« u. A. 00 000 000

III / I

Nr. VI

130 x 89 mm

VI 3. 2.1923 **10000 Mark,** Vs. dunkelblau a. grün u. rot, Rs. grün u. rotbraun, Vs. linker Rand und Rs. ähnlich Nr. 88, grünliches Papier mit Wz. G–D-Muster, Uschr. wie Nr. 88, 129 x 89 mm, E, KN 3,5 mm graugrün mit J, S, V **600,–/1000,–**

Musterscheine:

Vs. Aufdr. »MUSTER« 70 mm rot, E KN 3,5 mm mit J, S, V Muster: **450,–**

Nr. VII

148 x 90 mm

VII 15. 3.1923 **5000 Mark**, wie Nr. 126, doch ohne Aufdr., Rdr.-KN 8 stellig braun mit A–F **400,–/800,–**

Nr. VIII

175 x 95 mm

I

VIII 1. 9.1923 **500 Milliarden Mark**, blau, grün, grau u. braun, einseitiger Druck, r. oben Frauenkopf mit Eichenkranz, Udr. Adler, Papier l. mit grünen Faserstreifen u. l. Wz. Eichenblätter, Druck Wiener Staatsdruckerei, 175 x 95 mm, KN 3,2 mm rot und A, Perforation »Wertlos/Reichsbank« Muster: **4500,–**

Nr. IX

180 x 98 mm

IX 1. 9.1923 **1 Billion Mark**, lila, violett u. oliv, einseitiger Druck, r. Frauenkopf mit Blumenkranz, Udr. Adler, Papier l. mit grünem Faserstreifen u. l. Wz. Eichenblätter, Druck Wiener Staatsdruckerei, 180 x 98 mm KN 3,2 mm grün mit A, Perforation »Wertlos/Reichsbank« Muster: **4500,–**

IX A 8. 11. 1923 **50 Billionen Mark** (im Besitz der Bundesdruckerei Berlin)

IX B 20. 2.1924 **1000 Billionen Mark,** Vs. r. Porträt v. Elsbeth Tucher wie auf d. 20-DM-Schein Nr. 228 (im Besitz der Bundesdruckerei Berlin)

Nr. X

151 x 75 mm

X 2. 1.1926 **10 RM,** Vs. dunkelbraun a. grün, Rs. dunkelbraun a. oliv, Vs. Kopfbildnis eines jungen Mannes mit Mütze, Rs. weiblicher Reliefkopf, r. Schaurand mit Ornamentdruck, bräunliches Papier ohne Wz., ohne Unterschriften, 150 x 75 mm, Reichsdruckerei-KN A · 0 000 000 rotbraun, einseitige Drucke von Vorder- und Rückseite –,–/–,–

XI **20 RM,** Vs. u. Rs. braun a. grün u. braun, Vs. Mitte Männerkopf, Rs. reliefartiger Männerkopf mit Zahnrad, r. Schaurand mit Ornamentdruck, bräunliches Papier ohne Wz., ohne Unterschriften, Reichsdruckerei-KN A · 0 000 000 braun, einseitige Drucke von Vorder- u. Rückseite –,–/–,–

XII **50 RM,** Vs. u. Rs. dunkelgrün a. rotbraun u. oliv, Vs. Mitte Männerkopf, Rs. r. reliefartiger Merkurkopf, r. Schaurand mit Ornamentdruck, rötliches Papier, Wz. »50«, ohne Unterschriften, 170 x 85 mm, Reichsdruckerei-KN A · 0 000 000 rot, doppelseitige Drucke mit Stempel »Wertlos« und Perforation »DRUCKPROBE« –,–/–,–

I

Nr. XII

171 x 85 mm

XIII **100 RM,** Vs. u. Rs. blau a. grün u. braun, Vs. l. Männerkopf, Rs. zwei reliefartige Männerköpfe, r. Schaurand mit Ornamentdruck, weißes Papier mit Wz. »100«, ohne Unterschriften, Reichsdruckerei-KN A · 0 000 000 rot, doppelseitige Drucke –,–/–,–

Die Scheine mit dem Datum 2.1.1926 waren wohl als Ersatzserie gedacht. Sie tragen zum Teil den handschriftlichen Vermerk »Genehmigt/Berlin 15. Juni 1926/Reichsbankdirektorium« und die handschriftlichen Unterschriften von »Schacht« und »von Grimm«.

Nr. XIV

176 x 90 mm

XIV 6. 8.1931 **100 RM,** Vs. schwarzgrün a. blaugrün u. braun, Rs. blau a. braun, Ornamente (Guillochen), Unterdruckbuchstabe G, Wz. schattiertes Flechtwerk, Unterschriften: Luther, Dreyse, Bernhard, Seiffert, Vocke, Friedrich, Fuchs, Schneider, 175 x 90 mm, Reichsdruckerei-KN A · 0 000 000 braunviolett, einseitige Drucke der Vorder- u. Rückseite –,–/–,–

Nr. XV

167 x 95 mm

I

XV 1000 RM, Vs. u. Rs. braun u. oliv, Ornamente (Guillochen), Unterdruckbuchstabe N, Wz. verschlungene »RD« (Reichsdruckerei), Unterschriften wie Nr. XIV, 185 x 95 mm, Reichsdruckerei-KN A · 0 000 000 braun, einseitige Drucke der Vorder- u. Rückseite –,–/–,–
Zu den beiden Scheinen vom 6.8.1931 existiert ein Schriftstück der Reichsdruckerei (s. Abbildung S. 392) in dem es u. a. heißt: »Die Entwürfe sind in dieser Form brauchbar und könnten genehmigt werden. Die Anfertigung erfolgt vorerst nicht, da die Vorräte ausreichen«.

Nr. XVI

198 x 98 mm
unbeschnitten

XVI 15. 6.1939 50 RM, Vs. r. Kopfbildnis eines bärtigen Seemannes mit Mütze, Rs. Mitte Ansicht von Danzig mit Krantor, l. davon Frau mit Ähren, r. Mann mit Fisch, ohne Wz., Unterschrift Walter Funk, ohne KN, unbeschnittene Drucke (Vorder- u. Rückseite einseitig) in verschiedenen Farben (vorliegend: Vs. grün, olivgrün, violett, Rs. grün, violett, blauviolett u. braun), Entwurf: Seger –,–/–,–

Nr. XVII

200 x 100 mm
unbeschnitten

XVII 15. 6.1939 50 RM, Vs. r. Frauenkopf mit Schleife (Elsässerin), Rs. Mitte Straßburger Münster, l. davon Frau mit Spinnrad, r. Bergmann, ohne Wz., Uschr. Walter Funk, ohne KN, unbeschnittene Drucke (Vs. u. Rs. einseitig) in verschiedenen Farben (vorliegend: Vs. grün, oliv, violett, rotbraun, dunkelbraun, ocker, Rs. grün, oliv, violett, rotbraun, dunkelbraun), 168 x 85 mm (beschnitten), Entwurf: Riemer –,–/–,–

Nr. XVIII

156 x 78 mm

XVIII Juni 1941 **10 RM,** dunkelgrün, Vs. r. Männerkopf (ähnlich dem auf Nr. 181), Rs. Fabrikanlage, Uschr. Walter Funk, ohne KN, Entwurf: Seger –,–/–,–

Nr. XIX

147 x 73 mm

XIX 1942 **10 RM,** dunkelgrün, Vs. r. bärtiger Mann mit Mütze, Rs. Mitte Marienburg, r. Bauer mit Sense, l. Bäuerin mit Garbe, Uschr. Walter Funk, ohne KN, Entwurf: Riemer –,–/–,–

Nr. XX

192 x 96 mm

XX 17. 3.1942 **1000 RM,** Vs. r. Kopfbildnis von Paul von Hindenburg, Rs. Ansicht d. Berliner Ehrenmales, ohne Wz., ohne Uschr. u. ohne KN, Drucke in verschiedenen Farben (vorliegend: grün, oliv, rot, rotbraun, ocker, blau), 190 x 95 mm –,–/–,–

I

XXI 30. 6.1942 **100 RM,** blau Vs. r. Kopfbildnis eines Seemannes, Rs. Mitte Schiff im Hamburger Hafen, r. Seeoffizier in Uniform, l. Frau in Volkstracht, ohne Wz., 182 x 92 mm, Uschr. Walter Funk, Reichsdruckerei-KN, Entwurf: Riemer –,–/–,–

Außer den erwähnten Drucken existieren zahlreiche Entwürfe, so:

16. 6.1939 **50 RM,** grün, Vs. r. Porträt von Gustav Nachtigal, Rs. Landschaft mit Palmen in kleinem Rechteck
50 RM, blau, Vs. r. Hoheitsadler
a. Rs. Landschaft mit Palmen in großem Rechteck
b. Rs. Landschaft mit Palmen im Kreis

Juni 1941 **10 RM,** grün u. grau, Vs. r. Bergmann
10 RM, blau, Vs. Mitte unten Kopfbildnis Österreicherin, Rs. Straßenansicht
10 RM, grün, Vs. r. Arbeiterporträt, Rs. Mitte Hochofenanlage, r. u. l. davon Füllhörner mit Blüten
10 RM, violettblau, Vs. r. Kopfbildnis eines Bergmannes, Rs. Grubenanlage, Entwurf: Zenziger
50 RM, grün u. braun, Vs. r. Bauernporträt, Rs. Burg (Liebenstein?)
50 RM, blauviolett, Vs. Mitte unten Kopfbildnis Österreicher, Rs. Schloß Belvedere, Wien
100 RM, blau, Vs. r. Porträt eines Fischers
100 RM, blau, Vs. r. Kopfbildnis Hüttenarbeiter, Rs. Hochofenanlage, Entwurf: Vogenauer
100 RM, blau, Vs. r. Brustbild Chemiker im Labor, Rs. Mitte Burg, r. u. l. davon ländliche Szenen, Entwurf: Zenziger
1000 RM, braun u. rotbraun, Vs. r. Männerporträt, Rs. Mitte Schiffe im Hafen
1000 RM, blau, Vs. r. Kopfbildnis eines Seemannes
1000 RM, violett, Vs. r. Brustbildnis Friesin in Tracht, Mitte Udr. Windmühlen, Rs. Mitte Schiff vor Hafenstadt, l. davon Leuchtturm, r. davon Kogge, Entwurf: Zenziger

o.D. **50 RM,** braun, Rs. Wartburg, Entwurf: Vogenauer
50 RM, grün, Rs. Mitte Schiffe im Hamburger Hafen, l. davon stehender Knabe
50 RM, grün, Rs. Mitte Tannenbergdenkmal, Entwurf: Zenziger

Bundesrepublik Deutschland

Durch die Währungsreform vom 20.6.1948 wurden in den drei westlichen Besatzungszonen die bisher kursierenden Reichsbank-, Rentenbank- und Alliierten Marknoten ungültig. Lediglich der 1-Rentenmarkschein und die 10- und 50-Pfg.-Kleingeldscheine der Landesregierungen in der französischen Besatzungszone behielten bis zum 31.5.1949 zu einem Zehntel ihres Nennwertes ihre Gültigkeit. Die neuen in den U.S.A. gedruckten auf »Deutsche Mark« lautenden Noten wurden durch die Bank deutscher Länder ausgegeben, doch ist auf den Scheinen Nr. 209 bis 218 weder der Landesnoch der Bankname vermerkt. Die Herstellung der Noten erfolgte durch folgende Druckereien:

Bureau of Engraving and Printing:	Nr. 209 – 212, 217, 218
American Banknote Company:	Nr. 213 – 216, 224, 225

Die späteren Noten wurden von der Firma Thomas De la Rue (Nr. 221, doch am Ser. 7 A von der Bundesdruckerei) und der Druckerei der Banque de France (Nr. 222, 223) hergestellt. Die 5- u. 10-Pfg.-Scheine Nr. 219, 220 wurden nach Entwürfen der Firma R. Oldenbourg, München von folgenden Firmen gedruckt: Hanseatische Druckanstalt, Hamburg-Wandsbek; E. Gundlach, Bielefeld; C. Ph. Schmidt, Kaiserslautern u. Aug. Wehrt, Braunschweig. Die für Westberlin bestimmten Noten erhielten zunächst (bis zum 31.12.1953) eine B-Kennzeichnung durch Stempel oder (und) Lochung, die sich jedoch als überflüssig erwies. Da diese Kennzeichnung nicht durch eine Stelle vorgenommen wurde, gibt es Varianten in der Stempelfarbe. Eine Kontrolle der Echtheit der Kennzeichnung ist kaum möglich.

BANK DEUTSCHER LÄNDER

III / I

Nr. 209

112 x 67 mm

209 1948 ½ **DM,** Vs. grün a. hellblau u. braun, Rs. blau u. braun, Papier mit eingestreuten kleinen Farbplättchen ohne Wz., ohne KN

a) ohne B-Stempel oder Lochung — a)–c) **45,–/150,–**
b) mit B-Stempel
c) mit B-Lochung
d) mit B-Stempel und Lochung — d) **50,–/160,–**

Musterscheine:
Vs. u. Rs. Stempel »Muster« 44 mm rot

Nr. 210 112 x 67 mm

Nr. 210 B-Lochung

III / I

210 1948 1 **DM,** Vs. blau a. lila u. hellgrün, Rs. braun a. lila, Papier mit eingestreuten kleinen Farbplättchen ohne Wz., ohne KN
a) b) c) d) wie bei Nr. 209 a)–c) **35,–/120,–**
d) **40,–/130,–**

Musterscheine:
Vs. u. Rs. Aufdr. »MUSTER« 54 mm rot

Nr. 211 112 x 67 mm

Nr. 211 B-Stempel

211 1948 2 **DM,** Vs. lila a. orange u. hellgrün, l. weibl. allegorische Figur (sitzende Frau mit Schreibgerät u. Buch), Rs. grün a. rosa, Papier mit eingestreuten kleinen Farbplättchen ohne Wz., schwarze KN mit A davor und A oder B dahinter
a) b) c) d) wie bei Nr 209 a)–c) **100,–/400,–**
d) **120,–/450,–**

Musterscheine:
Vs. u. Rs. Aufdr. »MUSTER« 54 mm rot, lfd. KN rot durchbalkt

Nr. 212

112 x 67 mm

212 1948 5 **DM,** Vs. braun a. orange u. hellgrün, r. männliche allegorische Figur (sitzender Mann mit Zirkel, Globus und Schriftrolle, im Hintergrund Schiff u. Eisenbahn), Rs. lila u. blau, Papier mit eingestreuten kleinen Farbplättchen ohne WZ., unten schwarze KN mit B davor u. A oder B dahinter, oben Seriennummer Ersatznote mit G vor und G hinter KN a) **150,–/300,–**
b)–d) **170,–/360,–**

Musterscheine:
1. Vs. u. Rs. Stempel »Muster« 44 mm rot
2. Vs. u. Rs. Aufdr. »Muster« 48 mm rot,
lfd. KN rot durchbalkt, Lochung »SPECIMEN«

Wegen zahlreicher Fälschungen 1950 durch die Note Nr. 221 ersetzt.

III / I

Nr. 213

140 x 66 mm

213 1948 **10 DM,** Vs. blau a. grün u. mehrfarbige Guilloche, Mitte allegorische Gruppe (ein Mann u. zwei Frauen) das Handwerk verkörpernd, Rs. blau, Papier mit eingestreuten kleinen Farbplättchen ohne Wz., rote KN mit H davor und Serienbuchst. A–L dahinter
a) b) c) d) wie Nr. 209 a) **70,–/190,–**
b)–d) **90,–/220,–**

Musterscheine:
Vs. u. Rs. Aufdr. »MUSTER« 65 mm rot, lfd. KN rot durchbalkt
Scheine ähnlich Nr. 213, doch mit blauer KN mit »Bank deutscher Länder« s. Nr. 224

Nr. 214

146 x 67 mm

214 1948 **20 DM,** Vs. grün a. hellblau, l. Allegorie (Mann u. Frau) a. d. Industrie, Rs. grün, Papier mit eingestreuten kleine Farbplättchen ohne Wz., rote KN mit J davor u. Serienbuchst. A–R dahinter
a) b) c) d) wie Nr. 209 a)–d) **100,–/280,–**
Musterscheine:
Vs. u. Rs. Aufdr. »MUSTER« 65 mm rot, lfd. KN rot durchbalkt
Scheine ähnlich Nr. 214, doch mit blauer KN und »Bank deutscher Länder« s. Nr. 225.

Nr. 215

151 x 67 mm

215 1948 **50 DM,** Vs. violett a. grün u. braun, Mitte sitzende Frau (Allegorie a. d. Landwirtschaft), Rs. violett, Papier mit eingestreuten kleinen Farbplättchen ohne Wz., rote KN mit K davor u. Serienbuchst. dahinter
a) b) d) wie Nr. 209 a)–d) **160,–/500,–**
Musterscheine:
Vs. u. Rs. Aufdr. »MUSTER« 65 mm rot, lfd. KN rot durchbalkt

III / I

Nr. 216

156 x 67 mm

216 1948 **100 DM,** Vs. rot a. ocker u. grün, Mitte sitzende Frau (Allegorie a. d. Wissenschaft), Rs. rot, Papier mit eingestreuten kleine Farbplättchen ohne Wz., blaue KN mit L davor u. Serienbuchst. A–C dahinter
a) b) d) wie Nr. 209 a)–d) **600,–/1500,–**
Musterscheine:
Vs. u. Rs. Aufdr. »MUSTER« 65 mm rot, lfd. KN rot durchbalkt, mit oder ohne Lochung »SPECIMEN«

Nr. 217

156 x 67 mm

217 o. D. (ausgeg. 1948) **20 DM,** Vs. blau a. grün u. orange, l. weibl. Kopfbildnis, Rs. rot a. grün, Papier mit eingestreuten kleinen Farbplättchen ohne Wz., unten schwarze KN mit C davor und A dahinter, oben Seriennummer
Ersatznote mit G vor und G hinter der KN
a) b) c) d) wie Nr. 209 a)–d) **600,–/1200,–**
Musterscheine:
Vs. u. Rs. Stempel »Muster« (je 1 oder 2 Stempel) 45 mm rot, mit oder ohne Lochung »SPECIMEN«
Wegen der zahlreichen Fälschungen 1949 aus dem Verkehr gezogen.

Nr. 218

155 x 67 mm

218 o. D. (ausgeg. 1948) **50 DM,** Vs. schwarz a. grün u. lila, Mitte weibl. Kopfbildnis, Rs. braun a. orangebraun, Papier mit eingestreuten kleinen Farbplättchen ohne Wz., unten schwarze KN mit D davor u. A dahinter, oben Seriennummer
a) b) wie Nr. 209 **2000,–/4000,–**
Musterscheine:
Vs. u. Rs Stempel »Muster« (je 1 oder 2 Stempel) 45 mm rot mit oder ohne Lochung »SPECIMEN«. Die Note wurde nur in einer kleinen Menge ausgegeben wegen der Verwechslungsgefahr mit dem 20-DM-Schein Nr 217.

III / I

Nr. 219

60 x 40 mm

Nr. 220

60 x 40 mm

219 o. D. (ausgeg. 1948) 5 **Pfennig,** Vs. grün a. blaßviolett, Rs. grauviolett, gitterartiges Flächenwz., ohne KN **8,–/18,–**

Musterscheine:
Vs. u. Rs. Stempel »Muster« 43 mm rot

220 o. D. (ausgeg. 1948) **10 Pfennig,** Vs. blau a. ocker, Rs. ocker, gitterartiges Flächenwz., ohne KN **8,–/18,–**

Musterscheine:
Vs. u. Rs. Stempel »Muster« 43 mm rot
Nr. 219 u. 220 ersetzten die noch zu 1/10 ihres Nennwertes gültigen Münzen u. Noten aus der Reichsmarkzeit bis zu 1 Mark. Später wurden sie durch neu geprägte Münzen ersetzt.

Nr. 221

120 x 60 mm

221 9.12.1948 **5 DM,** Vs. u. Rs. schwarz a. gelb u. graubraun, Vs. r. Entführung der Europa (Europa mit dem Stier), Papier mit Sicherheitsfaden und l. Wz. Frauenkopf, rote KN

I. Ser.-Buchst. vor der KN **100,–/200,–**
II. Ser.-Ziffer mit Ser.-Buchst. vor der KN **30,–/ 70,–**
III. Kreuzstern vor der KN, Ersatznote **150,–/400,–**
IV. Ser.-Ziffer mit Kreuzstern vor der KN, Ersatznote **100,–/300,–**
a) b) c) d) wie Nr. 209
Druck der Noten durch Thomas De La Rue, London, ab Ser. 7 A durch die Bundesdruckerei
Musterscheine:
Vs. u. Rs. Aufdruck »MUSTER« rot (Vs. 73, Rs. 68 mm)

Nr. 222

150 x 75 mm

222 **50 DM,** schwarz u. braun a. grüngrau, braun u. gelb, Vs. r. Kopfbildnis d. Nürnberger Ratsherrn u. Kaufmanns Hans Imhof oder d. Nürnberger Patriziers Willibald Pirckheimer (nach einem Gemälde v. Al

III / I

brecht Dürer), Rs. l. Kopfbildnis der Vs. im Spiegeldruck u. Hafenszene, dünnes Ramiefaser-Papier l. mit Wz. Kopfbildnis, oben KN, unten l. die letzten 5 Ziffern d. oberen KN, unten r. Serien Buchst. u. 1–3-stellige Seriennummer (Papier, KN u. Serienbezeichnung wie d. französischen Banknoten)
a) b) wie Nr. 209 **80,–/130,–**

Musterscheine:
Vs. u. Rs. »MUSTER« 89 mm rot, KN 000 000 000

Nr. 223

160 x 80 mm

223 9.12.1948 **100 DM,** schwarz u. braunlila a. braun u. gelb, Vs. r. Kopfbildnis d. Nürnberger Ratsherrn Jakob Muffel (nach einem Gemälde von Albrecht Dürer), Rs. l. Kopfbildnis d. Vs. im Spiegeldruck, Mitte Ausschnitt d. früheren Nürnberger Stadtbildes, dünnes Ramiefaser-Papier mit l. Wz. Kopfbildnis, oben KN, unten l. d. letzten 5 Ziffern d. oberen KN, unten r. Serienbuchst. u. 1–3-stellige Seriennummer (Papier, KN u. Serienbezeichnung wie bei den französischen Banknoten)
a) b) wie Nr. 209 **150,–/250,–**
Musterscheine:
Vs. u. Rs. »MUSTER« 99 mm rot, lfd. KN oben u. l. unten rot durchbalkt

Nr. 224

141 x 67 mm

224 22. 8.1949 **10 DM,** Vs. blau a. grün u. mehrfarbige Guilloche, Rs. blau, ähnlich Nr. 213, doch mit »Bank deutscher Länder« und blauer KN mit H, N oder R davor u. Serienbuchstabe dahinter
a) b) wie Nr. 209 **20,–/35,–**
Musterscheine:
Vs. u. Rs. Aufdr. »MUSTER« 65 mm rot, lfd. KN rot durchbalkt

225 **20 DM,** Vs. grün a. hellbraun u. blaßblau, Rs. grün, ähnlich Nr. 214, doch mit »Bank deutscher Länder« und blauer KN mit P, Q oder R davor, mit Serienbuchstabe dahinter
a) b) wie Nr. 209 **50,–/150,–**
Musterscheine:
Vs. u. Rs. Aufdr. »MUSTER« 65 mm rot, lfd. KN rot durchbalkt

III / I

Nr. 225

146 x 67 mm

DEUTSCHE BUNDESBANK

Nachfolgerin der Bank deutscher Länder wurde durch Gesetz vom 26.7.1957 die Deutsche Bundesbank, die das ausschließliche Recht zur Ausgabe von Banknoten im Bundesgebiet und in West-Berlin besitzt. Zunächst wurden die Noten der Bank deutscher Länder weiter ausgegeben, doch sofort mit der Vorbereitung zum Druck von neuen Noten begonnen, die in der Zeit vom 10.2.1961 (erste Note zu DM 20,–) bis Frühjahr 1965 (letzte Note zu DM 500,–) ausgegeben wurden. Die Noten wurden in verschiedenen Auflagen mit kleinen textlichen und wesentlichen technischen Verbesserungen in Druck und Papier ausgegeben. So wurde beispielsweise bei den späteren Auflagen die KN mit fluoreszierenden Farben gedruckt und in das Papier fluoreszierende bunte Fasern eingestreut (unter der U. V.-Lampe sichtbar). Bei den Noten mit dem Datum 2. 1. 1960 steht im Strafsatz »Zuchthaus«, bei den späteren Ausgaben »Freiheitsstrafe«. Die 5-, 20-, 100- und 1000-DM-Noten wurden von Giesecke + Devrient, München, die 10-, 50- und 500-DM-Noten von der Bundesdruckerei hergestellt, die auch einen Teil der 5-DM-Noten mit dem Datum 2. 1. 1980 druckte.

Nr. 226

120 x 60 mm

226 2. 1.1960 **5 DM,** grün a. olivgrün u. braun, Vs. r. »Junge Venezianerin« (nach einem Gemälde von Albrecht Dürer), Rs. Zweig mit Eichenblättern u. Eicheln, leicht grünliches Papier mit Sicherheitsfaden u. l. mit Wz. d. gedruckten Porträts, rote KN

I. A oder B KN mit Buchst. dahinter **10,–/15,–**

II. Z KN A, Ersatznote **12,–/20,–**

Musterscheine:

Vs. »MUSTER« 69 mm rot, a. d. l. Rand »MUSTER« Nr. . . .« rot, Rs. »SPECIMEN« 70 mm rot

Nr. 227

130 x 65 mm

III / I

227 **10 DM,** dunkelblau u. violett a. blau u. grauoliv, Vs. r. Bildnis eines jungen Mannes (nach einem Gemälde von Albrecht Dürer oder Anton Neupauer), Rs. Segelschiff ähnlich, nach Vorlage Gorch Fock, leicht bläuliches Papier mit Sicherheitsfaden u. l. mit Wz. d. gedruckten Porträts, rote KN

I. C, D, E oder F KN mit Buchst. dahinter **25,–/40,–**
II. Y KN A, Ersatznote **30,–/50,–**
Musterscheine:
Vs. »MUSTER« 78 mm rot, a. d. l. Rand »MUSTER« Nr. . . .«, Rs. »SPECIMEN« 80 mm rot

Nr. 228

140 x 70 mm

228 **20 DM,** grün u. schwarzgrün a. braun, Vs. r. Porträt d. Nürnberger Patrizier- und Kaufmannsfrau Elsbeth Tucher (nach einem Gemälde von Albrecht Dürer), Rs. Geige mit Bogen und Klarinette, leicht grünliches Papier mit Sicherheitsfaden u. l. mit Wz. d. gedruckten Porträts, rote KN

I. G, H oder J KN mit Buchst. dahinter **40,–/60,–**
II. Z KN A, Ersatznote **50,–/70,–**
Musterscheine:
Vs. »MUSTER« 88 mm rot, a. d. l. Rand »MUSTER« Nr. . . .«, Rs. »SPECIMEN« 85 mm rot

Nr. 229

150 x 75 mm

229 **50 DM,** dunkelbraun u. olivgrün a. braun u. grün, Vs. r. Männerporträt, H. Urmiller (nach einem Gemälde »Mann mit Kind« von einem unbekannten Schwäbischen Meister), Rs. Holstentor in Lübeck, leicht gelbliches Papier mit Sicherheitsfaden u. l. mit Wz. d. gedruckten Porträts, rote KN

I. K, L oder M mit Buchst. dahinter **80,–/120,–**
II. Y KN A oder B, Ersatznote **90,–/140,–**
Musterscheine:
Vs. »MUSTER« 91 mm rot, a. d. l. Rand »MUSTER Nr. . . .«, Rs. »SPECIMEN« 95 mm rot

230 **100 DM,** dunkelblau a. braun, oliv u. rotbraun, Vs. r. Kosmograph Sebastian Münster (nach einem Gemälde von Christoph Amberger), Rs. Adler mit ausgebreiteten Schwingen, leicht bläuliches Papier mit Sicherheitsfaden u. l. mit Wz. d. gedruckten Porträts, rote KN

I. N, P oder Q mit Buchst. dahinter **140,–/200,–**
II. Z KN A, Ersatznote **160,–/220,–**

III / I

Nr. 230

160 x 80 mm

Musterscheine:
Vs. »MUSTER« 91 mm rot, a. d. l. Rand »MUSTER Nr. . . .«, Rs. »SPECIMEN« 95 mm rot

Nr. 231

170 x 85 mm

231 2. 1.1960 **500 DM,** braun a. rotbraun u. oliv, Vs. r. Männerporträt (nach dem Gemälde »Bildnis eines bartlosen Mannes« von Hans Maler von Schwaz), Rs. Burg Eltz, leicht gelbl. Papier mit Sicherheitsfaden u. l. mit Wz. d. gedruckten Porträts, rote KN

I. V KN mit Buchst. dahinter **600,–/700,–**

II. Y KN A, Ersatznote **650,–/750,–**

Musterscheine:
Vs. »MUSTER« 104 mm rot, a. d. l. Rand »MUSTER Nr. . . .«, Rs. »SPECIMEN« 108 mm rot

Nr. 232

180 x 90 mm

III / I

232 **1000 DM,** schwarzbraun u. braun a. braun u. grün, Vs. r. Porträt d. Nürnberger Astronomen u. Geographen D. Johann Schöner (nach einem Gemälde mit der Bezeichnung »Johannes Scheyring Dr.« von Lucas Cranach d.Ä.). Rs. Limburger Dom, leicht gelbl. Papier mit Sicherheitsfaden u.l. mit Wz.d. gedruckten Porträts, rote KN
I. W KN mit Buchst. dahinter –,–/**1250,–**
II. Z KN A, Ersatznote –,–/**1350,–**
Musterscheine:
Vs. »MUSTER« 91 mm rot, a. d. l. Rand »MUSTER Nr. . . .«, »SPECIMEN« 95 mm rot

233 2. 1.1970 **5 DM,** ähnlich Nr. 226, doch Unterschriften »Klasen – Emminger« u. geänderter Strafsatz
I. B oder C mit Buchst. dahinter –,–/**10,–**
II. Z KN A, Ersatznote –,–/**15,–**

Nr. 234

234 **10 DM,** ähnlich Nr. 227, doch Unterschriften »Klasen – Emminger« u. geänderter Strafsatz
I. F, CA, CB, CC oder CD mit Buchst. dahinter, Buchst. u. KN gleich groß (2,8 mm) –,–/**35,–**
II. CE oder CF KN mit Buchst. dahinter, Buchst. 3,3 mm, KN 2,8 mm, Automaten-Papier mit unsichtbaren Indikatoren –,–/**30,–**
III. Y oder YC KN A, Buchst. u. KN gleich groß (2,8 mm), Ersatznote –,–/**45,–**
IV. YE KN A, Buchst. 3,3 mm, KN 2,8 mm, Automaten-Papier mit unsichtbaren Indikatoren, Ersatznote –,–/**40,–**

235 **20 DM,** ähnlich Nr. 228, doch Unterschriften »Klasen – Emminger« u. geänderter Strafsatz
I. J, GA, GB, GC oder GD KN mit Buchst. dahinter, Buchst. u. KN gleich groß (2,8 mm) –,–/**60,–**
II. GE oder GF KN mit Buchst. dahinter, Buchst. 3,3 mm, KN 2,8 mm, Automaten-Papier mit unsichtbaren Indikatoren –,–/**50,–**
III. Z oder ZG KN A, Buchst. u. KN gleich groß (2,8 mm), Ersatznote –,–/**75,–**
IV. ZE KN A, Buchst. 3,3 mm, KN 2,8 mm, Automaten-Papier mit unsichtbaren Indikatoren, Ersatznote –,–/**70,–**

236 **50 DM,** ähnlich Nr. 229, doch Vs. Guilloche, Mitte braun u. dunkelgrün, Unterschriften »Klasen – Emminger« u. geänderter Strafsatz
I. M, KA, KB, KC, KD KN mit Buchst. dahinter, Buchst. u. KN gleich groß (2,8 mm) –,–/**100,–**
II. KE oder KF KN mit Buchst. dahinter, Buchst. 3,3 mm, KN 2,8 mm, Automaten-Papier mit unsichtbaren Indikatoren –,–/**90,–**
III. Y oder YK KN A, Buchst. u. KN gleich groß (2,8 mm), Ersatznote –,–/**130,–**
IV. YE KN A, Buchst. 3,3 mm, KN 2,8 mm, Automaten-Papier mit unsichtbaren Indikatoren, Ersatznote –,–/**120,–**

237 **100 DM,** ähnlich Nr. 230, doch Unterschriften »Klasen – Emminger« u. geänderter Strafsatz
I. Q, NA, NB, NC oder ND KN mit Buchst. dahinter, Buchst. u. KN gleich groß (2,8 mm) –,–/**160,–**
II. NE oder NF KN mit Buchst. dahinter, Buchst. 3,3 mm, KN 2,8 mm, Automaten-Papier mit unsichtbaren Indikatoren –,–/**150,–**
III. Z oder ZN KN A, Buchst. u. KN gleich groß (2,8 mm), Ersatznote –,–/**190,–**
IV. ZE KN A, Buchst. 3,3 mm, KN 2,8 mm, Automaten-Papier mit unsichtbaren Indikatoren, Ersatznote –,–/**180,–**

238 **500 DM,** ähnlich Nr. 231, doch Unterschriften »Klasen –Emminger« u. geänderter Strafsatz
I. V KN mit Buchst. dahinter –,–/**650,–**
II. Y KN A, Ersatznote –,–/**750,–**

Nr. 239

Nr.	Datum		III / I
239	1. 6.1977	**10 DM,** ähnlich Nr. 234, doch Unterschriften »Emminger – Pöhl«	
		I. CF, CG oder CH KN mit Buchst. dahinter	–,–/–,–
		II. YE KN A, Ersatznote	–,–/–,–
240		**20 DM,** ähnlich Nr. 235, doch Unterschriften »Emminger – Pöhl«	
		I. GE, GF, GG oder GH KN mit Buchst. dahinter	–,–/–,–
		II. ZE KN A, Ersatznote	–,–/–,–
241		**50 DM,** ähnlich Nr. 236, doch Unterschriften »Emminger – Pöhl«	
		I. KE, KF oder KG KN mit Buchst. dahinter	–,–/–,–
		II. YE KN A, Ersatznote	–,–/–,–
242		**100 DM,** ähnlich Nr. 237, doch Unterschriften »Emminger – Pöhl«	
		I. NF, NG oder NH KN mit Buchst. dahinter	–,–/–,–
		II. ZE KN A, Ersatznote	–,–/–,–
243		**500 DM,** ähnlich Nr. 238, doch Unterschriften »Emminger-Pöhl«	
		I. V KN mit Buchst. dahinter	–,–/–,–
		II. Y KN A, Ersatznote	–,–/–,–
244		**1000 DM,** ähnlich Nr. 232, doch Unterschriften »Emminger-Pöhl« u. geänderter Strafsatz	
		I. W KN mit Buchst. dahinter	–,–/–,–
		II. Z KN A, Ersatznote	–,–/–,–
245	2. 1.1980	**10 DM,** ähnlich Nr. 234 u. 239, doch Unterschriften »Pöhl-Schlesinger«	
		I. CJ KN mit Buchst. dahinter	–,–/–,–
		II. YE KN, Ersatznote	–,–/–,–
246		**20 DM,** ähnlich Nr. 235 u. 240, doch Unterschriften »Pöhl-Schlesinger«	
		I. GH KN mit Buchst. dahinter	–,–/–,–
		II. ZE KN, Ersatznote	–,–/–,–
247		**50 DM,** ähnlich Nr. 236 u. 241, doch Unterschriften »Pöhl – Schlesinger«	
		I. KG oder KH KN mit Buchst. dahinter	–,–/–,–
		II. YE KN, Ersatznote	–,–/–,–
248		**100 DM,** ähnlich Nr. 237 u. 242, doch Unterschriften »Pöhl – Schlesinger«	
		I. NH KN mit Buchst. dahinter	–,–/–,–
		II. ZE KN, Ersatznote	
249		**5 DM,** ähnlich Nr. 233, doch Unterschriften »Pöhl-Schlesinger«, auf der Rs. unten links »© Deutsche Bundesbank 1963«	
		I. B KN mit Buchst. dahinter	–,–/–,–
		II. Z oder Y KN A, Ersatznote	–,–/–,–
250		**10 DM,** ähnlich Nr. 245, doch auf der Rs. unten links »© Deutsche Bundesbank 1963«	
		I. CJ, CK, CL, CM, CN, CP, CQ, CR oder CS KN mit Buchst. dahinter	–,–/–,–
		II. YE KN C, Ersatznote	–,–/–,–

III / I

251 **20 DM,** ähnlich Nr. 246, doch auf der Rs. unten links »© Deutsche Bundesbank 1961«
I. GH, GJ, GK, GL, GM, GN, GP oder GQ KN mit Buchst. dahinter –,–/–,–
II. ZE KN, Ersatznote –,–/–,–

252 **50 DM,** ähnlich Nr. 247, doch auf der Rs. unten links »© Deutsche Bundesbank 1962«
I. KG, KH, KJ, KK, KL oder KM, KN mit Buchst. dahinter –,–/–,–
II. YE KN, Ersatznote –,–/–,–

253 **100 DM,** ähnlich Nr. 248, doch auf der Rs. unten links »© Deutsche Bundesbank 1962«
I. NH, NJ, NK, NL oder NM KN mit Buchst. dahinter –,–/–,–
II. ZE KN, Ersatznote –,–/–,–

254 **500 DM,** ähnlich Nr. 243, doch Unterschriften »Pöhl – Schlesinger«, auf der Rs. unten links »© Deutsche Bundesbank 1964« –,–/–,–
I. V KN mit Buchst. dahinter
II. Y KN A, Ersatznote

255 **1000 DM,** ähnlich Nr. 244 doch Unterschriften »Pöhl – Schlesinger«, auf der Rs. unten links »© Deutsche Bundesbank, 1964« –,–/–,–
I. W KN mit Buchst. dahinter
II. Z KN A, Ersatznote

Die ab 1990 ausgegebene neue Notenserie sollte dem technischen Fortschritt in der Druck-, Vervielfältigungs- und Kopiertechnik, der neue Fälschungsmöglichkeiten eröffnete, Rechnung tragen. Die Echtheitsmerkmale wurden verbessert und ergänzt und die Noten verstärkt für die fortschreitende Automatisierung des täglichen Barzahlungsverkehrs einsatzfähig gemacht. Alle neuen Noten haben ertastbare Kennzeichen für blinde oder sehbehinderte Menschen. Außerdem befindet sich über der jeweiligen Stadtansicht ein auf der Spitze stehendes Sechseck, das sog. Durchsichtsregister, das aus bestimmten, genau plazierten Zeichen auf der Vorder- und Rückseite der Noten besteht, die sich in der Durchsicht zu einem »D« ergänzen. Der aluminiumbeschichtete Sicherheitsfaden tritt an verdünnten Papierstellen an die Oberfläche und ist mit dem Notenwert beschriftet. Zu den bisherigen Notennennwerten kam noch eine Stückelung zu DM 200. Die vorliegenden Notenwerte zu 100 und 200 DM haben wie die bisherigen Scheine die Unterschriften des Präsidenten und Vizepräsidenten des Direktoriums der Deutschen Bundesbank. –,–/–,–

256 **5 DM,** Hauptfarbe grünlichgelb, Vs. r. Kopfbildnis der Schriftstellerin Bettina von Arnim nach einem Gemälde von Achim von Arnim, Hintergrundzeichnung Teilansicht des Gutes Wiepersdorf sowie historische Gebäude von Berlin, Rs. Blütenkranz, im Weißfeld Faksimile-Unterschriften bedeutender Persönlichkeiten, 1. Wz. des gedruckten Porträts, Format 122 x 62 mm –,–/–,–

257 **10 DM,** Hauptfarbe bläulichviolett, Vs. r. Kopfbildnis des Mathematikers, Astronomen und Physikers Carl Friedrich Gauß nach einem Gemälde von Gottlieb Biermann, Hintergrundzeichnung Gebäude d. historischen Göttingen, Rs. ein Sextant, im Weißfeld ein Ausschnitt der Gauß'schen Feldmessungen, 1. Wz. des gedruckten Porträts, Format 130 x 65 mm –,–/–,–

258 **20 DM,** Hauptfarbe grün, Vs. r. Kopfbildnis der Dichterin Annette von Droste-Hülshoff nach einem Gemälde von Wilhelm Stiebl, Hintergrundzeichnung historische Gebäude der Stadt Meersburg am Bodensee, Rs. Schreibfeder, im Hintergrund Buche, im Weißfeld aufgeschlagenes Buch, 1. Wz. des gedruckten Porträts, Format 138 x 68 mm –,–/–,–

259 **50 DM,** Haupfarbe olivbraun, Vs. r. Kopfbildnis des Barockbaumeisters Balthasar Neumann nach einem Gemälde von Marcus Friedrich Kleinert, Hintergrundzeichnung historische Bauwerke von Würzburg, Rs. Teilansicht bedeutender Bauten von Balthasar Neumann, im Weißfeld Grundriß der Hl.-Kreuz-Kapelle von Kitzingen, 1. Wz. des gedruckten Porträts, Format 146 x 71 mm –,–/–,–

260 2. 1. 1989 **100 DM,** Hauptfarbe rötlichblau, Vs. r. Pianistin und Komponistin Clara Schumann nach einer Elfenbeinminiatur eines unbekannten Meisters, Hintergrundzeichnung Gebäude d. historischen Leipzig, Rs. André-Stein-Flügel, im Hintergrund das Hoch'sche Konservatorium in Frankfurt, im Weißfeld schwingende Stimmgabeln, 1. Wz. des gedruckten Porträts, Format 154 x 74 mm –,–/–,–

261 2. 1. 1989 **200 DM,** Hauptfarbe rotorange, Vs. r. Kopfbildnis des Mediziners und Serologen Paul Ehrlich nach einer Fotografie, Hintergrundzeichnung historische Gebäude der Stadt Frankfurt am Main, Rs. Mikroskop, im Weißfeld Äskulapstab und stilisierte Retorte, 1. Wz. des gedruckten Porträts, Format 162 x 77 mm –,–/–,–

262 **500 DM,** Hauptfarbe rotpurpur, Vs. r. Kopfbildnis der Malerin, Kupferstecherin und Naturforscherin Maria Sibylla Merian nach einer Radierung von Johann Rudolf Schellenberg, Hintergrundzeichnung Teile der Burg und verschiedene Gebäude des historischen Nürnberg, Rs. Pflanze (Löwenzahn oder »Röhrleins-Kraut«) mit Raupe, im Weißfeld eine Löwenzahnblüte, 1. Wz. des gedruckten Porträts, Format 170 x 80 mm –,–/–,–

263 **1000 DM,** Hauptfarbe rötlichbraun, Vs. r. Kopfbildnis der Sprachwissenschaftler und Sammler deutschen Sprach- und Kulturguts Wilhelm und Jacob Grimm nach einem Gemälde von Elisabeth Jerichau, Hintergrundzeichnung historische Gebäude der Stadt Kassel, Rs. Illustration zu dem Märchen »Die Sterntaler« (Mädchen von einem Kranz aus Kräutern und Blüten umgeben), im Weißfeld Faksimile einer Originalhandschrift aus dem ersten deutschen Wörterbuch, 1. Wz. des gedruckten Porträts, Format 178 x 83 mm –,–/–,–

Deutsche Demokratische Republik

Am 24.6.1948, also vier Tage später als in den drei westlichen Besatzungszonen, wurde auch in der sowjetischen Besatzungszone die Währungsreform durchgeführt. Man versah die für den Umtausch zugelassenen alten Noten mit Marken, die auf den entsprechenden Betrag in Deutsche Mark lauteten (sogenannte Kuponmark). Einen Monat später wurden dann diese Provisorien aus dem Verkehr gezogen und neu gedruckte Noten in Umlauf gebracht. Die neu errichtete Deutsche Notenbank behielt auch nach der Gründung der DDR ihre Funktion als Notenbank bei, doch änderte sie mit Gesetz vom 1. 12. 1967 ihren Namen in Staatsbank der DDR. Nach der Währungsunion der beiden deutschen Staaten am 1. 7. 1990 übernahm die Deutsche Bundesbank die bisherige Funktion der Staatsbank.

KUPONMARK

Die Preisangaben beziehen sich nur auf die gezähnten Marken in kassenfrischem Zustand. Bei der Benutzung der Noten lösten sich oft die Marken von den Scheinen. Abgefallene Marken wurden vom Publikum auch auf alte Noten geklebt, die offiziell keine Gültigkeit mehr besaßen. Solche Noten wurden in der Aufstellung in Klammern gesetzt.

Nr. 301

Markenformat 20 x 18 mm

			I
301	1948	**1 (DM)**, blau a. graublau, Format 20 x 18 mm a. auf Nr. 168 I. b. auf Nr. 168 II. c. auf Nr. 168 III.	5,–

Nr. 302

Markenformat 20 x 18 mm

302		**2 (DM)**, grün a. graublau, Format 20 x 18 mm a. auf Nr. 169 I. b. auf Nr. 169 II. c. auf Nr. 169 III.	12,–

Nr. 303

Markenformat 20 x 18 mm

303 **5 (DM)**, braun a. ocker, Format 20 x 18 mm 15,–
a. auf Nr. 181 I.
b. auf Nr. 181 II.
(c. auf Nr. 166 I. oder II.)

Nr. 304

Markenformat 25 x 22 mm

304 **10 (DM)**, braunviolett a. grau, Format 26 x 21 mm 12,–
a. auf Nr. 175
b. auf Nr. 182

Nr. 305

Markenformat 30 x 25 mm

305 **20 (DM)**, braun a. hellbraun, Format 31 x 25 mm 15,–
a. auf Nr. 176
b. auf Nr. 180
c. auf Nr. 183

Nr. 306

Markenformat 33 x 27 mm

306 **50 (DM)**, blaugrau a. hellblau, Format 32 x 27 mm **25,–**
a. auf Nr. 177
b. auf Nr. 184
(c. auf Nr. 172)

Nr. 307

Markenformat 42 x 25 mm

307 **100 (DM)**, grünblau a. grüngrau, Format 43 x 26 mm **40,–**
a. auf Nr. 178
b. auf Nr. 185
(c. auf Nr. 173)

DEUTSCHE NOTENBANK

Scheine Nr. 311–314 kommen mit Plattennummern vor (links unten innerhalb des Rahmens), die beim gleichen Schein auf Vs. u. Rs. differieren. Von Nr. 308–316 kommen gesplissene Scheine vor, Vs. u. Rs. separat.

III / I

Nr. 308

100 x 65 mm

308 1948 **50 Dpfg.**, schwarzblau a. ocker u. blau, Wz. Wabengitter, KN rot
I . KN 3,1 mm 6 stellig mit 1 oder 2 Buchst. davor **30,–/50,–**
II. KN 4,1 mm 7 stellig mit 1 oder 2 Buchst. davor **5,–/15,–**

III / I

Nr. 309

120 x 65 mm

309 **1 DM**, dunkelgrün a. grün u. braun, Papier mit Faserstreifen u. Wz. Wabengitter, KN rot
I . KN 3,1 mm 6 stellig mit 1 oder 2 Buchst. davor **18,–/45,–**
II. KN 4,1 mm 7 stellig mit 1 oder 2 Buchst. davor **4,–/ 8,–**

Nr. 310

130 x 70 mm

310 **2 DM**, braun a. oliv, grün u. braun, Papier mit Faserstreifen u. Wz. Wabengitter, KN rot
I . KN 3 ,1 mm 6 stellig mit 1 oder 2 Buchst. davor **15,–/40,–**
II. KN 4,1 mm 7 stellig mit 1 oder 2 Buchst. davor **5,–/10,–**

Nr. 311

142 x 72 mm

311 **5 DM**, dunkelbraun a. hellbraun u. grün, Papier mit Faserstreifen, Wz. Wabengitter, KN rot
I . KN 3,1 mm 6 stellig mit 1 oder 2 Buchst. davor, ohne Plattennummer **10,–/25,–**
II. KN 4,1 mm 7 stellig mit 2 Buchst. davor, (AB–AK, BH, CJ, DK, EL, FM, NP, RS) mit Plattennummern **5,–/10,–**

III / I

Nr. 312

149 x 75 mm

312 1948 **10 DM**, dunkelblaugrau a. grün u. ocker, Papier mit Faserstreifen u. Wz. Pfeile, KN rot
I . KN 3,1 mm 6 stellig mit 1 oder 2 Buchst. davor, ohne Plattennummer **20,–/40,–**
II. KN 4,1 mm 7 stellig mit 2 Buchst. davor, (AB–AK, BH, CJ, DK, EL, FM, NP, RS), mit Plattennummer **3,–/15,–**

Nr. 313

163 x 83 mm

313 **20 DM**, dunkelbraun a. rotbraun u. oliv, Papier mit Faserstreifen u. Wz. Pfeile, KN rot
I. KN 3,8 mm 6 stellig mit 1 oder 2 Buchst. davor, ohne Plattennummer **8,–/40,–**
II. KN 4,1 mm 7 stellig mit 2 Buchst. davor (AB–AJ, BH, CJ, DK, EL, FM, NP), mit Plattennummer **3,–/10,–**

Nr. 314

171 x 86 mm

314 **50 DM**, dunkelgrün a. braun u. grün, Papier mit Faserstreifen, Wz. Pfeile, KN rot
I . KN 4 mm 7 stellig mit 1 Buchst. davor (A–E, T) ohne Plattennummer **9,–/20,–**
II. KN 4,1 mm 7 stellig mit 2 Buchst. davor (AB–AJ, BJ, CK, DL, EM, FN, GO), mit Plattennummer **2,50/5,–**

III / I

Nr. 315

180 x 90 mm

315 1948 **100 DM,** dunkelblau a. oliv u. grün, Papier mit Faserstreifen u. WZ. Pfeile, KN 4,1 mm rot mit 1 Buchst. davor (A–E) **10,–/30,–**

Nr. 316

191 x 97 mm

316 **1000 DM,** dunkelbraun a. grün u. braun, Papier mit Faserstreifen u. Wz. Pfeile, A KN 4 mm rot **140,–/220,–**
Musterscheine:
1. Lochung »MUSTER« 38 mm
2. Vs. Stempel »MUSTER« mit Rahmen 70 mm violett u. Dreieckslochung
Nr. 316 war nur kurz in Umlauf, da offiziell der Besitz von mehr als DM 300,– in bar untersagt war.

Nr. 317

141 x 72 mm

317 1955 **5 Mark,** ähnlich Nr. 311, doch andere Farben, schwarzgrün a. rotbraun u. grün, Wz. Bogenschuppen, KN 6 stellig rot mit 2 Buchst. davor **6,–/20,–**

III / I

Nr. 318

146 x 75 mm

318 1955 **10 DM,** ähnlich Nr. 312, doch andere Farben, violett a. lila, braun u. grün, Wz. Bogenschuppen, KN 6-stellig rot mit 2 Buchst. davor **10,–/30,–**

Nr. 319

162 x 82 mm

319 **20 DM,** ähnlich Nr. 313, doch andere Farben, schwarzblau a. olivbraun u. rotbraun, Wz. Dornzacken, KN 7 stellig rot mit 2 Buchst. davor **20,–/50,–**

Nr. 320

171 x 86 mm

320 **50 DM,** ähnlich Nr. 314, doch andere Farben, braunlila a. violett, braun u. grün, Wz. Dornzacken, KN 7-stellig rot mit 2 Buchst. davor **25,–/60,–**

III / I

Nr. 321

180 x 90 mm

321 1955 **100 DM**, ähnlich Nr. 315, doch andere Farben, braun a. blaugrün u. rosa, Wz. Dornzacken, KN 7 stellig rot mit 2 Buchst. davor **50,–/100,–**

Nr. 322

135 x 65 mm

322 1964 **5 Mark**, dunkelbraunviolett a. mehrf., Vs. r. Alexander v. Humboldt, Mitte Udr. Wappen der DDR, Rs. Mitte Humboldt-Universität, r. Wappen d. DDR, Wz. Hammer u. Zirkel, KN 6 stellig rot mit 2 Buchst. davor **5,–/10,–**

Nr. 323

140 x 67 mm

323 **10 Mark**, dunkelgrün a. mehrf., Vs. r. Friedrich v. Schiller, Mitte Udr. Wappen d. DDR, Rs. VEB Carl Zeiss, Jena (Zeiss-Werke) u. Wappen d. DDR, Wz. Hammer u. Zirkel, KN 6 stellig rot mit 2 Buchst. davor **10,–/20,–**

III / I

Nr. 324

145 x 70 mm

324 1964 **20 Mark**, braun u. braunviolett a. mehrfarb., Vs. r. Johann Wolfgang v. Goethe, Mitte Udr. Wappen d. DDR, Rs. National-Theater, Weimar u. Wappen d. DDR, Wz. d. gedruckten Porträt ähnlich, KN 6 stellig rot mit 2 Buchst. davor **14,–/40,–**

Nr. 325

150 x 72 mm

325 **50 Mark**, dunkelgrün a. mehrfarb., Vs. r. Friedrich Engels, Mitte Udr. Wappen d. DDR, Rs. Mähdrescher u. Wappen d. DDR, l. Wz. d. gedruckten Porträt ähnlich, KN 7 stellig rot mit 2 Buchst. davor **50,–/100,–**

Nr. 326

155 x 75 mm

326 **100 Mark**, dunkelblau a. mehrfarb., Vs. r. Karl Marx, Mitte Udr. Wappen d. DDR, Rs. Brandenburger Tor u. Wappen d .DDR, l. Wz. d. gedruckten Porträt ähnlich, KN 7 stellig rot mit 2 Buchst. davor **35,–/90,–**

STAATSBANK DER DDR

III / I

Nr. 327

120 x 53 mm

327 1971 **10 Mark,** dunkelbraun u. grün a. mehrfarb., Vs. r. Clara Zetkin, l. Wappen d. DDR, Rs. FRau am Steuerpult einer Schaltanlage, l. Wz. d. gedruckten Porträt ähnlich, KN rot 6 stellig breit od. 7 stellig schmal mit 2 Buchst. davor –,–/–,–

Nr. 328

137 x 60 mm

328 **50 Mark**, lila u. dunkelbraun a. mehrfarb., Vs. r. Friedrich Engels, l. Wappen d. DDR, Rs. Industrieanlage, l. Wz. d. gedruckten Porträt ähnlich, KN 7 stellig rot breit od. schmal mit 2 Buchst. davor –,–/–,–

Nr. 329

112 x 50 mm

329 1975 **5 Mark**, violett u. braun a. mehrfarb., Vs. r. Thomas Müntzer, l. Wappen d. DDR, Rs. Landmaschinen bei der Ernte, 1. Wz. d. gedruckten Porträt ähnlich, KN 6 stellig breit od. schmal mit 2 Buchst. davor –,–/–,–

III / I

Nr. 330

128 x 56 mm

330 **20 Mark**, grün u. braun a. mehrfarb., Vs. r. Johann Wolfgang v. Goethe, l. Wappen d. DDR, Rs. Kinder beim Verlassen einer Schule, l. Wz. d. gedruckten Porträts ähnlich, KN 6 stellig breit oder 7 stellig schmal mit 2 Buchst. davor –,–/–,–

Nr. 331

144 x 61 mm

331 1975 **100 Mark,** blau u. schwarzblau a. mehrfarb., Vs. r. Karl Marx, l. Wappen d. DDR, Rs. Palast der Republik am Berliner Marx-Engels-Platz mit Wappen d. DDR, l. Wz. d. gedruckten Porträt ähnlich, KN 7 stellig breit od. schmal mit 2 Buchst. davor –,–/–,–

331 I 1985 **200 Mark,** grün u. dunkelbraun a. mehrf., Vs. r. Darstellung einer Familie, l. Wappen d. DDR, Rs. Kindergartenszene u. Wappen d. DDR, l. Wz. Taube, KN 7 stellig mit 2 Buchst. davor, nicht ausgegeben –,–/–,–

III / I

331 II **500 Mark,** braun a. mehrf., Vs. l. u. r. DDR Staatssymbol, RS Mitte ehemaliges Staatsratsgebäude in Ostberlin, l. Wz. Taube, KN 7 stellig mit 2 Buchst. davor, nicht ausgegeben –,–/–,–

Besatzungsausgaben 1. Weltkrieg

SOCIÉTÉ GÉNÉRALE DE BELGIQUE 1914–1918

Da die belgische Regierung nach Ausbruch des 1. Weltkrieges und der nachfolgenden deutschen Besetzung Belgiens die Druckplatten für die Noten der Banque Nationale mit nach England genommen hatte, wurde die Société Générale de Belgique vom 24.12. 1914 bis 11.11.1918 zur Notenausgabe autorisiert. Mit dem Umtausch der Noten mußte spätestens drei Monate nach Friedensschluß begonnen werden (Konvention v. 14. 1. 1915 zwischen der Nationalbank und der Soc. Générale). Nach Erlöschen des Emmisssionsrechts änderte die Bank ihren Namen in »Banque de la Société Générale de Belgique«. Die Scheine tragen das Datum des Drucktages (2.1.1915 bis 29.10.1918), das mit dem Serienbuchstaben gekoppelt ist. Genannt ist das früheste und späteste bekannt gewordene Datum und die dazugehörigen Serienbuchstaben. Alle Scheine haben die Unterschrift des Gouverneurs »Jadot« und des Directeur-Trésorier »Serruys«.

IV / II

Nr. 401

401 versch. Daten **1 Franc,** violett a. braun u. blaugrün, Vs. l. Königin Marie-Louise, Wz. Wellenlinien, 85 x 50 mm, Datum und KN grün
1.3.15 (A) - 29.10.18 (H 5) **6,–/30,–**

Nr. 402

402 **2 Francs,** dunkelbraun a. braun u. grün, Vs. l. Königin Marie-Louise, Wz. Wellenlinien, 106 x 63 mm, Datum und KN braun
1.4.15 (A) - 25.5.18 (Y) **20,–/70,–**

Nr. 403

IV / II

403 **5 Francs**, Vs. dunkelgrün a. grün u. blaßbraun, Rs. grün u. blau a. blaßviolett, Vs. l. Königin Marie-Louise, Wz. Wellenlinien, 125 x 79 mm, Datum und KN braun
2.1.15 (A) - 13.7.17 (W) **80,–/220,–**

Nr. 404

404 **20 Francs**, Vs. dunkelblau a. braun, Rs. schwarzblau u. braun a. grün u. braun, Vs. l. Peter Paul Rubens, Wz. Wellenlinien, 137 x 88 mm, Datum und KN braun
1.2.15 (A) - 10.7.18 (I) **300,–/600,–**

405 **100 Francs**, braun u. grün, Vs. l. Königin Marie-Louise, Wz. Wellenlinien, 185 x 108 mm, Datum und KN schwarz
26.7.15 (T 2) – 10.6.18 (S 4) **800,–/1500,–**

406 **1000 Francs**, grün a. gelbgrün, Vs. l. Peter Paul Rubens, Wz. Wellenlinien, 224 x 139 mm **2000,–/4000,–**
18.9.15 (A)

GENERALGOUVERNEMENT WARSCHAU 1914–1918

Polen, durch die verschiedenen polnischen Teilungen des 18. Jahrhunderts auf das sog. »Kongreßpolen« beschränkt, war bis zum 1. Weltkrieg Königreich in Personalunion mit dem russischen Zarenreich. Es wurde im Kriege vollständig von den deutschen und österreichischen Truppen besetzt. Der nördliche Teil (»Generalgouvernement Warschau«) stand bis 1918 unter deutscher, der südliche Teil unter österreichischer Verwaltung.
Mit Gesetz vom 13. Dezember 1916 wurde in Warschau die Polnische Landesdarlehnskasse gegründet, die die Zahlungsmittelversorgung im Generalgouvernement Warschau zu gewährleisten hatte. Die bisherige russische Rubel-Währung wurde am 26. April 1917 auf die der deutschen Mark gleiche polnische Marka umgestellt. Die Landesdarlehnskasse gab Papiergeld in Werten von ½ bis 1000 Mark aus, diese Serie wurde ergänzt durch in Eisen geprägte Münzen zu 1, 5, 10 und 20 Pfennig.
Die nach Kriegsende begründete Republik Polen behielt das Papiergeld der Landesdarlehnskasse im Umlauf, bis am 20. Januar 1924 die neue Zloty-Währung die durch die Inflation entwertete polnische Mark ersetzte.
9. grudnia (Dezember) 1916, auf den Scheinen von ½ bis 50 Mark, daneben Jahreszahl »19-17«, zweiseitiger Druck auf weißem (von 20 Mark aufwärts geripptem) Papier mit Wz. Kreuz-Ringel-Muster, Druck der Reichsdruckerei Berlin, gedruckte Unterschriften von Kries, Ueberschaer und Conrad.

I. Ausgabe: »Zarzad jeneral-gubernatorstwa warszawskiego« und »Biletów Kasy Pozyczkowej« (Gutschein der Darlehnskasse)

III / I

Nr. 411

411. 9. 12. 1916 – 1917 – ½ **Marki**, vs. polnischer Adler, rot und schwarzgrün auf olivgrün, rs. zwei Köpfe in Medaillons, blau und olivgelb, 100 x 65 mm, Buchstabe A, KN 3,5 mm rot 7-stellig **6,–/15,–**

Nr. 412

412. 1 **Marka**, Zeichnung wie Nr. 411., vs. rot und schwarzgrün auf olivbraun, rs. blau und rot, 110 x 70 mm, Buchstabe A, KN 3,8 mm schwarz 7-stellig **7,–/20,–**

Nr. 413

413. 2 **Marki**, wie Nr. 411., vs. rot und schwarzgrün auf olivgrün, rs. rotorange und grün, 120 x 75 mm, Buchstabe A, KN 3,8 mm schwarz 7-stellig **15,–/35,–**

413. I. 5 **Marek,** vs. in der Mitte polnischer Adler, rot und schwarzgrün auf hellgrün, rs. in den oberen Ecken zwei Medaillons mit Köpfen, dunkelblau und gelb, 130 x 85 mm, Buchstabe A, Rdr.-KN schwarz, 6-stellig **–,–/–,–**

413. II. 10 **Marek,** wie Nr. 413. I., vs. rot und schwarz auf graubraun, rs. braunlila und gelbgrün, 140 x 90 mm, Buchstabe A, Rdr.-KN schwarz 6-stellig **–,–/–,–**
Nr. 413. I. und Nr. 413. II. wurden nicht ausgegeben. Sie kommen nur als Musternoten vor.

III / I

Nr. 414

414. **20 Marek**, wie Nr. 413. I., vs. schwarz und rot auf hellgrau, rs. violett und gelb, 148 x 98 mm, Buchstabe A, Rdr.-KN schwarz 7-stellig **40,–/120,–**

Nr. 415

415. **50 Marek,** wie 413. I., vs. schwarz und rot auf hellgrün, rs. graugrün u. lilarot, 158 x 105 mm, Buchstabe A, Rdr.-KN schwarz 7-stellig **30,–/100,–**

416. **100 Marek,** vs. l. polnischer Adler, rs. in achteckigen Rahmen zwei Köpfe, vs. rot und schwarzblau auf grau und rosa, rs. schwarzblau und orange, 190 x 115 mm, Buchstabe A, Rdr.-KN rot 6-stellig zweifach **30,–/100,–**

III / I

Nr. 416

II. Ausgabe: »Zarzad General-Gubernatorstwa Warszawskiego« und »Biletów Kasy Pozyczkowej«

Nr. 417

417. **5 Marek**, wie Nr. 413. I., Buchstabe A, Rdr.-KN schwarz 7-stellig **20,–/40,–**

Nr. 418

418. **10 Marek**, wie Nr. 413. II., Buchstabe A, Rdr.-KN schwarz 7-stellig **150,–/300,–**

III. Ausgabe: »Zarzad General-Gubernatorstwa Warszawskiego« und »Biletów Polskiej Krajowej Kasy Pozyczkowej« (Gutschein der polnischen Landes-Darlehnskasse)

III / I

Nr. 419

419. ½ **Marki**, wie Nr. 411, Buchstabe B und KN 4,2 mm schwarz 7-stellig **5,–/15,–**

Nr. 420

420. **1 Marka**, wie Nr. 412, Buchstabe B und KN 4,2 mm schwarz 7-stellig **5,–/15,–**

Nr. 421

421. **2 Marki** , wie Nr. 413, Buchstabe B und KN 4,2 mm schwarz 7-stellig **10,–/20,–**

III / I

Nr. 422

422. **5 Marek**, wie Nr. 413. I., Buchstabe B und Rdr.-KN schwarz 7-stellig zweifach **20,–/50,–**

Nr. 423

423. **10 Marek**, wie Nr. 413. II., Buchstabe A und Rdr.-KN schwarz 7-stellig zweifach **15,–/40,–**

Nr. 424

424. **20 Marek**, wie Nr. 414., Buchstabe A und Rdr.-KN schwarz 7-stellig zweifach **40,–/100,–**

III / I

Nr. 425

425. **100 Marek**, wie Nr. 416., Buchstabe A, Rdr.-KN rot 7-stellig zweifach **30,–/60,–**

Nr. 426

426. **1000 Marek,** ähnlich Nr. 416. und 425., vs. rotbraun und rot auf blaugrau und lilarot, rs. blau, olivgelb und rosa, 210 x 129 mm, Buchstabe A, Rdr.-KN rot 6-stellig zweifach **60,–/180,–**

Es existiert ein recht primitiv ausgeführtes Essay eines 1000-Markscheines mit deutschem statt polnischem Adler und fehlerhafter Inschrift »Uarszawe«.

Ein 500 M.-Schein vom 15. stycznia (Januar) 1919 in gleicher Ausführung wurde bereits vom unabhängigen polnischen Staat ausgegeben.

Fälschungen wurden bekannt von den Nummern 413., 415., 416., 418. und 425.

Von allen Werten liegen auch einseitige (vs. oder rs.) Probedrucke mit Aufdruck »Muster« vor, weiter (so auch Nr. 413. I. und 413. II.) Stücke mit Lochung »DRUCKPROBE« und KN 000000.

DEUTSCHE BESETZUNG RUSSLAND 1914–1918

Der nördliche Teil des besetzten russischen Gebietes (im wesentlichen die späteren baltischen Republiken sowie Teile von Nordost-Polen und Weißrußland) unterstanden dem Oberbefehlshaber Ost.
Zur Versorgung der besetzten Gebiete mit Zahlungsmitteln gab die Ostbank für Handel und Gewerbe, die 1898 aus der Provinzial-Aktienbank des Großherzogtums Posen hervorgegangen war, seit 1916 durch ihre Darlehnskasse Ost in Posen Darlehnskassenscheine in Rubelwährung aus, 1918 auch durch die Darlehnskasse Ost in Kowno solche in Markwährung. Der Umrechnungskurs Rubel zu Mark war konstant 2:1. Zur Deckung der Ausgabe begab das Deutsche Reich eine Anleihe von 110 Millionen Ostmark. Als Kleingeld zu den Darlehnskassenscheinen liefen aus Eisen geprägte Münzen des Oberbefehlhabers Ost in Stücken zu 1, 2 und 3 Kopeken. Daneben kursierten städtische Notgeldscheine, besonders der Städte Libau und Mitau.

Nach Gründung der baltischen Republiken im Jahre 1918 schufen sich Estland und Lettland sehr bald eigene Währungen. Litauen dagegen erklärte durch Gesetz vom 26. Februar 1919 die Scheine der Darlehnskasse Ost zum gesetzlichen Zahlungsmittel (Pfennig als Skatikas, Mark als Auksinas bezeichnet). Sie wurden erst mit der Einführung der Litas-Währung am 9. August 1922 abgelöst (ca. 125 Auksinas = 1 Litas). Nr. 431.–436. und 438.–443. wurden bei Giesecke und Devrient in Leipzig gedruckt, Nr. 431.–433. zum Teil auch bei C. Naumann, Frankfurt. Die unterschiedliche Schriftgröße der rückseitigen Vermerke in Perlschrift mag auf die verschiedenen Druckereien der Nrn. 432. und 433. zurückzuführen sein. Nr. 437. und 444.–445. wurden in der Reichsdruckerei Berlin hergestellt. Nr. 431.–437. tragen die Unterschriften Michalowsky, Hamburger und Kauffmann, Nr. 438.–445. Fischer, v. d. Marwitz und Moritz.

I. Rubel-Währung, datiert Posen, den 17. April 1916, viersprachig (deutsch, polnisch, lettisch und litauisch)

III / I

Nr. 431

431. 17. 4. 1916 **20 Kopeken**, schwarz auf grün bis blaugrau, rs. schwarzblau auf hellgrau, weißes Papier mit Wz. Bandwerk, 110 x 70 mm, ohne KN **8,–/15,–**

Nr. 432

432. **50 Kopeken**, vs. schwarz auf lilarot, graugrün und hellgrau, rs. lilarot auf hellgrün, 125 x 80 mm, weißes Papier mit Kreuz-Ringel-Muster, ohne KN

I. rs. im lettischen Text »Aif dewu kafes fime«
  A. vs. Schriftzeilen unten 89,5 mm lang, rs. unten 95 mm (kleiner, fetter) **40,–/100,–**
  B. vs. Schriftzeilen unten 94 mm, rs. unten 97 mm (größer, magerer) **12,–/ 30,–**

III / I

II. rs. im lettischen Text »Aiſ dewu kaſes ſihme«
A. vs. Schriftzeilen unten 94,5 mm, rs. unten 100 mm (kleiner, fetter) **10,–/25,–**
B. vs. Schriftzeilen unten 94,5 mm, rs. unten 101 mm (größer, magerer) **10,–/25,–**

Nr. 433

433. **1 Rubel**, vs. schwarz und graublau auf graubraun und grau, rs. hellbraun auf grau- bis hellblau, 130 x 85 mm, weißes Papier mit Wz. Kreuz-Ringel-Muster, ohne KN

I. rs. im lettischen Text »Aifdewu kafes fime«
A. vs. Schriftzeilen unten 89,5 mm lang, rs. unten 95,5 mm (kleiner, fetter) **50,–/120,–**
B. vs. Schriftzeilen unten 94 mm lang, rs. unten 97 mm (größer, magerer) **12,–/ 30,–**

II. rs. im lettischen Text »Aiſdewu kafes ſihme«
A. vs. Schriftzeilen unten 94 mm lang, rs. unten 101 mm (kleiner, fetter) **10,–/30,–**
B. vs. Schriftzeilen unten 94 mm lang, rs. unten 101 mm (größer, magerer) **12,–/35,–**

Nr. 434

434. **3 Rubel**, vs. und rs. braun auf grün und violett, 145 x 90 mm, weißes Papier mit Wz. G.-D.-Muster, Buchstabe und KN rot 3,7 mm (Sondertype 18)

I. rs. im lettischen Text »Aifdewu kafes fihme«, im Strafsatz »astûm gadeem«,
Buchstabe A, C, E **50,–/120,–**

II. rs. im lettischen Text »Aiſdewu kafes ſihme«, im Strafsatz »aſtoni gadeem«,
Buchstabe F–J, L–W **30,–/ 75,–**

III / I

Nr. 435

435. **10 Rubel**, vs. und rs. rotbraun auf grün und lilarosa, 160 x 100 mm, weißes Papier mit Wz. G.-D.-Muster, Buchstabe und KN rot 3,7 mm (Sondertype 18), Buchstabe A–F **50,–/100,–**

Nr. 436

436. **25 Rubel**, vs. und rs. schwarzblau auf lila und hellgrün, 175 x 109 mm, weißes oder gelbliches Papier mit Wz. G.-D.-Muster, Buchstabe und KN rot 3,7 mm (Sondertype 18) zweifach, Buchstabe A, B, C **150,–/300,–**

437. **100 Rubel**, vs. und rs. blau, vs. zwei Kopfdarstellungen, rs. ebenfalls zwei Köpfe in runden Rahmen, 170 x 110 mm, weißes Papier mit Wz. Kreuzblumenmuster, Rdr.-KN ohne Buchstaben rot (vs. und rs. je zweifach)

a. KN 6-stellig **180,–/300,–**
b. KN 7-stellig **120,–/240,–**

III / I

Nr. 437

II. Mark-Währung, datiert Kowno, den 4. April 1918, dreisprachig (deutsch, lettisch, litauisch)

Nr. 438

438. 4. 4. 1918 **½ Mark**, vs. schwarz auf lila und orange, rs. braun auf gelb, 110 x 70 mm, weißes Papier mit Wz. Kreuz-Ringel-Muster, Buchstabe und KN rot 4,1 mm (Sondertype 23) 7-stellig, Buchstabe A–C **10,–/30,–**

Nr. 439

439. **1 Mark**, vs. dunkelbraun auf graugrün und rosabraun, rs. blau auf graugrün, 125 x 80 mm, weißes Papier mit Wz. Kreuz-Ringel-Muster, Buchstabe und KN rot 4,1 mm (Sondertype 23) 7-stellig, Buchstabe A–F **10,–/30,–**

III / I

Nr. 440

440 **2 Mark**, vs. dunkelrot auf oliv und rosa, rs. braunrot auf graulila, 130 x 85 mm, weißes Papier mit Kreuz-Ringel-Muster, Buchstabe und KN rot 4,1 mm (Sondertype 23) 7-stellig, Buchstabe A–C **30,–/60,–**

Nr. 441

441 **5 Mark**, vs. und rs. dunkelbraun auf hellblau und hellgraubraun, 145 x 90 mm, weißes Papier mit Wz. G.-D.-Muster, Buchstabe und KN rot 3,7 mm (Sondertype 18) 6-stellig, Buchstabe A–E **25,–/50,–**

Nr. 442

442 **20 Mark**, vs. und rs. rotbraun auf grün und lilarosa, 158 x 100 mm, weißes Papier mit Wz. G.-D.-Muster, Buchstabe und KN 3,7 mm (Sondertype 18) 6-stellig, Buchstabe A–E **40,–/80,–**

III / I

Nr. 443

443. **50 Mark**, vs. und rs. schwarzblau auf lila und hellgrün, 173 x 110 mm, weißes Papier mit Wz. G.-D.-Muster, Buchstabe und KN 3,7 mm (Sondertype 18) 6-stellig (zweifach), Buchstabe A–G **40,–/80,–**

Nr. 444

444. **100 Mark**, dunkelbraun auf braun, Darstellungen wie Nr. 437., 175 x 110 mm, bräunliches Papier mit Wz. Kreuzblumenmuster, Rdr.-KN 7-stellig rot ohne Buchstaben vs. und rs. je zweifach **50,–/100,–**

445. **1000 Mark,** grün, vs. Allegorien des Handels und des Krieges, rs. Allegorie des Handwerks, 190 x 110 mm, Buchstabe und Rdr.-KN rot vs. zweifach
a. KN 6-stellig, Buchstabe A **100,–/200,–**
b. KN 7-stellig, Buchstabe A **75,–/150,–**
Musterscheine mit Aufdr. »Muster« und Lochung von Nr. 431. und 432.

Druckproben liegen von folgenden Scheinen vor:
Nr. 439. I . Wertziffer 20 mm hoch (anstatt 14 mm), rs. Udr. violett/grün
II. Wertziffer 20 mm hoch (anstatt 14 mm), rs. Udr. gelbbraun
Nr. 440. rs. Udr. rot/gelbbraun
Nr. 443. mit Druckfirma
Fälschungen wurden von Nr. 433., 442. und 443. bekannt.

III / I

Nr. 445

DEUTSCHE BESETZUNG RUMÄNIEN 1916–1918

Rumänien, durch Verträge mit den Mittelmächten zur Neutralität verpflichtet, trat am 27. August 1916 auf Seiten der Entente in den Krieg ein, indem seine Truppen in das ungarische Siebenbürgen eindrangen. Die deutschen und österreichungarischen Truppen rangen Rumänien in Kürze nieder, das nach der russischen Revolution im Dezember 1917 zum Waffenstillstand gezwungen war. Das Land blieb bis zum Kriegsende durch die Armee Mackensen besetzt.

Ende 1916 wurde von der deutschen Besatzungsmacht in Verbindung mit der Reichsbank die Banca Generala Româna gegründet, die vom 29. Januar 1917 bis 16. November 1918 für insgesamt 2.114.727.958 Lei Banknoten ausgab. Die Noten, die zwischen Ende 1918 und Februar 1919 von den rumänischen Behörden zu Kontrollzwecken abgestempelt wurden, gelangten zur Einlösung gegen Noten der Rumänischen Nationalbank. Sie wurden am 11. Juni 1920 ungültig. Von der Armee Mackensen waren im Oktober/November 1918 Noten der Banca Generala Romana, mit einem Stempel des Szebener Komitats gekennzeichnet, als Truppengeld ausgefertigt worden (ø 31, 33 oder 34 mm, Inschrift »*SZEBEN VARMEGYE ALISPANI HIVATALA« (Mitte gekröntes Wappen) oder »SZEBEN VARMEGYE*ALISPANJA*, sehr selten.

BANCA GENERALA ROMANA

Ohne Datum (1917), zweiseitiger Druck in verschiedenen Farben auf weißem Papier mit Wz. Kreuz-Ringel-Muster, Druck der Reichsdruckerei Berlin.

Nr. 451

451 o. D. (1917) **25 Bani**, braun, vs. r. Hermeskopf in Medaillon, 95 x 60 mm, Buchst. F
a. KN 3,4 mm rot 7-stellig
b. KN 3,4 mm rot 8-stellig
I . ohne Stempel **8,–/20,–**
II . mit Behördenstempel **10,–/25,–**
III. mit Armeestempel **–,–/–,–**

III / I

Nr. 452

452 **50 Bani**, blau, vs. l. weibl. Kopf in Medaillon, 110 x 70 mm, Buchst. E
a. KN 3,3 mm rot 7-stellig
b. KN 3,3 mm rot 8-stellig
I . ohne Stempel **10,–/30,–**
II . mit Behördenstempel **12,–/35,–**
III. mit Armeestempel **–,–/–,–**

Nr. 453

453 **1 Leu**, grün, vs. l. und r. Kopf in Medaillon, 130 x 80 mm, Buchst. D
a. Rdr.-KN rot 7-stellig
b. Rdr. KN rot 8-stellig
I . ohne Stempel **12,–/40,–**
II . mit Behördenstempel **15,–/50,–**
III. mit Armeestempel **–,–/–,–**

Nr. 454

454 **2 Lei**, rot, wie Nr. 453, 132 x 82 mm, Buchst. H, KN 4,2 mm schwarz 8-stellig
I . ohne Stempel **25,–/ 80,–**
II . mit Behördenstempel **35,–/110,–**
III. mit Armeestempel **–,–/ –,–**

III / I

Nr. 455

455 **5 Lei**, vs. lila, rs. graublau, vs. l. u. r. weibl. Kopfdarstellungen im Medaillon, 145 x 90 mm, Buchstabe G
a. Rdr.-KN rot 7-stellig
b. Rdr.-KN rot 8-stellig
I . ohne Stempel **20,–/60,–**
II . mit Behördenstempel **25,–/70,–**
III. mit Armeestempel **–,–/–,–**

Nr. 456

456 **20 Lei**, rotbraun, rs. l. u. r. Kopf im Medaillon, 160 x 100 mm, Buchst. C oder L, KN 4,2 mm rot 7-stellig
I . ohne Stempel **35,–/ 80,–**
II . mit Behördenstempel **40,–/100,–**
III. mit Armeestempel **–,–/ –,–**

457 **100 Lei**, vs. schwarz u. graugrün a. blaugrau u. gelb, rs. ultramarin u. ocker, rs. l. u. r. Kopf im Medaillon, 188 x 114 mm, Buchst. B, Rdr.-KN rot 7-stellig
I . ohne Stempel **60,–/120,–**
II . mit Behördenstempel **60,–/120,–**
III. mit Armeestempel **–,–/–,–**

III / I

Nr. 457

Nr. 458

458 **1000 Lei,** vs. schwarz u. lilarot a. gelboliv, rs. braun u. rot a. hellblau, rs. zwei Kopfbildnisse im Medaillon, 214 x 130 mm, Buchst. A, Rdr.-KN rot 6-stellig

I . ohne Stempel	**80,–/150,–**
II . mit Behördenstempel	**80,–/150,–**
III. mit Armeestempel	–,–/–,–

451–458 Musternoten mit Stempel »Wertlos« und Perforation »DRUCKPROBE«.

Beispiele für Abstempelungen:

Romania, Administratia Financiara (auch abgekürzt), mit verschiedenen Orts-, Bezirks- (Judetul = Bezirk) oder Kreis- (Percap.Circ.) namen, wie
Bucuresti
Perc. Circ. 2
Percep. Circ. 35 Cretesti

Iud. Dambovita, Perc. Circ. 36
Circ. 25 Dambovita
Iud. Doljin
Judetului Ilfov
Prahova
Iud. Romanati, Perc. Circ. 34
Scrip. 29, Jud. Ilfov
Iud. Valcea

Romania, Administratia Financiara (auch abgekürzt), mit verschiedenen Zollämterbezeichnungen, wie
Giurcul Vamal Craiova
Giurcul T. Magurele
Giurcul Turnu Severin
Romania, Casa de Depuneri, Consemnatiuni si Economie
Romania, Casieria centrala a tezaori public
Romania, Ministerul Finantelor

GEORGISCHE LEGION, SAMSUN (TÜRKEI)

Die »Georgische Legion« war eine Hilfstruppe, die 1916 vom Deutschen Oberkommando aus russischen Kriegsgefangenen, die in Georgien beheimatet waren, zusammengestellt wurde und die von deutschen Ausbildern betreut wurde. Zu einem Einsatz dieser »Legion« kam es jedoch nicht. Die von ihnen ausgegebenen Geldscheine lauteten auf 5 oder 10 Piaster. Format der Scheine ca. 87 x 65 mm.

III / I

461 o.D. 5 **Piaster,** handgeschrieben, ohne Angabe der Ausgabestelle, des Ortes und ohne Siegel **200,–/400,–**

462 10 **Piaster,** handgeschrieben, ohne Angabe der Ausgabestelle, des Ortes und ohne Siegel, mit blauer oder grünschwarzer Tinte geschrieben **200,–/400,–**

463 5 **Piaster,** gedruckt, l. Adler mit Krone, ohne Angabe der Ausgabestelle u. d. Ortes, Uschr. »Hans Külzer« ohne Dienstgrad **150,–/300,–**

464 10 **Piaster,** gedruckt, l. Adler mit Krone, ohne Angabe der Ausgabestelle u. d. Ortes, Uschr. »Hans Külzer« ohne Dienstgrad **150,–/300,–**

465 5 **Piaster,** wie Nr. 463, doch Uschr. »Hans Külzer« a. mit »Unteroffz. d. R.«
b. mit »Viz. Feldw. d. R.« **150,–/300,–**

Nr. 466

466 10 **Piaster,** wie Nr. 464, doch Uschr. »Hans Külzer« a. mit »Unteroffz. d. R.«
b. mit »Viz. Feldw. d. R.« **150,–/300,–**

467 1916 5 **Piaster,** gedruckt, l. Adler mit Krone, darunter »Samsun 1916«, r. »Georgische Legion«, Uschr. »Hans Külzer« ohne Dienstgrad **150,–/300,–**

468 10 **Piaster,** gedruckt, l. Adler mit Krone, darunter »Samsun 1916«, r. »Georgische Legion«, Uschr. »Hans Külzer« ohne Dienstgrad **150,–/300,–**

468 A 10 **Piaster,** wie 468, doch Uschr. »Hans Külzer« mit »Unteroffz. d. R., 3. Bay. J. Rgt.« **200,–/400,–**

Nr. 469

III / I

469 **5 Piaster**, wie Nr. 467, doch Uschr. »Hans Külzer« mit »Viz. Feldw. d. Res.« **150,–/300,–**

470 **10 Piaster,** wie Nr. 468, doch Uschr. »Hans Külzer« mit »Viz. Feldw. d. Res.« **150,–/300,–**

DEUTSCHE MILITÄRAUSGABE FÜR BESETZTE PERSISCHE GEBIETE IM 1. WELTKRIEG

Währung: 1 Toman = 10 Qran
1 Qran = 20 Schahi

1916 besetzte ein kleiner deutscher Truppenverband, verstärkt durch türkische Truppen, kleine persische Gebietsteile (zeitweilig auch die Städte Bampur, Isfahan, Jezd, Kerman und Schiras). Diese Truppen, die sich bis 1918 hielten, sollten die Vereinigung der russischen und englischen Truppen verhindern. Die von der Truppe benutzten Zahlungsmittel waren die in Persien bekannten deutschen Vorkriegsnoten mit rotem Aufdruck des persischen Wertes in persischer Sprache.
Es existieren Fälschungen des Überdruckes!

Nr. 471

IV / II

471 (31.10.1904) **5 Mark,** Reichskassenschein Nr. 8 mit rotem persischen Überdruck »duwazdeh qrān u deh śāhī« (= 12 Qran + 10 Schahi) = 1 ¼ Toman **800,–/1500,–**

Nr. 472

IV / II

472 (6.10.1906) **10 Mark,** Reichskassenschein Nr. 9 mit rotem persischen Überdruck »bist u pendj qrāan« (= 25 Qran) = 2½ Toman **700,–/1400,–**

Nr. 473

473 (19. 2.1914) **20 Mark,** Reichsbanknote Nr. 46 mit rotem persischen Überdruck »pendj 5 tomān« (= 5 Toman) **400,–/800,–**

474 (21. 4. 1910) **100 Mark,** Reichsbanknote Nr. 42 mit rotem persischen Überdruck »bist u pendj tomān« (= 25 Toman) –,–/–,–

475 (21. 4.1910) **1000 Mark,** Reichsbanknote Nr. 44 mit rotem persischen Überdruck (= 250 Toman), –,–/–,–

Nr. 474 und 475 sind entgegen bisheriger Auffassung im Umlauf gewesen.

Militär- u. Besatzungsausgaben 1939–1945

REICHSKREDITKASSENSCHEINE

Ausgegeben von der Hauptverwaltung der Reichskreditkassen, Berlin, auf Grund der Verordnung des Oberbefehlhabers des Heeres betr. Regelung des Zahlungs- und Kreditverkehrs in den von den deutschen Truppen besetzten Gebieten der Republik Polen, Verordnung über Reichskreditkassen vom 23.9.1939 und Verordnung des Ministerrats für die Reichsverteidigung über Reichskreditkassen vom 3.5.1940. Der Umlauf der RKK-Scheine beschränkte sich auf bestimmte von deutschen Truppen besetzte Gebiete. Sie brauchten im innerdeutschen Verkehr nicht in Zahlung genommen werden. Sie wurden am 1.1.1945 ungültig. Alle RKK-Scheine wurden in Schleswig-Holstein, wenn sie mit einem Stempel einer dortigen Reichsbankfiliale versehen waren, in der Zeit vom 8. 5. 1945 bis 4. 5. 1946 wieder als Zahlungsmittel zugelassen. Von den 50 Rpfg.-, 1-, 2- und 5-RM-Scheinen wurde nur eine geringe Anzahl abgestempelt.

Nr. 501

III / I

501 o.D. **50 Rpf.,** Vs. grün a. grün u. braun, Rs. grün, Vs. im Udr. Hakenkreuz, 90 x 57 mm, Wz. »Ringstern«, r. unten Prägestempel: Hoheitsadler und »Hauptverwaltung der Reichskreditkassen«, ohne Uschr., KN 3,5 mm rot, Ser. Ziffer 1–328 **5,–/12,–**

Nr. 502

502 o.D. **1 RM,** Vs. dunkelgrün a. braun, lila u. oliv, Rs. braun a. braun u. oliv, Vs. Udr. Hakenkreuz, 95 x 60 mm, Wz. »Wachsblume«, ohne Uschr., KN 3,5 mm rot

A. r. unten Prägestempel: Hoheitsadler und »Hauptverwaltung der Reichskreditkassen«, Ser. Ziffer 1–480 **2,–/ 6,–**

B. ohne Prägestempel Ser. Ziffer 481–702 **8,–/15,–**

Nr. 503

III / I

503 o.D. 2 **RM,** Vs. schwarz a. grün u. braun, Rs. grün u. olivbraun, 110 x 65 mm, Wz. »Kettengewebe«, ohne Uschr., KN 4,5 mm rot
A. r. unten Prägestempel: Hoheitsadler und »Hauptverwaltung der Reichskreditkassen«
KN 7-stellig, Ser.Buchst. A–Y **2,–/ 6,–**
B. ohne Prägestempel
KN 8-stellig, Ser.Buchst. A–V **8,–/15,–**

Nr. 504

504 o.D. 5 **RM,** Vs. dunkelblau a. braun u. blau, Rs. dunkelblau a. braun, Vs. l. Kopfbild eines Land-, r. eines Industriearbeiters, Rs. Ansicht des Berliner Ehrenmales, 125 x 70 mm, Wz. »Pfeilstern«, ohne Uschr., KN 4,8 mm
A. r. unten Prägestempel: Hoheitsadler und »Hauptverwaltung der Reichskreditkassen«
KN 7-stellig, Ser.Buchst. A–Z **3,–/ 8,–**
B. ohne Prägestempel
KN 8-stellig, Ser.Buchst. A–S **5,–/10,–**
(N–S selten)

Nr. 505

505 o.D. 20 **RM,** Vs. braunviolett a. grün, braun u. rotbraun, Rs. braun u. oliv, Vs. r. »Der Baumeister« (nach einer Handzeichnung von Dürer), Rs. Brandenburger Tor, Berlin, 155 x 80 mm, Wz. »Sonnenrune«, r. unten Prägestempel: Hoheitsadler und »Hauptverwaltung der Reichskreditkassen«, ohne Uschr., KN 4,8 mm rot, Ser.Buchst. A–O (N u. O. selten) **6,–/18,–**

506 o.D. 50 **RM,** Vs. dunkelblau a. lila, grün u. braun, Rs. dunkelbraun a. braun, grün u. lila bis violett, Vs. r. »Fischerfrau von der Kurischen Nehrung«, Rs. Marienburg, 170 x 85 mm, Wz. »Fliesenmuster«, unten Prägestempel: Hoheitsadler und »Hauptverwaltung der Reichskreditkassen«, ohne Uschr., Rdr.-KN rotbraun, Ser.Buchst. A–D (D seltener) **8,–/30,–**

1945 in Schleswig-Holstein als Notgeld mit verschiedenen Stempeln von Reichsbankstellen erneut ausgegeben. Stempel groß (ø 30–33 mm) oder klein (ø 16–18 mm). Folgende Stempel wurden bisher bekannt:

A. Flensburg 1	Reichsbankstelle	Stpl. groß
B. Flensburg 1	Reichsbank	Stpl. klein
C. Flensburg 2	Reichsbankstelle	Stpl. groß

III / I

Nr. 506

D. Flensburg 2	Reichsbank	Stpl. klein
E. Heide 1	Reichsbank	Stpl. klein
F. Heide 1	Reichsbanknebenstelle	Stpl. groß
G. Husum 1	Reichsbankstelle	Stpl. groß
H. Husum 1	Reichsbankstelle Erster Vorstandsbeamter	Stpl. groß
I. Husum 2	Reichsbankstelle	Stpl. groß
K. Husum 3	Reichsbankstelle	Stpl. groß
L. Kappeln 1	Reichsbanknebenstelle	Stpl. groß
M. Kiel 1	Reichsbankhauptstelle	Stpl. groß
N. Kiel 1	Reichsbank	Stpl. klein
O. Kiel 2	Reichsbank	Stpl. klein
P. Neumünster 1	Reichsbanknebenstelle	Stpl. groß
Q. Neumünster 2	Reichsbanknebenstelle	Stpl. groß
R. Rendsburg 1	Reichsbank	Stpl. klein
S. Schleswig 1	Reichsbanknebenstelle	Stpl. groß

Die Stempel von E.–O und R sind auf der Vs., die anderen auf der Rs. der Scheine.

507 o.D. (1945/46) **50 Rpf.** kein Stück bekannt –,–/–,–

508 o.D. (1945/46) **1 RM** mit folgendem Stempel: L –,–/–,–

509 o.D. (1945/46) **2 RM** mit folgenden Stempeln: P, Q **300,–/400,–**

510 o.D. (1945/46) **5 RM** mit folgenden Stempeln: L, P, Q, R, S **150,–/250,–**

511 o.D. (1945/46) **20 RM**mit folgenden Stempeln: A, B, C, D, G, I, L, S **100,–/150,–**

512 o.D. (1945/46) **50 RM** mit folgenden Stempeln: C, D, E, F, H, K, L, M, N, O, P, Q, R **100,–/150,–**

BEHELFSZAHLUNGSMITTEL FÜR DIE DEUTSCHE WEHRMACHT

Am 14.8.1942 eingeführt und von der Hauptverwaltung der Reichskreditkassen Berlin ausgegeben. Die Scheine wurden nur an Wehrmachtsangehörige bzw. gleichgestellte Personen in einzelnen Ländern an Stelle von Landesgeldzeichen in Zahlung gegeben. Um eine mißbräuchliche Verwendung zu erschweren, erfolgte die Ausgabe zum zehnfachen Betrag des Nennwertes (1 Pfg. galt als 10 Pfg.) und konnte ohne Bestätigung in das Reichsgebiet ein- und auch wieder ausgeführt werden. Im besetzten Gebiet Frankreichs und dann in Rumänien und Bulgarien gab es bereits seit Mitte 1940 den 1 Pfg.-Schein Nr. 513.

Ende 1944 wurden die Behelfszahlungsmittel aus dem Verkehr gezogen und durch die Verrechnungsscheine für die Deutsche Wehrmacht ersetzt. Alle Scheine sind einseitig bedruckt.

Nr. 513

III / I

513 o.D. (ab 1940) **1 Rpf.**, dunkelbraun a. rosa, Udr. Hakenkreuz, Papier weiß oder gelblich, Wz. »Krone über Blütenornament«, 100 x 50 mm **250,–/500,–**

Nr. 514

514 o.D. (ab 1942) **1 Rpf.**, dunkelblau, Rdr. Adler mit Hakenkreuz, Papier bläulich, Wz. Vierpaßmuster, 90 x 45 mm **10,–/25,–**

Nr. 515

515 o.D. (ab 1942) **5 Rpf.**, rotbraun, Udr. Adler mit Hakenkreuz, Papier rosa, Wz. Vierpaßmuster, 100 x 50 mm **10,–/25,–**

Nr. 516

516 o.D. (ab 1942) **10 Rpf.**, dunkelgrün a. grün, Udr. Adler mit Hakenkreuz, Papier grünlich, Wz. Vierpaßmuster, 110 x 55 mm **7,–/15,–**
Musterscheine:
Vs. Aufdr. »MUSTER« 38 mm rot u. Lochung »MUSTER«

III / I

Nr. 517

517 o.D. (ab 1942) **50 Rpf.,** rotbraun a. ocker, Udr. Adler mit Hakenkreuz, Papier weiß, Wz. Vierpaßmuster, 120 x 60 mm **20,–/40,–**
Musterscheine:
Vs. Aufdr. »MUSTER« 38 mm rot u. Lochung »MUSTER«

Nr. 518

518 o.D. (ab 1942) **1 RM,** dunkelbraun a. hellbraun, Udr. Adler mit Hakenkreuz, Papier gelbbraun, Wz. Vierpaßmuster, 128 x 65 mm **40,–/80,–**
Musterscheine:
Vs. Aufdr. »MUSTER« 38 mm rot u. Lochung »MUSTER«

Nr. 519

519 o.D. (ab 1942) **2 RM,** dunkelblau a. lila, Udr. Adler mit Hakenkreuz, Papier grau, Wz. Vierpaßmuster, 140 x 70 mm **80,–/160,–**
Musterscheine:
Vs. Aufdr. »MUSTER« 38 mm rot u. Lochung »MUSTER«

Der 50 Rpf.-Schein wurde, auf der Rs. mit einem Spottvers auf die Nazis versehen, von alliierten Fliegern über Deutschland abgeworfen.

BEHELFSZAHLUNGSMITTEL FÜR DIE DEUTSCHE WEHRMACHT, IN GRIECHENLAND ABGESTEMPELT

Während der deutschen Besetzung gegen Ende des 2. Weltkrieges wurden in Griechenland die Werte 1, 5, 10 und 50 Rpfg. (= 10, 50 Rpfg., 1 u. 5 RM) der Behelfszahlungsmittel für die Deutsche Wehrmacht auf der Rückseite mit zwei Stempeln versehen. Ob diese so gestempelten Scheine auch für die Zivilbevölkerung als Notgeld gedacht war, konnte bisher noch nicht geklärt werden. Auf der rechten Seite befindet sich immer in griechischer Schrift ein roter oder lila Stempel (Hauptverwaltung von Mazedonien). Der linke blaue oder violette Stempel mit Wehrmachtsadler und Hakenkreuz kommt mit verschiedener Beschriftung vor. Bisher wurden bekannt:

1. Befehlshaber Saloniki – Ägäis, 7
2. Wehrmachtintendant Griechenland, Aussenst. Saloniki – Ägäis
3. Wehrmachtintendant beim Bfh. Griechenland

			IV / II
520	o.D.	**1 Rpf.**, wie Nr. 514, doch mit 2 Stempeln a. d. Rs.	**40,–/80,–**

Nr. 521

521	o.D.	**5 Rpf.**, wie Nr. 515, doch mit 2 Stempeln a. d. Rs.	**25,–/50,–**
522	o.D.	**10 Rpf.**, wie Nr. 516, doch mit 2 Stempeln a. d. Rs.	**25,–/50,–**
523	o.D.	**50 Rpf.**, wie Nr. 517, doch mit 2 Stempeln a. d. Rs.	**200,–/500,–**

VERRECHNUNGSSCHEINE FÜR DIE DEUTSCHE WEHRMACHT

Wurden Ende 1944 ausgegeben und übernahmen die Funktion der Behelfszahlungsmittel für die Deutsche Wehrmacht (s.dort), die eingezogen wurden. Im Gegensatz zu den Behelfszahlungsmitteln entsprach der Zahlungswert der Verrechungsscheine auch dem Nennwert.

Nr. 524

			III / I
524	15. 9. 1944	**1 RM,** Vs. dunkelgrün a. grün, Rs. grün, Wz. »Malteserkreuze u. Ringe«, 120 x 65 mm	**3,–/8,–**

III / I

Nr. 525

525 **5 RM,** Vs. dunkelblau a. blau, Rs. blau, Wz. »Malteserkreuze u. Ringe«, 135 x 70 mm **5,–/15,–**

Nr. 526

526 **10 RM,** Vs. braun a. rot, Rs. rot, Wz. Schuppenornament, 145 x 75 mm **3,–/8,–**

Nr. 527

527 **50 RM,** Vs. braunviolett a. blauviolett u. ocker, Rs. violett, Wz. Schuppenornament, 155 x 85 mm, KN 4,2 mm rot 7-stellig **20,–/60,–**

Es gibt einseitig gedruckte Scheine (Restbestände), die zum Teil auf der unbedruckten Seite als Formulare (Buchmacher-Wettschein) Verwendung fanden.

KRIEGSGEFANGENENLAGERGELD 2.WELTKRIEG

Zu Beginn des Krieges kam es zur Ausgabe von Scheinen einzelner Kriegsgefangenenlager, die nach dem Druck der Einheitsausgabe verboten wurden. Die Einheitsscheine sind ausgestellt vom Chef des Oberkommandos der Wehrmacht. Sie sind einseitig schwarz, auf einem Papier mit Wasserzeichen Kreuzblüten, gedruckt, haben links den Hoheitsadler, in der Mitte ein rotes oder braunrotes Dreieck. Ungültig zum 1.10.1944, doch noch bis zum 15.10.1944 eintauschbar.

III / I

Nr. 528

528 o.D. (1939) **1 Rpf.**, Papier grau, 75 x 37 mm, 7-stellige KN mit vorgedruckter Ziffer 1–9 **8,–/16,–**

Nr. 529

529 **10 Rpf.**, Papier rosa, 85 x 42 mm, 7-stellige KN mit vorgedruckter Zahl 1–11 (3 in 2 Zifferntypen) **10,–/20,–**

Nr. 530

530 **50 Rpf.**, Papier grün, 90 x 43 mm, 6- oder 7-stellige KN mit vorgedruckter Ziffer 1–6 (3 in 2 Zifferntypen) **15,–/30,–**

Nr. 531

531 **1 RM**, Papier weiß, 95 x 44 mm, 7-stellige KN mit vorgedruckter Ziffer 1–5 (3 in 2 Zifferntypen) **15,–/30,–**

I. Probedruck mit »Der Lagerkommandant« und anderer Unterschrift auf Papier ohne Wz.

III / I

Nr. 532

532 **2 RM,** Papier hell- oder dunkler blau, 100 x 47 mm, 7-stellige KN mit vorgedruckter Ziffer 1 – 3 **25,–/50,–**

Nr. 533

533 **5 RM,** Papier gelb bis hellbraun, 105 x 50 mm, 7-stellige KN mit vorgedruckter Ziffer 1–3 **25,–/50,–**

Nr. 534

534 **10 RM,** Papier weiß, Udr. lila, 119 x 65 mm, Nr. KN 7-stellig **60,–/120,–**
Von allen Scheinen gibt es Muster mit KN 1000000 u. Rs. Stpl. »Wertlos«

534 I **20 RM,** violett nur als Probedruck **–,–/–,–**

529 mit Lagerstempel

Es gibt auch Scheine mit Stempel einzelner Lager (Bewertung 10 fach), z. B.
Heeresbauamt II Magdeburg, Neubauleitung B Frohse
Kriegsgef. Bau- u. Arb.-Batl. 26
Oflag VI A (Standort Soest)
Oflag VII A (Standort Murnau)
Oflag XIII B (Standort Nürnberg)
STALAG III C (Standort Alt-Drewitz)

PROTEKTORAT BÖHMEN UND MÄHREN 1939–1945

Nach der deutschen Besetzung im März 1939 wurde das Protektorat Böhmen und Mähren errichtet. Die alten tschechoslowakischen Noten wurden gegen abgestempelte oder neu gedruckte Scheine eingetauscht, die bis 100 Kronen als Staatsnoten, ab 500 Kronen als Noten der Nationalbank für Böhmen und Mähren zirkulierten. Alle Noten wurden von der Druckerei der Nationalbank hergestellt (Ausnahme Nr. 555 I), deren Name in » Banknotendruckerei der Nationalbank für Böhmen und Mähren Prag« umgeändert wurde.
Nach dem 2. Weltkrieg wurden die ungültigen Scheine mit einer »SPECIMEN«-Lochung versehen und an Sammler abgegeben.

Staatsnoten
zweisprachige Scheine (deutsch-tschechisch) ohne Unterschrift

III / I

Nr. 541 b

541 o.D. (1940) 1 **Krone,** nicht ausgegebene Note der C.S.R. mit schwarzem Stempel »Protektorat Böhmen und Mähren, Protektorát Cechy a Morava«, Bildseite blau, Mädchenkopf mit phrygischer Mütze, Rs. blau r. rosa, l. Staatswappen (Löwe), ohne Wz., 105 x 59 mm, »Rada« (Reihe) A und 3-stellige Zahl
a. mit Handstempel (meist etwas verschwommen und schräg stehend) **12,–/ 30,–**
b. mit Maschinenstempel (gedruckt, daher exakter als a.) **25,–/ 60,–**
c. ohne Stempel (irrtümlich nicht abgestempelt, aber so in Umlauf gewesen) **80,–/120,–**
Musterscheine:
»SPECIMEN«-Lochung **10,–/ 20,–**

Nr. 542 a

542 o.D. (1940) 5 **Kronen,** nicht ausgegebene Note der C.S.R. mit schwarzem Stempel »Protektorat Böhmen und Mähren, Protektorát Cechy a Morava«, Bildseite lila u. violett, r. Porträt des Schriftstellers und Philologen Josef Jungmann, Rs. blau u. hellbraun, l. Mädchenkopf mit Kranz, Mitte Staatswappen (Löwe), Wz. dunkle Keile u. kleine helle Kreise, 130 x 63 mm, »Rad« (Reihe) A u. 3-stellige Zahl
a. mit Handstempel (meist etwas verschwommen und schräg stehend) **40,–/ 80,–**
b. mit Maschinenstempel (gedruckt, daher exakter als a.) **70,–/150,–**
c. ohne Stempel (irrtümlich nicht abgestempelt, doch so in Umlauf gewesen) **120,–/200,–**
Musterscheine:
»SPECIMEN«-Lochung **25,–/ 40,–**

III / I

Nr. 543

543 o.D. (1940) **1 Krone**, Bildseite braun u. blau u. grün, r. Mädchenkopf, Rs. rot u. violett, l. Protektoratswappen (Löwe), ohne Wz., 105 x 59 mm, »Serie« B, C, D und H u. 3-stelliger Zahl **4,–/10,–**
Musterscheine:
»SPECIMEN«-Lochung **–,–/4,–**

Nr. 544

544 o.D. (1940) **5 Kronen,** Vs. grün u. blau, r. Frauenkopf, Rs. violett a. lila, l. Frauenkopf, Mitte Protektoratswappen (Löwe, ohne Wz., 130 x 63 mm, »Serie« A, B, H und P u. 3-stelliger Zahl **5,–/12,–**
Musterscheine:
»SPECIMEN«-Lochung **–,–/4,–**

Nr. 545

545 20. 8.1940 **100 Kronen**, Vs. blau u. rot, Prag mit Hradschin und Karlsbrücke über die Moldau, im Vordergrund Rolandstandbild, oben l. Protektoratswappen (Löwe), Rs. blau u. schwarzbraun, Wz. dunkle Keile u. kleine helle Kreise, ohne Auflagenbezeichnung, 170 x 83 mm, l. unten Serienbezeichnung: S. 2-stellige Zahl, dahinter A oder B dunkelblau, KN 6-stellig rot **8,–/20,–**
Musterscheine:
»SPECIMEN«-Lochung **–,–/5,–**

III / I

546 **100 Kronen**, ähnlich Nr. 545, doch Rs. Mitte blau, rs. linker Rand »II. Auflage«, l. oben Serienbezeichnung: S. 2-stellige Zahl, dahinter A, B, G oder Gb rot, l. unten KN 6-stellig rot **6,–/16,–**
Musterscheine:
»SPECIMEN«-Lochung **–,–/4,–**

Nr. 547

547 12. 9.1940 **50 Kronen**, Vs. schwarzbraun a. grau, r. Frauenkopf, l. oben Protektoratswappen (Löwe), Rs. grün, l. Löwe d. Protektoratswappens, Wz. dunkle Kreuze in hellen Quadraten, 177 x 76 mm, KN 6-stellig, dahinter A und 2-stellige Zahl rot **10,–/30,–**
Musterscheine:
»SPECIMEN«-Lochung **–,–/8,–**

Nr. 548

548 8. 7.1942 **10 Kronen**, Vs. dunkelbraun a. hellbraun, Rahmen aus Blumen und Früchten, r. Mädchenkopf, Rs. dunkelbraun a. rotbraun u. mehrfarb., Udr. Protektoratswappen (Löwe), Wz. dunkle Keile u. kleine helle Kreise, 150 x 70 mm, KN 6-stellig rot **4,–/12,–**
I . KN 3,4 mm, l. Serienbezeichnung: S. 2-stellige Zahl A ocker
II. KN 3,8 mm (andere Zifferntypen als I.), l. Serienbezeichnung: S. 2-stellige Zahl N oder Nb ocker
Musterscheine:
»SPECIMEN«-Lochung **–,–/5,–**

Nr. 549

III / I

549 24. 1.1944 **20 Kronen**, Vs. dunkelgrün a. oliv, Mittelstreifen Früchte, r. Knabenkopf, Rs. grün, Mitte Udr. Protektoratswappen (Löwe), Wz. dunkle Keile u. kleine helle Kreise, 156 x 72 mm, KN 6-stellig rot **4,–/10,–**
I . KN 4,1 mm, l. oben Serienbezeichnung: S. 2-stellige Zahl A oder G rot
II. KN 4 mm (andere Zifferntypen als I.), l. oben Serienbezeichnung: S. 2-stellige Zahl G oder H rot
Musterscheine:
»SPECIMEN«-Lochung **–,–/5,–**

Nr. 550

550 25. 9.1944 **50 Kronen**, Vs. graubraun a. braun, Mitte Blumen- u. Ährenrahmen, r. Fraunkopf mit Kopftuch, Rs. grau, braun, schwarzgrün u. mehrfarb. Udr. Protektoratswappen (Löwe), Wz. dunkle Keile u. kleine helle Kreise, 165 x 75 mm, KN 6-stellig rot, l. oben Serienbezeichnung: S. 2-stellige Zahl A rot **20,–/40,–**
Musterscheine:
»SPECIMEN«-Lochung **–,–/10,–**

Nationalbank für Böhmen und Mähren

Zweisprachige Noten (deutsch-tschechisch)
Unterschriften Dr. Ringhoffer, Dr. Dvorák (Gouverneur), Dr. Peroutka, nur 555 I ohne neue Uschr.

Nr. 551

551 24. 2.1942 **500 Kronen**, Vs. schwarzbraun a. grau u. rot, r. Maler Peter Brandl nach einem Selbstbildnis, Rs. dunkeloliv, rotbraun u. mehrfarb., Udr. Protektoratswappen (Löwe), ohne Auflagenbezeichnung, l. Wz. Kopfbildnis des Malers Brandl, 197 x 85 mm, rote KN 3,5 mm 6-stellig, davor Buchst. A–K **25,–/60,–**
Musterscheine:
»SPECIMEN«-Lochung **–,–/15,–**

III / I

552 **500 Kronen**, ähnlich Nr. 551, doch Vs. Mitte andere Guilloche, u. Rs. l. »II. Auflage«, rote KN 4 mm 6-stellig, davor Buchst. Aa–Ka **20,–/40,–**
Musterscheine:
»SPECIMEN«-Lochung **–,–/12,–**

553 24.10.1942 **1000 Kronen**, Vs. dunkelgrün a. graugrün, r. Dombaumeister u. Bildhauer Peter Parler (nach einer Büste im St. Veits-Dom zu Prag), Rs. dunkelgrün, schwarzbraun u. mehrfarb., Udr. Protektoratswappen, ohne Auflagenbezeichnung, l. Wz. Kopfbildnis von Peter Parler, 200 x 95 mm, rote KN 3,5 mm 6-stellig, davor Buchst. A–K **30,–/80,–**
Musterscheine:
»SPECIMEN«-Lochung **–,–/20,–**

Nr. 554

554 **1000 Kronen**, ähnlich Nr. 553, doch Rs. l. »II. Auflage«, Guilloche Rs. l. in den Feldern unterschiedliche Farbe, rote KN 4,2 mm 6-stellig, davor Buchst. Aa–Ka, Ab–Kb **20,–/50,–**
Musterscheine:
»SPECIMEN«-Lochung **–,–/15,–**

555 **1000 Kronen**, ähnlich Nr. 554, Rs. l. »II. Auflage«, doch Rs. l. Guilloche Farben nicht durch Felder abgegrenzt, sondern verlaufend, rote KN 4,2 mm 6-stellig, davor Buchst. Ac–Kc **25,–/60,–**
Musterscheine:
»SPECIMEN«-Lochung **–,–/15,–**

Nr. 555 I

III / I

555 I 25.10.1943 **5000 Kronen,** Note der C.S.R. v. 6.7.1920 mit rotem Vignetten – Überdruck (Wert, Datum und »Nationalbank für Böhmen und Mähren in Prag« deutsch u. tschechisch), violett a. grün u. mehrfarb., Vs. l. Elbe mit dem Berg Rip im Hintergrund, r. Mädchen in Taborer Tracht, Rs. stehende Frau (Allegorie d. Obst- u. Weinernte), im Hintergrund Altstädter Brückturm in Prag u. Kleinseitener Ufer, Druck: American Bank Note Co., 202 x 112 mm, KN 6-stellig rot, Serie B oder C schwarz, nicht ausgegeben, nur Musterscheine: (»SPECIMEN«-Lochung) **–,–/100,–**

Nr. 556

556 24. 2.1944 **5000 Kronen,** Vs. grau, r. der heilige Wenzel, Herzog von Böhmen (nach dem Denkmal von Prof. J. V. Myslbek), Rs. schwarzbraun a. braun, grau u. mehrfarb., Udr. Protektoratswappen (Löwe), Wz. verbundene Zickzacklinien, 190 x 90 mm, KN 6-stellig rot, Serienbezeichnung: S. 2-stellige Zahl A
rot **50,–/100,–**
Musterscheine:
»SPECIMEN«-Lochung **–,–/20,–**

EMISSIONSBANK IN POLEN, BANK EMISYJNY W POLSCE

In den während des 2. Weltkrieges von deutschen Truppen besetzten Gebieten galten zunächst die Reichskreditkassenscheine. Nach der Bildung des »Generalgouvernements« wurden eigene Noten ausgegeben. Zunächst überdruckte man die 100-Zloty-Noten der Bank Polski mit Datum 2.6.1932 und 9.11.1934, doch wegen der zahlreichen Aufdruckfälschungen setzte man die Scheine zum 8.5.1940 wieder außer Kurs (letzter Umtauschtermin 31.5.1940). In der Zwischenzeit hatte die im Dez. 1939 gegründete »Bank Emisyjny w Polsce« die Reichskreditkassen des »Generalgouvernements« übernommen und die am 8.4.1940 neu gedruckten Scheine (aufgedrucktes Datum 1.3.1940) von 1 bis 100 Zloty ausgegeben. Der 500-Zloty-Wert wurde am 15.11.1940 in Umlauf gebracht. Zahlreiche Fälschungen veranlaßten die Bank, einige Werte in einer neuen, leicht veränderten Ausgabe zu emittieren (aufgedrucktes Datum 1.8.1941, Bekanntmachung der Bank vom 6.9.1941). Alle neu gedruckten Noten tragen die Unterschrift von »Dr. Mlynarski« (Präsident) und »Jedrzejowski« (stellvertr. Präsident).

561 ohne neues Datum (1940) **100 Zloty,** Note der Bank Polski (Datum 2.6.1932), Vs. mit rotem Überdruck »Generalgouvernement/für die besetzten polnischen Gebiete«, u. l. oben u. r. unten rote Guillochen, Vs. braun a. hellbraun, r. Porträt von Fürst J. Poniatowski, Rs. mehrfarbig, Mitte alter Eichenbaum mit Seelandschaft, l. sitzender Merkur, r. sitzende Frau mit Füllhorn, Hammer u. Zahnrad (Allegorie d. Industrie u. Landwirtschaft), Wz. l. Kopfbildnis d. Königin Hedwig u. »100 Zl.«, 175 x 98 mm, KN 7-stellig schwarz, davor »Ser.« mit 2 Buchst.
Ser. AA–AZ, BA **50,–/200,–**

III / I

Nr. 562

562 ohne neues Datum (1940) — **100 Zloty,** wie Nr. 561, doch Note der Bank Polski mit Datum 9.11.1934
Ser. AA–AZ, BA–BZ, CA–CZ **40,–/120,–**

Vorsicht! von 561 und 562 gibt es zahlreiche Überdruckfälschungen zum Schaden der Sammler. Die Fälschungen lassen sich an dem ungenaueren Druck der Guillochen erkennen!

Nr. 563

563 1. 3. (Marca) 1940 — **1 Zloty,** grau a. braun u. oliv, Wz. »Schottischmuster«, 100 x 65 mm, KN 7-stellig rot, davor Buchst. A – D
10,–/40,–

Nr. 564

564 1. 3.1940 — **2 Zloty**, braun a. oliv, Vs. r. Kopfbildnis einer Bäuerin aus Mittelpolen, Wz. »Schottischmuster«, 109 x 68 mm, KN 7-stellig rot, davor Buchst. A–D **15,–/50,–**

III / I

Nr. 565

565 1. 3.1940 **5 Zloty**, graublau a. oliv, Vs. r. Mädchenkopf von vorne gesehen, l. auf dem Schaurand Kopfbildnis eines Mannes aus den Waldungen von Bialowieza, Wz. »Schottischmuster«, 151 x 81 mm, KN 7-stellig rot u. »Ser.« A–C rot **60,–/200,–**

Nr. 566

566 1. 3.1940 **10 Zloty**, lilabraun a. braun u. oliv, Vs. l. a. d. Schaurand Kopfbildnis eines Mädchens aus der Gegend von Krakau in Sonntagstracht, Mitte l. u. r. zwei allegorische Figuren mit Heiligenschein, und zwar l. die Wissenschaft mit Buch u. Eule, r. die Kunst mit Lyra u. Einhorn, Rs. Mitte Denkmal von Chopin in Warschau, im Hintergrund stilisierter Regenbogen, Wz. »Zickzackwellen«, 169 x 84 mm, KN 7-stellig rot, »Ser.« A–N rot **4,–/12,–**

Nr. 567

III / I

567 1. 3.1940 **20 Zloty**, schwarzblau a. grün u. braun, Vs. l. a. d. Schaurand Kopfbildnis eines Mannes aus den Waldungen von Bialowieza, Mitte l. Frau mit zwei Kindern, r. Mädchenkopf (Freiheitskämpferin Emilie Plater), Rs. Mitte Burg zu Krakau, l. allegorische Figur (Baukunst), r. allegorische Figur (Geschichte), Wz. »Zickzackwellen«, 172 x 91 mm, KN 7-stellig rot, davor A–N **3,–/10,–**

Nr. 568

568 1. 3.1940 **50 Zloty**, grün a. lila u. grün, Vs. l. a. d. Schaurand Kopfbildnis eines Mannes aus den Waldungen von Bialowieza, Mitte l. Mädchen vor einem Sockel stehend, r. »Idealkopf eines jungen Mannes mit Locken«, Rs. Tuchhalle von Krakau, Wz. »Doppelraute«, 179 x 100 mm, KN 7-stellig rot, davor A–D **50,–/120,–**

Nr. 569

569 1. 3.1940 **100 Zloty**, braun a. oliv, l. a. d. Schaurand Kopfbildnis eines Altwarschauer Patriziers, Mitte oben schwebender Merkur, Rs. Gebäude der Bank Polski in Warschau, Wz. »Doppelraute«, 190 x 105 mm, KN 7-stellig rot, »Ser.« A–E **6,–/20,–**

III / I

Nr. 570

570 1. 3.1940 **500 Zloty**, dunkelblau a. grün u. braun, Vs. r. Kopfbildnis eines Goralen (Volksstamm in den Beskiden), Rs. Ansicht des Meeresauges in der Tatra, Wz. l. dem Kopfbildnis d. Vs. ähnlich, 180 x 100 mm, KN 7-stellig rot, davor A oder B **30,–/80,–**

571 1. 8. (Sierpnia) 1941 **1 Zloty,** ähnlich Nr. 563, doch Wz. »Viereck«, KN 7-stellig rot **2,–/6,–**
I. KN 3 mm (Zt. »3« oben gerade, »4« offen), Buchst. vor KN AA–AF
II. KN 3,2 mm (Zt. »3« oben rund, »4« geschlossen), Buchst. vor KN BB–BF

572 1. 8.1941 **2 Zloty**, ähnlich Nr. 564, doch Wz. »Viereck«, KN 7-stellig rot, davor AA–AH **3,–/8,–**

573 1. 8.1941 **5 Zloty**, ähnlich Nr. 565, doch Wz. »Doppekraute«, KN 7-stellig rot, davor AA–AF **3,–/8,–**

Nr. 574

574 1. 8.1941 **50 Zloty,** ähnlich Nr. 568, doch l. Schaurand ohne Druck, Wz. l. Kopfbildnis eines Mannes aus den Waldungen von Bialowieza, KN 7-stellig rot, davor A–E **4,–/12,–**

III / I

Nr. 575

575 1. 8.1941 **100 Zloty**, Vs. braun u. dunkelblau a. gelbbraun, Rs. grün u. braun a. rosa u. grün, Vs. Zeichnung ähnlich Nr. 569, doch anderer Rahmen u. l. Schaurand ohne Kopfbildnis, Wz. Kopfbildnis eines Mannes aus den Waldungen von Bialowieza, Rs. Ansicht der Stadt Lemberg, 186 x 98 mm, KN 7-stellig rot, »Ser.« A, D oder E rot **4,–/15,–**

575 I In einer polnischen numismatischen Zeitschrift wurde 1969 ein Probedruck der Skizze zu einem 1000-Zloty-Schein (Rückseite ukrainischer Text) abgebildet.

Es gibt auch halbfertig gedruckte Scheine.

1944 versahen die Warschauer Widerstandskämpfer einige Noten mit Stempeln, wie
»A. K. (Armia Krajowa) Regula, Pierwszy Zold Powstanczy, Sierpien 1944 R.«
»Okreg Warszawski – Dowództwo zgrup. IV«
»Braterstwo Broni Anglii Ameryki Polski Niech Zyje« (es lebe die englisch-amerikanisch-polnische Waffenbrüderschaft)
Diese Noten ersetzten jedoch nicht die kursierenden Noten ohne Aufdruck, sondern waren eine Propagandamaßnahme gegen die deutsche Besatzung. Die Stempel sind leicht zu fälschen, und eine Echtheitskontrolle ist nicht möglich.

UKRAINE, DEUTSCHE BESATZUNGSAUSGABEN IM 2.WELTKRIEG

Nach der Besetzung von Teilen Westrußlands durch deutsche Truppen war die Gründung einer Emissionsbank Kiew geplant, für die bereits Notenessays, gedruckt von der Reichsdruckerei, vorlagen. Zu einer Ausgabe von Noten kam es jedoch nicht, da durch Verordnung vom 5.3.1942 die Zentralnotenbank Ukraine in Rowno gegründet wurde und Karbowanez – Noten (1 Karbowanez = 1 Rubel = 0,10 RM) ebenfalls von der Reichsdruckerei hergestellt wurden. Neben diesen Noten (Ausgabe lt. Verordnung über die Währung im Reichskommissariat Ukraine v. 4.7.1942 u. Bekanntmachung über die Ausgabe v. 21.9.1942) galten die Reichskreditkassenscheine und vorübergehend auch die russischen 1- und 3-Rubelnoten als gültige Zahlungsmittel. Alle Noten tragen die Unterschriften von »Dr. Einsiedel« und »Scheffler« und haben eine rote KN (bräunliche Verfärbung bei einigen Noten durch Hitzeeinwirkung in Tresoren brennender Bankgebäude). Die 2-Karbowanez-Note wurde auf dem Transport in größeren Mengen gestohlen, daher nicht ausgegeben und bis auf wenige Exemplare vernichtet.

Zentralnotenbank Ukraine

Nr. 581

III / I

581 10. 3.1942 1 **Karbowanez,** Vs. oliv a. braunoliv, Rs. oliv, Wz. »Zickzack-Knoten«, 93 x 48 mm, 7-stellige KN mit 1–3-stellige Serienzahl davor **5,–/12,–**
Musterscheine:
Lochung »MUSTER«, KN 000·0 000 000

Nr. 581 I

581 I 2 **Karbowanez,** Vs. violett, r. Knabenkopf mit Pelzmütze, Rs. graublau, Wz. »Zickzack-Knoten«, 116 x 53 mm, 7-stellige KN mit 1- oder 2-stelliger Serienzahl davor, nicht ausgegeben **600,–/1100,–**

Nr. 582

582 5 **Karbowanez**, dunkelbraun a. grau, Vs. r. Mädchenkopf mit Blumen, Wz. »Zickzack-Knoten«, 130 x 60 mm, 7-stellige KN mit 1- oder 2-stelliger Serienzahl davor **4,–/15,–**
Musterscheine:
Lochung »MUSTER«, KN 00·0 000 000

Nr. 583

583 10 **Karbowanez**, dunkelbraun a. braun u. braunviolett, Vs. r. Frauenkopf mit Kopftuch u. Ähren (Landarbeiterin), Wz. »Schwarzweiß–Doppelkreuz«, 149 x 68 mm, 7-stellige KN mit 1- oder 2-stelliger Serienzahl davor **9,–/20,–**
Musterscheine:
Lochung »MUSTER«, KN 00·0 000 000

III / I

Nr. 584

584 **20 Karbowanez,** braunviolett u. braun, Vs. r. Kopf eines Industriearbeiters, Wz. »Schwarzweiß-Doppelkreuz«, 164 x 75 mm, 6- oder 7-stellige KN mit 1- oder 2-stelliger Serienzahl davor **8,–/20,–**
Musterscheine:
Lochung »MUSTER«, KN 00 000 000

Nr. 585

585 **50 Karbowanez,** dunkelgrün a. grün u. braun, Vs. r. Bild eines Grubenarbeiters mit Lampe, Wz. »Steinpilz«, 173 x 84 mm, 6-stellige KN mit 2-stelliger Serienzahl davor **30,–/60,–**
Musterscheine:
Lochung »MUSTER«, KN 00 · 000 000

Nr. 586

III / I

586 **100 Karbowanez**, Vs. blau a. dunkeloliv, r. Kopf eines Schiffers mit Schiffermütze, im Hintergrund Dampfer u. Brücke, Rs. grünblau a. oliv, Wz. »Ankerkreuz«, 177 x 92 mm, 6-stellige KN mit 1- oder 2-stelliger Serienzahl davor **35,–/70,–**
Musterscheine:
Lochung »MUSTER«, KN 00·000 000

Nr. 587

587 **200 Karbowanez**, Vs. dunkelbraun a. braun u. dunkeloliv, r. Bild einer Landfrau mit Kopftuch, im Hintergrund Getreidegarben, Rs. dunkelbraun a. braun u. grün, Wz. »Ankerkreuz«, 181 x 98 mm, 7-stellige KN mit 1-stelliger Serienziffer davor **70,–/250,–**
Musterscheine:
Lochung »MUSTER«, KN 00·000 000

Nr. 588

588 **500 Karbowanez**, violett a. lila, braun u. oliv, Vs. r. Bild eines Chemikers, im Hintergrund Laboratoriumgefässe, Wz. »Quadratkreuz«, 185 x 101 mm, 6-stellige KN mit 1-stelliger Serienziffer davor **75,–/250,–**
Musterscheine:
Lochung »MUSTER«, KN 00·000 000

Emissionsbank Kiew

Nicht ausgegeben, nur Essays, bisher wurden nur ein Spezimensatz und einige Einzelstücke bekannt.

					III / I
588	I	1941	**1 Rubel**, braun a. hellbraun u. grün	I–VII	–,–/–,–
	II	1941	**3 Rubel**, Udr. violett u. grün		
	III	1941	**5 Rubel**, Udr. violett u. grün		
	IV	1941	**1 Tscherwonze**, blau, Udr. hellblau u. grün		
	V	1941	**3 Tscherwonzen**, Udr. grün u. violett		
	VI	1941	**5 Tscherwonzen**, braun, Udr. grün u. violett		
	VII	1941	**10 Tscherwonzen**, braun, Udr. grün u. braun		

SLOWENIEN, SPARKASSE DER PROVINZ LAIBACH

Slowenien wurde während des 2. Weltkrieges von italienischen Truppen besetzt, die nach der Kapitulation Italiens von deutschen Truppen abgelöst wurden. Auf Grund von Entscheidungen des Chefs der Provinzialverwaltung in Laibach v. 14.9.1944 und 28.11.1944 wurde die Sparkasse der Provinz Laibach ermächtigt, auf Lire lautende zweisprachige (deutsch u. slowenisch) Noten auszugeben, die durch ein Sperrguthaben bei der Banca d'Italia gedeckt waren. Alle Noten sind auf einem Faserpapier mit Linienwasserzeichen gedruckt.

Nr. 591

591 14. 9.1944 **50 Lire**, schwarz u. rotbraun a. gelbbraun, deutschsprachige Seite r. junge Frau mit Kopftuch, Sichel u. Ähren, l. Wappenadler, slovenische Seite Abbildungen im Spiegeldruck, 105 x 65 mm, 6-stellige KN u. Ser. A schwarz **20,–/40,–**
Musterscheine:
Aufdr. auf der deutschen Seite »Muster«, auf der anderen »Vzorec«, ohne KN, auch unbeschnitten

Nr. 592

592 **100 Lire**, schwarz u. blau a. gelbbraun, deutschsprachige Seite r. junger Bauer mit Hut u. Sense, l. Wappenadler, slovenische Seite Abbildungen im Spiegeldruck, 114 x 70 mm, 6-stellige KN braun u. Ser. A oder B schwarz **30,–/60,–**
Musterscheine:
Aufdr. auf der deutschen Seite »Muster«, auf der anderen »Vzorec«, ohne KN, auch unbeschnitten

III / I

Nr. 593

593 **500 Lire,** schwarz u. blau a. grün u. grau, deutschsprachige Seite r. Männerbildnis in slovenischer Tracht, l. Wappenadler, slovenische Seite Abbildungen im Spiegeldruck, 145 x 90 mm, 6-stellige KN u. Ser. A schwarz **40,–/100,–**

Musterscheine:

Aufdr. auf der deutschen Seite »Muster-Muster«, auf der anderen »Vzorec-Vzorec«, ohne KN, auch unbeschnitten

Nr. 594

594 **1000 Lire,** dunkelbraun a. braun u. grau, deutschsprachige Seite r. Frauenkopf mit Trachtenhut, l. Wappenadler, slovenische Seite Abbildungen im Spiegeldruck, 163 x 98 mm, 6-stellige KN u. Ser. A schwarz **80,–/160,–**

Nr. 595

595 28.11.1944 **½ Lira,** (50 Cent.), dunkelgrün a. grün, Vs. u. Rs. l. Mädchenkopf mit Trachtenhut, 55 x 39 mm, ohne KN **15,–/30,–**

III / I

Nr. 596

596 **1 Lira,** braun a. rosa, Vs. u. Rs. r. Drache auf Befestigungsturm, 65 x 44 mm, ohne KN **10,–/25,–**

Nr. 597

597 **2 Lire**, lilabraun a. ocker, Vs. u. Rs. l. Frau mit Kind a. d. Arm, Mitte Udr. Wappenadler, 75 x 50 mm, ohne KN **20,–/40,–**

Nr. 598

598 **5 Lire,** rotbraun u. ocker a. hellbraun, Vs. u. Rs. r. Mann in Tracht, l. Wappenadler, 83 x 55 mm, 6-stellige KN u. Ser. A schwarz **15,–/30,–**

Nr. 599

599 **10 Lire,** blauviolett a. blau, Vs. u. Rs. l. Frauenkopf mit Trachtenhut, 95 x 60 mm, 6-stellige KN rot, Ser. A, B, C oder D blauviolett **20,–/40,–**

Musterscheine:
Aufdr. auf der deutschen Seite »Muster«, auf der anderen Seite »Vzorec«, ohne KN, auch unbeschnitten

Von den ½-, 1-, 2- und 5-Lire-Noten gibt es verschiedene Druckproben. Folgende Stücke sind bekannt:

599	**I**	½ Lira:	1.	einseitiger Druck der slovenischen Seite von Nr. 595, doch braun a. hellbraun u. anderes Udr.-Muster
	II		2.	einseitiger Druck der slovenischen Seite von Nr. 595, doch blau a. grün u. anderes Udr.-Muster
	III		3.	einseitiger Druck der slovenischen Seite von Nr. 595, doch blau a. rosa u. anderes Udr.-Muster
	IV	1 Lira:	1.	Vs. Druck der slovenischen Seite der 2-Lire-Note, doch mit »1 Lira«, anderem Rahmen u. anderem Udr.-Muster, blau a. hellbraun, Rs. nur hellbrauner Udr.
	V		2.	einseitiger Druck der slovenischen Seite d. 2-Lire-Note, doch mit »1 Lira«, anderem Rahmen u. anderem Udr.-Muster über die ganze Fläche, blau a. hellblau
	VI		3.	wie Nr. 2, doch Rs. Udr. wie Vs.
	VII		4.	wie Nr. 2, doch Udr. nur r. im Rahmen
	VIII		5.	Vs. Druck der slovenischen Seite d. 2-Lire-Note, doch mit »1 Lira«, anderem Rahmen u. anderem Udr.-Muster, blau a. braun u. blau, Rs. nur brauner Udr.
	IX	2 Lire:		einseitiger Druck der slovenischen Seite von Nr. 597, doch rotbraun u. ohne Udr.
	X	5 Lire:	1.	einseitiger Druck der slovenischen Seite von Nr. 598, doch rotbraun a. rosa
	XI		2.	einseitiger Druck von Nr. 598, doch ohne Text und lachsf. a. hellbraun
	XII		3.	wie Nr. 2, doch lachsf. a. grauviolett
	XIII		4.	doppelseitiger Druck von Nr. 598, doch ohne Text und ocker a. hellbraun

Selbständige Staatsgebilde auf deutschem Boden 1920–1959

FREIE STADT DANZIG

Auf Grund des Versailler Vertrages vom 28. Juni 1919 wurde aus der Stadt Danzig und ihrem Hinterland (Stadtkreis Danzig, Landkreis Danziger Höhe und Danziger Niederung sowie Teilen der Kreise Dirschau, Elbing, Marienburg/Wpr. des preußischen Regierungsbezirks Danzig, Provinz Westpreußen) mit Wirkung vom 10. Januar 1920 ein eigenes, unter Kontrolle des Völkerbundes stehendes, etwa 1892 qkm großes Staatsgebilde mit ca. 348.000 Einwohnern unter dem Namen »Freie Stadt Danzig« begründet. Die Gründung des Freistaates an der Weichselmündung muß als Kompromiß zwischen dem wirtschaftlichen Interesse des wiedererstandenen Polens an einer Einverleibung der Stadt Danzig und seines Hafens (Absicht Frankreichs) und dem Selbstbestimmungsrecht der zu über 95% deutschen Bevölkerung (besonders von Großbritannien vertreten) angesehen werden. Der Freistaat wurde 1922 in das polnische Zollgebiet eingegliedert.
Nach dem Einmarsch deutscher Truppen kehrte Danzig am 1. September 1939 in das Deutsche Reich zurück. Als Folge des Zweiten Weltkrieges wurde es 1945 polnischer Verwaltung unterstellt.
Die deutsche Reichswährung blieb vorerst im Freistaat Danzig bestehen. Die Zahlungsmittelversorgung oblag weiterhin der Deutschen Reichsbank. So wirkte sich die Inflation auch in Danzig aus, endete hier aber bereits am 20. Oktober 1923.
Am 20. Oktober 1923 verabschiedete der Danziger Volkstag das Gesetz über eine wertbeständige Rechnungseinheit in Danzig. Es wurde der Danziger Gulden = 100 Danziger Pfennig geschaffen, der über einen Kredit der Bank von England in Höhe von 200.000 Pfund Sterling auf die britische Währungseinheit gestützt werden konnte. 25 Gulden wurden einem Pfund Sterling gleichgesetzt. Zugleich ergab sich die von Polen gewünschte Angleichung des Gulden an den 1924 geschaffenen Gold-Zloty (Danziger Gulden = 0,29333 g Feingold, Polnischer Zloty = 0,29032 g Feingold).
Am 19. Oktober 1923 gründete ein Konsortium Danziger Banken mit voller Unterstützung der Freistaatbehörden die Danziger Zentralkasse A.-G., deren Aufgabe es war, Kassenscheine in Danziger Gulden gegen Guthaben in Pfund Sterling auszugeben. Vorstandsmitglieder der Zentralkasse waren Dr. Waller und Direktor Brehm.
Die sogenannten »Zwischengulden« gelangten am 22. Oktober 1923 erstmals zur Ausgabe. Sie sind als die ersten amtlichen Zahlungsmittel des Freistaates anzusehen, die bis zur Schaffung eines endgültigen Noteninstituts als Überbrückung dienen sollten. Bis zu 18 Millionen Gulden in diesen Kassenscheinen waren im Umlauf. Die Papiermark verschwand bis Ende November 1923 völlig aus dem Zahlungsmittelumlauf.
Mit Wirkung vom 1. Januar 1924 galt der Gulden als alleinige Währungseinheit. Er wurde 750 Milliarden Papiermark gleichgesetzt.
Die Gültigkeit der Zwischengulden endete am 30. April 1924, sie wurden allerdings noch bis zum 31. Dezember 1924 eingelöst. Die 100 Gulden-Scheine mußten wegen des Auftauchens von Fälschungen bereits am 12. März 1924 zum Einzug aufgerufen werden.
Zugleich mit dem neuen Münzgesetz verabschiedete der Danziger Volkstag am 20. November 1923 das Notenbankgesetz, das der Bank von Danzig für 30 Jahre das Notenprivileg erteilte. Das Gesetz bestimmte, daß im Gebiet der Freien Stadt Danzig kein Staatspapiergeld zugelassen und daß nur Banknoten über 10, 25 und 100 Gulden sowie Vielfachen davon ausgegeben werden durften.
Die Bank von Danzig wurde am 5. Februar 1924 gegründet und nahm am 17. März 1924, nachdem die ersten in England gedruckten Noten eingetroffen waren, ihren Betrieb auf. Der Druck war von Bradbury, Wilkinson & Sons Ltd., London besorgt worden.
Durch die Abwertung des britischen Pfundes im Jahre 1931 geriet auch die Danziger Währung in Gefahr. Die bisher ausschließliche Bindung an das Pfund wurde aufgegeben und der Gulden stattdessen auf Gold und verschiedene Devisen gegründet. Als Folge dieser Umstellung der Danziger Währung

wurde die bisherige Wertstufe zu 25 Gulden aufgegeben und durch eine zu 20 Gulden ersetzt.
Eine weitere Abwertung, die 1935 als Folge des Dollarsturzes erfolgte, ist auf den Danziger Banknoten nicht ablesbar. Sie wirkte sich lediglich auf die Münzprägung aus. Nach der Besetzung des Freistaates durch das Deutsche Reich wurde die Reichsmark zum gesetzlichen Zahlungsmittel neben dem Gulden erklärt. Obwohl die Reichsmark-Parität am 1. August 1939 nur 0,47 RM betragen hatte, wurde der amtliche Wechselkurs des Guldens auf 0,70 RM festgesetzt. Der Aufruf der Gulden-Noten erfolgte am 7. September 1939 auf den 30. September mit Frist bis zum 15. Oktober 1939.
Nr. 601–621 tragen die Unterschriften Waller und Brehm, Nr. 622–626 Meißner, Nr. 627–630 Meißner und Bredow, Nr. 631 Meißner und Schaefer und schließlich Nr. 632 und 633 Dr. Schaefer, Drews und Dr. Worbs.

A. Danziger Zentralkasse Aktiengesellschaft

1. Ausgabe: Datum 22. Oktober 1923

Druckereien, die am Druck der Nr. 601–622 beteiligt waren:

AK = A. und W. Kaffeemann
BM = Bodenstein und Miehlke
CB = Carl Becker
DV = Danziger Verlagsdruckerei Th. Richter
oder Danziger Verlagsgesellschaft R. Rosenberg
JS = Julius Sauer
WB = W. F. Burau oder Wald. Brodt

IV / II

Nr. 601

601 1 **Danziger Pfennig**, Druck nur vs. schwarzblau auf orangebraun, 82 x 51 mm, weißes Papier mit Wz. Große verschlungene Quadrate, FZ. BM, ohne KN **25,–/50,–**

Nr. 602

602 2 **Danziger Pfennige**, Druck nur vs. dunkelgrün auf gelborange, 82 x 51 mm, weißes Papier mit Wz. Achteckfliesen, FZ. JS, ohne KN **35,–/70,–**

Nr. 603

603 5 **Danziger Pfennige**, Druck nur vs. schwarz auf hellgrün, 82 x 51 mm, weißes Papier mit Wz. Große verschlungene Quadrate, FZ. CB, ohne KN **45,–/120,–**

IV / II

Nr. 604

604 10 **Danziger Pfennige**, Druck nur vs. rotbraun auf hellblau, 80 x 50 mm, weißes Papier mit Wz., FZ. JS, ohne KN

A. Wz. Große verschlungene Quadrate **45,–/120,–**

B. Wz. Danziger Kogge **80,–/200,–**

Nr. 605

605 25 **Danziger Pfennige**, Druck nur vs. schwarz auf graulila, 82 x 51 mm, weißes Papier mit Wz. Große verschlungene Quadrate, FZ. DV, ohne KN **70,–/180,–**

Nr. 606

606 50 **Danziger Pfennige,** Druck nur vs. schwarz auf grau, 82 x 51 mm, weißes Papier mit Wz. Große verschlungene Quadrate **75,–/200,–**

A. FZ. AK, №KN 4,5 mm schwarz

B.a. FZ. WB, KN * 4,5 mm schwarz mit A

B.b. FZ WB, KN * 4,5 mm schwarz mit A

Nr. 607

IV / II

607 **1 Danziger Gulden,** Druck nur vs. schwarz auf hellgrün, 92 x 65 mm, weißes Papier mit Wz. Große verschlungene Quadrate, FZ. JS **180,–/300,–**

a. KN 4,2 mm rot mit A schwarz
b. KN 4,2 mm rot mit B schwarz
c. KN 4,2 mm rot mit C schwarz
d. KN 4,2 mm rot mit D schwarz

Nr. 608

608 **2 Danziger Gulden,** einseitiger Druck schwarz auf graulila, 103 x 71 mm, weißes Papier mit Wz. Danziger Kogge, AK. BM **300,–/500,–**

A. FZ. AK, №KN 4,5 mm rot (auch Muster mit KN 000000 4 mm rot)
B. FZ. BM, №KN 4,2 mm rot

Nr. 609

609 **5 Danziger Gulden,** einseitiger Druck schwarz auf graubraun und olivgrau, 110 x 76 mm, weißes Papier mit Wz. Große verschlungene Quadrate, FZ. JS, KN rot 4,2 mm **450,–/800,–**

Nr. 610

610 **10 Danziger Gulden,** einseitiger Druck schwarz auf rosabraun, 122 x 72 mm, weißes Papier mit Wz. Danziger Kogge, FZ. JS, KN 4,2 mm grün **500,–/1000,–**

IV / II

611 **25 Danziger Gulden,** einseitiger Druck, 130 x 72 mm, weißes Papier mit Wz. Danziger Kogge, FZ. JS, KN 4,2 mm rot **1400,–/2400,–**
Nr. 603 mit Wz. Achteckfliesen sowie Nr. 607 und 609 mit Wz. Danziger Kogge konnten nicht bestätigt werden, ebenso ließ sich Nr. 606 ohne A nicht nachweisen.

2. Ausgabe: Datum 1. November 1923 (alle mit Wz. Danziger Kogge)

612 **1 Danziger Pfennig,** wie Nr. 601, FZ. BM **140,–/200,–**

613 **2 Danziger Pfennige,** wie Nr. 602, FZ. JS **250,–/500,–**

614 **5 Danziger Pfennige**, wie Nr. 603, FZ. CB **160,–/300,–**

615 **10 Danziger Pfennige,** wie Nr. 604, FZ. JS **180,–/320,–**

616 **25 Danziger Pfennige**, wie Nr. 605, FZ. DV **200,–/350,–**

Nr. 617

617 **50 Danziger Pfennige**, wie Nr. 606, FZ. AK, №KN 4,5 mm schwarz **300,–/450,–**

618 **1 Danziger Gulden**, wie Nr. 607, FZ. JS, KN 4,2 mm rot mit S **400,–/700,–**

619 **2 Danziger Gulden**, wie Nr. 608, FZ. WB, KN ✶ 4,5 mm rot **500,–/900,–**

620 **5 Danziger Gulden**, wie Nr. 609, FZ. JS, KN 4,2 mm rot **750,–/1500,–**

621 **50 Danziger Gulden**, Druck nur vs., 146 x 73 mm, weißes Papier, FZ. JS, KN 4,2 mm rot (auch Muster mit KN 000000 rot) **1500,–/2500,–**

622 **100 Danziger Gulden,** Druck nur vs., 158 x 73 mm, weißes Papier, FZ. JS, KN 4,2 mm rot (auch Muster mit KN 000000 rot) **2500,–/3500,–**

Nr. 623

B. Bank von Danzig **III / I**

623 10. Februar 1924 **10 Gulden,** vs. dunkelbraun auf hellbraun, rot und olivgrün, rs. dunkelbraun auf gelb und rot, vs. Artushof und Danziger Wappen, rs. Christophorus, 120 x 68 mm, weißes Papier mit Wz. männlicher Kopf, KN 3,7 mm schwarz (Komma nach den ersten drei Stellen) 6-stellig mit A und A/A **800,–/1600,–**

624 **25 Gulden,** vs. Marienkirche und Danziger Wappen, 135 x 76 mm, weißes Papier mit Wz. weiblicher Kopf, KN mit B **1500,–/2500,–**

625 **100 Gulden,** vs. dunkelblau, grün, lila, violett und braun, rs. blau, gelbgrün und lilabraun, vs. Mottlau mit Krantor und Danziger Wappen, rs. Christophorus, 150 x 85 mm, weißes Papier mit Wz. weiblicher Kopf, KN 3,7 mm rot 6-stellig (Komma nach den ersten drei Stellen) mit D **700,–/1500,–**

Nr. 626

626 **500 Gulden,** vs. grün auf gelbgrün, lila und oliv, rs. grün, lila und graubraun, vs. Zeughaus und Danziger Wappen, rs. Neptun, 160 x 90 mm, weißes Papier mit Wz. maskenartiges Ornament, KN 5,8 mm rot 6-stellig mit E **300,–/600,–**

Nr. 627

627 **1000 Gulden,** vs. braunrot und grün auf gelbgrün, dunkelgrün, blau, gelborange und violett, rs. braunrot, gelborange und violett, vs. Rathaus und Danziger Wappen, rs. Neptun, 172 x 94 mm, weißes Papier mit Wz. maskenartiges Ornament, KN 4,8 mm schwarz 6-stellig mit F **300,–/600,–**

III / I

Nr. 628

628 1. Oktober 1928 **25 Gulden,** wie Nr. 623, B/A KN **600,–/1000,–**

Nr. 629

629 1. Juli 1930 **10 Gulden,** wie Nr. 622, A/B KN **200,–/400,–**

630 2. Januar 1931 **25 Gulden,** wie Nr. 623, B/C KN **300,–/500,–**
Entweder Nr. 627 oder Nr. 629 muß auch mit B/B KN vorkommen.

Nr. 631

631 1. August 1931 **100 Gulden,** wie Nr. 624, D/A KN **150,–/300,–**

III / I

Nr. 632

632 2. Januar 1932 **20 Gulden,** vs. schwarz auf grün, lilarot, graubraun, violett, gelbgrün und braun, rs. braunviolett auf lila und orange, vs. Stockturm und Danziger Wappen, rs. Neptun, 130 x 75 mm, weißes Papier mit Wz. maskenartiges Ornament, KN 3,7 mm (Komma nach den ersten drei Stellen) mit C, C/A, C/B oder C/C **100,–/200,–**

Nr. 633

633 5. Februar 1937 **50 Gulden,** vs. braun auf lilarot, orange, olivgrün und dunkelbraun, rs. dunkelbraun, rotorange und orange, vs. Danziger Vorlaubenhaus und Danziger Wappen, rs. Relief, einen Bauern darstellend, 140 x 80 mm, weißes Papier mit Wz. weiblicher Kopf, KN 3,7 mm schwarz (Komma nach den ersten drei Stellen) 6-stellig, mit H oder H/A **120,–/300,–**

Nr. 634

634 1.November 1937 **20 Gulden,** vs. schwarzgrün auf orange, hellgrün, blaugrün, oliv und violett, rs. grün auf hellgrün und oliv, vs. Artushof und Danziger Wappen, rs. Neptun, 120 x 70 mm, weißes Papier mit Wz. männlicher Kopf, KN 3,7 mm rot (Komma nach den ersten drei Stellen) 6-stellig mit K oder K/A **80,–/160,–**

Der von KELLER erwähnte Buchstabe K/H beruht sicherlich auf einen Irrtum.

MEMELGEBIET

Das Memelgebiet, der nördlich von Memel und Ruß gelegene Teil Ostpreußens (Kreise Heydekrug und Memel sowie Teile der Kreise Ragnit und Tilsit, 2657 qkm, 1924: 141274 Einwohner) wurde auf Grund des Versailler Vertrages (§ 99) mit Wirkung vom 15. Februar 1920 vom Deutschen Reich abgetrennt. Das Reich mußte sich verpflichten, alle Bestimmungen anzuerkennen, die von den Westmächten über das Memelgebiet, das von Frankreich in Vertretung der Alliierten verwaltet wurde, getroffen würden.
Am 10. Januar 1923 besetzten litauische Freischärler das Memelgebiet als Ersatz für das an Polen verlorengegangene Mittellitauen mit Wilna. Die geschaffenen Verhältnisse wurden sanktioniert, als der Pariser Botschaftsrat am 16. Februar 1923 Litauen die Souveränitätsrechte über das Memelgebiet unter der Zusicherung autonomer Verwaltung übertrug. Die Memelkonvention vom 6. Mai 1924 (rechtskräftig 26. Mai 1925) bestätigte die Autonomie auf den verschiedenen Gebieten der Rechtspflege und der Verwaltung. Am 23. März 1939 wurde das Memelgebiet an das Deutsche Reich zurückgegeben.
Im Verlaufe der Kriegsereignisse wurde das Memelgebiet Anfang 1945 von der Sowjetunion besetzt. Seither ist es Teil der litauischen Sowjetrepublik.
Nach dem Ausscheiden aus dem Reichsverband galt vorerst die deutsche Reichswährung weiter. Sie wurde am 16. April 1923 durch die litauische (1 Litas = 100 Centai) ersetzt. Mit Genehmigung des Oberkommissars als Vertreter der alliierten Macht vom 22. Februar 1922 gab die Handelskammer des Memelgebiets Notgeld in Werten von ½ bis 100 Mark aus. Die Scheine, die nahe Verwandtschaft zu den deutschen Serienscheinen zeigen, sind offenbar im Memelgebiet umgelaufen und haben im Gegensatz zu den meisten deutschen Serienausgaben Geldfunktionen erhalten.
Die Scheine wurden bei Gebr. Parcus, München gedruckt. Sie tragen die Unterschriften J. Kraus, B. Hennig und Dr. F. J. Meier sowie die französische Unterschrift Lasteirie. Vs. zeigen sie das Wappen der Stadt Memel in Verbindung mit Guillochen, rs. mehrfarbige Ansichten.

III / I

Nr. 641

641 22. 2. 1922 **50 Pfennig,** vs. hellblau, rs. mehrfarbige Ansicht der Stadt Memel von der Kurischen Nehrung aus, weißes Papier o. Wz., 90 x 57 mm №KN 4,1 mm (Sondertype 21) schwarz **5,–/10,–**

Nr. 642 (Rückseite)

642 **1 Mark,** vs. hellbraun, rs. mehrfarbige Darstellung einer Düne auf der Kurischen Nehrung, weißes Papier mit Wz. Plastische Kette, 88 x 57 mm №KN 3,4 mm schwarz **6,–/12,–**

III / I

Nr. 643 (Rückseite)

643 **2 Mark,** vs. hellblau und hellbraun, rs. mehrfarbige Ansicht der Stadt Memel aus dem Jahre 1630, 95 x 65 mm №KN 4,1 mm (Sondertype 21) schwarz

A. Wz. Plastische Kette	**7,50/15,–**
B. Wz. Konturenkette	**7,– /14,–**

Nr. 644 (Rückseite)

644 **5 Mark,** vs. hellblau und hellbraun, rs. mehrfarbige Darstellung der Börse in Memel, seitlich zwei Hafenszenen, 119 x 80 mm №KN 4,1 mm (Sondertype 21) schwarz

A. Wz. Plastische Kette	**10,–/20,–**
B. Wz. Konturenkette	**8,–/16,–**

Nr. 645

645 **10 Mark,** vs. hellblau und hellbraun, rs. mehrfarbige Abbildung des Leuchtturms, seitlich zwei Personendarstellungen, 120 x 80 mm №KN 4,1 mm (Sondertype 21) schwarz

A. Wz. Plastische Kette	**12,–/24,–**
B. Wz. Konturenkette	**10,–/20,–**

III / I

Nr. 646 (Rückseite)

646 **20 Mark,** vs. graulila und rotorange, rs. Bauernhof und seitlich zwei Darstellungen von Haustieren, 150 x 92 mm № KN 4,1 mm (Sondertype 21) schwarz

A. Wz. Plastische Kette	**15,–/30,–**
B. Wz. Konturenkette	**12,–/24,–**

Nr. 647 (Rückseite)

647 **50 Mark,** vs. graulila, hellgrün und dunkelbraun, rs. mehrfarbiges Bild eines treibenden Floßes im Hafen, seitlich Cellulose-Fabrik und Schiffs-Werft, 165 x 112 mm № KN 4,1 mm (Sondertype 21) schwarz

A. Wz. Plastische Kette, KN 5-stellig	**30,–/60,–**
B. Wz. Konturenkette, KN 6-stellig	**20,–/40,–**

III / I

Nr. 648

648 **75 Mark,** vs. hellblau, rotorange und dunkelbraun, rs. mehrfarbige Darstellungen des neuen und des alten Sägewerks, 165 x 112 mm №KN 4,1 mm (Sondertype 21) schwarz, Wz. Konturenkette **35,–/70,–**

Nr. 649

(Rückseite)

649 **100 Mark,** vs. hellblau, hellbraun und schwarzblau, rs. gesamte Hafenansicht der Stadt Memel, 186 x 105 mm № KN 4,1 mm (Sondertype 21) schwarz 5-stellig, Wz. Konturenkette **45,–/90,–**

641–649 auch Musterscheine ohne KN und mit Lochung »UNGILTIG«

SAARGEBIET UND SAARLAND

A. Saargebiet 1920–1935

Das Saargebiet, gebildet aus den zur preußischen Rheinprovinz (Regierungsbezirk Trier) gehörenden Kreisen Merzig, Ottweiler, Saarbrücken Stadt und Land, Saarlouis und St. Wendel und den der bayerischen Pfalz angehörenden Kreisen Homburg und St. Ingbert, wurde nach dem Versailler Vertrag (§ 34 f. und 45) mit Wirkung vom 26. Februar 1920 vom Deutschen Reich abgetrennt, um Frankreich die Ausbeutung der diesem als Reparation zugesprochenen Kohlegruben zu

sichern. Das Saargebiet umfaßte 1910 qkm mit (1927) 786098 Einwohnern. Nach Ablauf von 15 Jahren sollten die Einwohner darüber bestimmen, ob sie in Zukunft zum Deutschen Reich oder zu Frankreich gehören wollten. Die Volksabstimmung vom 13. Januar 1935 ergab mit 90,5 % der Stimmen ein eindeutiges Bekenntnis für Deutschland. Die Rückgliederung ins Reich erfolgte am 1. März 1935.
Vorerst blieb die Mark die Währung des Saargebiets, bis am 1. Mai 1921 die französische Währung eingeführt wurde.

B. Saarland 1945–1959

Das Saarland, nach dem Zusammenbruch 1945 Teil der französischen Besatzungszone Deutschlands, wurde am 5. September 1945 als eigenes Land aus den Kreisen Homburg, Merzig, Ottweiler, Saarbrücken-Stadt und -Land, Saarlouis, St. Ingbert und St. Wendel geschaffen. Am 18. Juli 1946 gelangten Teile der Kreise Birkenfeld, Saarburg, Trier-Land und Wadern zum Saarland. Der Kreis Saarburg wurde am 8. Juni 1947 wieder der Rheinpfalz angegliedert. Weiterhin erfolgten kleine Gebietskorrekturen. Das Land war aus der Zuständigkeit des Alliierten Kontrollrats entlassen worden, so daß es allein dem französischen Einfluß unterlag.
Nach einem Übereinkommen der Regierungen der Bundesrepublik Deutschland und Frankreichs vom 23. Oktober 1954 sollte die Bevölkerung sich am 23. Oktober 1955 für oder gegen ein europäisches Saarstatut entscheiden. Nach dessen Ablehnung erfolgte am 1. Januar 1957 die politische Rückgliederung des Saarlandes in die Bundesrepublik. Mit Wirkung vom 6. Juli 1959 wurde auch die Wirtschafts- und Währungsunion mit Frankreich gelöst, so daß die Bundesrepublik Deutschland die volle Souveränität im jetzigen Bundesland Saarland erhielt.
Die zuerst weiter geltende Reichsmark wurde am 16. Juni 1947 durch eine eigene »Saarmark« ersetzt. Ab 20. November 1947 galt im Saarland die französische Währung (1 Saarmark = 20 Francs), die am 6. Juli 1959 durch die Deutsche Mark abgelöst wurde.

A. Mines Domaniales de la Sarre (Staatliche Minenverwaltung des Saargebiets)

Notgeld der Staatlichen Minenverwaltung, ausgegeben gegen Hinterlegung des Ausgabebetrages beim französischen Schatzamt. Die Ausgabe erfolgte wahrscheinlich im Jahre 1920 (Jahreszahl in der auf der Rückseite des 1 Fr.-Scheines abgebildeten 1 Fr.-Münze), die Scheine galten bis 1. Januar 1930.

III / I

Nr. 651

651 o. D. – 1. Januar 1930 **0,50 Francs,** braun auf grau und braungrau, vs. links Kopf der Marianne, Papier weiß ohne Wz., 95 x 62 mm, KN 3,3 mm 6-stellig schwarz mit Komma vor den letzten drei Stellen, Buchstabe A – C **30,–/80,–**

Nr. 652

652 1919 – 1. Januar 1930 **1 Franc,** vs. rechts der Marianne, braun auf rot und gelb, Papier weiß ohne Wz., 105 x 70 mm, KN wie bei Nr. 651, Buchstabe A – F **40,–/100,–**

B. Saarland

Nach einer Verordnung vom 13. Juni 1947 wurden im Saarland mit Wirkung vom 16. Juni 1947 neue Marknoten eingeführt (Saarmark). Sie sollten nach offizieller Verlautbarung keine neue Währung begründen, sondern lediglich den spekulativen Zustrom von Kapitalien in das Saarland verhindern. Die neuen Scheine wurden pari gegen Reichsmark, Rentenmark oder Alliiertenmark ausgegeben.

Eine lange Lebensdauer ist den neuen Scheinen, die in der Druckerei der Banque de France hergestellt worden waren, nicht beschieden gewesen. Mit Gesetz vom 15.11.1947 ersetzte die französische Franc-Währung ab 20. November die Saarmark (Banque de Réescompte de la Sarre mit einem Kredit der Banque de France über 25 Milliarden Francs).

III / I

Nr. 653

653 1947 **1 Mark,** vs. klassisches Kopfbild und französische Inschrift, blau und braun auf braunorange und hellblau, rs. weibliche Allegorie mit Früchten, deutsche Inschrift, braun auf hellblau, braunorange und gelb, weisses Papier o. Wz., 83 x 54 mm KN 3,5 mm schwarz 8-stellig mit Buchstabe A ohne Ziffer **30,–/60,–**

Nr. 654

654 **2 Mark,** wie Nr. 653, vs. lila und braun auf gelb, rs. lila und braun auf hellblau und gelb, weißes Papier o. Wz., 83 x 54 mm KN 3,5 mm schwarz 8-stellig mit Buchstabe A ohne Ziffer **250,–/500,–**

Nr. 655 (Rückseite)

655 **5 Mark,** wie Nr. 653, vs. violett und hellblau auf orange, rs. lila, blau und gelb auf gelborange, weißes Papier o. Wz., 83 x 54 mm KN 3,5 mm schwarz 8-stellig mit Buchstabe A ohne Ziffer **100,–/250,–**

III / I

Nr. 656

656 1947 **10 Mark,** vs. weiblicher Kopf nach r., französische Inschrift, rot, grün, graublau und grau, rs. Pferdekopf mit Menschenkopf, gleiche Farben wie Vs., Papier weiß mit zwei Kopf-Wz., 130 x 85 mm KN 2,1 mm schwarz 9-stellig, weiter 5-stellige Zahl und Serienbuchstabe mit Ziffer 3,5 mm schwarz **160,–/350,–**

Nr. 657 (Rückseite)

657 **50 Mark,** Zeichnung wie Nr. 656, vs. grün, gelb, rotblau und rotbraun, rs. gleiche Farben, 128 x 85 mm KN 2,1 mm schwarz 9-stellig, weiter 5-stellige Zahl und Serienbuchstabe mit Ziffer 3,5 mm schwarz **750,–/1500,–**

Nr. 658

658 **100 Mark,** Zeichnung wie Nr. 656, vs. gelbbraun, blaßgrün und dunkelbraun, rs. oliv, grünblau, gelbbraun und dunkelbraun, 130 x 85 mm KN 2,1 mm schwarz 9-stellig, weiter 5-stellige Zahl und Serienbuchstabe mit Ziffer 3,5 mm schwarz **3500,–/7000,–**

Kaufscheine des »Gouvernement Militaire de la Sarre«, bezeichnet als »Prime de Regularité«, wurden an Bergarbeiter zur Bezahlung von Sonderrationen abgegeben. Sie besaßen ähnlich den deutschen WHW-Unterstützungsscheinen keinen Geldcharakter, waren vielmehr nur für einmalige Verwendung bestimmt.

Die 1947/48 ausgegebenen Scheine über 0,50 (Serie E), 1 (Serie D), 2 (Serie C), 5 (Serie B) und 10 (Serie A) Mark kommen mit der Währungsbezeichnung »Mark« und »Saarmark« vor. Rückseitig tragen sie einen Ausgabestempel des jeweiligen Betriebes und ein gestempeltes Einlösungsdatum.

Ländernotenbanken

Das Bankgesetz vom 14.3.1875 legte den privaten Notenbanken so starke Beschränkungen auf, daß von den zu diesem Zeitpunkt noch bestehenden 32 Emissionsbanken im Laufe der nächsten zwei Jahrzehnte immer mehr auf ihr Notenrecht verzichteten und 1906 neben der Reichsbank nur noch die vier großen Ländernotenbanken existierten. Die Rechte dieser Länderbanken wurden auch noch einmal nach der Stabilisierung der Währung mit Bankgesetz vom 30.8.1924 geregelt, doch hatten die danach noch ausgegebenen Noten keine große Bedeutung mehr für den Zahlungsverkehr. Von der im Gesetz festgelegten Kündigungsmöglichkeit des Notenrechtes zum 1.1.1935 machte das Reichswirtschaftsministerium Gebrauch, sodaß zum 2.4.1936 alle diese Gelder deutscher Privatnotenbanken ungültig wurden.

Badische Bank Mannheim

IV / II

Nr. 701

701 1.12.1870 **10 Gulden,** Vs. schwarz a. grau u. grün, l. u. r. je Frau mit 2 Kindern (Allegorie), oben Mitte Wappen, Rs. schwarz u. blau, l. Männerkopf (Rhein), r. Frauenkopf (Neckar) ohne Wz., 138 x 94 mm, l. oben Fol.Nr., r. oben KN, unten Lit. u. Buchst., Ser. u. röm. Zahl, 2 gedruckte Uschr., unten Mitte wechselnde handschr. Uschr. **1500,–/2000,–**
Musterscheine:
einseitiger Druck der Vs. u. Rs. auf Kunstdruckpapier

IV / II

Nr. 702

702 1. 7.1871 **50 Gulden,** Vs. schwarz a. gelbbraun u. blau, Rs. schwarz, graulila u. grün, Zeichnung Vs. u. Rs. ähnlich d. 10 Gulden-Note, ohne Wz., 170 x 115 mm, l. oben Fol. Nr., r. oben KN, unten Lit. u. Buchst., Ser. u. röm. Zahl, 2 gedruckte Uschr., unten Mitte wechselnde handschr. Uschr. **2500,–/3000,–**
Musterscheine:
einseitiger Druck d. Vs. u. Rs. auf Kunstdruckpapier

Nr. 703

703 1. 1.1874 **100 Mark,** Vs. schwarz a. gelbbraun u. blau, Rs. schwarz u. blau, Zeichnung Vs. u. Rs. ähnlich d. 50 Gulden-Note, ohne Wz., 188 x 110 mm, l. u. r. oben KN, unten Lit. u. Buchst., Ser. mit röm. Zahl, 2 gedruckte Uschr., unten Mitte wechselnde handschr. Uschr. **1000,–/2000,–**
Musterscheine:
einseitiger Druck d. Vs. u. Rs. auf Kunstdruckpapier

IV / II

Nr. 704

704 1. 1.1890 **100 Mark,** Vs. schwarz u. blau a. grünblau, Rs. dunkelbraun u. grünblau, Zeichnung Vs. u. Rs. ähnlich Nr. 701–703, Wz. »Badische Bank Hundert Mark«, 158 x 103 mm, l. u. r. KN, 2 gedruckte Uschr., unten Mitte wechselnde handschr. Uschr. **2000,–/2500,–**

705 1.10.1902 **100 Mark,** ähnlich Nr. 704 **15,–/80,–**

706 1. 1.1907 **100 Mark,** ähnlich Nr. 705, ohne Druckfirma **10,–/80,–**

Nr. 707

707 1. 1.1907 **100 Mark,** ähnlich Nr. 706, doch Vs. Udr. blau, Rs. Druck schwarz u. blau, Drfa. »G. Naumann's Druckerei FFT A/M« **8,–/60,–**

III / I

Nr. 708

708 15.12.1918 **100 Mark,** Vs. blau u. schwarz a. grün, Rs. schwarz u. blau a. grau, Rs. Udr. aus Blättern u. Vögeln, Wz. Naumann-Radmuster, 157 x 102 mm, B № KN * rot **5,–/30,–**

Nr. 709

709 1. 8.1922 **500 Mark,** violett a. hellgrün u. ocker, Vs. Mitte Wappen mit Greifvögeln als Schildhalter, Rs. Darstellungen aus Landwirtschaft und Industrie, Wz. CFM-Kopfmuster, 164 x 107 mm № KN oder № KNB **5,–/30,–**

710 1.12.1922 **5000 Mark,** dunkelbraun a. gelb u. lila, Vs. 2 Greifvögel, Rs. Mitte Kampf mit dem Drachen, l. oben Forscher, r. oben stillende Frau, l. unten Arbeiter, r. unten Landwirt, Wz. CFM-Kopfmuster, 185 x 110 mm № KN * grünblau mit oder ohne A **4,–/25,–**

III / I

Nr. 710

Nr. 711

711 1. 4.1923 **10000 Mark,** violett u. braun a. blau u. grün, Vs. Mitte Wappen mit 2 Greifvögeln als Schildhalter, Rs. Januskopf, Wz. CFM-Kopfmuster, 130 x 89 mm braune № KN ohne Buchst. oder mit violettem Buchst. A – Z (ohne I) **4,–/8,–**

Nr. 712

712 1. 8.1923 **500000 Mark,** dunkelbraun, violett, oliv u. grau, Vs. Mitte Wappen mit 2 Greifvögeln als Schildhalter, Rs. Krieger mit Hammer u. Fackel, Wz. CFM-Kopfmuster, 160 x 80 mm № KN blau u. Buchst. A – Y dunkelbraun (ohne I) **4,–/10,–**

III / I

Nr. 713

713 7. 8.1923 **1 Mio Mark,** schwarz a. grauviolett, einseitig bedr., Wz. CFM-Monogramm-Muster, 160 x 80 mm №KN ✳ 5- oder 6-stellig, Lit. A – Y schwarz (ohne I) **3,–/8,–**

Nr. 714

714 25. 9.1923 **2 Md a. 20 Mio Mark,** Vs. dunkelbraun a. grün, Rs. grün, Aufdr. rot, Wz. CFM-Monogramm-Muster, 160 x 80 mm, №KN ✳ 5-stellig, hell oder dunkelbraun, Lit. A – Y dunkelbraun (ohne I) **4,–/12,–**

Nr. 715

715 30.10.1923 **100 Md Mark,** Vs. schwarzbraun a. hellbraun u. grünviolett, Wz. CFM-Monogramm-Muster, 157 x 87 mm №KN ✳ 5-stellig, hell oder dunkelbraun, Lit. A – Y schwarzbraun (ohne I) **15,–/40,–**

III / I

Nr. 716

716 11.10.1924 **50 Reichsmark,** Vs. schwarzblau a. braun u. grün, r. Porträt von Joh. Peter Hebel, Rs. schwarzblau a. lila, braun u. grün, r. Wappen mit 2 Greifvögeln als Schildhalter, Papier mit rosa Farbstreifen u. Wz. Eichenblattstreifen, Uschr. Betz, Böcker, Stern, Neuhäuser, 170 x 85 mm, Nr.KN braun **1000,–/2000,–**

Musterscheine:

1. Vs. u. Rs. »Ungültig« zwischen Balken **–,–/500,–**
2. Vs. u. Rs. roter Aufdruck »MUSTER«

Auch einseitige Drucke mit Perforation »DRUCKPROBE« und KN Nr. 000 000

Bayerische Notenbank, München **IV/II**

Nr. 717

717 3.11.1875 **100 Mark,** Vs. schwarz a. blau u. grün, l. u. r. je Frau mit Kind (Allegorien), Mitte unten Wappen, Rs. braun a. grün u. blau, Wz BBN, Vs. 6 gedr. Uschr. Rs. Uschr. wechselnd, 158 x 102 mm, lit. A KN 6-stellig schwarz mit u. ohne vorgedr. »1«, Rs. l. »Eingetr. Fol.« u. 4-stellige Zahl **900,–/1500,–**

Musterscheine:

Vs. einseitiger Druck ohne KN

III / I

Nr. 718

718 1. 1.1900 **100 Mark,** schwarz a. blau u. ocker, Allegorien wie bei Nr. 717, Mitte unten Wappen, Rs. schwarzbraun a. blau u. braun, Wz. »Bayer. Notenbank« und »100«, Vs. 5 gedr. Uschr., Rs. r. unten wechselnd handschr. Unterschrift, 158 x 102 mm, B KN, Rs. l. »Eingetr. Fol.« u. 4- oder 5-stellige Zahl **3,–/15,–**

Nr. 719

719 1. 1.1922 **100 Mark,** Vs. dunkelblau a. hellblau, lila u. grün, Rs. violett a. lila, hellbraun, blau u. orange, r. Rautenschild mit 2 Löwen als Schildhalter, Wz. »100 M«, 162 x 108 mm, C, D, E KN rot **3,–/10,–**

720 1.10.1922– ab. 1. 4.1923 **1000 Mark,** Vs. schwarzblau a. blau u. hellbraun, Rs. braun a. hellbraun, Mitte Rautenschild, Wz. Zickzackmuster, 164 x 90 mm, KN rot davor A–K, AA–EE dunkelblau **4,–/15,–**

III / I

Nr. 720

Nr. 721

721 1.12.1922– ab 1. 5.1923 **5000 Mark,** Vs. schwarzblau a. blau, braun u. grün, Rs. blau a. braun u. grün, Wz. Stimmgabelmuster, 193 x 116 mm, A, B, C KN rot **4,–/15,–**

Nr. 722

III / I

722 1. 3.1923– ab 1. 9.1923 **20000 Mark,** Vs. dunkelblau a. blau, gelb, braun u. grün, Rs. schwarz, blau, orange, grün u. gelb, Mitte gekröntes Wappenschild mit 2 Löwen als Schildhalter, Wz. Zickzackmuster, 175 x 109 mm, A, B (selten) KN rot **4,50/16,–**

Nr. 723

723 15. 3.1923– ab 15. 9.1923 **50000 Mark,** Vs. schwarzblau a. blau, grün, braun u. orange, Rs. blau, grün u. braun, Wz. kl. Stimmgabelmuster, 170 x 100 mm, A KN rot **4,50/16,–**

Nr. 724

724 15. 6.1923– ab 1. 1.1924 **100000 Mark,** Vs. schwarz a. rotbraun, grün, oliv u. violett, Rs. schwarz a. blau u. oliv, Bavaria-Denkmal, r. u. l. Löwe mit Wappenschild, Wz. Zickzackmuster, 177 x 100 mm, KN blau **4,50/16,–**

III / I

Nr. 725

725 15.8.1923– ab 1.1.1924 **1 Mio Mark,** Vs. schwarz, blau, Udr. braun-rot, Rs. blau, rotbraun, Wz. Zickzackmuster, 185 x 100 mm, KN rot **4,50/16,–**

Nr. 726

726 18.8.1923– ab 1.1.1924 **500000 Mark,** Vs. dunkelblau a. graublau u. lila, Rs. dunkelblau a. lilarot, im Udr. Wappenschild mit Löwen als Schildhalter, Wz. Zickzackmuster, 133 x 93 mm, KN schwarz **4,50/16,–**

Nr. 727

727 20.8.1923– ab 1.1.1924 **1 Mio Mark,** Vs. dunkelbraun a. grün u. gelb, Rs. grün, Wz. Zickzackmuster, 123 x 75 mm, KN rot **4,50/16,–**

III / I

Nr. 728

728 20.8.1923– ab 1.1.1924 **5 Mio** **Mark**, Vs. dunkelbraun u. rotbraun a. grün, Rs. braun u. rotbraun a. gelb, Mitte gekröntes Wappen, Wz. Zickzackmuster, 177 x 109 mm, KN hellblau oder blau **6,–/20,–**

Nr. 729

729 **25 Mio** **Mark,**dunkelblau a. blau u. gelb, Rs. Udr. Wappen mit 2 Löwen als Schildhalter, Wz. Zickzackmuster, 163 x 95 mm, KN rot **6,–/20,–**

Nr. 730

III / I

730 50 Mio **Mark**, schwarz u. rotbraun a. oliv u. graublau, Vs. l. u. r. Früchtekorb, Rs. Mitte Wappen mit 2 Löwen als Schildhalter, Wz. Zickzackmuster, 185 x 100 mm, №KN blau **6,–/20,–**

Nr. 731

731 1. 9.1923– ab 1. 1.1924 10 Mio **Mark**, Vs. blau a. grün u. hellbraun, Rs. grün, Udr. Wappen, Wz. Zickzackmuster, 131 x 84 mm, KN rot-braun **5,–/18,–**
Musterscheine:
»GILTIG« gelocht, ohne KN

Nr. 732

732 1.10.1923– ab 1. 1.1924 1 Md **Mark**, Vs. dunkelbraun a. lila u. oliv, Rs. lila, Wz. »Bayerische Notenbank«, 140 x 85 mm, KN schwarz **6,–/20,–**

Nr. 733

733 18.10.1923– ab 1.12.1923 5 Md **Mark**, schwarz a. lilarot u. graublau, einseitiger Druck, Wz. »Bayerische Notenbank«, 124 x 80 mm, KN schwarz **7,–/25,–**

III / I

Nr. 734

734 24.10.1923– ab 1.12.1923 **50 Md Mark,** dunkelgrün a. ocker, einseitig gedruckt, Wz. »Bayerische Notenbank«, 139 x 85 mm, KN rot **10,–/40,–**

Nr. 735

735 altes Datum 1. 8.1923 **500 Md a. 100 Mio Mark,** Vs. dunkelblau a. grün, blau, braun u. lila, Rs. braunviolett a. braun, blau u. lila, Aufdr. rot, Wz. kl. Stimmgabelmuster, 160 x 107 mm, A KN blau **100,–/350,–**

Nr. 735 I

735 I Gesetz vom 30. 8.1924 **50 Reichsmark,** Vs. violett u. braun a. grün, violett u. oliv, r. »Junge Venezianerin«, Rs. dunkelblau u. violett, Udr. vielfarbig, Mitte Wappen, blaues Papier r. mit in die Papiermasse gelegte u. bedruckte (»Bayerische Notenbank«) Seidenpapierstreifen, l. Wz. »Junge Venezianerin«, nur einseitig bedr. Muster ohne Uschr. u. ohne KN, 169 x 85 mm **–,–/6000,–**

III / I

Nr. 736

736 11.10.1924 **50 Reichsmark,** schwarz u. grün a. grau, Vs. oben Mitte Rautenwappen mit 2 Löwen als Schildhalter, Rs. Mitte Wappen, r. u. l. davon Füllhörner, Wz. »Bayerische Notenbank«, Uschr. Dr. Neumaier, A. Gaenssler, v. Notthaft, Drausnick, Hauff, Hoffmann, v. Enhuber, 169 x 85 mm, A, D, H, L, KN rot **1100,–/2000,–**

Nr. 737

737 **100 Reichsmark,** Vs. dunkelblau a. blau, grün, rosa u. braun, Rs. dunkelblau a. blau u. hellbraun, Mitte Wappen, r. u. l. davon 2 Löwen mit Pflug, Papier r. mit in die Papiermasse gelegte u. bedruckte (»Bayerische Notenbank«) Seidenpapierstreifen mit Guillochenprägung, Wz. Hakenkreuze, Uschr. wie Nr. 736, 180 x 90 mm, A KN blau **900,–/1500,–**

Musterscheine:

Vs. u. Rs. roter Aufdr. »Muster« (in Schreibschrift) u. A 000 000 **–,–/750,–**

Nr. 738

III / I

738 1. 9.1925 **50 Reichsmark,** Vs. dunkelbraun a. grün u. lila, r. Porträt von Hieronymus Holzschuher (Albrecht Dürer), Rs. dunkelblau a. lila, grün bis oliv, braun u. gelb, Mitte Wappen, Papier l. mit in die Papiermasse gelegte u. bedruckte (»Bayerische Notenbank«) Seidenpapierstreifen u. geschlungene Linienprägung, Wz. »Bayern«, 170 x 85 mm, B, C KN rot **600,–/1000,–**

Musterscheine:
Vs. u. Rs. roter Aufdr. »Muster« (in Schreibschrift) u. B und C 0 000 000 **–,–/750,–**

Sächsische Bank zu Dresden **IV/II**

Nr. 739

739 15. 1.1866 **10 Taler,** Vs. schwarz a. olivbraun, l. Frauenkopf mit Kranz, r. Merkurkopf, Rs. blaugrau a. olivbraun, Wz. »Zehn Thaler«, 140 x 97 mm, Lit. A. Ser. u. röm. Ziffer, № KN schwarz, 3 gedr. Uschr., Rs. wechselnde handschr. Uschr. **1600,–/–,–**

740 **20 Taler,** ähnlich Nr. 739, Lit. B **2000,–/–,–**

741 **50 Taler,** ähnlich Nr. 739, Lit. C **–,–/–,–**

742 **100 Taler,** ähnlich Nr. 739, Lit. D **–,–/–,–**
Wahrscheinlich auch 500 Taler Lit. E

Nr. 743

III / I

743 1. 1.1874 **100 Mark,** Vs. schwarz a. grün u. braun, l. Frauenkopf, r. Merkurkopf wie bei Nr. 739–742, Rs. graubraun u. braun a. grün, Wz. »Sächsische Bank z. D. 100«, 171 x 103 mm, Lit. F, Ser. u. röm. Ziffer braun, №KN schwarz, 3 gedr. Uschr., Rs. wechselnde handschr. Uschr., Preise für Stücke ohne handschr. Uschr. (Ser. XVII, Archivstücke), ausgefertigte Scheine bedeutend teurer. **300,–/600,–**
Nach der Folge der Lit.-Buchst. müßte es auch einen 500-Mark-Schein gegeben haben, doch ist bisher kein Stück bekannt geworden.

Nr. 744

744 15. 6.1890 **100 Mark,** Vs. schwarz a. braun u. blau, l. Frauenkopf, r. Merkurkopf, doch andere Zeichnung als bisher, Rs. graubraun a. braun u. blau, Wz. »S B z D 100«, 158 x 103 mm, Lit. H, №KN schwarz, Ser. u. röm. Ziffer I–XXV, 3 gedr. Uschr., Rs. wechselnde handschr. Uschr. **30,–/200,–**

Nr. 745

745 **500 Mark,** Vs. schwarz a. rot u. graugrün, Zeichnung wie Nr. 744, Rs. schwarz a. rot, Wz. »S B z D 500«, 175 x 106 mm, Lit. J, №KN schwarz, Ser. u. röm. Ziffer I–V, 3 gedr. Uschr., Rs. wechselnde handschr. Uschr. **100,–/400,–**

746 2. 1.1911 **100 Mark,** ähnlich Nr. 744, doch Lit. K, №KN schwarz, Ser. u. röm. Ziffer I–IX, 3 gedr. Uschr., Rs. wechselnde handschr. Uschr., Ser. IX nur blanko **10,–/60,–**

747 **500 Mark,** ähnlich Nr. 745, doch Lit. L, №KN schwarz, Ser. u. röm. Ziffer I–III, 3 gedr. Uschr., Rs. wechselnde handschr. Uschr. **15,–/150,–**

III / I

Nr. 748

748 1. 7.1922 **500 Mark,** Zeichnung Vs. ähnlich Nr. 747, doch blau a. rotbraun u. grün, Rs. lila a. grün u. braun, Wz. Giesecke-Dreipaß-Muster, 179 x 108 mm, Lit. M., №KN schwarz, Ser. u. röm. Ziffer I–XI (XI nur blanko), 3 gedr. Uschr., Rs. wechselnde Uschr. **8,–/20,–**

Nr. 749

749 12. 9.1922– ab 1. 4.1923 **500 Mark,** blau a. gelb bis hellbraun, Wz. Achteckfliesen, 160 x 103 mm, KN orangerot **10,–/80,–**

I №KN 4,5 mm 5-stellig, davor B oder D
II №KN 4,2 mm 5-stellig, davor B, D oder F
III №KN 5 mm 5-stellig, davor B oder D

750 **1000 Mark,** oliv a. gelbgrün, Wz. Achteckfliesen, 175 x 104 mm, KN orangerot **12,–/80,–**

I №KN 4,5 mm 5-stellig, davor A
II №KN 4,2 mm 5-stellig, davor A, C oder E
III №KN 5 mm 5-stellig, davor A oder C

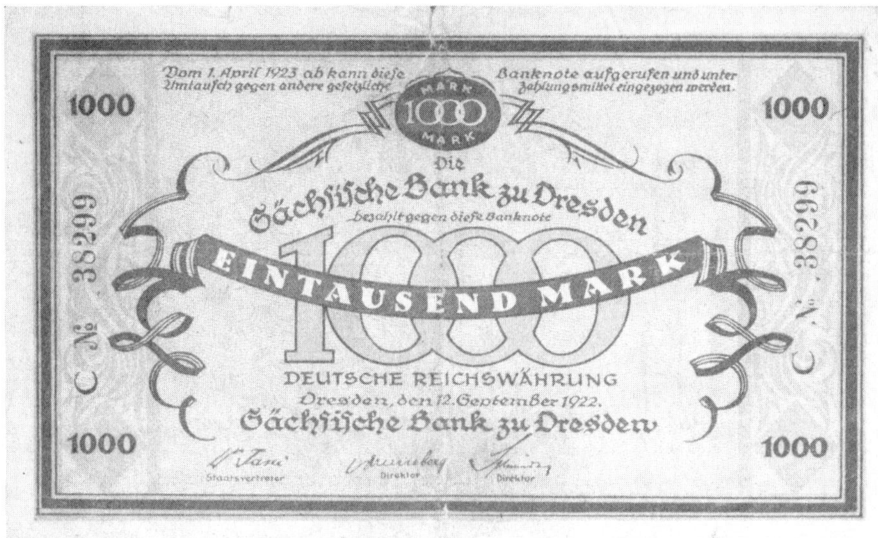

III / I

Nr. 750

Nr. 751

751 1. 3.1923– ab 1.10.1923 **10000 Mark,** Vs. schwarz a. grün u. rotbraun, Rs. schwarz a. grün, rosa, lila u. violett, Wz. kl. Giesecke-Stimmgabelmuster, 160 x 95 mm, KN rot **4,–/12,–**

Nr. 752

752 12. 3.1923– ab 1.10.1923 **5000 Mark,** schwarz a. grün u. grau, Wz. Achteckfliesen, 150 x 90 mm, KN rot **4,–/15,–**

III / I

I №KN 4,0 mm Type II A – I, L
II №KN 4,5/15,2 mm Type II F – Q
III №KN 4,7/14,3 mm Type II G – I
IV №KN 4,7/14,5 mm Type I A – H
V a. № KN 4,5 mm Type I, № links 3,7, rechts 3,7 mm hoch F – H
b. № KN 4,5 mm Type I, № links 4,0, rechts 4,5 mm hoch G
c. № KN 4,5 mm Type I, № links 4,5, rechts 5,0 mm hoch C, D, F
d. № KN 4,5 mm Type I, № links 4,5, rechts 4,0 mm hoch B, D, G, H
e. № KN 4,5 mm Type I, № links 5,0, rechts 5,0 mm hoch I
VI links № (3,7 mm) KN 4,5 mm Type I, rechts №KN 4,5 mm Type I, E, G, H, I

Nr. 753

753 2. 7.1923 **100000 Mark,** Vs. schwarz a. grün u. lila, Rs. dunkelbraun u. grün a. graublau u. lila, Wz. kl. Giesecke-Stimmgabelmuster, 170 x 100 mm, KN rot **4,–/15,–**

Nr. 754

754 25. 7.1923 **50000 Mark,** Vs. schwarzblau a. grün u. braun, Rs. grün a. oliv u. violett, Wz. Achteckfliesen, 140 x 80 mm, KN rot, dahinter A – U schwarzblau **4,–/15,–**

755 12. 8.1923 **5 Mio Mark,** Vs. dunkelbraun a. grün u. ocker, Rs. schwarzbraun u. hellbraun, Wz. Hakenmäander, 140 x 83 mm, №KN ∗ rot **5,–/16,–**

III / I

Nr. 755

Nr. 756

756 15. 8.1923 **500000 Mark,** Vs. schwarzbraun a. grün, lila, violett u. graublau, Rs. schwarzbraun a. grün, Wz. J–B-Muster, 145 x 90 mm, KN rot **4,–/12,–**

Nr. 757

757 18. 8.1923 **1 Mio Mark,** Vs. schwarz u. braun a. grau, Rs. violett a. grau. Wz. G–S-Muster, 155 x 95 mm, № (gerade oder schräg) KN * 5- oder 6-stellig schwarz **4,–/12,–**

III / I

Nr. 758

758 1. 9.1923 **2 Mio Mark,** Vs. schwarzbraun a. olivbraun u. rosa, l. Brücke, Rs. lila a. grau u. grün, Wz. Achteckfliesen, 165 x 90 mm, KN rot, dahinter A – M schwarzbraun **4,–/12,–**

Nr. 759

759 1.10.1923– ab 1. 1.1924 **100 Mio Mark,** Vs. schwarzblau a. braun, violett u. grün, Rs. rotbraun a. blau, Wz. gr. Giesecke-Stimmgabelmuster, 145 x 90 mm, KN blau **5,–/18,–**

Nr. 760

760 20.10.1923– ab 1. 2.1924 **20 Md Mark,** Vs. schwarzbraun a. braunviolett, braun, blau u. grün, Rs. dunkelgrün a. lila u. braun, Wz. kl. Giesecke-Stimmgabelmuster, 170 x 100 mm, KN grün **20,–/80,–**

III / I

Nr. 761

761 **100 Md** **Mark,** Vs. dunkelbraun a. violett, lila u. braun, Rs. schwarzblau a. braun u. blau, Wz. kl. Giesecke-Stimmgabelmuster, 159 x 96 mm, KN 5-stellig grün **60,–/160,–**

Nr. 762

762 15.11.1923 **1 Bio** **Mark,** Vs. schwarz a. grün u. oliv, Rs. grün, Wz. Päßlerhaken, 125 x 82 mm, №KN 5-stellig rot **150,–/350,–**

Nr. 763

763 **10 Bio** **Mark,** Vs. schwarz a. lila, rot u. blaugrün, Rs. rot, Wz. Päßlerhaken, 125 x 82 mm, №KN 5-stellig rot **180,–/450,–**

III / I

Nr. 764

764 11.10.1924 **50 Reichsmark,** Vs. dunkelbraun a. braun u. grün, l. Porträt von Ludwig Richter, Rs. dunkelgrün a. grün u. braun, Papier r. mit in die Papiermasse gelegte u. bedr. (»Sächsische Bank zu Dresden«) Seidenpapierstreifen u. Guillochenprägung, Wz. Hakenkreuzmuster, Uschr. Dr. Klien, Schmidt, Dr. Dehne, 170 x 85 mm, A KN 7-stellig rot **600,–/1500,–**

Nr. 765

765 **100 Reichsmark,** Vs. dunkelblau a. oliv u. braun, l. Porträt von Lessing, Rs. dunkelblau a. oliv, graublau u. lila, Papier r. mit in die Papiermasse gelegte u. bedr. (»Sächsische Bank zu Dresden«) Seidenpapierstreifen u. Guillochenprägung, Wz. Hakenkreuzmuster, Uschr. wie Nr. 764, 180 x 90 mm, A KN blau **1000,–/2000,–**

Musterscheine:
Vs. u. Rs. roter Aufdruck »Muster« (in Schreibschrift) u. A 000 000

Württembergische Notenbank, Stuttgart **IV/II**

766 15.11.1871 **10 Gulden,** Vs. schwarz u. blau a. hellbraun, Mitte oben Wappen mit Löwe u. Hirsch als Schildhalter, l. u. r. je 3 Putten mit Symbolen für Handel, Industrie, Wissenschaft, Handwerk u. Landwirtschaft, Rs. schwarz u. grün, oben Mitte, l. u. r. je Frauenkopf, unten Mitte Wappen, 140 x 95 mm **2000,–/–,–**
Musterscheine:
Vs. u. Rs. einseitig gedruckt, ohne KN

Nr. 766

Nr. 767

767 **35 Gulden,** Vs. schwarz u. grün a. blaßlila, Rs. schwarz u. blau, Zeichnung Vs. u. Rs. ähnlich Nr. 766, 160 x 107 mm **2500,–/–,–**

Musterscheine:
Vs. u. Rs. einseitig gedruckt, ohne KN
Es existiert auch ein einseitiger Probedruck: Bild wie Vs. Nr. 767, jedoch links »35« oben und unten, rechts »100« oben und unten, Mitte »100 Mark«

768 1. 1.1874 **100 Mark,** Vs. schwarzbraun u. blau a. hellbraun, Rs. dunkelbraun a. hellbraun u. grün, Vs. u. Rs. Zeichnung ähnlich Nr. 766/767, Wz. »Württembergische Notenbank 100 Hundert Mark«, 2 gedr. u. 1 wechselnde handschr. Uschr., 186 x 110 mm, №KN schwarz **1500,–/2000,–**
Musterscheine:
Vs. u. Rs. einseitig gedruckt, №000000
Es existiert auch ein einseitiger Probedruck: Bild wie Vs. Nr. 768, doch mit Datum 15. 8. 1873

III / I

Nr. 768

768 A 1. 1.1875 **100 Mark,** ähnlich Nr. 768 –,–/–,–

Nr. 769

769 1. 1.1890 **100 Mark,** ähnlich Nr. 768, doch Format 160 x 103 mm, Wz. »Württembergische Notenbank Hundert Mark« **1000,–/1600,–**

770 1. 1.1902 **100 Mark,** Vs. schwarz a. blau u. hellbraun, Zeichnung ähnlich Nr. 768–769, doch anderer Text u. Udr. Rs. dunkelbraun, blau u. hellbraun, Mitte Wappen mit Löwe u. Hirsch als Schildhalter u. »Furchtlos und treu«, Wz. »Württembergische Notenbank Hundert Mark«, 2 gedr., 1 wechselnde handschr. Uschr., 160 x 103 mm, №KN schwarz **100,–/400,–**

Musterscheine: Vs. u. Rs. »Musterdruck« 135 mm rot, Vs. №KN 000 000 schwarz, Lochung »MUSTER«

III / I

Nr. 770

771 1. 1.1911 **100 Mark**, ähnlichNr. 770, doch anderes Datum u. andere Uschr. **15,–/35,–**
a) gedr. Uschr. Koerper-Steinhäuser
b) gedr. Uschr. Koerper-Lotter

Nr. 771 I

771 I 15.12.1918– **100 Mark,** Vs. schwarzgrün a. olivbraun, Rs. dunkelbraun a. gelbbraun, Wz. Wellenbündel, 159 x 105 mm,
ab 1. 3.1919 A Nr. dunkelgrün gedr. ohne KN, nur als Musterschein (Aufdr. »Musterdruck« Vs. rot) bekannt. Mit Aufdr. »50 Md« s. Nr. 783 Muster: **–,–/1500,–**

772 1. 9.1922 **1000 Mark,** Vs. dunkelblau a. grau u. blaßrosa, l. im Udr. Sichel u. Ähren, r. Hammer u. Zahnrad, Rs. braunviolett a. olivbraun mit Prägestempel d. Bank, Wz. Bogenkreuz, 185 x 109 mm, №KN orange
15,–/50,–

III / I

Nr. 772

Nr. 773

773 20. 2.1923 **10000 Mark**, Vs. schwarzblau a. graugrün u. braunoliv, Rs. blaugrün u. braun, Wz. Bogenkreuz, 159 x 95 mm, KN rot **4,–/15,–**

Nr. 774

III / I

774 10. 6.1923 **50000 Mark**, grün u. rotbraun a. blaßviolett, Rs. Udr. Mitte Wappen, l. u. r. davon je liegender Hirsch, ohne Wz., 160 x 105 mm, KN rot, davor braun A–M **4,–/12,–**

Nr. 775

775 15. 6.1923 **20000 Mark,** Vs. dunkelgrün a. rot u. braunoliv, l. Kopfbildnis von Ludwig Uhland, Rs. dunkelgrün a. lilagrau, Mitte oben Wappen zwischen 2 Hirschen, Prägestempel d. Bank, Wz. Bogenkreuz, 160 x 93 mm, KN rot **4,–/12,–**

Nr. 776

776 **100000 Mark,** dunkelblau u. grün a. braun, Rs. im Udr. Wappen zwischen 2 Hirschen, ohne Wz., 160 x 105 mm, grüne KN, davor A–M **4,–/12,–**

III / I

Nr. 777

777 15. 6.1923 **1 Mio Mark,** schwarz u. rotbraun a. braun, Rs. im Udr. Wappen zwischen 2 Hirschen, ohne Wz., 160 x 106 mm, rotbraune KN, davor N–Y **4,–/12,–**

Nr. 778

778 1. 8.1923 **1 Mio Mark,** Vs. rotbraun u. schwarzgrün a. hellbraun, Mitte Porträt von Schiller, Rs. braunviolett u. grün, a. hellbraun. Hügellandschaft, ohne Wz., 160 x 105 mm, KN grün, davor schwarzgrün A-M **4,–/12,–**

779 1. 8.1923– ab 31.12.1923 **5 Mio Mark,** schwarz u. rotbraun, Rs. Mitte Wappen, ohne Wz., 160 x 90 mm, KN rotbraun, davor dunkelbraun A–S **6,–/18,–**

III / I

Nr. 779

Nr. 780

780 **100 Mio** **Mark,** Vs. schwarzbraun u. dunkelblau, Rs. schwarzbraun u. dunkelblau a. grün, Udr. Wappen, ohne Wz., 160 x 90 mm, braunviolette KN, davor A–T **8,–/20,–**

Nr. 781

781 15.10.1923– ab 30.11.1923 **10 Md** **Mark,** Vs. schwarz a. oliv u. lachsfarben, Rs. schwarz a. braun u. rotbraun, Mitte Wappen zwischen 2 Hirschen, ohne Wz., 160 x 105 mm, KN rot, davor braunes G **10,–/35,–**

			III / I
782 15.10.1923– ab 31.12.1923	**10 Md**	**Mark,** ähnlich Nr. 781, nur anderes Datum	**10,–/35,–**

Nr. 783

783 (altes Datum: 15.12.1918) **50 Md Mark,** a. 100 Mark, roter Wertaufdr. a. Nr. 771 I, mit Prägestempel der Bank W. Wellenbündel, A Nr. (dunkelgrün gedr.) KN 5-stellig rot **30,–/100,–**
Es kommen auch Stücke mit kopfstehendem oder nur vs. Überdruck vor

Nr. 784

784 20.11.1923– ab 30.11.1923 **500 Md Mark,** dunkelgrün a. grün u. lila, Rs. Wappen zwischen 2 Hirschen, ohne Wz., 150 x 95 mm, KN rot, davor dunkelgrün H **150,–/400,–**

784 I	5.12.1923	**4,20 Mark Gold = 1 Dollar U.S.A., KN mit A – Z davor**	–,–/–,–
784 II		**21 Mark Gold = 5 Dollar U.S.A., KN mit B, D, F, J oder K davor**	–,–/–,–
784 III		**105 Mark Gold = 25 Dollar U.S.A., E KN**	–,–/–,–

784 I–III Gedruckte Anweisungen, nicht verausgabt.

III / I

Nr. 785

785 11.10.1924 **50 Reichsmark**, dunkelgrün a. braun, Vs. l. Porträt von Johannes Kepler, Rs. Udr. Wappen zwischen 2 Hirschen, Papier mit senkrechter Linienprägung u. r. mit grünem Farbstreifen u. Fasern, r. Wz. Eichenlaub, Uschr. Roser u. Steinhäuser, 170 x 85 mm, Nr KN schwarzbraun **900,–/1600,–**

Nr. 786

786 **100 Reichsmark**, schwarzbraun a. grün, blau u. dunkelbraun, Vs. Mitte r. Porträt d. Bildhauers J. Syrlin d. Ä., Rs. Udr. Wappen zwischen 2 Hirschen, Papier mit senkrechter Linienprägung u. r. mit blauem Farbstreifen u. Fasern, r. Wz. Eichenlaub, Uschr. Roser u. Steinhäuser, 180 x 90 mm, Nr. KN braun **1000,–/1800,–**

Nr. 787

787 1. 8.1925 **50 Reichsmark**, schwarzbraun u. grün a. dunkelbraun u. rot, Vs. l. Porträt von Daniel Schubart, Mitte Udr. Wappen, Papier mit senkrechter Linienprägung u. r. mit violettem Farbstreifen u. Fasern, r. Wz. Eichenlaub, Uschr. Roser, Schmidt, Steinhäuser, 170 x 85 mm, Nr. KN rot **1000,–/1800,–**

III / I

Nr. 787 I

787 I 1.10.1930 **50 Reichsmark**, dunkelbraun u. dunkelgrün a. grün, braun u. lila, Vs. l. Porträt von Friedrich List, Rs. Mitte Wappen zwischen 2 Hirschen, Papier mit senkrechter Linienprägung u. r. mit grünem Farbstreifen mit Fasern, r. Wz. Eichenlaub, Uschr. Roser u. Schmidt, 170 x 85 mm, Nr.KN braun; nicht ausgegeben, kommt nur als Muster oder gelocht vor **–,–/2500,–**

Deutsche Banknoten mit ausländischen Abstempelungen

ABSTEMPELUNGEN DEUTSCHER NOTEN IN OSTBELGIEN 1944

Die nach dem 1. Weltkrieg von Deutschland an Belgien abgetretenen überwiegend deutschsprachigen Gebiete Eupen – Malmedy – St. Vith und Moresnet sowie einige auch vor 1914 belgische Gemeinden wurden im 2. Weltkrieg am 18.5.1940 deutsches Reichsgebiet, wobei die deutschen Reichsbanknoten als Zahlungsmittel eingeführt wurden. Nach dem Einrükken der alliierten Truppen Ende 1944 wurde durch Gesetz vom 19.9.1944 die Abstempelung der vorhandenen Noten durch die Gemeinde angeordnet und die ungestempelten Noten nach Durchführung der Abstempelung für ungültig erklärt. Infolge der zum Teil verworrenen Verhältnisse in der Verwaltung benutzte man nicht nur Gemeindestempel, sondern auch andere Verwaltungs-, Behörden- und Amtsstempel. Es kommen auch Abstempelungen von Reichskreditkassenscheinen vor, obwohl diese Scheine nach dem 18. Mai 1940 nicht mehr als Zahlungsmittel in Belgien gegolten hatten. Auch alte ungültige Reichsbanknoten mit Stempel wurden bekannt. Später wurden die abgestempelten im Verhältnis 10 RM = 1 Franc gegen belgische Noten umgetauscht. In einem Spezialkatalog sind alle diese Scheine katalogisiert (Peter Ramjoie. Die Abstempelung der deutschen Geldscheine in Ost-Belgien, Berlin 1973). Hier sollen nur die offiziellen noch für den Zahlungsverkehr gültigen Noten, die mit Stempel vorkommen und die bisher bekannt gewordenen Stempelarten erwähnt werden.
Eine Einzelbewertung der Scheine wurde nicht vorgenom men. Der Wert schwankt je nach Seltenheit zwischen DM 30,– und DM 200,–.

801 **1 Rentenmark** (30. 1.1937), Stempel auf Nr. 168
802 **2 Rentenmark** (30. 1.1937), Stempel auf Nr. 169
803 **5 Rentenmark** (2. 1.1926), Stempel auf Nr. 166

Nr. 804,

Stempel H

804 **5 Reichsmark** (1. 8.1942), Stempel auf Nr. 181

Nr. 805,

Stempel T

805 **10 Reichsmark** (22. 1.1929), Stempel auf Nr. 175 oder 182

Nr. 806,

Stempel JJ

806 **20 Reichsmark** (22. 1.1929), Stempel auf Nr. 176 oder 183

807 **20 Reichsmark** (16. 6.1939), Stempel auf Nr. 180

808 **50 Reichsmark** (11.10.1924), Stempel auf Nr. 172

Nr. 809,

Stempel W

809 **50 Reichsmark** (30. 3.1933), Stempel auf Nr. 177 oder 184

810 **100 Reichsmark** (11.10.1924), Stempel auf Nr. 173

811 **100 Reichsmark** (24. 6.1935), Stempel auf Nr. 178 oder 185

812 **1000 Reichsmark** (11.10.1924), Stempel auf Nr. 174

Stempelarten:

A. Amel (Ambleve), Gemeindeverwaltung
B. Baelen, Commune (2 versch. Stpl.)
C. Bellevaux-Ligneuville, Administration Communale (2 versch. Stpl.)
D. Beverce, Bürgermeisteramt / Bürgermeisterkasse (2 versch. Stpl.)
E. Büllingen, Administration Communale
F. Bütgenbach, Gemeindeverwaltung / Administration Communale / Standesamt (3 versch. Stpl.)
G. Crombach, Gemeindeverwaltung / Administration Communale (2 versch. Stpl.)
H. Elsenhorn, Gemeindeverwaltung / Administration Communale (2 versch. Stpl.)
I. Eupen, Stadt / Ville (12 versch. Stpl.)
J. Eynatten, Bürgermeisteramt / Administration Communale (2 versch. Stpl.)
K. Faymonville, Administration Communale (2 versch. Stpl.)
L. Gemmenich, Administration Communale (2 versch. Stpl.)
M. Hauset, Bürgermeisteramt / Administration Communale (2 versch. Stpl.)
N. Henrichapelle, Administration Communale (2 versch. Stpl.)
O. Heppenbach, Gemeindeverwaltung
P. Hergenrath, Bürgermeisteramt / Administration Communale (2 versch. Stpl.)
Q. Hombourg, Administration Communale (2 versch. Stpl.)
R. Kettenis, Gemeinde / Administration Communale (2 versch. Stpl.)
Krinkelt, s. Rocherath
S. Lommersweiler, Administration Communale
T. Malmedy, Administration Communale / Bezirkssparkasse / Commission des Hospices / Empfänger der Gemeinde / Office de Bienfaisance / Recette Communale (6 versch. Stpl.)
U. Manderfeld, Bürgermeisteramt
V. Membach, Administration Communale (2 versch. Stpl.)
W. Meyerode, Bürgermeisteramt / Gemeindeverwaltung (3 versch. Stpl.)
X. Montzen, Administration Communale
Y. Moresnet, Administration Communale (2 versch. Stpl.)
Z. Neu-Moresnet, Bürgermeisteramt / Standesamt (2 versch. Stpl.)
AA. Raeren, Bürgermeisteramt / Administration Communale / Gemeindeverwaltung (4 versch. Stpl.)
BB. Recht, Gemeinde-Verwaltung
CC. Reuland (Bourg-Reuland), Bürgermeisteramt (2 versch. Stpl.)
DD. Robertville, Administration Communale / Recette Communale (3 versch. Stpl.)
EE. Rocherath, Ortschaft Krinkelt
FF. St. Vith, Stadt / Amt (2 versch. Stpl.)
GG. Schönberg, Gemeindeverwaltung
HH. Sippenaeken, Administration Communale
II. Thommen, Gemeindeverwaltung / Administration Communale (3 versch. Stpl.)
JJ. Walhorn, Gemeindeverwaltung / Bürgermeisteramt / Administration Communale (3 versch. Stpl.)
KK. Weismes (Waimes), Administration Communale (5 versch. Stpl.)
LL. Welkenraedt, Administration Communale (3 versch. Stpl.)

Die während des 2. Weltkrieges in Deutschland tätigen belgischen Einsatzarbeiter kamen nach ihrer Rückkehr in Sammellager, wo ihr deutsches Geld abgestempelt und später eingetauscht wurde. Folgende Stempel wurden bekannt:

MM. Centre de Rassemblement (ohne u. mit versch. Ortsangaben),
NN. Verzamelcentrum,
OO. Omwisseling van . . . ,
PP. Echarge Monétaire,
QQ. . . . Toegestaan.

ABSTEMPELUNGEN DEUTSCHER UND BELGISCHER NOTEN IN LUXEMBURG 1944

In dem von deutschen Truppen während des 2. Weltkrieges besetzten und dem Reich angegliederten Luxemburg wurde die Reichsmark eingeführt. Nach dem Rückzug der deutschen und dem Einmarsch der alliierten Truppen wurden die vorgelegten deutschen (und auch belgischen) Scheine gegen neue luxemburgische Noten im Verhältnis 1 RM = 5 Luxemburgische Francs umgetauscht, wobei die abgelieferten Noten einen Stempel (meist Gemeinde- oder Poststempel) erhielten. Die mit solchen Entwertungsstempeln versehenen Scheine waren also keine Zahlungsmittel mehr.

Abstempelungen in Luxemburg

Geldscheine der altdeutschen Staaten

Das erste deutsche Geld aus dem Material Papier waren die 1574 von den niederländischen Städten Leyden und Middelburg während der Belagerung durch die Spanier ausgegebenen Pappmünzen. Als das erste wirkliche Papiergeld kann man die Bancozettel des vom pfälzischen Kurfürsten Johann Wilhelm 1705 in Köln gegründeten Banco di gyro d'affrancatione bezeichnen. Doch diese und weitere in der zweiten Hälfte des 18. Jahrhunderts durch andere Banken ausgegebenen Scheine blieben als Zahlungsmittel unbedeutend. Erst die 1772 bis 1867 in Umlauf gebrachten Sächsischen Cassen-Billets hatten als Zahlungsmittel größere Bedeutung, doch blieb das Papiergeld bis zur Mitte des 19. Jahrhunderts unpopulär. Erst ab 1848 änderte sich die Situation. Jetzt gaben auch die kleinen deutschen Staaten ihr eigenes Papiergeld aus und erlaubten auch noch Notenbanken, zusätzlich auf ihren Gebieten Scheine in Umlauf zu bringen. 1857 existierten bereits 29 solcher Emissionsbanken. Um deren Notenausgabe zu steuern und weitere Gründungen von Notenbanken zu verhindern, wurde 1870 durch den Norddeutschen Bund das Banknotensperrgesetz erlassen, doch waren erst die Einführung der einheitlichen Markwährung und die Gründung der Reichsbank wesentliche Schritte auf dem Wege zur Zentralisation des Notenbankwesens.

Außer dem Staatspapiergeld der einzelnen deutschen Staaten und den Scheinen der verschiedenen Notenbanken wurden auch die Geldscheine der Standesherrschaften und die in der Zeit bis 1903 ausgegebenen Notgeldscheine katalogisiert.

Anhalt, Herzogtum (Gesamtstaat)

IV / II

Herzoglich Anhaltische Staatsschuldenverwaltung, Staatskassenscheine

A 1

115 x 78 mm

A	**1**	20. 5.1861	**1 Taler**	**1000,–/1500,–**
A	**2**	1. 8.1866	**1 Taler**	
			a) mit Druckfirma	**1000,–/1500,–**
			b) ohne Druckfirma	**1000,–/1500,–**
A	**3**	31.10.1867	**1 Taler**	**–,–/–,–**

Anthalt-Bernburg, Herzogtum

Herzoglich Anhaltisches Staatsministerium, Kassenanweisungen

A	**4**	18. 3.1850	**1 Taler**	**1000,–/1500,–**
A	**5**		**5 Taler**	**1200,–/1700,–**
A	**6**	5. 2.1852	**1 Taler**	**–,–/–,–**
A	**7**	26. 6.1856	**25 Taler**	**2000,–/2500,–**

A 8

140 x 90 mm

A	**8**	25. 7.1859	**1 Taler**	**800,–/1300,–**

s. auch Anhalt-Coethen-Bernburger Eisenbahn-Gesellschaft

Anhalt-Coethen, Herzogtum

Staatspapiergeld, Kassenscheine

				IV / II
A	9	1. 1.1829	**1 Taler** Courant	**2000,–/2500,–**
A	10		**5 Taler** Courant	–,–/–,–
A	11		**10 Taler** Courant	–,–/–,–

Herzogl. Anhalt-Cöthensche Staatsschulden-Commission, Kassenscheine

A	12	1. 5.1848	**5 Taler,** Rs. unbedruckt	**1200,–/1700,–**

A 13

105 x 74 mm

A	13	1. 6.1848	**1 Taler**	
			a) mit Druckfirma	**800,–/1300,–**
			b) ohne Druckfirma	**1000,–/1500,–**
A	14		**5 Taler,** Rs. bedruckt	**1000,–/1500,–**

Anhalt-Coethen-Bernburger Eisenbahn-Gesellschaft, Kassenscheine

A	15	2. 3.1846	**1 Taler**	**1200,–/1700,–**
A	16	20. 2.1850	**1 Taler**	
			a) mit Wz.	**800,–/1300,–**
			b) ohne Wz. (ob Fälschung?)	–,–/–,–

A 17

126 x 82 mm

A	17		**5 Taler**	**1000,–/1500,–**

				IV / II
A	**18**	1. 7.1856	**25 Taler**	**1500,–/2000,–**

Anhalt-Dessau, Herzogtum

Herzoglich Anhalt-Dessauische Regierung, Staatskassenscheine

A	**19**	1. 8.1849	**1 Taler**	**800,–/1300,–**
A	**20**		**5 Taler**	**1200,–/1700,–**

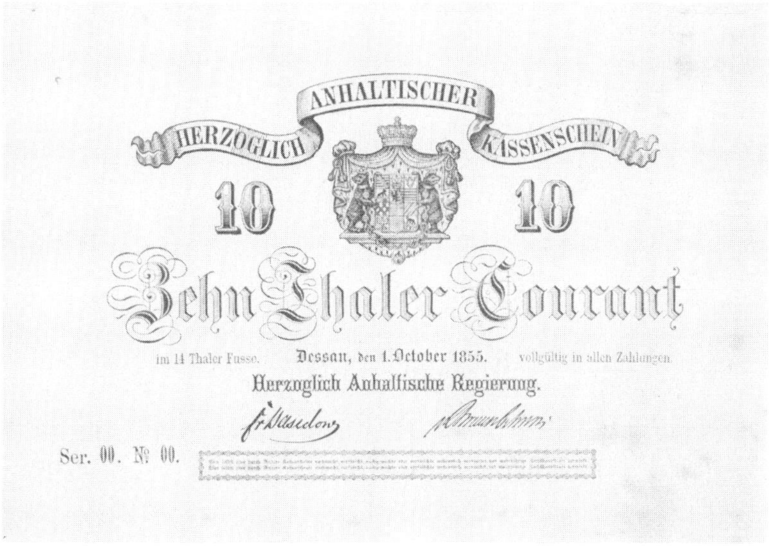

A 21

150 x 105 mm

A	**21**	1.10.1855	**10 Taler**	**2000,–/2500,–**

Anhalt-Dessauische Landesbank

A	**22**	2. 1.1847	**1 Taler**	**1000,–/1500,–**

A 23

125 x 82 mm

A	**23**		**5 Taler**	**1500,–/2000,–**
A	**24**	1. 6.1855	**10 Taler**	**2000,–/2500,–**
A	**25**		**50 Taler**	**–,–/–,–**

IV / II

A 26

117 x 77 mm (Rückseite)

A 26	2. 1.1864	**1 Taler**	**1000,–/1500,–**
A 27		**5 Taler**	**1500,–/2000,–**
A 28	1. 7.1874	**100 Mark,** Inschrift »Anhalt – Dessauische Landesbank« auf der RS. oben a. 80 mm lang b. 97 mm lang	**1500,–/2000,–**

Baden, Großherzogtum

Großh. Badische General-Staats-Casse

IV / II

A 29	1. 7.1849	**2 Gulden**	**600,–/800,–**

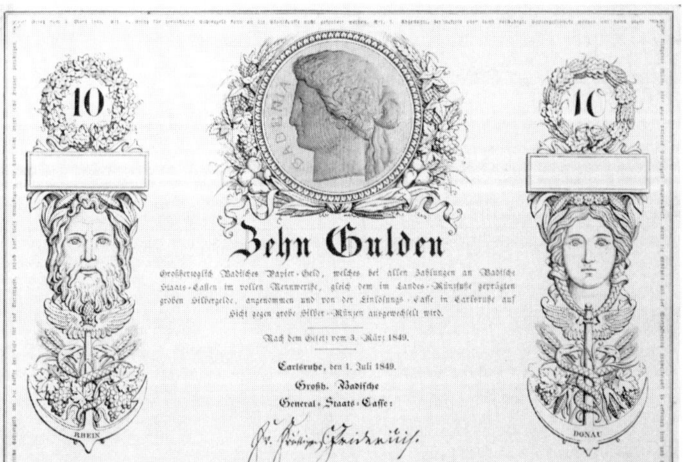

A 30

137 x 97 mm

A 30		**10 Gulden,**	**1500,–/2000,–**
A 31		**35 Gulden**	**2000,–/3500,–**
A 32	1. 7.1854	**10 Gulden** Gesetzestext a. einzeilig, b. zweizeilig	**1500,–/1800,–**
A 33		**50 Gulden**	**2500,–/3500,–**

Allgemeine Versorgungsanstalt, Darlehnskassenscheine

IV / II

A 34

125 x 82 mm

A	**34**	30. 7.1870	**5 Gulden**	**2500,–/3000,–**
A	**35**		**10 Gulden**	**3000,–/3500,–**

Badische Bank s. 701–716

Bayern, Königreich

IV / II

Kgl. Bayer. Staats-Schuldentilgungs-Commission

A 36

117 x 79 mm

A	**36**	5. 9.1866	**2 Gulden**	**250,–/400,–**
A	**37**		**5 Gulden**	**250,–/400,–**

IV / II

A 38

157 x 105 mm

A 38 **50 Gulden** **2500,–/3500,–**

Bayerische Hypotheken- und Wechsel-Bank, München

A 39

147 x 102 mm

A 39 1. 6.1836 **10 Gulden** **3000,–/3500,–**

				IV / II
A	40	1. 6.1839	**100 Gulden**	**2500,–/3000,–**
A	41	1. 5.1841	**10 Gulden**	**2000,–/2500,–**
A	41 I	1. 7.1849	**10 Gulden,** Probedruck	–,–/–,–
A	42	1. 7.1850	**10 Gulden**	**1500,–/2000,–**

A 43

170 x 135 mm

A	43	16. 9.1850	**100 Gulden**	**2500,–/3000,–**

A 43 I

158 x 105 mm

A	43 I	6. 1.1857	**35 Gulden,** nur Entwurf	–,–/–,–
A	44	1. 8.1857	**10 Gulden**	**2000,–/2500,–**

IV / II

A 45

146 x 105 mm

A 45 1. 7.1865 **10 Gulden** **1500,–/2000,–**

A 46 1.10.1870 **100 Gulden** **3000,–/3500,–**

A 47 1. 7.1874 **100 Mark** –,–/–,–

Bayerische Notenbank s. Nr. 717–738

Braunschweig, Herzogtum

Herzogl. Braunschweig-Lüneburgische Leihhaus-Kommission
ab 1858 »Herzogl. Braunschw.-Lüneburg. Finanz-Collegium«

A 48 2. Hälfte 18. Jahrh., versch. Werte von 10 Taler aufwärts, Depositionsscheine –,–/–,–

A 49 1813 **10 Taler,** Depositionsschein –,–/–,–

A 50 **20 Taler,** Depositionsschein –,–/–,–

A 51 **50 Taler,** Depositionsschein –,–/–,–

A 52 **100 Taler,** Depositionsschein –,–/–,–

A 53 7. 3.1842 **1 Taler,** ohne Prägestempel rechts oben **1800,–/2200,–**

A 54 **5 Taler,** ohne Prägestempel rechts oben **1800,–/2200,–**

s. auch Darlehns-Bank, Braunschweig

A 55 **20 Taler,** ohne Prägestempel rechts oben **2200,–/2500,–**

A 56 7. 3.1842 (Ausg. 1851/52)
1 Taler, rechts oben Prägestempel mit Pferd, Krone u. L.C. **2500,–/3000,–**

A 57 **5 Taler,** mit Prägestempel wie Nr. A 56 –,–/–,–

A 58 **20 Taler,** mit Prägestempel wie Nr. A 56 –,–/–,–

IV / II

A 59

129 x 80 mm (Rückseite)

A 59 1. 5.1858 **1 Taler** **1200,–/1800,–**

A 60

155 x 86 mm

A 60 **10 Taler** **1200,–/1800,–**

Darlehns-Bank, Braunschweig

Scheine der Braunschw.-Lüneburg. Leihhaus-Kommission mit rotem Aufdruck »Darlehns-Bankschein, Gesetz v. 4.5.1848«

A 61 7. 3.1842/ 4. 5.1848 **1 Taler** **2500,–/3000,–**

A 62 **5 Taler** **–,–/–,–**

Braunschweigische Bank

A 63 1. 5.1854 **10 Taler** **2500,–/3000,–**

A 64 1. 6.1856 **10 Taler** **–,–/–,–**

IV / II

A 65

144 x 93 mm

A	**65**	1. 1.1869	**10 Taler**	**1000,–/1500,–**
A	**66**	1. 7.1874	**100 Mark**	–,–/–,–

Bremen, Freie und Hansestadt

Bremer Bank

A	**67**	1.10.1856	**5 Taler** Gold	**2500,–/3000,–**
A	**68**		**10 Taler** Gold	**2500,–/3000,–**
A	**69**		**25 Taler** Gold	–,–/–,–
A	**70**		**100 Taler** Gold	–,–/–,–
A	**71**	1. 7.1863	**10 Taler** Gold	–,–/–,–
A	**72**		**20 Taler** Gold	–,–/–,–
A	**73**		**50 Taler** Gold	–,–/–,–
A	**74**	1.12.1863	**100 Taler** Gold	–,–/–,–
A	**75**	14. 2.1870	**5 Taler** Courant	**2500,–/3000,–**
A	**76**		**10 Taler** Courant	**2500,–/3000,–**
A	**77**	1. 7.1872	**20 Mark**	**2500,–/3000,–**

A 78

157 x 103 mm

A	**78**	**100 Mark**	**3000,–/3500,–**

IV / II

Frankfurt/Main, Freie Stadt

Rechnei- und Rentenamt

A 79 versch. Daten v. 1826–1854 **500 Gulden** –,–/–.–

Frankfurter Bank

A 80 1. 1.1855 **5 Gulden** **1000,–/1500,–**

A 81

137 x 91 mm

A 81 **10 Gulden** **1000,–/1500,–**

A 82 **35 Gulden** **2000,–/2500,–**

A 83 **50 Gulden** **2000,–/2500,–**

A 84 **100 Gulden** **2500,–/3000,–**

A 85

216 x 135 mm

A 85 **500 Gulden** **2500,–/3000,–**

				IV / II
A 86	25. 7.1870	**500 Gulden,** Depositenschein		–,–/–,–
A 87	1. 1.1874	**100 Mark**		2000,–/2500,–
A 88		**500 Mark**		2500,–/3000,–
A 89		**1000 Mark**		2500,–/3000,–
A 90	1. 8.1890	**100 Mark**		2500,–/3000,–

A 91

185 x 110 mm

A 91 **1000 Mark** **2500,–/3000,–**
Nr. A 80–A 91 erster Preis für gelochte Scheine

Hamburg, Freie und Hansestadt

Norddeutsche Bank
Solawechsel, die wie Banknoten zirkulierten

A 92	1857 (Ausg. 1865)	**10 Taler**	–,–/–,–
A 93		**25 Taler**	–,–/–,–

Hannover, Königreich

IV / II

Magistrat der kgl. Residenzstadt, Kassenscheine

A 94 7.12.1846 **1 Taler** **1000,–/1500,–**

A 95

127 x 86 mm

A 95 **5 Taler** **2000,–/2500,–**

A 96

162 x 115 mm

A 96 o.D. (1874) **100 Mark,** blau **2500,–/3000,–**

A 96 I **100 Mark,** grün, Probe **–,–/2500,–**

Hannoversche Bank

IV / II

A 97

140 x 93 mm

A 97	1. 3.1857	**10 Taler**	**1200,–/1800,–**
A 98		**20 Taler**	**1200,–/1800,–**
A 99		**50 Taler**	**2000,–/2500,–**

A 100

157 x 109 mm

A 100		**100 Taler**	**2000,–/2500,–**
A 101	1. 7.1871	**10 Taler**	**2000,–/2500,–**
A 102	1. 1.1874	**100 Mark**	**2000,–/2500,–**

Creditverein zu Emden

A 102 A **1. 8.1858** **5 Reichstaler,** Schuldschein –,–/–,–

Hessen (Hessen-Darmstadt), Großherzogtum

IV / II

Großherzogl. Hessische Staatsschulden-Tilgungskasse

A 103	1. 9.1848	**1 Gulden**	**1000,–/1500,–**

			IV / II
A 104		5 Gulden	2000,–/2500,–
A 105		10 Gulden	–,–/–,–
A 106		35 Gulden	–,–/–,–
A 107		70 Gulden	–,–/–,–
A 108	28. 2.1852	1 Gulden	1500,–/2000,–
A 109		5 Gulden	2000,–/2500,–
A 110		10 Gulden	2000,–/2500,–
A 111		35 Gulden	–,–/–,–
A 112	11.11.1854	1 Gulden	1000,–/1500,–
A 113		5 Gulden	–,–/–,–
A 114		10 Gulden	2000,–/2500,–

A 115

111 x 77 mm

A 115	1.11.1855	1 Gulden	1500,–/2000,–
A 116		5 Gulden	2000,–/2500,–
A 117		10 Gulden	2000,–/2500,–
A 118		35 Gulden	–,–/–,–
A 119	1. 7.1865	1 Gulden	800,–/1000,–

A 120

125 x 85 mm

			IV / II
A 120		5 Gulden	1000,–/1500,–
A 121		10 Gulden	2000,–/2500,–
A 122		50 Gulden	2500,–/3000,–

Bank für Süddeutschland

A 123	1. 7.1856	10 Gulden	2000,–/2500,–
A 124		10 Taler	2000,–/2500,–
A 125	1.12.1856	25 Gulden	2500,–/3000,–
A 126		50 Gulden	2500,–/3000,–
A 127		100 Gulden	2500,–/3000,–
A 128		25 Taler	2500,–/3000,–
A 129		50 Taler	2500,–/3000,–
A 130		100 Taler	2500,–/3000,–

A 131

137 x 88 mm

A 131	20. 3.1857	10 Taler	1500,–/2000,–

A 132

137 x 91 mm

			IV / II
A 132	2. 1.1870	**10 Gulden**	**1500,–/2000,–**
A 133		**25 Gulden**	**2000,–/2500,–**
A 134	1. 1.1874	**100 Mark**	**2000,–/2500,–**

Hessen-Homburg, Landgrafschaft

Landgräflich Hessische Concessionierte Landesbank

A 135

127 x 85 mm

A 135	1. 1.1855	**5 Gulden**	**1000,–/1500,–**
A 136		**10 Gulden**	**1500,–/2000,–**

Hessen (Hessen-Kassel), Kurfürstentum

Kurfürstlich Hessische Direktion der Haupt-Staats-Kasse

A 137	26. 8.1848	**1 Taler**	**1000,–/1500,–**
A 138		**5 Taler**	**1500,–/2000,–**
A 139		**20 Taler**	**–,–/–,–**
A 140	24. 3.1849	**1 Taler**	**800,–/1000,–**
A 141		**5 Taler**	**–,–/–,–**
A 142		**20 Taler**	**–,–/–,–**

Eine 1866 im Druck befindliche Neuausgabe wurde vernichtet

IV / II

A 143

100 x 70 mm

Kurhessische Leih- und Commerzbank, Kassel

A 143 1. 5.1850 **1 Taler** **500,–/800,–**

A 144

140 x 90 mm

A 144 1. 5.1855 **10 Taler** **300,–/450,–**

Lübeck, Freie und Hansestadt

Commerzbank in Lübeck

A 145

142 x 98 mm

A 145 1. 7.1865 **10 Taler** **250,–/400,–**
blanko I /200,–

				IV / II
A 146		20 Taler		300,–/500,–
			blanko I	/200,–

A 147

147 x 100 mm

A 147		100 Taler	800,–/1000,–
A 148	1. 1.1875	100 Mark	–,–/–,–

Credit- und Versicherungsbank, Lübeck

A 149	2. 1.1858	20 Taler	2000,–/2500,–
A 150		50 Taler	2000,–/2500,–
A 151		100 Taler ab 1859 »Commerzbank in Lübeck«	2000,–/2500,–

Lübecker Privatbank

A 152	2. 1.1856	10 Taler	–,–/–,–
A 153		20 Taler	–,–/–,–
A 154		100 Taler	–,–/–,–
A 155	2. 1.1857	200 Taler	–,–/–,–
A 156	1. 1.1875	100 Mark	–,–/–,–

Privat-Disconto- und Darlehen-Kasse zu Lübeck

A 157	ab 1821	Noten lauteten auf durch 100 teilbare runde Summen in Mark Courant, jedoch nicht über 1000 M, C.	–,–/–,–

Mecklenburg – Schwerin, Großherzogtum **IV / II**

Renterei-Kassenscheine

A 158	1868/69	mit 2 % verzinsliche Renterei-Anweisungen **25 Taler**	–,–/–,–
A 159		**50 Taler**	–,–/–,–
A 160		**100 Taler**	–,–/–,–

A 161

140 x 90 mm

A 161	1. 6.1870	**10 Taler**	**2000,–/2500,–**
A 162		**25 Taler**	**2000,–/2500,–**
A 163		**50 Taler**	**2000,–/2500,–**

Rostocker Bank

A 164	1. 7.1850	**10 Taler**	–,–/–,–
A 165		**20 Taler**	–,–/–,–
A 166		**50 Taler**	–,–/–,–
A 167		**100 Taler**	–,–/–,–
A 168	1. 3.1862	**10 Taler**	**2000,–/2500,–**
A 169		**20 Taler**	**2000,–/2500,–**
A 170		**50 Taler**	**2000,–/2500,–**
A 171		**100 Taler**	**2000,–/2500,–**
A 172	28. 7.1866	**10 Taler**	–,–/–,–
A 173		**20 Taler**	–,–/–,–
A 174		**50 Taler**	–,–/–,–
A 175		**100 Taler**	–,–/–,–

IV / II

A 176

172 x 102 mm

A 176	1. 1.1874	**100 Mark**	**1500,–/2000,–**

Mecklenburg – Strelitz, Großherzogtum

Rentei-Kassenscheine

A 177

137 x 85 mm

A 177	1. 6.1866	**5 Taler**	**2500,–/3000,–**
A 178		**10 Taler**	–,–/–,–
A 179		**25 Taler**	–,–/–,–
			I
A 180	1. 6.1869	**5 Taler**	**2000,–**
A 181		**10 Taler**	**2000,–**

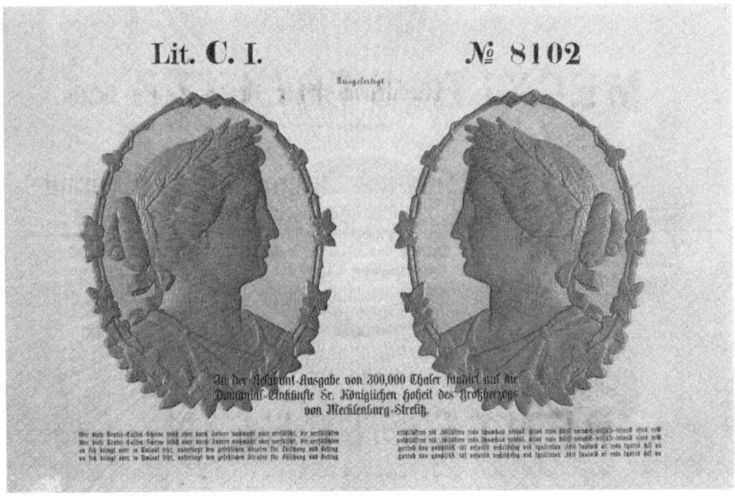

A 182

144 x 94 mm (Rückseite)

			I
A 182		**25 Taler** A 180–182 nur kassenfrisch (ohne Uschr.)	**2000,–**

Nassau, Herzogtum

Nassauische Landes-Credit-Kasse

			IV / II
A 183	3.12.1840	**1 Gulden**	**2000,–/2500,–**
A 184		**5 Gulden**	**2000,–/2500,–**
A 185	15. 6.1841	**1 Gulden**	**2000,–/2500,–**
A 186		**5 Gulden** Existenz fraglich	–,–/–,–
A 187		**25 Gulden** Existenz fraglich	–,–/–,–
A 188	12. 8.1847	**1 Gulden**	**1500,–/2000,–**
A 189		**5 Gulden**	**1000,–/1500,–**
A 190		**25 Gulden** von einigen Scheinen gibt es Formulare auf hellrosa Papier gedruckt	**2000,–/2500,–**

Nassauische Landesbank, Wiesbaden

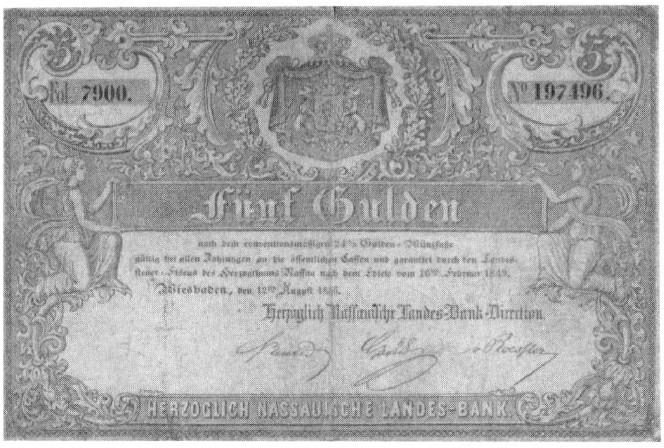

A 191

127 x 82 mm

A 191	12. 8.1856	**5 Gulden**	**800,–/1000,–**

			IV / II
A 192		**25 Gulden**	**2000,–/2500,–**
A 193	1. 1.1859	**10 Gulden**	**1500,–/2000,–**
A 194	24. 7.1865	**5 Gulden**	**1500,–/2000,–**
A 195		**50 Gulden**	**2500,–/3000,–**

Oldenburg, Großherzogtum

Großherzogl. Oldenburg. Staatsministerium

A 196

140 x 85 mm

A 196	1. 1.1869	**5 Taler**	**1200,–/1800,–**
A 197		**10 Taler**	**1200,–/1800,–**

Oldenburgische Landesbank

A 198	1. 4.1875	**100 Mark**	**2000,–/2500,–**

Deutsche Volksbank, Eutin
Depositenscheine

A 199

148 x 100 mm

A 199	20. 5.1870	**10 Taler**	**400,–/500,–**

			IV / II
A 200		**25 Taler**	**300,–/400,–**
A 201		**50 Taler**	**–,–/–,–**
A 202		**100 Taler**	**–,–/–,–**

Preußen, Königreich

Tresorscheine

A 203

100 x 70 mm

A 203	o.D. (1806)	**5 Taler,** mit Unterschrift Schulenburg / Stein	**600,–/1200,–**
A 204		**50 Taler**	**–,–/–,–**
A 205		**100 Taler**	**–,–/–,–**
A 206		**250 Taler**	**–,–/–,–**

A 207

104 x 63 mm

A 207 o.D. (1809) **1 Taler,** mit Unterschrift »Altenstein«

a) Aufdruck »Realisations-Comptoir zu Berlin«	**350,–/550,–**
b) Aufdruck »Realisations-Comptoir zu Breslau«	**400,–/800,–**
c) Aufdruck »Realisations-Comptoir zu Königsberg«	**1000,–/1500,–**

Hauptverwaltung der Staats-Schulden, **IV / II**
Kassen-Anweisungen

A 208

125 x 77 mm

A 208	6. 5.1824	**1 Taler**	**250,–/300,–**
A 209		**5 Taler**	**450,–/600,–**
A 210		**50 Taler**	–,–/–,–
A 211	2. 1.1835	**1 Taler**	**300,–/450,–**

A 212

128 x 85 mm

A 212		**5 Taler**	**800,–/1000,–**
A 213		**50 Taler**	–,–/–,–
A 214		**100 Taler**	–,–/–,–
A 214 I		**500 Taler,** Probedruck	–,–/–,–

IV / II

A 215

124 x 78 mm

A 215	2.11.1851	**1 Taler**	**300,–/450,–**
A 216		**5 Taler**	**800,–/1000,–**
A 217		**10 Taler**	**–,–/–,–**
A 218		**50 Taler**	**–,–/–,–**
A 219		**100 Taler**	**–,–/–,–**
A 220	15.12.1856	**1 Taler**	**150,–/200,–**

A 221

144 x 88 mm (Rückseite)

A 221		**5 Taler**	**250,–/300,–**
A 222	13. 2.1861	**1 Taler,** a) Wappen graubraun wie der Rand b) Wappen violett	**100,–/150,–**

Hauptverwaltung der Darlehnskassen,
Darlehnskassenscheine

A 223	15. 4.1848	**1 Taler**	**400,–/500,–**

IV / II

A 224

122 x 82 mm

A 224 **5 Taler** **1000,–/1500,–**

A 225

127 x 78 mm

A 225 18./19.5.1866 **1 Taler** **400,–/600,–**

A 226 **5 Taler** **1000,–/1500,–**

A 227 **10 Taler** **1500,–/2000,–**

A 228 2. 1.1868 **5 Taler** **1500,–/2000,–**

A 229

127 x 80 mm

A 229 1. 8.1870 **5 Taler** **800,–/1200,–**

			IV / II
A 230		**10 Taler**	**1000,–/1500,–**
A 231		**25 Taler**	**1500,–/2000,–**

Königliche Giro- und Lehnbank

A 232	29.10.1766	**10 Pfund** Banco	–,–/–,–
A 233		**20 Pfund** Banco	–,–/–,–
A 234		**100 Pfund** Banco	–,–/–,–
A 235		**500 Pfund** Banco	–,–/–,–
A 236		**1000 Pfund** Banco	–,–/–,–
A 237	29.10.1766/69	**4 Pfund** Banco	–,–/–,–
A 238		**8 Pfund** Banco	–,–/–,–
A 239	1798–1836	**100 Taler,** Bankkassenschein	–,–/–,–
A 240		**200 Taler,** Bankkassenschein	–,–/–,–
A 241		**300 Taler,** Bankkasssenschein	–,–/–,–
A 242		**500 Taler,** Bankkassenschein	–,–/–,–

Preußische Haupt-Bank

A 243	31. 7.1846	**25 Taler**	**2500,–/3000,–**
A 244		**50 Taler**	**2500,–/3000,–**
A 245		**100 Taler**	**2500,–/3000,–**
A 246		**500 Taler**	–,–/–,–
A 247	15. 5.1856	**10 Taler,** ohne dreifarb. Druck der Rs.	–,–/–,–
A 248		**10 Taler,** mit dreifarb. Druck der Rs.	**2000,–/2500,–**
A 249	26. 5.1857	**25 Taler**	**2000,–/2500,–**
A 249 I		**50 Taler,** Probedruck, Lit. A	–,–/–,–
A 249 II		**50 Taler,** Probedruck, Lit. B	–,–/–,–
A 249 III	26.11.1857	**25 Taler,** Probedruck	–,–/–,–
A 250	9. 6.1860	**50 Taler**	**2000,–/2500,–**
A 251	19.12.1864	**100 Taler**	**2000,–/2500,–**

IV / II

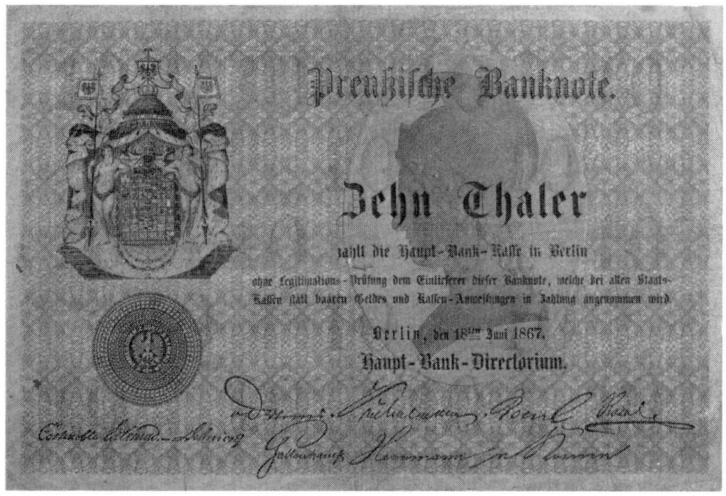

A 252

143 x 94 mm

A 252	18. 6.1867	**10 Taler**	**2000,–/2500,–**
A 253	5.12.1867	**500 Taler**	**3000,–/3500,–**
A 254	21. 9.1868	**25 Taler**	**2000,–/2500,–**

A 255

159 x 101 mm

A 255	1. 5.1874	**100 Mark**	**3000,–/5000,–**
A 256		**500 Mark**	**6000,–/8000,–**
A 257		**1000 Mark**	–,–/–,–

Kgl. Seehandlung-Societät Berlin

A 258	ca. 1820	**100 Taler,** Kassenschein	–,–/–,–
A 259		**500 Taler,** Kassenschein	–,–/–,–
A 259 I	30. 9.1830	**1000 Taler,** Kassenschein	–,–/–,–

Städtische Bank, Breslau (Schlesien)

			IV / II
A 260	10. 6.1848	**1 Taler**	**800,–/1200,–**

A 261

125 x 81 mm

A 261		**5 Taler**	**1200,–/1600,–**
A 262		**25 Taler**	**2000,–/2500,–**
A 263		**50 Taler**	**–,–/–,–**
A 264	1. 7.1863	**10 Taler**	**1200,–/1600,–**
A 265		**20 Taler**	**1500,–/1900,–**

A 266

147 x 100 mm

A 266		**50 Taler**	**2000,–/2500,–**
A 267		**100 Taler**	**2500,–/3000,–**
A 268	1. 7.1874	**100 Mark**	**2000,–/2500,–**
A 269		**1000 Mark**	**2500,–/3000,–**

Cassen-Verein, Berlin, ab 1850 »Bank des Berliner Kassen-Vereins« **IV / II**

A 270	o.D. (ca. 1825)	**1000 Reichstaler** Preuss. Cour.	–,–/–,–
A 271	o.D. (1826–1833)	**100 Taler,** Kassenschein	–,–/–,–
A 272		**200 Taler,** Kassenschein	–,–/–,–
A 273		**300 Taler,** Kassenschein	–,–/–,–
A 274		**500 Taler,** Kassenschein	–,–/–,–
A 275		**1000 Taler,** Kassenschein	–,–/–,–
A 276	ab 1835	**100 Taler,** Sichtwechsel, die wie Banknoten zirkulierten	–,–/–,–
A 277		**200 Taler,** Sichtwechsel, die wie Banknoten zirkulierten	–,–/–,–
A 278	1.10.1850	**10 Taler**	–,–/–,–
A 279		**20 Taler**	–,–/–,–
A 280		**50 Taler**	–,–/–,–
A 281		**100 Taler**	–,–/–,–
A 282		**200 Taler**	–,–/–,–
A 283	1.10.1850	(Neuausgabe 1866, etwas abweichend von der 1. Ausgabe) **10 Taler**	**2500,–/3000,–**
A 284		**20 Taler**	**2500,–/3000,–**
A 285		**50 Taler**	–,–/–,–
A 286		**100 Taler**	–,–/–,–
A 287		**200 Taler**	–,–/–,–

Cölnische Privatbank (Rheinland)

A 288	1. 5.1856	**10 Taler,** ohne Unterdruck	**2000,–/2500,–**
A 289		**20 Taler,** ohne Unterdruck	**2000,–/2500,–**

IV / II

A 290

130 x 90 mm

A 290		**50 Taler**, ohne Unterdruck	**2000,–/2500,–**
A 291		**100 Taler**, ohne Unterdruck	**2000,–/2500,–**
A 292	1. 5.1856 (Ausgabe 1863)	**10 Taler**, mit gelbbraunem Unterdruck	**1000,–/1500,–**
A 293		**20 Taler**, mit hellgrünem Unterdruck	**1000,–/1500,–**
A 294		**50 Taler**, mit rosa Unterdruck	**1000,–/1500,–**
A 295		**100 Taler**, mit blaugrünem Unterdruck Es gibt auch Probedrucke und Abzüge der Vs. 10, 20, 50 Taler	**1500,–/2000,–** je **300,–/400,–**
A 296	6. 3.1875	**100 Mark**	–,–/–,–

Communalständische Bank für die preußische Oberlausitz, Görlitz (Schlesien)

A 297	1. 5.1866	**10 Taler**	**2000,–/2500,–**
A 298		**20 Taler**	**2000,–/2500,–**
A 299		**50 Taler**	**2000,–/2500,–**
A 300		**100 Taler**	**2000,–/2500,–**
A 301		**200 Taler**	–,–/–,–
A 302	31. 3.1874	**100 Mark**	–,–/–,–

Danziger Privat-Actien-Bank (Westpreußen) **IV / II**

A 303

155 x 90 mm (Rückseite)

A 303	1. 7.1857	**10 Taler**	**1500,–/2000,–**
A 304		**20 Taler**	–,–/–,–
A 305		**50 Taler**	–,–/–,–
A 306		**100 Taler**	**2500,–/3000,–**
A 307	1. 9.1862	**10 Taler**	**1500,–/2000,–**
A 308	2. 1.1865	**20 Taler**	**2000,–/2500,–**
A 309		**50 Taler**	**2000,–/2500,–**

A 310

153 x 105 mm

A 310	1. 7.1867	**100 Taler**	**2500,–/3000,–**
A 311	1. 5.1871	**100 Taler**	–,–/–,–

			IV / II
A 312	1. 3.1873	**100 Taler**	**2500,–/3000,–**
A 313	1. 6.1875	**100 Mark**	**–,–/–,–**
A 314	1. 6.1882	**100 Mark**	**2500,–/3000,–**

A 315

159 x 102 mm

A 315	1. 6.1887	**100 Mark**	**2500,–/3000,–**

Königsberger Privatbank (Ostpreußen)

A 316	1. 4.1857	**10 Taler**	**–,–/–,–**
A 317		**20 Taler**	**2500,–/3000,–**
A 318		**50 Taler**	**–,–/–,–**
A 319		**100 Taler**	**–,–/–,–**
A 320	13.10.1866	**10 Taler**	**2000,–/2500,–**
A 321		**20 Taler**	**2500,–/3000,–**
A 322		**50 Taler**	**2000,–/2500,–**
A 323		**100 Taler**	**2500,–/3000,–**

Kurmärkische Privat-Bank, Berlin **IV / II**

A 324 186. (Monat u. Tag hschr.)
5 Taler Preuß. Crt. »Solawechsel«, wie Banknote zirkulierend **2500,–/3000,–**

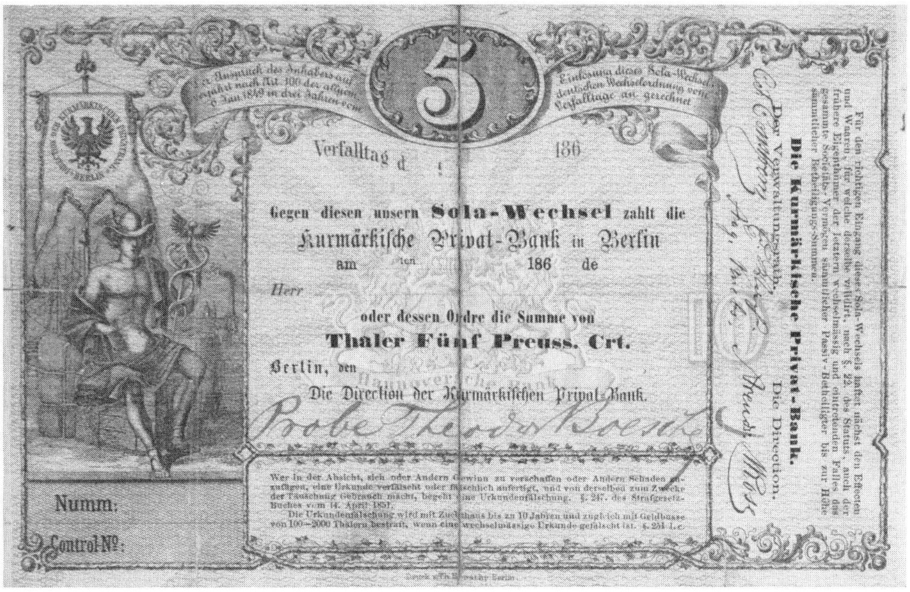

A 324

179 x 113 mm

Magdeburger Privatbank (Provinz Sachsen)

A 325	30. 6.1856	**10 Taler**		–,–/–,–
A 326		**20 Taler**		–,–/–,–
A 327		**50 Taler**		–,–/–,–
A 328		**100 Taler**		–,–/–,–
A 329	1. 7.1866	**10 Taler**		**2500,–/3000,–**
A 330		**20 Taler**		**2500,–/3000,–**
A 331		**50 Taler**		**2500,–/3000,–**
A 332		**100 Taler**		**2500,–/3000,–**
A 333	1. 1.1874	**100 Mark**		–,–/–,–

Owinsker General-Kasse, Owinsk b. Posen, Kassenschein

A 334	1801	**20 Taler**	–,–/–,–

Ritterschaftliche Privatbank in Pommern, Stettin

IV / II

A 335

105 x 67 mm (Rückseite)

A 335	o.D. (1824/25)	**1 Taler**	**250,–/350,–**

A 336

103 x 65 mm

A 336		**5 Taler**	**1000,–/1500,–**
A 337	24. 8.1849	**10 Taler**	–,–/–,–
A 338		**20 Taler**	–,–/–,–
A 339		**50 Taler**	–,–/–,–
A 340		**100 Taler**	–,–/–,–
A 341	20. 7.1860	**10 Taler**	**2000,–/2500,–**
A 342		**20 Taler**	–,–/–,–
A 343		**50 Taler**	–,–/–,–
A 344		**100 Taler**	–,–/–,–
A 345	20. 9.1869	**10 Taler**	**2000,–/2500,–**
A 346		**20 Taler**	**2500,–/3000,–**
A 347		**50 Taler**	–,–/–,–
A 348		**100 Taler**	–,–/–,–
A 349	6. 8.1874	**100 Mark**	–,–/–,–
A 349 I		**100 Mark,** Probedruck	**1500,–/2000,–**

Provinzial-Aktienbank des Großherzogtums Posen

IV / II

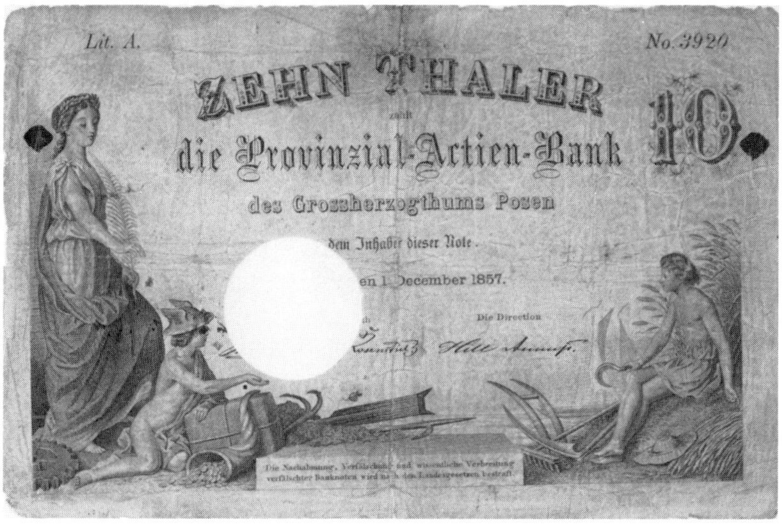

A 350

155 x 100 mm

A 350	1.12.1857	**10 Taler**	**1500,–/2000,–**

A 351

155 x 100 mm

A 351		**20 Taler**	**2000,–/2500,–**
A 352		**50 Taler**	**2500,–/3000,–**
A 353		**100 Taler**	**2500,–/3000,–**
A 354		**200 Taler**	**2500,–/3000,–**
A 355	18. 3.1867	**10 Taler**	**2000,–/2500,–**
A 356		**20 Taler**	**2500,–/3000,–**
A 357		**50 Taler**	**2500,–/3000,–**
A 358		**100 Taler**	**2500,–/3000,–**
A 359	17. 3.1874	**100 Mark**	**–,–/–,–**

			IV / II
A 360		**200 Mark**	–,–/–,–
A 361		**500 Mark**	–,–/–,–
A 362	17. 3.1883	**100 Mark**	–,–/–,–
A 363		**200 Mark**	–,–/–,–
A 364		**500 Mark**	–,–/–,–

Reuss jüngere Linie, Fürstentum

Kommission für die Verwaltung der Staatsschulden

A 365

102 x 73 mm

A 365	27. 3.1849	**1 Taler**	**1000,–/1500,–**
A 366	7. 1.1860	**1 Taler**	**800,–/1200,–**

A 367

119 x 77 mm

A 367	4. 7.1870	**1 Taler**	**800,–/1200,–**

Geraer Bank

IV / II

A 368

143 x 96 mm

A 368	15. 1.1856	**10 Taler**	**1000,–/1500,–**
A 369		**50 Taler**	**1500,–/2000,–**
A 370		**100 Taler**	**–,–/–,–**

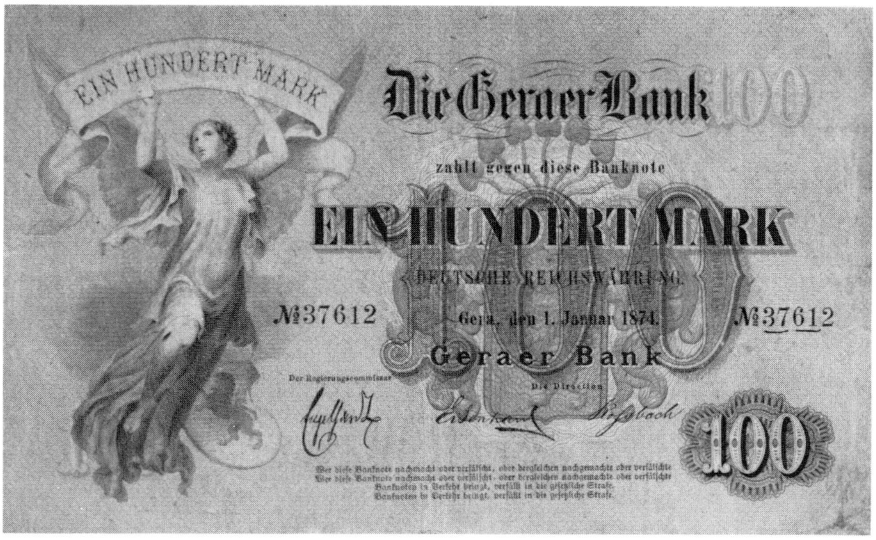

A 371

172 x 102 mm

A 371	1. 1.1874	**100 Mark**	**2000,–/2500,–**

Reuss ältere Linie, Fürstentum

Kassenscheine

IV / II

A 372

112 x 81 mm

A 372 15. 5.1858 **1 Taler** **1000,–/1500,–**

A 373

125 x 80 mm

A 373 22. 4.1863 **1 Taler** **800,–/1200,–**

Sachsen, Kurfürstentum, ab 1806 Königreich

Churfürstl. Sächs. Cassen-Billets

A 374 6. 5.1772 **1 Reichstaler** **800,–/1300,–**

IV / II

A 375

177 x 87 mm

A 375		**2 Reichstaler**	**1000,–/1500,–**
A 376		**5 Reichstaler**	**1700,–/2200,–**
A 377		**10 Reichstaler**	–,–/–,–
A 378		**50 Reichstaler**	–,–/–,–
A 379		**100 Reichstaler**	–,–/–,–

A 380

173 x 92 mm

A 380	2. 1.1804	**1 Reichstaler**	**400,–/700,–**
A 381		**2 Reichstaler**	**600,–/900,–**
A 382		**5 Reichstaler** auch Formulare: 1, 2, 5 Reichstaler	**1000,–/1500,–** je **200,–/500,–**
A 383	18.12.1815	**1 Reichstaler**	**500,–/800,–**
A 384	1.10.1818	**1 Reichstaler,** ohne roten Aufdruck	**400,–/700,–**
A 385		**2 Reichstaler,** ohne roten Aufdruck	**500,–/800,–**
A 386		**1 Reichstaler,** mit rotem Wertaufdruck »1 Thlr. Cour.« a) Papier weiß b) Papier grau, grauviolett oder violett gefärbt	 **400,–/700,–** **600,–/900,–**

IV / II

A 387 b

152 x 91 mm

A 387		**2 Reichstaler,** mit rotem Wertaufdruck »2 Thlr. Cour.«	
		a) Papier weiß	**500,–/800,–**
		b) Papier grau, graugrün, grauviolett oder violett gefärbt	**700,–/1000,–**
A 388	16. 4.1840	**1 Taler**	**300,–/400,–**
A 389		**5 Taler**	**600,–/800,–**

A 390

143 x 88 mm

A 390		**10 Taler**	**1500,–/2000,–**
A 391	6. 9.1855	**1 Taler** Preise für entwertete Scheine	**200,–/300,–**

A 392

125 x 82 mm

A 392		**5 Taler** Preise für entwertete Scheine	**300,–/400,–**

			IV / II
A 393		**10 Taler** Preise für entwertete Scheine	**1000,–/1500,–**
A 394		**20 Taler** Preise für entwertete Scheine	**2500,–/3000,–**
A 395		**50 Taler**	**–,–/–,–**
A 396	2. 3.1867	**1 Taler**	**200,–/300,–**
A 397		**5 Taler**	**300,–/400,–**

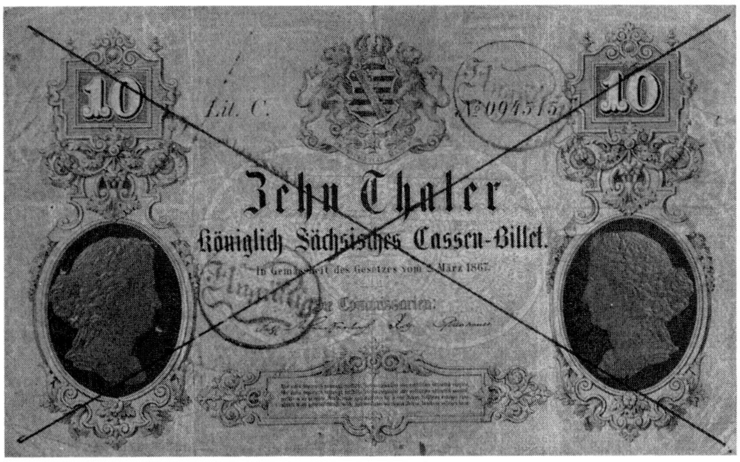

A 398

146 x 88 mm

A 398		**10 Taler**	**1000,–/1500,–**

Chemnitzer Stadtbank, Creditscheine

A 399

107 x 73 mm

A 399	19. 8.1848	**1 Taler,** 14-Taler-Fuß	**800,–/1200,–**
A 400		**1 Taler,** 30-Taler-Fuß	**800,–/1200,–**

IV / II

A 401

113 x 75 mm

A 401	10. 8.1867	**1 Taler**	**600,–/1000,–**
A 402	1. 5.1874	**100 Mark**	**2500,–/3000,–**

Landständische Hypothekenbank für das Königl. Sächs. Markgrafenthum Oberlausitz, Bautzen; ab 1857 »Landständische Bank des Kgl. Sächs. Markgrafthums Oberlausitz«

A 403	15.11.1850	**1 Taler**	–,–/–,–
A 404		**5 Taler**	–,–/–,–
A 405	1860	**5 Taler**	–,–/–,–
A 406	1861	**10 Taler**	–,–/–,–

A 407

140 x 87 mm

A 407	10.10.1868	**10 Taler**	**2000,–/2500,–**

IV / II

A 408

172 x 104 mm

A 408	1. 1.1875	**100 Mark**	**1500,–/2000,–**

Leipziger Bank, Bankkassenscheine

A 409	11. 3.1839	**100 Taler**	–,–/–,–
A 410		**200 Taler**	–,–/–,–
A 411		**500 Taler**	–,–/–,–
A 412	Datum?	**20 Taler** Konventionsfuß	–,–/–,–
A 413		**100 Taler** Konventionsfuß	–,–/–,–
A 414		**200 Taler** Konventionsfuß	–,–/–,–
A 415		**500 Taler** Konventionsfuß	–,–/–,–
A 416		**1000 Taler** Konventionsfuß	–,–/–,–
A 417		**100 Taler** 14-Taler-Fuß	–,–/–,–
A 418		**500 Taler** 14-Taler-Fuß	–,–/–,–
A 419	8.10.1843	**50 Taler**	–,–/–,–
A 420	15. 7.1845	**20 Taler**	–,–/–,–
A 421	1. 3.1855	**20 Taler**	**2500,–/3000,–**
A 422	1. 6.1860	**50 Taler**	**2500,–/3000,–**
A 423		**100 Taler**	**2500,–/3000,–**
A 424	20. 6.1864	**10 Taler**	**2500,–/3000,–**
A 425	18. 4.1866	**10 Taler**	**2500,–/3000,–**
A 426	1. 1.1874	**100 Mark**	**2500,–/3000,–**

Leipziger Diskonto-Kasse **IV / II**

A 427 1824 **100 Reichstaler** –,–/–,–

A 428 **200 Reichstaler** –,–/–,–

A 429 **500 Reichstaler** –,–/–,–

A 430 **1000 Reichstaler** –,–/–,–

Leipziger Kassenverein

A 431 1. 5.1867 **100 Taler** –,–/–,–

A 432 31. 3.1875 **500 Mark** –,–/–,–

Leipzig-Dresdner Eisenbahn-Compagnie, Eisenbahn-Kassa-Scheine

A 433 o.D. (1838/39) **1 Taler,** 14-Taler-Fuß **500,–/800,–**

A 434

102 x 70 mm

A 434 o.D. (1855) **1 Taler,** 14-Taler-Fuß, Rs. »Umdruck von 1855« **500,–/800,–**

A 435 o.D. (1857) **1 Taler,** 30-Taler-Fuß **500,–/800,–**

A 436 o.D. (1870) **1 Taler,** 30-Taler-Fuß, Rs. »Umdruck von 1870« **500,–/800,–**

A 436 A o.D. (1870) **1 Taler,** 21 Gulden Fuss, einseitig bedruckt **3000,–/ –,–**

Sächsische Bank, Dresden s. Nr. 739–765

Sachsen-Altenburg, Herzogtum

Herrschaftl. Floss-Kassen-Billet (Fürstl. Kammer-Hauptkasse)

A 437 15.12.1785 (handschr.) **5 Taler** **3000,–/–,–**

Kassenscheine

A 438 16. 7.1848 **1 Taler** **1000,–/1500,–**

IV / II

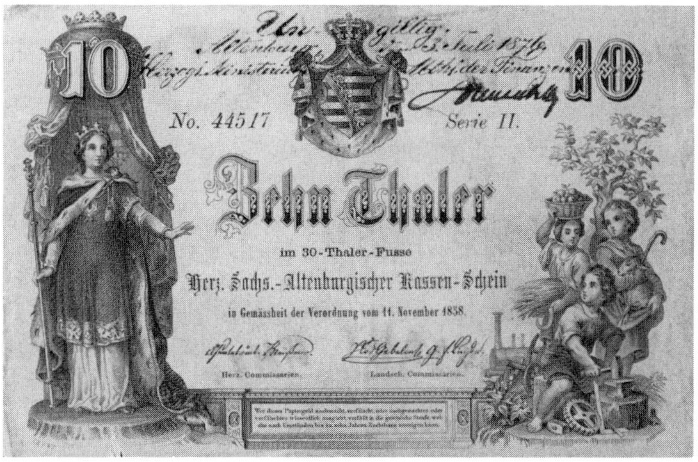

A 439

136 x 88 mm

A 439 11.11.1858 **10 Taler** **1500,–/2000,–**

Sachsen-Coburg, Herzogtum

Herzogl. Kassen-Anweisungen

A 440 22. 1.1849 **1 Taler** **1500,–/2000,–**

A 441 **5 Taler** –,–/–,–

A 442

120 x 77 mm

A 442 30. 6.1870 **1 Taler** **1000,–/1500,–**

A 443 **5 Taler** –,–/–,–

Sachsen-Coburg und Gotha, Herzogtümer

Privatbank zu Gotha

A 444 2. 1.1857 **10 Taler** –,–/–,–

A 445 **20 Taler** **2000,–/2500,–**

A 446 **100 Taler** –,–/–,–

IV / II

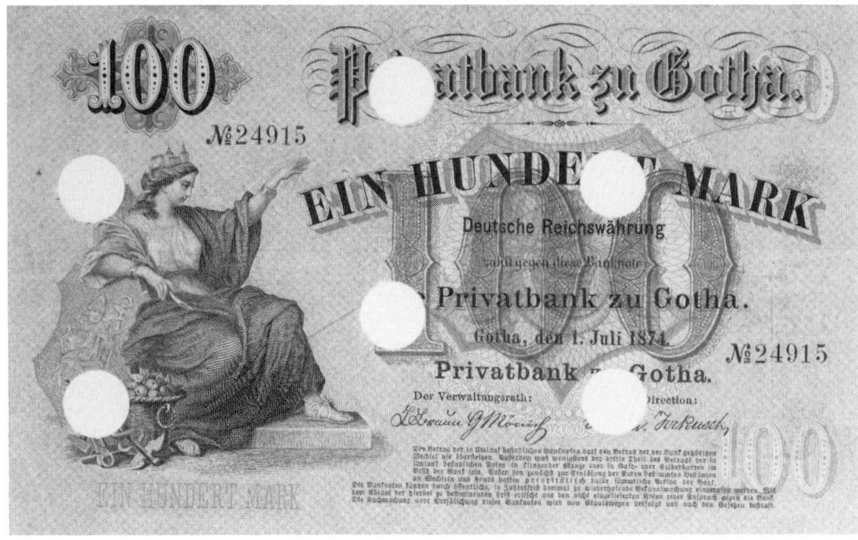

A 447

172 x 102 mm

A 447	1. 7.1874	**100 Mark**	**2000,–/2500,–**
A 447 I		**200 Mark,** Probedruck	**–,–/1000,–**

Sachsen-Gotha, Herzogtum

Herzogl. Kassen-Anweisungen

A 448	30. 9.1847	**1 Taler**	**1500,–/2000,–**
A 449		**5 Taler**	**2000,–/2500,–**
A 450	12. 7.1860	**1 Taler**	**1000,–/1500,–**
A 451		**5 Taler**	**2000,–/2500,–**

Sachsen-Meiningen, Herzogtum

Kassenanweisungen

A 452

105 x 75 mm

A 452	24. 5.1849	**1 Taler**	**400,–/600,–**
A 453	31. 3.1856	**10 Taler**	**1200,–/1700,–**

Mitteldeutsche Creditbank, Meiningen **IV / II**

A 454 26. 8.1856 **10 Taler** **1500,–/2000,–**

A 455

186 x 110 mm

A 455 2. 1.1875 **100 Mark** **2500,–/3000,–**

Sachsen-Weimar-Eisenach, Großherzogtum

Großherzogl. Sächs. Kassen-Anweisungen

A 456 27. 8.1847 **1 Taler** **1000,–/1500,–**

A 457

128 x 83 mm

A 457 **5 Taler** **1500,–/2000,–**

A 458 20. 4.1859 **1 Taler** **800,–/1200,–**

A 459 **5 Taler** **–,–/–,–**

A 460 22. 6.1870 **1 Taler** **600,–/1000,–**

IV / II

A 461

142 x 90 mm

A 461		**5 Taler** A 460 u. A 461 auch Proben in versch. Farben (460 I u. 461 I)	**1200,–/1700,–** je **–,–/500,–**

Weimarische Bank

A 462 (Rückseite)

145 x 92 mm

A 462	4. 2.1854	**10 Taler,** Wappen nur oben Mitte	**1200,–/1700,–**
A 463		**10 Taler,** Wappen oben Mitte, links u. rechts	**2500,–/3000,–**
A 464		**20 Taler**	**2500,–/3000,–**
A 465		**50 Taler**	**2500,–/3000,–**
A 466		**100 Taler**	**–,–/–,–**

IV / II

A 467

172 x 102 mm

A 467 1. 1.1874 **100 Mark** **1500,–/2000,–**

A 467 I **200 Mark,** Probedruck **–,–/1000,–**

Schaumburg-Lippe, Fürstentum

Kontroll-Kommission der Fürstl. Schaumburg-Lippische Kassen-Anweisungen

A 468

140 x 92 mm

A 468 2. 1.1857 **10 Taler** **1000,–/1500,–**
blanko **300,–**

Niedersächsische Bank, Bückeburg

IV / II

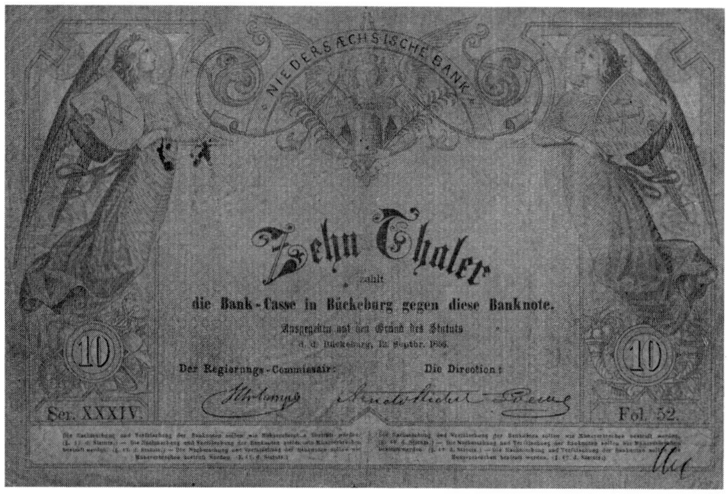

A 469

143 x 95 mm

A 469 12. 9.1856 **10 Taler** **2000,–/2500,–**

A 470 28. 6.1865 **10 Taler** –,–/–,–

A 471

188 x 110 mm

A 471 1. 1.1874 **100 Mark** **2500,–/3000,–**

Schleswig-Holstein, Herzogtümer

Schleswig-Holsteinische Species Bank in Altona

A 472 versch. Jahreszahlen von 1787–1813 **8 Taler** Species = 10 Taler Courant **2000,–/2500,–**

A 473 **20 Taler** Species = 25 Taler Courant mit Jahreszahl 1808 auch unausgefüllte Scheine **2000,–/2500,–**

A 474 **40 Taler** Species = 50 Taler Courant **2500,–/3000,–**

A 475 **80 Taler** Species = 100 Taler Courant **2500,–/3000,–**

IV / II

Schleswig-Holsteinisches Leihe-Institut, Altona (Kopenhagen)

A 476 1801 **5 Reichstaler** Schlesw.-Holst. Courant **2000,–/2500,–**

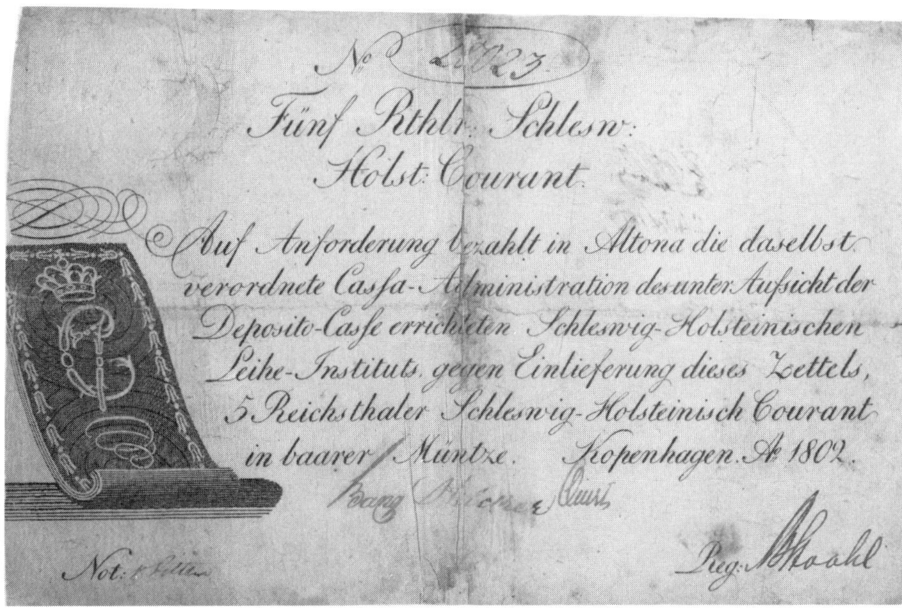

A 477

180 x 115 mm

A 477 1802 **5 Reichstaler** Schlesw.-Holst. Courant **2000,–/2500,–**

A 478 entfällt

Königliches Finanz-Kollegium (nur auf den Scheinen von 1807 genannt)

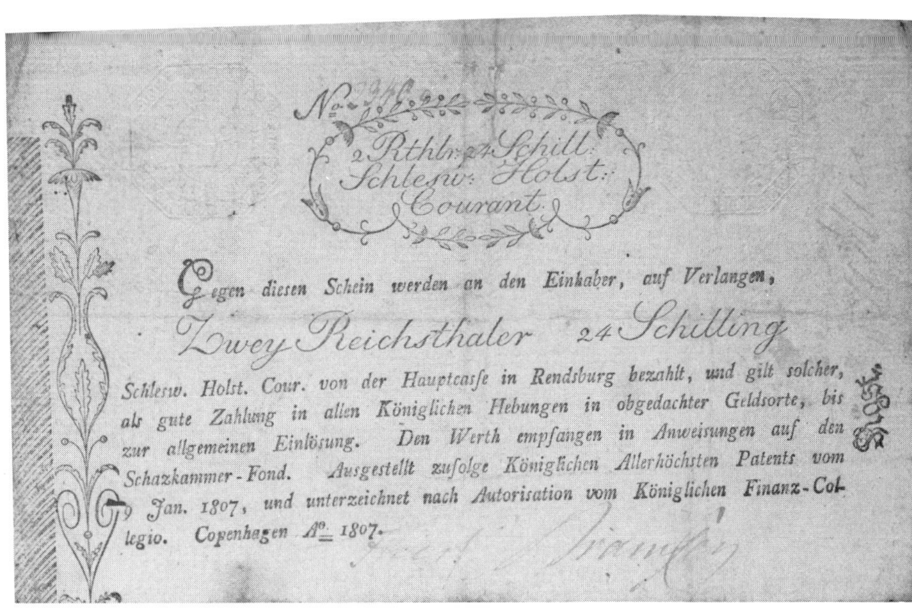

A 479

182 x 113 mm

A 479 9. 1.1807 **2 Reichstaler 24 Schilling,** Kopenhagen, Anweisung auf den Schatzkammer-Fond **1000,–/1500,–**

IV / II

A 480 **20 Reichstaler,** Kopenhagen, Anweisung auf den Schatzkammer-Fond, Existenz fraglich –,–/–,–

A 481 8. 4.1808 **2 Reichstaler 24 Schilling,** Altona, Anweisung auf die Einnahmen des Schatzkammer-Abtragsfonds
a) Prägestempel rund **400,–/600,–**
b) Prägestempel achteckig **800,–/1000,–**

A 482
190 x 118 mm

A 482 **20 Reichstaler,** Altona **2000,–/2500,–**

Anweisungen auf die Herzogtümer Schleswig u. Holstein

A 483 1810 **25 Reichstaler** (verzinslich mit 5 %) –,–/–,–

A 484 **50 Reichstaler** –,–/–,–

A 485 **75 Reichstaler** –,–/–,–

A 486 **100 Reichstaler**
A 489–A 492 je mit Ser. A, B, C u. D, je eine Serie 1812–1815 einzulösen –,–/–,–

Königliche Rentekammer zu Kopenhagen

A 487 6.12.1815 **5 Reichstaler,** Kopenhagen **2500,–/3000,–**

IV / II

Schlesw. Holst. Kassen-Scheine (Provisorische Regierung)

A 488 31. 7.1848 **1 Taler** = 2½ Mark Courant **250,–/350,–**

A 489

125 x 90 mm

A 489 **4 Taler** = 10 Mark Courant **800,–/1100,–**

A 490 **10 Taler** = 25 Mark Courant **1500,–/2000,–**

Oberste Zivilbehörde für Holstein, Kiel

A 491 17. 7.1851 **2½ Mark** **200,–/350,–**

A 492

118 x 83 mm

A 492 **10 Mark** **800,–/1000,–**

A 493 **25 Mark** **1500,–/2000,–**

Sr. Königl. Majestät Ministerium für die Herzogtümer Holstein und Lauenburg, Kopenhagen

IV / II

A 494

111 x 80 mm

A 494 1. 9.1854 **5 Reichstaler** **2000,–/2500,–**

A 495 **20 Reichstaler,** wahrscheinlich nur Druckmuster –,–/–,–

A 495 I **Schleswig-Holstein, Statthalterschaft der Herzogtümer**
1850, versch. Werte, sind Obligationen

A 495 II **Freiwillige Anleihe des Schleswig-Holst. Finanz-Departements**
1863, 5 u. 10 Taler, sind Schuldscheine

Schwarzburg-Rudolstadt, Fürstentum

Kassenbillets

A 496

105 x 71 mm

A 496 4.12.1848 **1 Taler** **800,–/1000,–**

A 497

109 x 75 mm

A 497 30. 5.1851 **1 Taler** **500,–/700,–**

			IV / II
A 498	1.12.1855	**10 Taler**	**1500,–/2000,–**

Schwarzburg-Sondershausen, Fürstentum

Verwaltung des Kammerschulden-Tilgungsfonds, Kassenanweisungen

A 499

131 x 82 mm

A 499	11. 3.1854	**1 Taler**	**1000,–/1500,–**
A 500		**5 Taler**	**–,–/–,–**
A 501	20.12.1855	**10 Taler**	**–,–/–,–**
A 502	25.10.1859	**1 Taler**	**800,–/1000,–**

A 503

110 x 77 mm

A 503	25. 2.1866	**1 Taler**	**500,–/700,–**

Thüringische Bank, Sondershausen

A 504	1. 3.1856	**20 Taler**	**2000,–/2500,–**
A 505	29. 3.1870	**20 Taler**	**2000,–/2500,–**

Waldeck, Fürstentum

Fürstl. Waldecksche Staatsschuldenverwaltung — **IV / II**

A 506	13.11.1854	**1 Taler**	**1500,–/2000,–**
A 507		**10 Taler**	**2000,–/2500,–**

Westphalen, Königreich

Obligationen der Reichsschulden-Amortisations-Casse

A 508	Dekret v. 19.10.1808 versch. handschr. Ausgabedaten **25 Franken**	**100,–/150,–**
A 509	**50 Franken**	**100,–/150,–**
A 510	**100 Franken**	**100,–/150,–**
A 511	**200 Franken**	**100,–/150,–**

Vierteljährliche Zinskupons zu den Obligationen der Reichsschulden-Amortisations-Casse
Ausgestellt jeweils zum 30.6.18 . . oder 31.12.18 . . (gedruckt), handschriftlich vom (30.6.18)12 bis (31.12.18)20, 2 verschiedene rote Faks.-Unterschriften, handschriftliche Werte

A 512 – A 517 **2, 3, 4, 5, 6, 10 Franken,** ohne roten Stempel »F.W.« — je **35,–/50,–**

A 522

173 x 87 mm

A 518 – A 523 **2, 3, 4, 5, 6, 10 Franken,** mit rotem Stempel »F.W.« — je **50,–/70,–**

Schatzscheine

A 524 – A 527 12. 6.1812 Werte handschr. **20, 50, 100, 250 Franken** — je **150,–/250,–**

IV / II

A 528

182 x 125 mm

A 528 – A 529 8. 7.1812 Werte gedruckt **20, 50 Franken** je **250,–/350,–**

A 508 – A 529 und weitere Ausgaben von Westphalen waren nicht als Zahlungsmittel für den Umlauf bestimmt und sind daher kein Papiergeld. Da sie trotzdem von vielen mitgesammelt werden, erhielten sie eine Katalog-Nr.

Württemberg, Königreich

Königl. Staats-Haupt-Kasse

A 530	1. 8.1849	**2 Gulden**	**1200,–/1800,–**
A 531		**10 Gulden**	**1800,–/2200,–**
A 532		**35 Gulden**	**2500,–/3000,–**

A 533

145 x 96 mm

A 533 1. 1.1858 **10 Gulden** **1800,–/2200,–**

			IV / II
A 534	1.12.1871	**10 Gulden**	**1800,–/2200,–**

Württembergischer Cassen-Verein von G. Müller und Genossen

A 535

135 x 96 mm

A 535 1. 8.1870 – 30. 6.1871 **5 Gulden,** gelocht **200,–/250,–**
Es wurden auch mit 3% verzinsliche Kassenschuldscheine über 50, 100 und 500 Gulden ausgegeben, die jedoch kein Papiergeld waren

Württembergische Notenbank s. Nr. 766 – 787 I

Papiergeld der Standesherrschaften, staatliches und kommunales Notgeld

Fürstlich Anhalt-Coethen-Plessner Rent-Kammer-Scheine

A 536	1807–1821 (versch. Daten)	**5 Silbergroschen**	–,–/–,–
A 537		**10 Silbergroschen**	**1500,–/2000,–**
A 538		**15 Silbergroschen**	–,–/–,–
A 539		**1 Reichstaler**	–,–/–,–
A 540		**5 Reichstaler**	–,–/–,–
A 541		**10 Reichstaler**	–,–/–,–

Anhalt-Dessau, Herzogl. Anhalt-Dessauisches Steueramt

A 542 o.D. (vor 1863) **3 Pfennig** (handschr.), roter Stempel auf Karton –,–/–,–

Augustenburg und Gravenstein (Schleswig-Holstein)

A 542 A	o.D. (1812)	**2½ Schilling**	–,–/–,–
A 542 B		**5 Schilling**	–,–/–,–

Fürstl. Carolath-Beuthen'sche Kammer, Kassenanweisungen der Rent-Kasse

IV / II

A 543

130 x 88 mm

A 543	1. 7.1830	**1 Taler** preuß. Courant	**2000,–/2500,–**

Coethen (Anhalt), Magistrat der Stadt

A 544	o.D. (nach 1820)	**5 Silbergroschen,** Wert u. Stempel	**1000,–/1500,–**

Coethen (Anhalt), Dr. Arthur Lutze, Anweisungen
privates Notgeld mit herzogl. Genehmigung

A 545	23. 9.1854 – 23. 9.1855	**1 Taler,** »Herrn Kitzing oder dessen Ordre« handschr.	**200,–/250,–**
A 546		**1 Taler,** »Herrn Kitzing oder dessen Ordre« gedruckt, Prägestempel freistehend	**100,–/150,–**
A 547		**1 Taler,** wie A 546, doch Prägestempel in schwarz gedr. Rahmen	**120,–/170,–**

A 548

104 x 69 mm (Rückseite)

A 548	23. 9.1854 – 23. 9.1856	**1 Taler**	**80,–/100,–**
A 549	23. 9.1854 – 23. 9.1857	**1 Taler**	**80,–/100,–**
A 550	23. 9.1854 – 23. 9.1858	**1 Taler**	**80,–/100,–**
A 551	23. 9.1854 – 23. 9.1859	**1 Taler** blanco	**200,–/250,–**

Cosel (Schlesien), Festung **IV / II**

A 552	o.D. (1760)	versch. handschr. Werte auf Spielkartenblätter mit Siegel und Unterschrift, Belagerungsgeld	–,–/–,–

Cüstrin (Brandenburg), Stadtverwaltung, Belagerungsgeld

A 553	o.D. (1758)	**6 Silbergroschen**	–,–/–,–
A 554		**12 Silbergroschen**	–,–/–,–

Erfurt (Prov. Sachsen), Kaiserl. Französ. Militär-Gouvernement
Blockadescheine

A 555	1.11.1813	**2 Groschen,** ohne Druckvermerk	**1500,–/2000,–**
A 556		**3 Groschen,** ohne Druckvermerk	**1500,–/2000,–**
A 556 I		**4 Groschen,** ohne Druckvermerk, nicht ausgegeben, blanko	**2500,–/3000,–**

A 557
192 x 112 mm

A 557		**8 Groschen,** ohne Druckvermerk	**2000,–/2500,–**
A 558		**12 Groschen,** ohne Druckvermerk	**1000,–/1500,–**
A 559		**1 Taler,** ohne Druckvermerk	**1000,–/1500,–**
A 560		**2 Taler,** ohne Druckvermerk	**800,–/1200,–**
A 561		**5 Taler,** ohne Druckvermerk	**1500,–/2000,–**
A 562		**2 Groschen,** mit Druckvermerk	–,–/–,–
A 563		**3 Groschen,** mit Druckvermerk	–,–/–,–
A 564		**4 Groschen,** mit Druckvermerk	**2500,–/3000,–**
A 565		**8 Groschen,** mit Druckvermerk	–,–/–,–

IV / II

A 566

178 x 103 mm

A 566	**1 Taler,** mit Druckvermerk	**2500,–/3000,–**
A 567	**2 Taler,** mit Druckvermerk	–,–/–,–
A 568	**5 Taler,** mit Druckvermerk	–,–/–,–

A 562 – A 568 Druckvermerk links oder rechts unten

Flensburg (Schleswig-Holstein), Stadtkasse

A 569	1812	**4 Schilling**	**1500,–/2000,–**
A 570		**12 Schilling**	**1500,–/2000,–**

Hadersleben (Schleswig-Holstein), Stadt

A 571	o.D. – Ende 1813	**4 Schilling,** handschr., nur unausgefüllte Formulare bekannt	–,–/–,–
A 572		**8 Schilling,** handschr., nur unausgefüllte Formulare bekannt	–,–/–,–
A 572 A		**8 Schilling,** gedruckt	–,–/–,–

Hamburg, Französische Garnison

A 573	1813/1814	Belagerungsnotgeld, z. B. **8 Schilling**	–,–/–,–
A 574		**16 Schilling**	–,–/–,–

Heiligenhafen (Schleswig-Holstein), Stadt

A 575	o.D. (1812)	**2½ (Drittehalb) Schilling**	–,–/–,–
A 575 A	o.D. (1812)	**5 Schilling**	–,–/–,–

Kaiserslautern (Bayern, Pfalz), Stadt

Darlehenscheine

IV / II

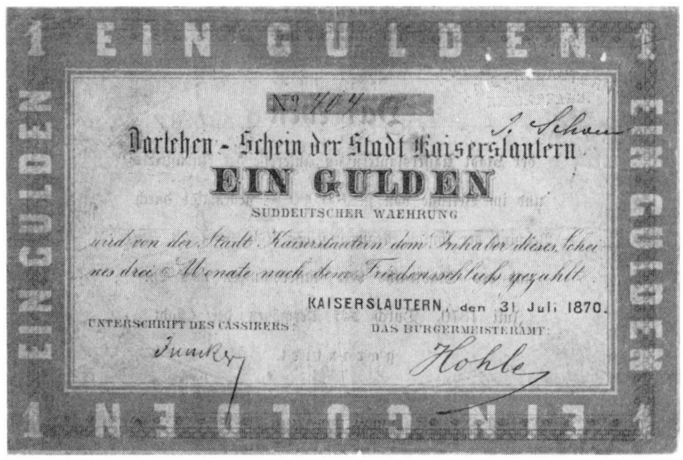

A 576 b

133 x 87 mm

A 576 31. 7.1870 **1 Gulden**
a) mit Farbstempel »Eisenwerk K.« **25,–/35,–**
b) mit Prägestempel »Kammgarnspinnerei K.« **25,–/35,–**

A 577 **2 Gulden** **25,–/35,–**

A 578 b

135 x 86 mm

A 578 **5 Gulden**
a) Eckwertziffern richtigstehend **25,–/35,–**
b) Eckwertziffern kopfstehend **70,–/100,–**
2 und 5 Gulden nur mit Prägestempel »Kammgarnspinnerei K.«

Kiel (Schleswig-Holstein), Stadt

A 579 4.12.1812 **5 Schilling** **1500,–/2000,–**

A 580 **10 Schilling** **1500,–/2000,–**

Kolberg (Pommern), Festung

A 581 1807 **2 Groschen,** mit 6 Unterschriften **100,–/150,–**

IV / II

A 582 **4 Groschen,** mit 6 Unterschriften **100,–/150,–**

A 583

62 x 43 mm

A 583 **8 Groschen,** mit 6 Unterschriften **150,–/200,–**
A 581 – A 583 sog. »Kommissions-Kupons«

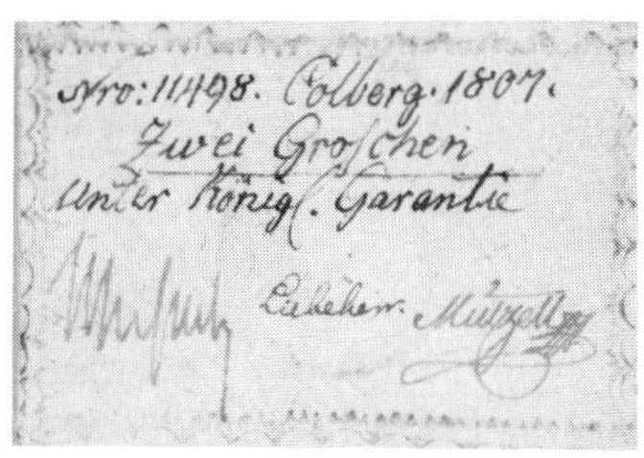

A 584

63 x 43 mm

A 584 **2 Groschen,** mit 3 Unterschriften **150,–/200,–**

A 585 **4 Groschen,** mit 3 Unterschriften **150,–/200,–**

A 586 **8 Groschen,** mit 3 Unterschriften **200,–/250,–**
A 584 – A 586 sog. »Meinecke-Kupons«

Mainz, Festung, Belagerungsgeld

Mai 1793 a) auf der Rückseite von französischen Assignaten

A 587 **20 Sous** auf 10 Sous v. 4.1.1792 **700,–/1000,–**

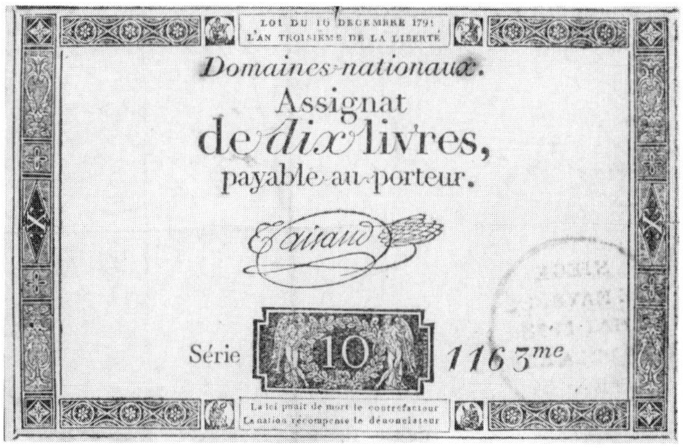

A 588 117 x 77 mm

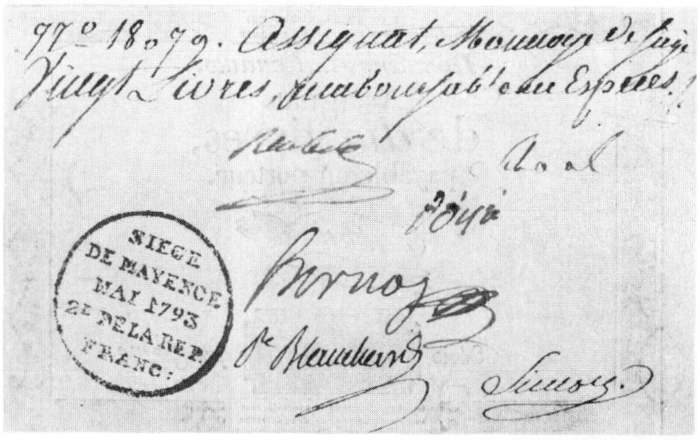

A 588 (Vorderseite)

A 588 **20 Livres** auf 10 Livres v. 16.12.1791 **500,–/700,–**

A 589 **20 Livres** auf 10 Livres v. 24.10.1792 **–,–/–,–**

A 590 **50 Livres** auf 25 Livres v. 24.10.1792 **700,–/1000,–**
Es hat wahrscheinlich auch noch andere Werte gegeben

Mai 1793 b) neugedruckte Scheine mit handschriftlichen Unterschriften **IV / II**

A 591 **5 Sous** **400,–/600,–**

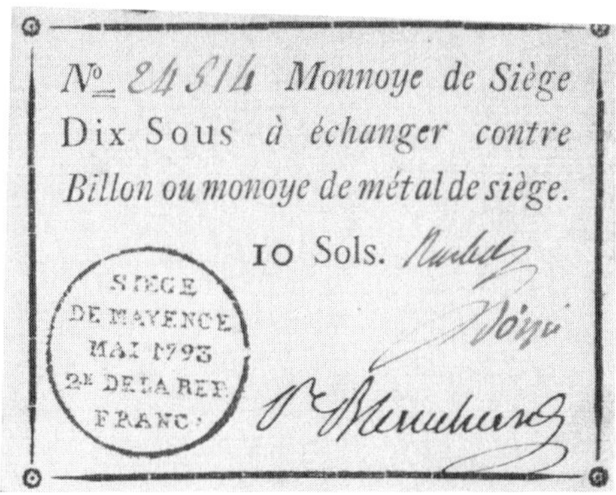

A 592

91 x 71 mm

A 592 **10 Sous** **400,–/600,–**

A 593 **3 Livres** **500,–/700,–**

Mai 1793 c) Unterschriften als Faks.-Stempel, ohne Ser. Buchst.

A 594 **5 Sous** **200,–/250,–**

A 595 **10 Sous** **200,–/250,–**

A 596 **3 Livres** **200,–/250,–**
F.: 5, 10 Sous u. 3 Livres auch mit Druckfehler »écharger« je **1000,–/1200,–**

Mai 1793 d) mit Ser. A

A 597 **5 Sous** **300,–/450,–**

A 598 **10 Sous** **300,–/450,–**

A 599 **3 Livres** **300,–/450,–**
F.: 5, 10 Sous u. 3 Livres auch mit Druckfehler »écharger« je **1000,–/1200,–**

Mai 1793 e) mit Ser. B

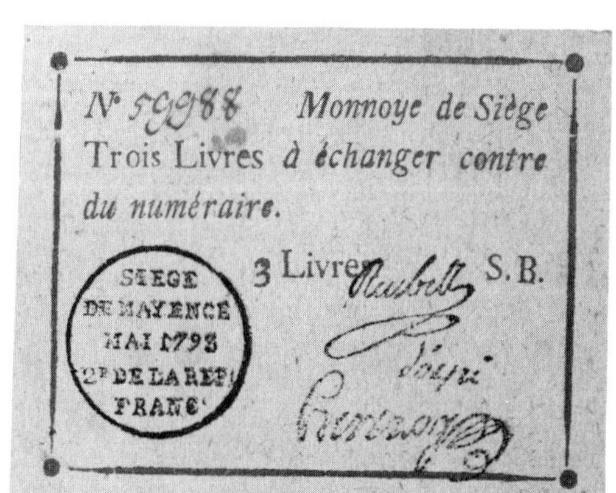

A 600

100 x 80 mm

A 600 **3 Livres,** mit u. ohne Wz. **400,–/600,–**
F.: 3 Livres auch mit Druckfehler »echarger« **2000,–/2500,–**
b) – e) viele Varianten, so in den Eckkreisen, der No-Bezeichnung, den Unterschriften usw.

Neubrandenburg (Mecklenburg-Strelitz), Stadt **IV / II**

A 600 A 28. 6.1903 **10+10+5 Pfennig,** perforierter Streifen –,–/–,–

Neustrelitz (Mecklenburg-Strelitz), Stadt

A 600 B o.D. (28. 6.1893) **10 Pfennig** **150,–/200,–**
a) KN 3,5 mm
b) KN 5 mm
auch als Viererblock vorkommend

Nürnberg (Bayern), Gemeindebehörden der Stadt, Handelsvorstand und Gewerbeverein, Anweisung

A 600 I

120 x 80 mm

A 600 I bis 31.12.1871 **1 Gulden,** nicht ausgegeben **1500,–/2000,–**

Oldesloe

A 600 II **5 Schilling** –,–/–,–
A 600 III **10 Schilling** –,–/–,–

Owinsker General-Kasse s. A 334

Potsdam (Brandenburg), Magistrat, Kämmerei-Kasse **IV / II**

A 601

105 x 75 mm

A 601 **Solawechsel,** wie Papiergeld ausgegeben
versch. handschr. Daten **1 Taler** (9. 7.1849) **2000,–/2500,–**

A 602 **5 Taler** –,–/–,–

Fürst Pückler-Muskau in Muskau O.L. (Schlesien)

A 603 o.D. (1826) **1 Taler** **2000,–/2500,–**

A 604

165 x 80 mm

A 604 **5 Taler** **2500,–/3000,–**

Schleswig (Schleswig-Holstein), Stadtkasse

A 605 Dez. 1812 **5 Schilling** **1500,–/2000,–**

A 605 A Dez. 1812 **10 Schilling** **1500,–/2000,–**

Solms-Hohensolms-Lich (Oberhessen), Fürst

A 606 1814 **5 Taler** –,–/–,–

Solms-Laubach (Oberhessen), Gräfl. Solms-Laubachische Kassenanweisungen **IV / II**

A 607 1847 **1 Gulden** **2500,–/3000,–**

A 608 **5 Gulden** **2500,–/3000,–**

Sonderburg (Schleswig-Holstein), Stadt

A 609 1812 **2½ Schilling** **1500,–/2000,–**

wahrscheinlich auch Scheine über 5 und 10 Schilling ausgegeben, liegen jedoch nicht vor.

Stolberg-Rossla (Prov. Sachsen), Grafen

A 610 – A 615 1706 **3, 6 Pfg., 1, 2, 6, 12 Silbergroschen** –,–/–,–

A 616 – A 621 Nov. 1813 **3, 6 Pfg., 1, 2, 6, 12 Silbergroschen** –,–/–,–

Stolberg-Stolberg (Prov. Sachsen), Grafen

A 622 – A 627 1706 **3, 6 Pfg., 1, 2, 6, 12 Silbergroschen** –,–/–,–

A 628 – A 633 Nov. 1813 **3, 6 Pfg., 1, 2, 6 ,12 Silbergroschen** –,–/–,–

Stolberg-Wernigerode (Prov. Sachsen), Grafen

A 634 – A 645 Nov. 1813 **3, 6 Pfg., 1, 2, 6, 12 Silbergroschen**
1, 2, 3, 5, 10, 20 Taler –,–/–,–

Tondern (Schleswig-Holstein), Stadt

A 646 1812 **4 Schilling** **400,–/500,–**

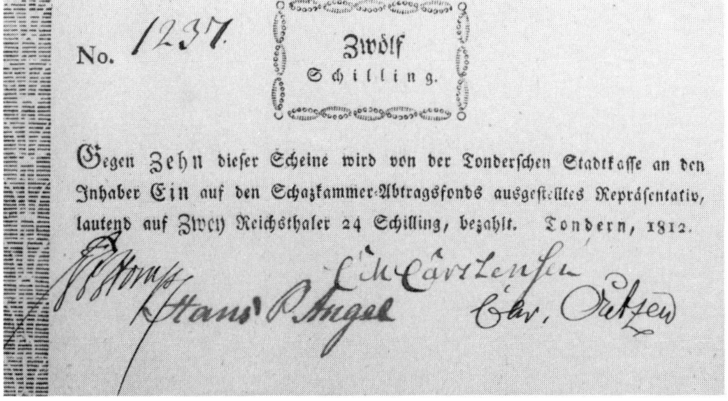

A 647

141 x 80 mm

A 647 **12 Schilling** **400,–/500,–**

Ysenburg-Büdingen (Oberhessen), Fürst

A 648 1814 **5 Taler** –,–/–,–

Papiergeldähnliche Wertpapiere 1933–1945

III / I

Konversionskassenscheine

Schuldscheine der Konversionskassen für deutsche Auslandsschulden, ausgegeben auf Grund des am 9.6.1933 erlassenen Gesetzes sowie der vom Reichswirtschaftsministerium am 3.7.1933 veröffentlichten neuen Satzungen der Konversionskasse für deutsche Auslandsschulden. Die Schuldscheine (Skrips) sind Wertpapiere im Sinne des Bankdepot-Gesetzes und im Sinne der Devisenbewirtschaftung und waren nicht für die Zirkulation bestimmt, sondern von der Konversionskasse zur Bezahlung von an sie zu übertragende Zahlungsverpflichtungen durch fällig gewordene Zinsen mit Tilgungsbeträgen für ausländische Vermögensanlagen benutzt. Die Skrips, die wegen ihres banknotenähnlichen Aussehens von vielen gesammelt werden, wurden 1934 durch verzinsliche Schuldverschreibungen ersetzt.

Alle haben das Format 190 x 110 mm, Papier l. mit hellbraunem Faserstreifen u. l. Wz. Eichenlaub, Rdr.-Nr. KN 7-stellig schwarz mit Ser.-Buchst. (A–F bekannt) davor

B 1 28. 8.1933 **5 RM,** schwarz a. grün u. braun **30,–/60,–**

B 2 **10 RM,** schwarz a. lila **40,–/80,–**

B 3

190 x 110 mm

B 3 **30 RM,** schwarz a. rot u. braun **150,–/300,–**

B 4 **40 RM,** schwarz a. blau u. braun **160,–/320,–**

B 5 **50 RM,** schwarz a. braun u. blau **150,–/300,–**

B 6 **100 RM,** schwarz a. braun u. grün **150,–/300,–**

B 7 **500 RM** **–,–/–,–**

B 8 **1000 RM** **–,–/–,–**

Musterscheine: Lochung »DRUCKPROBE«, Ser. A Nr. 0 000 000

Die nachfolgenden Skrips sind wie die von 1933, doch mit zusätzlicher Guilloche oben und unten, darin die Jahreszahl »1934«.

B 9 **5 RM** **25,–/50,–**

B 10 **10 RM** **35,–/70,–**

B 11 **30 RM** **130,–/250,–**

		III / I
B 12	40 RM	140,–/280,–
B 13	50 RM	140,–/280,–

B 14

190 x 110 mm

B 14	100 RM	140,–/280,–
B 15	500 RM	–,–/–,–
B 16	1000 RM	–,–/–,–

Steuergutscheine

Diese vorübergehend bereits 1932 eingeführten Steuergutscheine, die im Frühjahr 1939 (Ausgabedatum 24.3.1939) erneut ausgegeben wurden, zählen zu den verschiedenen nationalsozialistischen Finanzierungspapieren (weitere Papiere: Bedarfsdeckungsscheine, Ehestandsdarlehen usw.). Mit gewissen Einschränkungen kann man sie als gesetzliche Zahlungsmittel ansehen, da der Staat sie zur Bezahlung der Lieferanten benutzte (bis zu 40 % des Rechnungsbetrages) und sie in gleicher Weise auch im allgemeinen Geschäftsverkehr verwendet werden durften. Die Steuergutscheine wurden in einigen Bundesländern nach der Währungsreform vorübergehend wieder eingeführt.

Beispiele: Steuergutschein I, 24.3.1939 **100 RM, 200 RM, 500 RM, 1000 RM**

Steuergutschein II, 24.3.1939 **100 RM, 200 RM, 500 RM, 10 000 RM**

Steuergutschein

Deutsche Kolonien

DEUTSCH-OSTAFRIKA

Die ehemalige Kolonie Deutsch-Ostafrika wurde seit 1884 von der Deutsch-Ostafrikanischen Gesellschaft erworben. 1890 übernahm das Deutsche Reich das Schutzgebiet. Entgegen internationalen Vereinbarungen (Kongo-Akte von 1885) wurde der 1. Weltkrieg auch in die Kolonien hineingetragen. Die deutsche Schutzgruppe unter General von Lettow-Vorbeck konnte sich trotz widrigster Umstände den ganzen Krieg hindurch halten und streckte erst nach dem Waffenstillstand von Compiègne die Waffen.
Infolge des Versailler Friedensvertrages, der Deutschland seine Kolonien nahm, wurde der größte Teil Deutsch-Ostafrikas unter der Bezeichnung Tanganjika-Territorium Großbritannien als Mandat übertragen, die bevölkerungsreichsten Gebiete Ruanda und Urundi (zwischen Tanganjika-See und der Grenze zu Uganda) Belgien, und der südöstlichste Zipfel, das Kionga-Dreieck, wurde Portugiesisch-Ostafrika (Moçambique) angegliedert.
Heute ist Tanganjika das Kerngebiet des Staates Tanzania, Ruanda und Urundi (unter den Namen Rwanda und Burundi) sind selbständige Republiken, und auch Mocambique hat sich von der portugiesischen Kolonialmacht gelöst.
Die Währung Deutsch-Ostafrikas war die ostindische Rupie, aus der sich die Reichsrupie = 1 ⅓ Goldmark entwickelte. Sie wurde in 64 Pesa eingeteilt, seit dem 1. April 1905 in 100 Heller.

Neben vielerlei fremden Münzen liefen hier seit 1890 Gepräge der Deutsch-Ostafrikanischen Gesellschaft über 1 Pesa, ¼, ½, 1 Rupie und 2 Rupien und seit 1904 solche der Kolonialverwaltung über ½, 1, 5 und 10 Heller sowie ¼, ½ und 1 Rupie um. 1905 gelangten die ersten Banknoten der Deutsch-Ostafrikanischen Bank (Konzession vom 15. Januar 1905) zur Ausgabe.
Der 1. Weltkrieg (1914–1918) erforderte Zahlungsmittel in erheblichem Umfang, die im Lande hergestellt werden mußten, nachdem die Verbindung mit dem Mutterland abgerissen war. Interims-Banknoten wurden zuerst bei der Deutsch-Ostafrikanischen Zeitung in Daressalam gedruckt, nach dem Verlust der Hauptstadt in Tabora, Morogoro und Kisaki. Als die Schutztruppe schließlich keine festen Stützpunkte mehr besaß, wurden die sog. »Buschnoten« in der Wildnis mittels einer Gummitypen-Kinderdruckerei hergestellt. 1916 erfolgten in der Eisenbahn-Werkstätte Tabora Prägungen von Notmünzen zu 5 und 20 Heller sowie zu 15 Rupien. Letztere wurden aus ostafrikanischem Gold geprägt, das aus der Kironda-Mine bei Sekenke stammte.
Die Deutsch-Ostafrikanische Bank, deren Noten im Gegensatz zu den Silbermünzen keine gesetzlichen Zahlungsmittel waren, wurde am 2. August 1914 von der Einlösungspflicht befreit. Auf Grund der Bekanntmachung vom 15. November 1915 wurden die Noten zu gesetzlichen Zahlungsmitteln erklärt. Deutsch-Ostafrika hatte also eine reine Papierwährung.

Nach der Besetzung durch die Feindmächte blieben die Münzen zum Kurs 1 Rupie = 2 ostafrikanische Schilling im Kurs. Das gesamte Papiergeld verlor dagegen seinen Kurs. Die Zentrale der Deutsch-Ostafrikanischen Bank in Berlin löste allerdings ihre Noten zum festen Kurs von 1 Rupie = 1 ⅓ Mark ein. Bis Ende 1922 waren reichlich 3,5 Mill. Rupien von den insgesamt ausgegebenen ca. 20 Mill. eingelöst.
Die Herstellung der Interims-Banknoten unter schwierigsten Bedingungen brachte eine verwirrende Vielfalt an Varianten hinsichtlich der Papierarten, der Unterschriften, Kontrollnummern und sonstigen Ausfertigungsmerkmalen mit sich. Abweichend von der in diesem Katalog sonst geübten Praxis werden nur drucktechnisch bedingte Varianten aufgeführt, in erster Linie also Papier- und Drucktypen-Verschiedenheiten, während die Abweichungen in der KN, den Uschr. und Geheimzeichen unberücksichtigt blieben. Der Sammler mag sich auf die weitergehenden Angaben bei KELLER stützen.

Papierarten

Zum Druck der Interims-Banknoten wurde anfangs für die einzelnen Wertstufen einheitliches farbiges Papier verwendet, später – besonders bei den in großen Auflagen hergestellten 1 Rp.-Noten – jedes irgendwie verfügbare, darunter Packpapier, Ölpapier und kariertes Papier. Insbesondere gelangte Schreibpapier unterschiedlicher Herkunft und Qualität zur Verwendung. Dieses trägt oft ein Fabrik-Wz. oder Teile davon. Stücke mit gut erkennbarem Fabrik-Wz. werden besonders gesucht und verdienen Preisaufschläge. Außer den Fabrik-Wz. (darunter auch das Reichsadler-Papier der Nr. 28 B) treten nur selten Wasserzeichen auf. Nr. 9 zeigt das Wz. schräge Wellenlinien der Reichsdruckerei, Nr. 20 B ein Mäander-Wz., wie es für Wechselformulare Verwendung fand.
Besonders vielfältig sind die Kartonarten der 5 Rp.-Noten. Hier lassen sich über die katalogisierten Arten hinaus noch weitere Unterschiede finden, die allerdings vielfach durch Lichteinflüsse, chemische Veränderungen oder Alterungsprozesse bedingt sind. Eine genaue Identifizierung ist oftmals nur durch Vergleich möglich.
Die infolge vollständiger Ausnutzung von Papierbogen entstandenen Noten mit Datumzeilen und Briefköpfen s. nach Nr. 36.

Unterschriften

Nr. 1–5 zeigen einheitlich die gedruckte Uschr. Warnholz, alle Interimsausgaben (ab Nr. 6) jeweils zwei Uschr. Es kommen handschr. Uschr. von 20 Beamten vor, in jeweils wechselnder Kombination, faksimilierte Uschr. nur von A. Frühling und Berendt. Einige Uschr. treten selten auf, sie verdienen einen Preiszuschlag.
Neben diesen Uschr. der Ausfertigungsbeamten kommen auf Interimsnoten auch solche von anderen Personen vor. Diese stammen meistens von militärischen oder privaten Vorgesetzten und haben offenbar dazu gedient, die Vertrauenswürdigkeit der Noten gegenüber den ihnen untergebenen Eingeborenen zu erhöhen. Daneben scheinen solche Uschr. auch als Besitzkennzeichen verwendet worden zu sein.

Kontrollnummern

Maschinen – Numeratoren waren in den Druckereien in Deutsch-Ostafrika nicht vorhanden. So mußten durch öffentlichen Aufruf des Gouvernements Paginierstempel aus privatem Besitz zusammengebracht werden, mit deren Hilfe Eingeborene, zeitweilig Mädchen der Missionsschule Tabora, die Numerierung der Interims-Banknoten vornahmen.
Es kommen ca. 15 verschiedene Numerierungstypen vor, die sich vornehmlich in der Größe (3 bis 9 mm) unterscheiden. Einige Numeratoren druckten ein №-Zeichen mit.
Oft wurden die Nummern nur schwach abgedruckt, so daß sie unleserlich waren und handschriftlich ergänzt werden mußten. Es kommen auch dreifache (5 Rp.) und vierfache Numerierungen (1, 5 und 10 Rp.) vor, weiter ganz handschriftlich numerierte Scheine. Vereinzelt gibt es auch Noten, die oben und unten unterschiedliche Numeratortypen zeigen.
Verschiedentlich wurden, besonders bei den 1 Rp.-Noten, ganze Nummernfolgen irrtümlich doppelt verwendet. Diese wurden ausgesondert und zusammen mit andere Fehlnumerierungen in den überstempelten Serien W, X und Z zusammengefaßt (s. Abschnitt Serienbuchstaben-Überstempelung nach Nr. 36).

Stempel und »Geheimzeichen«

Auf den Interimsnoten von Deutsch-Ostafrika kommen vielerlei Stempel und gestempelte Zeichen vor, die von KELLER als »Geheimzeichen« bezeichnet worden sind. 19 Typen solcher »Geheimzeichen«, die von gut lesbaren Rund-, Oval- und Langstempeln bis zu einfachen Balken in brauner bis fast farbloser fettiger Stempelfarbe reichen. Einige dieser »Geheimzeichen« kommen selten vor, sie bedingen einen Preiszuschlag. Neben diesen bei der Ausfertigung angebrachten Zeichen kommen auf Noten auch verschiedene Stempelabschläge vor. Amtlicherseits wurde sicherlich der Bankstempel der Deutsch-Ostafrikanischen Bank auf Nr. 15b angebracht. Nichtamtlich ist dagegen der hin und wieder vorkommende Ovalstempel der Missionsverwaltung Herrnhut, der auf 1, 20 und 50 Rp.-Noten beobachtet wurde. Dieser dürfte eine ähnliche Bedeutung besessen haben wie die nicht mit der Ausfertigung zusammenhängenden hschr. Uschr. (s. dort).
Die späteren Noten zu 1 Rp. (Ser. L-N und ab Ser. F 2 ausschließlich) weisen rs. einen violett gestempelten Diagonalstreifen mit der Inschrift »Eine Rupie« zwischen Ornamenten auf. Entsprechend ist auf 5 und 10 Rp.-Noten ein Monogrammstempel, bestehend aus den verschlungenen Buchstaben »DOAB« zu beobachten. Er findet sich auf 5 Rp. ab Ser. E und auf 10 Rp.-Noten.

I. Endgültige Banknoten der Deutsch-Ostafrikanischen Bank (Friedensausgaben)

(Druck: Giesecke u. Devrient, Leipzig; Unterschrift Warnholz gedruckt)

IV / II

K 1

K 1 15. 6.1905 **5 Rupien,** vs. Löwenpaar, schwarzgrün auf hellgrün und hellbraun, rs. dunkelbraun, braun und hellblau, Wz., G-D-Kreuzstern-Muster, №KN 3,8 mm rot (Sondertype 18) **80,–/600,–**

IV / II

K 2

K 2 **10 Rupien,** vs. Reede von Daressalam schwarz auf hellrot und hellgrün, rs. braun, hellrot und hellgrün, Wz. C-D-Kreuzstern-Muster, № KN 3,8 mm rot (Sondertype 18) **100,–/1000,–**

K 3

K 3 **50 Rupien,** vs. Kaiser Wilhelm II. in Kürassieruniform, schwarz auf hellbraun und braunorange, rs. schwarzgrün, braunrot und dunkelgrün, Wz. C-D-Kreuzstern-Muster,

a) № KN 3,8 mm 4-stellig nur vs. rot (Sondertype 18) **200,–/2000,–**
b) № KN 3,8 mm 5-stellig vs. rot, rs. schwarz (Sondertype 18) **150,–/1600,–**

K 4 15. 6.1905 **100 Rupien,** vs. Kaiser Wilhelm II. in Kürassieruniform, schwarz auf hellgrün und lilarosa, rs. braun, grün, rot und violett, Wz. G-D-Kreuzstern-Muster **300,–/2500,–**

a) № KN 4,2 mm vs. rot, rs. schwarz 4-stellig (Sondertype 23)
b) № KN 4,2 mm vs. rot, rs. schwarz 5-stellig (Sondertype 23)

IV / II

K 4

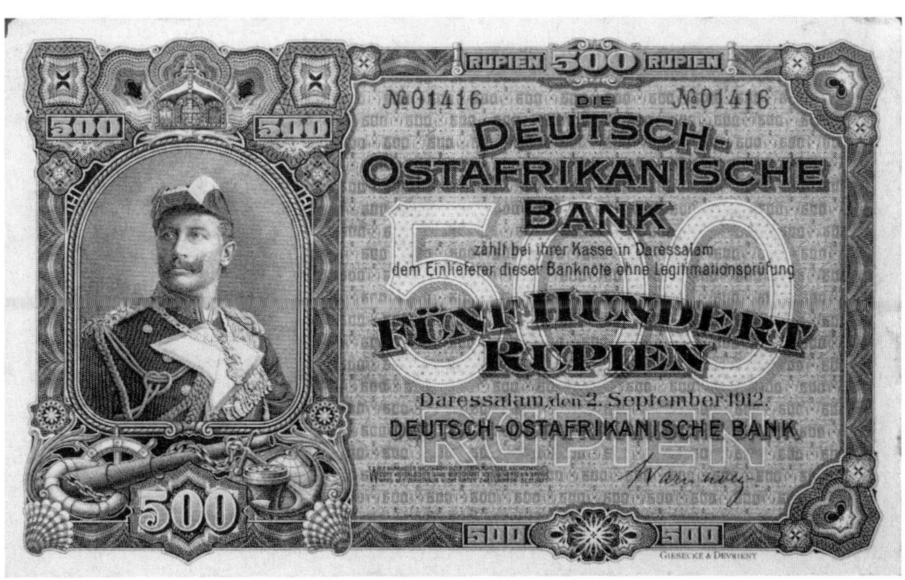

K 5

K 5 2. 9.1912 **500 Rupien,** vs. Kaiser Wilhelm II. in Admiralsuniform, schwarzbraun auf braunorange und hellblau, rs. dunkelbraun auf blau, Wz. G-D-Kreuzstern-Muster, № KN 3,8 mm vs. rot, rs. schwarz (Sondertype 18)
2500,–/5500,–

Von Nr. 5 ist ein Probedruck vorgekommen, der im Datum keine Tages- und Monatsangabe aufweist.

Musternoten sind von allen fünf Wertstufen bekannt. 5 Rp. hat № KN 00000 schwarz, 10 Rp. № KN 00000 rot, 50 Rp. ist ohne KN mit Perforation »MUSTER«, 100 Rp. ohne KN mit kleinen Löchern in den Wertziffern und 500 Rp. mit № ohne KN.

II. Interims-Banknoten (Kriegsausgaben 1915–1916)

(Druck: Deutsch-Ostafrikanische Zeitung GmbH Daressalam, später an anderen Orten, Unterschriften wechselnd)

III / I

K 6

K 6 15. 3.1915 **20 Rupien,** kräftiges hellrosa Papier mit feiner Leinenpressung, vs. oben gesondert eingedruckt »Interims-Banknote Nr.« in hellrotbraun, vs. KN hschr., rs. 2 KN 4,7 mm gestempelt, 2 wechselnde hschr. Uschr. **150,–/250,–**

K 6 I dgl., Papier gelblicher und stärker, rs. 2 KN 4,2–4,5 mm gestempelt, vs. eine KN hschr. wie Nr. 6, aber von der rs. KN abweichend, 2 hschr. Uschr. (nur Berendt-Frühling). Englische Fälschung. **400,–/800,–**

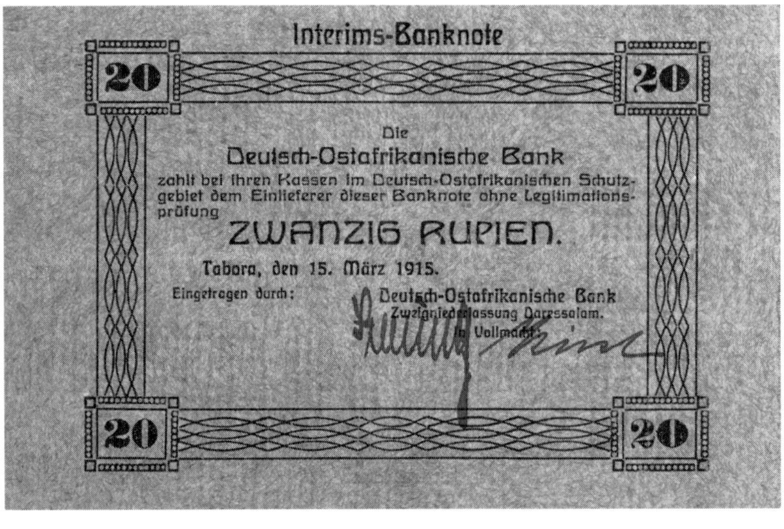

K 7

K 7 15. 3.1915 **20 Rupien,** kräftiges dunkelrosa Papier mit grober Jutepressung, vs. oben »Interims-Banknote« schwarz o. KN, Rs. 2 KN, 2 hschr. Uschr. **70,–/120,–**

III / I

K 8

K 8 15. 4.1915 **200 Rupien,** Papier hellgrün mit feiner Leinenpressung, o. Wz., o. Drfa., vs. 2 KN hinter vorgedrucktem №-Zeichen, 2 hschr. Uschr. **1000,–/2000,–**

K 9

K 9 15. 6.1915 **200 Rupien,** Papier gelblich mit Wz. Diagonale Rdr.-Wellenlinien, mit Drfa., 2 hschr. Uschr. **1200,–/2500,–**

a) vs. 2 KN hinter gedrucktem №-Zeichen, rs. eine KN gestempelt
b) dgl., doch rs. eine KN hschr.

III / I

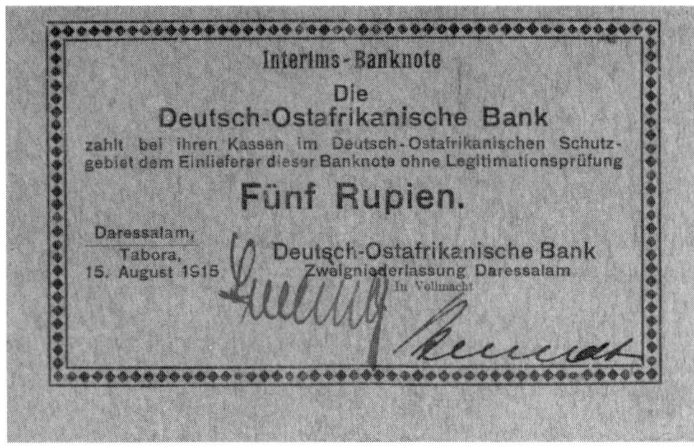

K 10

K 10 15. 8.1915 **5 Rupien,** vs. ohne Wertziffern, ohne Drfa., ohne Ser.B., weicher graugrüner Karton mit blauen Fasern, Format ca. 124 x 83 mm, 2 KN

a) 2 hschr. Uschr. **30,–/ 60,–**

b) r. Uschr. faks. **70,–/140,–**

Von den 5 Rp.-Noten mit Datum 15. August 1915 (Nr. 10–11) gibt es zwei Satztypen:
I. Nach »Rupien« dicker Punkt (ca. 1 mm), »A« in »August« unter »T« in »Tabora«
II. Nach »Rupien« kleinerer Punkt (ca. ¾ mm), »A« in »August« rechts unter »T« in »Tabora«

K 11 15. 8.1915 **5 Rupien,** vs. mit Wertziffern, mit Drfa., mit SerB., Format ca. 118 x 76 mm, Karton wie Nr. 10

A) SerB. B rs. l.o. und r.u., 2 hschr. Uschr. **20,–/40,–**

B) SerB. rs. l. und r. in der Mitte

a) 2 hschr. Uschr. (B, C) **20,–/40,–**

b) r. Uschr. faks. (C) **20,–/40,–**

Nr. 11 B a kommt auch mit hschr. in D geändertem SerB. C vor, Nr. 11 B b auch mit geänderten KN und dreifacher KN.
Satztypen I und II wie Nr. 10

K 12

K 12 1. 9.1915 **1 Rupie,** l.o. ohne Reichsadler, Papier hellblau, 2 KN 4,5 mm, 2 hschr. Uschr. **30,–/60,–**

III / I

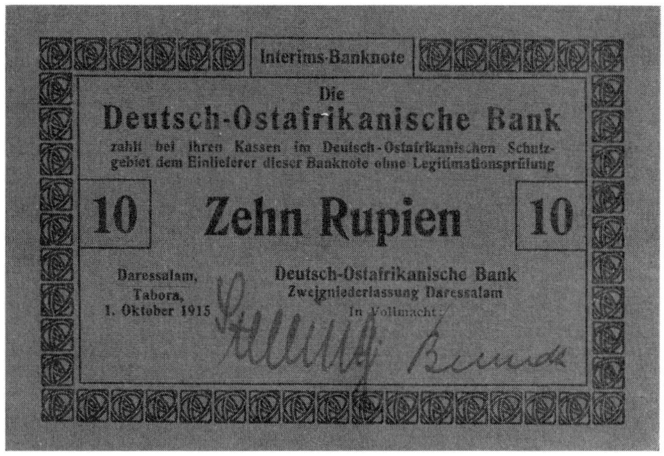

K 13

K 13 1.10.1915 **10 Rupien,** Karton dunkellilabraun mit feiner Leinenpressung, 2 hschr. Uschr.
a) ohne SerB. **30,–/ 60,–**
b) rs. hschr. SerB. B, 2 schwarze Monogrammstempel »DOAB« verschlungen **150,–/250,–**

Nr. 13 a kommt auch mit korrigierten KN vor, ebenso mit vierfacher KN.
Nr. 13 a ist mit Überstempelung »Z« bekannt (KN zwei- und vierfach).

K 14

K 14 **50 Rupien,** ohne SerB., 2 KN, 2 hschr. Uschr.
A) Karton graugrün mit blauen Fasern und grober Jutepressung **80,–/160,–**
B) Karton graubraun ohne Fasern mit feiner Leinenpressung **200,–/350,–**

K 15

III / I

K 15 1.11.1915 **1 Rupie,** wie Nr. 12, jetzt aber l.o. mit Reichsadler und unter dem Datum »Gebucht von:«, SerB. A
a) rs. o. Stempel **20,–/ 50,–**
b) rs. Rundstempel der Deutsch-Ostafrikanischen Bank (Ø 25 mm) **60,–/100,–**

Alle 1 Rp.-Noten mit SerB. A – E (Nr. 15–19) kommen in 2 Satztypen vor:
I. Schwanz des Adlers endet in Spitze, 3. Feder von oben ragt links heraus
II. Schwanz des Adlers endet stumpf, 3. Feder links kurz.

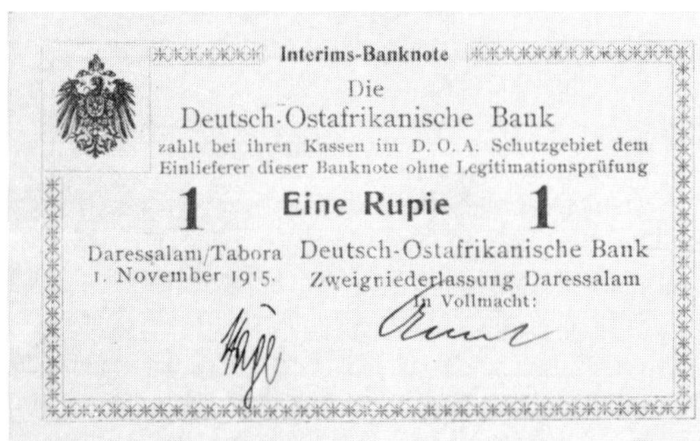

K 16

K 16 **1 Rupie,** wie Nr. 15, aber ohne »Gebucht von:«, SerB. B, Papier blaßgrün, 2 KN, 2 hschr. Uschr.
2 Satztypen wie Nr. 15 **25,–/40,–**

K 17

K 17 **1 Rupie,** wie Nr. 16, »Kraft besonderer Ermächtigung« jetzt direkt unter dem Datum, 2 KN
A) Papier blaßgrün wie Nr. 16, 2 hschr. Uschr. (B) **8,–/15,–**
B) Papier hellbraun, SerB. rs. l. und r. in gleicher Höhe
a) 2 hschr. Uschr. (B, C) **15,–/20,–**
b) r. Uschr. faks. (B, C) **8,–/15,–**
Nr. 17 A und B in 2 Satztypen wie Nr. 15.
C) Papier sämisch, SerB. rs. l. und r. unterschiedlich hoch stehend
a) 2 hschr. Uschr. (P) **120,–/180,–**
b) r. Uschr. faks. (P, Q (2 Typen), R,S,T,U,V,Y,A2,B2,C2,D2,E2,F2) **6,–/10,–**
c) beide Uschr. faks., rs. violetter Diagonalstreifen mit »Eine Rupie« zwischen Ornamten (F2) **–,–/–,–**

SerB. W, X und Z kommen nur als Überstempelungen vor (s. nach Nr. 36)
Nr. 17 B, SerB. B2 kommt auch ohne hschr. Uschr. vor, SerB. E2 auch mit vierfacher KN.
Nr. 17 C, 19 B, 20, 28 kommen in drei Satztypen vor:
I. WZ »1« oben abgestumpft, sonst wie Type I der Nrn. 15–17 B
II. WZ »1« oben abgestumpft, sonst wie Type II der Nrn. 15–17 B
III. WZ »1« oben spitz

III / I

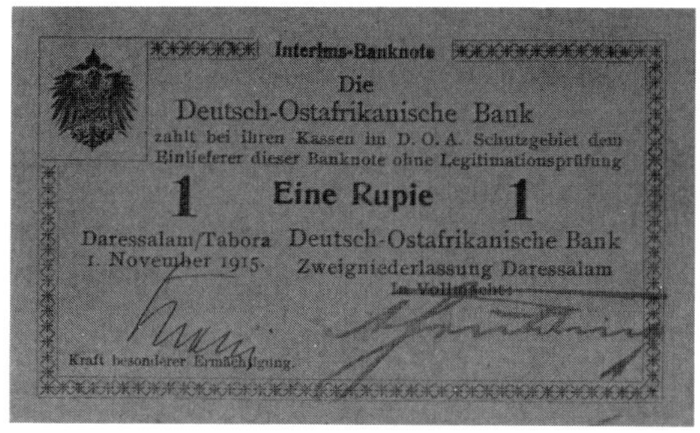

K 18

K 18 **1 Rupie,** wie bisher, aber »Kraft besonderer Ermächtigung« jetzt u.l. (unter der l. Uschr.)
A) Papier hellbraun
a) 2 hschr. Uschr. (C) **15,–/20,–**
b) r. Uschr. faks. (C) **8,–/15,–**
B) Papier dunkelolivbraun mit feiner Leinenpressung, r. Uschr. faks. (D) **10,–/18,–**
C) Papier sämisch, dick, r. Uschr. faks. (D) **6,–/10,–**
D) Papier graubraun, dick, mit feiner Leinenpressung, nur l. hschr. Uschr. (D) **–,–/–,–**
2 Satztypen wie Nr. 15 f.

K 19

K 19 **1 Rupie,** wie K 17, aber r. Uschr. gedruckt »gez.: A. Frühling«
A) Papier sämisch, dick (E) **6,–/10,–**
B) Papier sämisch, dünn **5,–/ 8,–**
a) SerB. rs. in der Mitte auf gleicher Höhe (E,F)
b) SerB. l. höher als r. stehend (G)
Nr. 19 B II mit SerB. F kommt nur mit Überstempelung »Z« vor (s. nach Nr. 36).
Nr. 19 A und 19 B a (E) in zwei Typen wie Nr. 15, die übrigen in drei Typen wie Nr. 17 C.

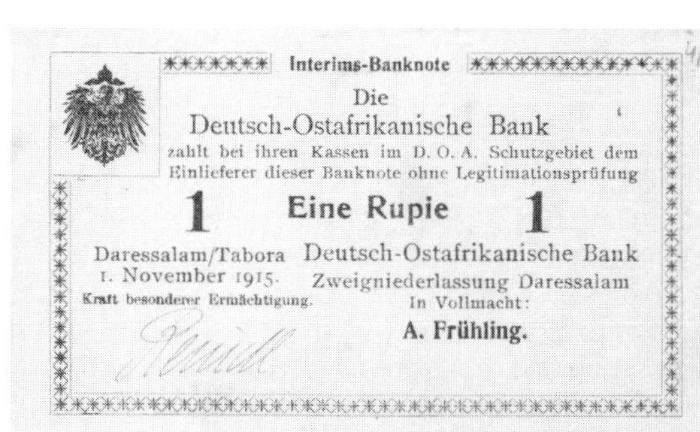

K 20

K 20 **1 Rupie,** wie bisher, aber gedruckte Uschr. nur »A. Frühling« (ohne »gez.:«)
A) Papier sämisch mit Fabrik-Wz. (H) **5,–/8,–**
B) Papier sämisch mit Wz. Mäander an 2 oder (seltener) 3 Rändern (H, P) **5,–/8,–**
Nr. 20 B besitzt das Format ca. 118 x 61 anstatt ca. 105 x 64 mm.
Nr. 20 in drei Satztypen wie Nr. 17 C.

III / I

K 21

K 21 **5 Rupien,** Datum in drei Zeilen, weicher dunkelgraugrüner Karton mit blauen Fasern und Jutepressung, r. Uschr. faks. (D) **25,–/50,–**
Kommt auch mit korrigierten KN vor.

K 22

K 22 **5 Rupien,** Datum jetzt in zwei Zeilen, l. u. »Kraft besonderer Ermächtigung.«, 2 KN

A) Karton graugrün, weich, mit blauen Fasern und grober Jutepressung (wie Nr. 10–11), r. Uschr. faks. blau oder violett (D, E) **25,–/50,–**

B) Karton dunkelgraugrün, weich, mit blauen Fasern und grober Jutepressung (wie Nr. 21), r. Uschr. faks. blau oder violett (D, E) **25,–/50,–**

C) Karton hellgraugrün ohne Fasern und ohne Textilpressung, r. Uschr. faks. violett (E) **25,–/50,–**

D) Karton dunkelgrünblau bis dunkelgraugrün ohne Fasern und ohne Textilpressung **25,–/50,–**
a) ohne rs. Monogrammstempel, nur r. Uschr. faks. violett (E, F)
b) Rs. Monogrammstempel »DOAB« schwarz zweimal, r. Uschr. faks. violett, l. Uschr. faks. schwarz (F)

E) Karton dunkelblau, weich, mit Fasern und grober Jutepressung, r. Uschr. faks. violett oder schwarz, l. Uschr. faks. schwarz **25,–/50,–**
a) ohne rs. Monogrammstempel (E)
b) rs. in der Mitte ein Monogrammstempel violett oder schwarz (E)
c) rs. zwei Monogrammstempel violett oder schwarz (E, F)

Nr. 22 E b kommt auch mit rs. Überstempelung »X« vor.

Nr. 22 A ist auch mit korrigierten KN (D) und vierfacher KN bekannt, Nr. 22 B ebenfalls mit vierfachen KN (D, E).

III / I

K 23 II

K 23 1.12.1915 **1 Rupie,** l.o. Reichsadler in alter Form (großer Brustschild), ohne Drfa. (Tabora-Druck), l. unter Datum »Gebucht von:«, unten Mitte »Kraft besonderer Ermächtigung.«, r. Uschr. faks. violett oder blau, Papier rötlichbraun (H) **15,–/20,–**

Nr. 23 kommt auch mit kopfstehender Rückseite vor.

Die Tabora-Drucke (Nr. 23–27) sind in zwei Satztypen bekannt:

I. weiße Striche in den Randornamenten der rechten Seite alle nach rechts fallend

II. weißer Strich im vierten Ornament von unten nach rechts steigend

K 24 II

K 24 **1 Rupie,** wie Nr. 23, aber l. ohne »Gebucht von:« und r. gedruckte Uschr. »gez. A. Frühling, Papier rötlichbraun wie Nr. 23 (N, J)

Satztypen wie Nr. 23. **10,–/15,–**

K 25 I

K 25 **1 Rupie,** wie Nr. 24, aber »Kraft besonderer Ermächtigung.« l. unter dem Datum

A) Papier rötlichbraun wie Nr. 23/24 (J) **8,–/12,–**

B) Papier gelbbraun **8,–/12,–**

  a) SerB. rs. l. und r. in der Mitte in gleicher Höhe (J, K)

  b) SerB. rs. l.o. und r.u. in den Ecken (K)

  c) SerB. rs. l.o. in der Ecke und unten in der Mitte (K)

Satztypen wie Nr. 23.

III / I

K 26 I

K 26 — **1 Rupie,** wie Nr. 25, aber gedruckte Uschr. »A. Frühling« jetzt ohne »gez.«
A. Papier gelbbraun (wie 25 B) **8,–/12,–**
a. SerB. wie Nr. 25 B a (K)
b. SerB. wie Nr. 25 B b (K)
c. SerB. wie Nr. 25 B c (K)
B. dunkelbraunes Packpapier (K, L)
Nr. 26 B (K) auch zwei schwarze Faks.-Uschr. und rs. Diagonalstreifen wie ab Nr. 28.
Zwei Satztypen wie Nr. 23.

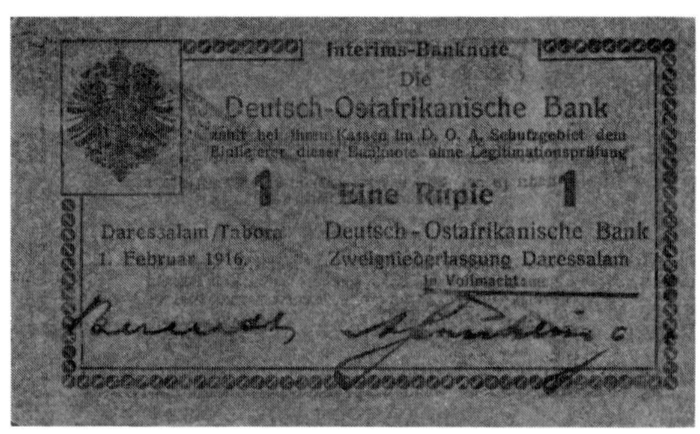

K 27 I

K 27 1. 2.1916 — **1 Rupie,** wie bisher, doch ohne »Kraft besonderer Ermächtigung.«, keine gedruckten Uschr.
A. dunkelbraunes Packpapier wie Nr. 26 B, r. Uschr. faks. (L) **15,–/20,–**
B. gelbbraunes durchscheinendes Ölpapier, beide Uschr. faks. schwarz, rs. schwarzer Diagonalstreifen mit »Eine Rupie« zwischen Ornamenten (L, M, N) **8,–/12,–**
C. dickes gelbbraunes Papier, rs. Diagonalstreifen violett (N) **60,–/80,–**
Nr. 27 B auch mit handschr. in N geändertem SerB. M, weiter auch mit kopfstehender Rs. (M, N).
Zwei Satztypen wie Nr. 23 f. SerB. O kommt nicht vor.

K 28

K 28 — **1 Rupie,** Reichsadler l. o. wieder mit kleinem Brustschild wie ab Nr. 15, Rahmen 94 mm breit, l. neben dem Reichsadler in der oberen Randverzierung 7 Sternchen, rs. violetter Diagonalstreifen mit »Eine Rupie«, 2 faks. Uschr. violett
A. Papier sämisch mit Fabrik-Wz. (F2, G2, H2, J2, K2, L2, M2, N2, O2, P2, Q2, R2, S2, T2, U2, V2, W2, X2, Y2, Z2, A3, B3, C3, D3, E3, F3, G3) **3,–/5,–**

III / I

B. Papier sämisch mit Wz. Reichsadler und Wasserlinien (L2, M2, Q2) **12,–/16,–**
C. Papier wie A, jedoch Druck blaugrün bis graublau anstatt schwarz (A4) **4,–/6,–**
Nr. 28 A auch ohne rs. Diagonalstreifen (C3), SerB. L2 auch in M2 und V2 in Y2 geändert.
Drei Satztypen wie ab Nr. 17 C.

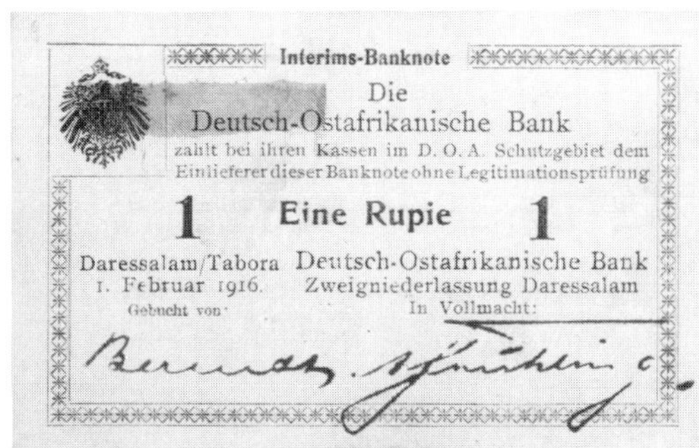

K 29

K 29 **1 Rupie,** wie Nr. 28, Rahmen jetzt aber 90 mm breit, l. neben Reichsadler nur 6 Sternchen, im SerB. Ziffer unter dem Buchstaben

A. Papier sämisch mit Fabrik-Wz. (G3, H3, J3, K3, L3, M3, N3, O3, P3 (2 Formen), Q3 (4 Formen), R3, S3, T3, U3, V3) **3,–/5,–**
V3 wurde auch ohne Uschr. gefunden. Bei N3 kommen Stücke vor, bei denen auf einer Seite das N ausgefallen ist.
B. Papier weiß, kariert, ohne Wz. (Q3, 4 Formen wie bei 29 A) **12,–/16,–**

K 30

K 30 **5 Rupien,** ohne »Kraft besonderer Ermächtigung.«, unter dem Datum »Gebucht von:«, rs. 2 Monogrammstempel »DOAB«, 2 faks. Uschr.

A. starker dunkelgrauer Karton mit feiner Leinenpressung (F) **30,–/80,–**
B. starker blauer bis blaugrauer Karton mit feiner Leinenpressung (F) **25,–/40,–**
C. grüner bis blaugrüner Karton ohne Textilstruktur (F) **30,–/60,–**
D. gelb- bis olivgrüner Karton ohne Textilstruktur (G) **30,–/60,–**
E. weicher graublauer Karton mit Jutepressung (G) **25,–/40,–**
F. weicher blauer Karton mit Jutepressung (F) **25,–/40,–**
G. hellblaugrüner dünner Karton ohne Textilstruktur (G, H) **30,–/60,–**
Alle 5 Rp.-Noten mit SerB. G und H kommen in zwei Satztypen vor:
I. Doppelpunkt nach »Gebucht von:« unter der »9« von »1916«
II. Doppelpunkt nach »Gebucht von:« unter zweiter »1« von »1916«

III / I

K 31

K 31 **10 Rupien,** wie Nr. 13, 2 Monogrammstempel »DOAB« rs. **80,–/160,–**
a. ohne SerB., 2 handschr. Uschr.
b. SerB. B, 2 faks. Uschr. schwarz

K 32

K 32 1. 6.1916 **10 Rupien,** wie Nr. 31, aber zusätzlich unter dem Datum »Gebucht von:«, Papier dunkelsämisch glatt, rs. 2 Monogrammstempel, 2 faks. Uschr. (B) **40,–/80,–**
Nr. 32 kommt auch mit Überstempelung »X« über »B« vor (violett).

III. Buschnoten (Notdrucke von Druckkasten – Gummitypen)
(Zwei hschr. Uschr., nur Stelling – Kirst)

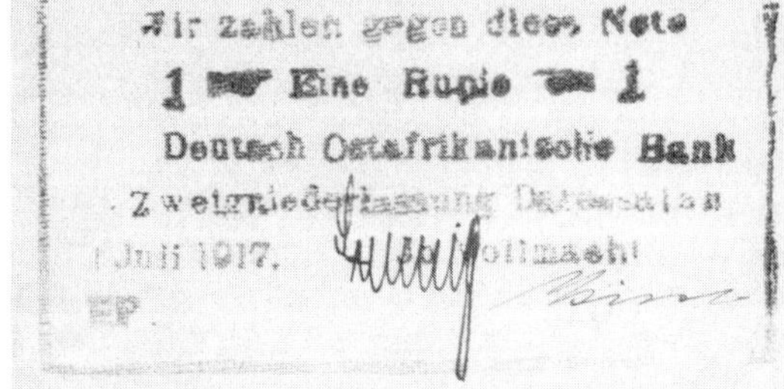

K 33

III / I

K 33 1. 7.1917 **1 Rupie,** Papier grauweiß bis sämisch mit Fabrik-WZ.
I. Rs. zweimal »moja« (= eins in Kisuaheli), Reichsadler in verschiedenen Größen (SerB. EP, FP, IP) **15,–/30,–**
Rs.-Druck auch kopfstehend (EP, FP) Kopfst. **150,–/–,–**
II. dgl., rs. aber zweimal »1 Rp« (ER) **30,–/60,–**
Rs. Druck auch kopfstehend Kopfst. **200,–/–,–**

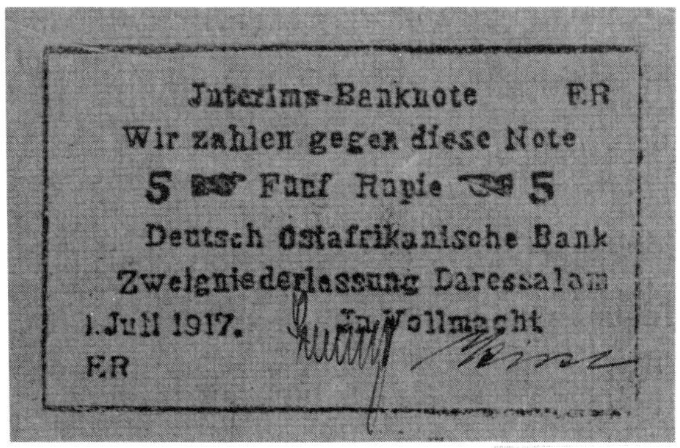

K 34

K 34 **5 Rupien,** gelbbraunes Ölpapier, Rs. Adlerstempel nur in einer Größe (ER)
I. WZ »5« 3,5 mm hoch **120,–/250,–**
II. WZ »5« 5,0 mm hoch **100,–/200,–**

K 35

K 35 **10 Rupien,** sämisches Packpapier, rs. Adlerstempel in verschiedenen Größen (ER)
I. WZ 3,0 – 3,5 mm hoch, 4,5 mm breit **150,–/ 300,–**
II. WZ 4,5 – 5,0 mm hoch, 3,5 – 4,0 mm breit **150,–/ 300,–**
III. WZ 5,0 – 5,5 mm hoch, 7,0 – 7,5 mm breit **150,–/ 300,–**
Nr. 35 I auch mit kopfstehender Rückseite. **300,–/ 600,–**

K 36 1.10.1917 **50 Rupien,** dicker sämischer Karton, o. SerB., o. Reichsadlerstempel **1500,–/2500,–**
Auch unverausgabte Reststücke nur mit Vs.-Druck, ohne KN und Uschr.

Datumzeilen und Briefköpfe

Als mit fortschreitender Dauer des Krieges das zum Druck der 1 Rp.-Noten erforderliche Papier auszugehen drohte, gelangten auch Kopfbögen zur Verwendung als Druckträger, die l. o. die Bezeichnung einer Behörde einschließlich der Journal- (Tagebuch-) Nummer und eines Vermerkes für die Beantwortung tragen, r. o. eine vorgedruckte Zeile für das Datum.

Von der Ser. F3 ab, kommen auf Noten Datumzeilen vor (5 Typen), nur bei den Buschnoten auch Briefköpfe (bisher 14 Typen bekannt). Datumszeilen und Briefköpfe finden sich fast ausschließlich auf der Noten-Rückseite, nur selten auf der Vs. Sie können mit dem Notendruck gleich gerichtet stehen oder kopfstehend dazu.

		III
K 37	A) Datumzeilen auf Rs.	Notenpreis + DM 100,–
	B) dgl. auf Vs.	Notenpreis + DM 250,–
	C) Briefköpfe (häufigste Typen)	Notenpreis + DM 400,–

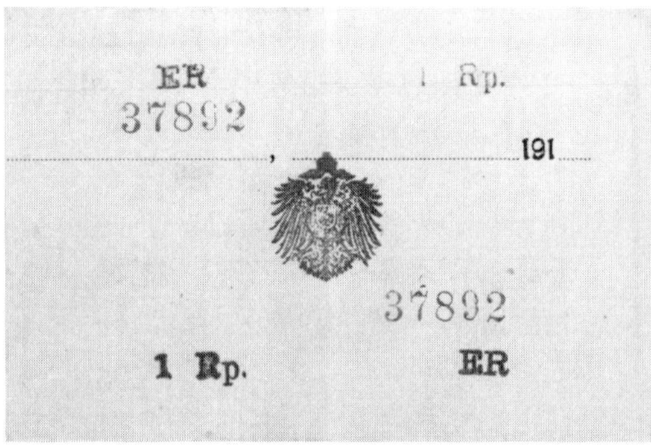

K 37 Datumzeile

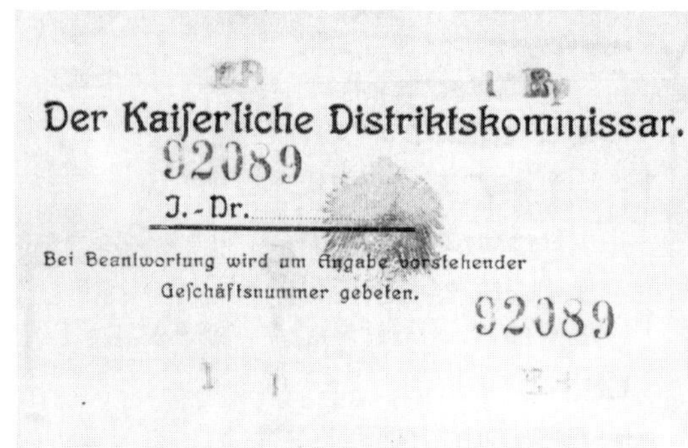

K 37 Briefkopf

Serienbuchstaben – Überstempelung

Beim Druck der 1 Rp.-Noten wurden die Serien O, W, X und Z ausgelassen. Hiervon kommen W, X und Z in Form von Handstempel – Überdrucken auf Noten der verschiedenen Serien vor. Fehlerhaft oder zweimal numerierte Noten aus nahezu allen Serien wurden auf diese Weise zu den genannten Serien zusammengefaßt.

Die ursprünglichen KN wurden entweder unverändert beibehalten (Type I), sie wurden auch durchgestrichen und durch eine neue ersetzt (Type II) oder die überstempelten Noten weisen nur eine ursprüngliche KN auf, die durchgestrichen und durch zwei neue ersetzt wurde (Type III).

			III	III
K 38	A) Überstempelung »W« (nur Type I)			Notenpreis + DM 300,–
	B) Überstempelung		»X«	»Z«
	I)	Type I	Notenpreis + DM 15,–	Notenpreis + DM 25,–
	II)	Type II	Notenpreis + DM 50,–	Notenpreis + DM 30,–
	III)	Type III	Notenpreis + DM 80,–	Notenpreis + DM 60,–

Die überstempelten Noten zu 5 und 10 Rp. werden bei den nicht überstempelten Noten erwähnt (Nr. 13, 22 E und 32). Diese Überstempelungen bedingen einen Mehrpreis von DM 60,–.

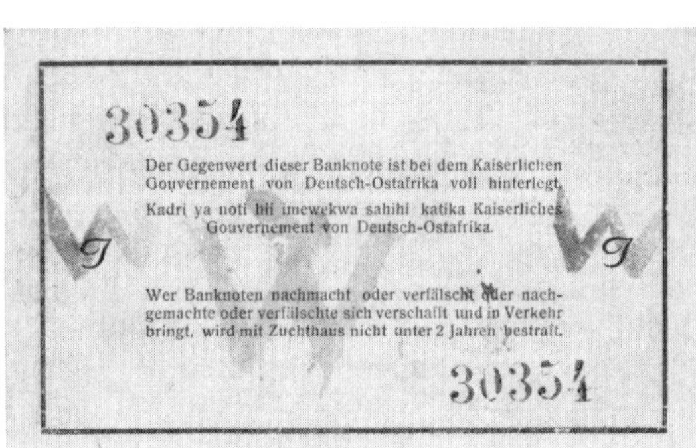

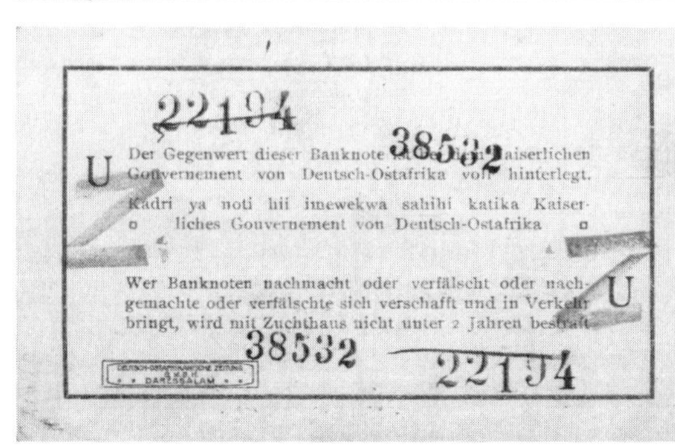

K 38 drei Noten nach Überstempelung

DEUTSCH-SÜDWESTAFRIKA

In der 1884 von Deutschland erworbenen Kolonie galten die Geldscheine des Mutterlandes in Markwährung. Als bei Ausbruch des 1. Weltkrieges die Zahlungsmittel knapp wurden, ließ der Gouverneur Dr. Seitz Kassenscheine herstellen, die man wegen der darauf befindlichen Faksimile-Unterschrift des Gouverneurs »Seitz-Noten« nannte. Die Engländer und auch die Truppen der Südafrikanischen Union, die 1915 die Kolonie besetzten, lehnten die Annahme dieser Noten ab, und so kam es zur Ausgabe zahlreicher zum Teil primitiver Notgeldarten. Um wieder mit einer einheitlichen und sorgfältig ausgeführten Notgeldausgabe dieses Durcheinander zu steuern, veranlaßte die Handelskammer Windhuk die Swakopmunder Buchhandlung zur Ausgabe von Notgeldscheinen in den Werten von 10 Pfg. bis 3 Mark, die ab 25.4.1916 in der ganzen Kolonie zirkulierten. 1918 verboten die Engländer die Markwerte und erlaubten neben den Pfg.-Werten nur noch einen 1-Mark-Schein (Ausgabe B auf Leinen).

Kaiserlicher Gouverneur, Kassenscheine

Alle Scheine sind auf dünnem Papier mit Leinenpressung und Fabrikwasserzeichen gedruckt und haben einen großen Prägestempel (84 mm Durchmesser) mit dem Reichsadler, der vor allem auf der unbedruckten Rückseite sichtbar ist. Die Preise verstehen sich für entwertete Noten (meist sich kreuzende Tintenstriche) in der Erhaltung IV und entwertete Noten in der Erhaltung II = unentwertete Noten in der Erhaltung IV.

IV / II

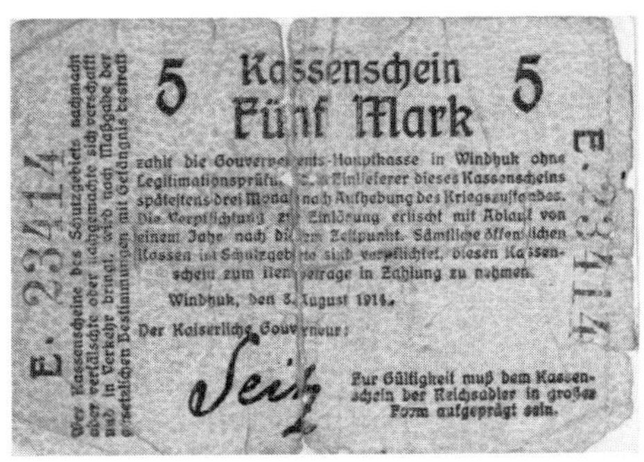

K 41

K 41 8. 8.1914 **5 Mark,** Udr. blaugrün, Format 90 x 61 mm, E KN 5,5 mm **700,–/1500,–**

K 42

K 42 **10 Mark,** Udr. hellbraun, Format 100 x 60 mm **700,–/1500,–**
I. D KN 5 mm
II. D KN 5,5 mm

K 43 **20 Mark,** Udr. dunkelbraun bis braunviolett, Format 100 x 68 mm **800,–/1600,–**
I. C KN 4,5 mm
II. C KN 5 mm
III. C KN 5,5 mm
IV. C KN 6 mm

IV / II

K 43

K 44

K 44 — **50 Mark,** Udr. rot, Format 130 x 90 mm — **800,–/1600,–**
- I. B KN 4,5 mm
- II. B KN 5,5 mm

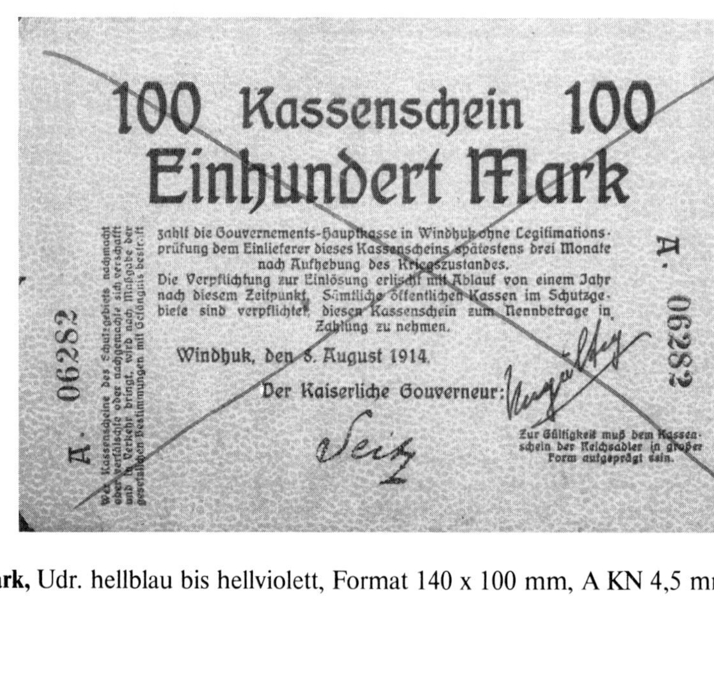

K 45

K 45 — **100 Mark,** Udr. hellblau bis hellviolett, Format 140 x 100 mm, A KN 4,5 mm — **900,–/1800,–**

Swakopmunder Buchhandlung Ges.m.b.H., Swakopmund

Format der Scheine 72-74 x 47-49 mm, ohne Datum

IV / II

K 46

K 46 **10 Pfennig,** Wertbezeichnung »Zehn Pfg.«, schwarz, Udr. gelb auf grünem Leinen, Uschr. mit »Geschäftsführer« und »Filialleiter«
I. 1 Uschr., KN 5,2 mm **90,–/180,–**
II. 2 Uschr., KN ✱4,5 mm **60,–/100,–**

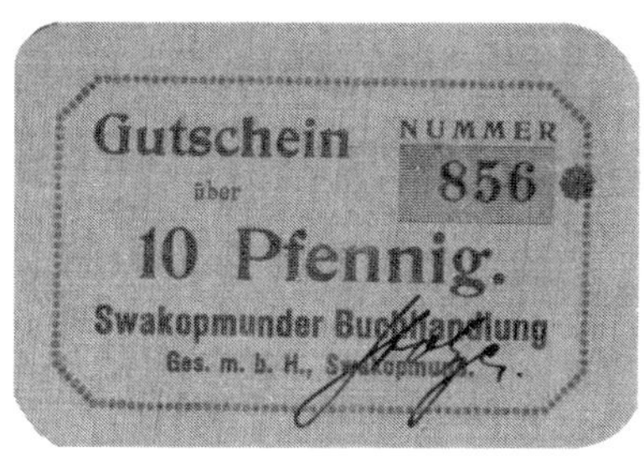

K 47

K 47 **10 Pfennig,** Wertbezeichnung »10 Pfennig«, schwarz oder dunkelblau, Rand rotbraun, ohne Udr. auf grünem Leinen, ohne Unterschriftsbezeichnung, Uschr. schwarz, blau oder rot, KN ✱5 mm **80,–/150,–**

K 48 **10 Pfennig,** wie K 47, doch Rand schwarz, »B Nummer«, KN ✱4,5 mm **60,–/100,–**

K 49

K 49 **25 Pfennig,** braun und grün auf hellblauem oder weißem Karton mit Leinenfäden (Geldbriefpapier), Ecken des Scheines abgerundet, 2 handschr. schwarze Uschr., KN ✱ 4,5 mm **80,–/150,–**

K 50 **25 Pfennig,** wie K 49, doch Ecken des Scheines rechtwinklig, 1 Faks.-Uschr.-Stempel violett, KN ✱ 4,5 mm **100,–/250,–**

IV / II

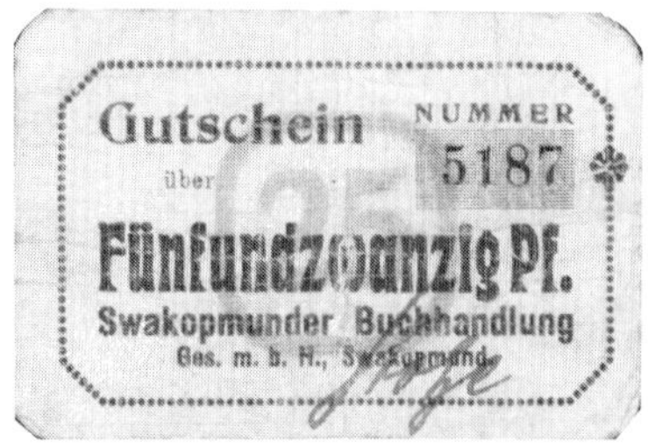

K 51

K 51 25 **Pfennig,** schwarz und rotbraun, Udr. grün, auf hellblauem Geldbriefpapier, 1 handschr. Usçhr., Nummer KN∗5mm **250,–/500,–**

K 52

K 52 50 **Pfennig,** Wertbezeichnung »Fünfzig Pfg.«, blau, Udr. Adler lachsfarben, auf weißem Leinen, Ecken des Scheines abgerundet, 2 handschr. schwarze Uschr., KN∗4,5 mm **150,–/300,–**

K 53 50 **Pfennig,** wie K 52, doch Ecken des Scheines rechtwinklig, 1 Faks.-Uschr.-Stempel violett, KN ∗ 4,5 mm **200,–/400,–**

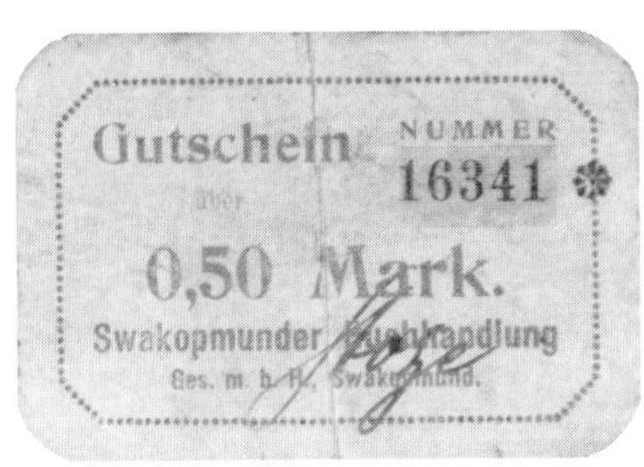

K 54

K 54 50 **Pfennig,** Wertbezeichnung »0,50 Mark.« mit Punkt hinter Mark, M von Mark nur wenig gespalten, blaugrün und rotbraun, auf weißem Leinen, Uschr. schwarz oder rot, Nummer KN∗5 mm **100,–/200,–**

K 55 50 **Pfennig,** wie K 54, doch ohne Punkt hinter Mark, Uschr. schwarz, Nummer KN∗5 mm **100,–/180,–**

K 56 50 **Pfennig,** wie K 54, doch M von Mark tief gespalten, Uschr. schwarz, Nummer KN∗5 mm **100,–/180,–**

K 57

K 57 1 **Mark,** schwarz, Udr. grün (Rechteck mit Greif, Buch u. SBS 37 x 27 mm), auf sämischem Karton, 2 handschr. Uschr., KN∗4,7 mm **80,–/150,–**

IV / II

K 58

K 58 **1 Mark,** schwarz, rotbraun und grün, Udr. grün (Rechteck wie K 57, doch 25 x 18 mm), auf hellgrünem Karton mit Leinenpressung, 1 handschr. Uschr. schwarz oder blau, Nummer KN ∗4,7 mm **80,–/150,–**

K 59

K 59 **1 Mark,** schwarz, Udr. rosa bis hellrot (negativ »1 Mark, S.B.S.«) auf weißem Leinen. 1 handschr. Uschr. mit »Geschäftsführer«, Ausgabe B KN∗ 4,7 mm **60,–/100,–**

K 60

K 60 **2 Mark,** Wertbezeichnung »Zwei Mark«, schwarz u. lachsfarben, Udr. hellbraun, auf hellrosa Karton mit Leinenpressung

I. 2 Uschr., KN ∗4,7 mm **240,–/380,–**

II. 1 Uschr., KN 5,2 mm **300,–/500,–**

K 61 **2 Mark,** Wertbezeichnung »2 Mark«, braun auf hellgrauem oder gelblich braunem Karton, M von Mark nur wenig gespalten, 1 Uschr. schwarz oder blau, Nummer KN∗4,7 mm **200,–/400,–**

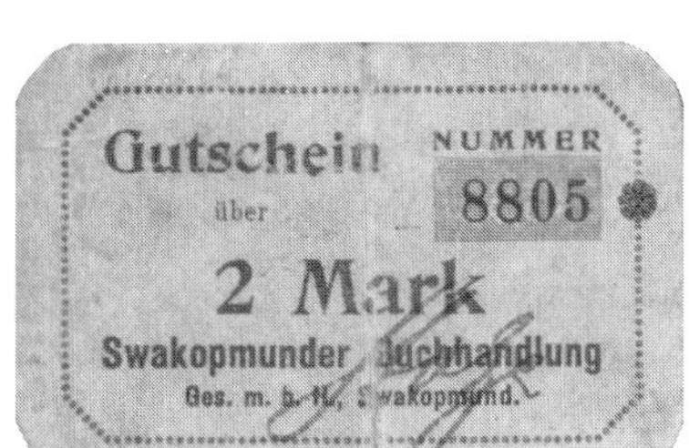

K 62

K 62 **2 Mark,** wie K 61, doch M von Mark tief gespalten, 1 Uschr. schwarz oder blau, Nummer KN ∗4,7 mm **200,–/400,–**

IV / II

K 63

K 63 — **3 Mark,** Wertbezeichnung »Drei Mark«, schwarz, Udr. oliv und grün (2 Buchdruckerstempel im Kreis), auf hellgrünem Karton, 2 Uschr., KN ✻4,7 mm **250,–/400,–**

K 64 — **3 Mark,** Wertbezeichnung »3 Mark«, schwarz u. braun, Udr. Adler braun, auf hellbraunem Karton, M von Mark nur wenig gespalten, 1 Uschr. schwarz, Nummer KN✻4,7 mm **250,–/400,–**

K 65

K 65 — **3 Mark,** wie K 64, doch M von Mark tief gespalten, 1 Uschr. schwarz oder blau, Nummer KN✻4,7 mm **260,–/420,–**

DEUTSCH-NEUGUINEA

Die Verwaltung der 1884 von Deutschland erworbenen Kolonie hatte zunächst die Deutsche Neu-Guinea-Compagnie und ab 1889 das Deutsche Reich. Es zirkulierten die Noten des Mutterlandes. Nach der Kapitulation der deutschen Freiwilligenwehr am 28.9.1914 soll zur Bezahlung der Restlöhnung ein primitiv mit Schuhwichse gedruckter 20-Markschein hergestellt worden sein, von dem jedoch bisher kein Stück bekannt wurde. Die Australier, die die Kolonie besetzten, druckten dann wenige Tage später provisorische »Treasury Notes«. Erst 1979 wurde in Australien ein 100-Markschein dieser Ausgabe entdeckt. Diese Wertstufe war bis dahin unbekannt. Die Kolonie wurde nach dem 1. Weltkrieg australisches Mandats- bzw. Treuhandgebiet. 1975 vereinigte sie sich mit dem bisherigen australischen Papua (Südostteil der Insel) zu dem selbständigen Staat Papua-Neuguinea.

Treasury Notes

Alle Noten schwarz auf weißem Papier mit Fabrik Wz., auf der Rückseite nur die Wertangabe in Buchstaben in den vier Ecken, das Datum ist handschr. eingesetzt, gedruckt 191., Ausgabeort Rabaul, 2 handschr. Uschr. (Treasurer Walter Jay, Entd. Ben Price), No. (gedr.) KN handschr.

K 66	(1914/15)	**5 Mark**	–,–/–,–
K 67		**10 Mark**	–,–/–,–
K 68		**20 Mark**	–,–/–,–
K 69		**50 Mark**	–,–/–,–
K 70		**100 Mark**	–,–/–,–

KAMERUN

Auch in der 1884 von Deutschland erworbenen Kolonie galt wie in den meisten anderen deutschen Kolonien die deutsche Reichswährung und zirkulierten die Reichsscheine. Nach Kriegsausbruch mußte das Kaiserliche Gouvernement eigene Schatzscheine ausgeben, da der Nachschub an Zahlungsmitteln ausblieb. Obwohl in der amtlichen Bekanntmachung und auch in der Literatur von 5-, 10-, 20-, 50- und 100-Markscheinen die Rede ist, wurden bisher nur die 5-, 50- und 100-Markscheine bekannt. Es bleibt fraglich, ob die beiden anderen Werte, die auf jeden Fall geplant waren (die Serienbuchstabenfolge beweist das), überhaupt gedruckt wurden, ob sie nach dem Druck vernichtet oder ob doch einige Exemplare ausgegeben wurden, aber bisher nicht vorgekommen sind. Nach dem 1. Weltkrieg wurde Kamerun englisches bzw. der größte Teil französisches Mandatsgebiet und gehört heute zur selbständigen Republik Kamerun bzw. der britische Teil zu Nigeria.

Kais. Gouvernement von Kamerun, Schatzscheine

Alle Scheine haben die Faks.-Uschr. Full (stellvertretender Gouverneur) und Kräuter (Gouvernements-Kassierer), Ausgabeort Duala

K 71

IV / II

K 71 12. 8.1914 **5 Mark,** schwarz, Udr. blau, weißes Papier ohne Wz., Format 148 x 97 mm, Nr.A. KN 8,8 mm blau
entwertet **600,–/1500,–**
unentwertet **800,–/1800,–**

K 72 **50 Mark,** schwarzblau, Udr. Adler rotbraun oder braun, graubrauner Karton mit blauen Fasern, Format 157 x 104 mm, Nr.D. KN 6,5 mm blau

a) Udr. Adler braun, Höhe ca. 65 mm, Federn vor allem im oberen Teil mehr nach unten zeigend **200,–/400,–**

b) Udr. Adler braun, Höhe ca. 62 mm, Federn mehr gespreizt als bei a) **180,–/360,–**

c) wie b), doch Udr. Adler rotbraun **180,–/360,–**

IV / II

K 72

K 73

K 73 — **100 Mark,** schwarz, Udr. Adler (Typ wie 72 b und c) hellblau oder blau, graubrauner Karton mit blauen Fasern, Format 161 x 105 mm, Nr.E. KN 8,8 mm blau

a) Udr. Adler hellblau **200,–/400,–**

b) Udr. Adler blau **180,–/360,–**

Ausgaben Deutscher Auslandsbanken

DEUTSCH–ASIATISCHE BANK

Zur Förderung der Handelsinteressen in China wurde 1889 die Deutsch-Asiatische Bank gegründet, an der viele deutsche Groß- und Privatbanken beteiligt waren. Am 8.7.1906 erhielt sie das Recht zur Notenausgabe in China, und sie reihte sich damit in die Vielzahl der dort bereits bestehenden Auslandsbanken mit Notenrecht (sog. Foreign Banks) ein. Der auf den Noten genannte Ausgabeort war der der 5 verschiedenen Ausgabefilialen (die Filialen Hongkong und Tsinafu gaben keine Noten mehr aus). Die Noten wurden mit dem Datum 1.3.1907 in mexikanischer Dollarwährung (Werte 1, 5, 10, 25 und 50 Dollar) und Taelwährung (Werte 1, 5, 10, 20 Tael) ausgegeben, für das deutsche Pachtgebiet Kiautschou mit der Filiale Tsingtau nur in mexikanischer Dollarwährung. Die später mit dem Datum 1.7.1914 gedruckten Scheine gibt es auch in höheren Dollar- und Tael-Werten. Diese 1914 hergestellten Scheine gelangten wegen des Kriegsausbruches nur in wenigen Stücken nach Tsingtau. Die nicht ausgegebenen Scheine lagerten bis Ende des 2. Weltkrieges im Bankgebäude in Berlin, wo sie angeblich vernichtet wurden, doch wurden später einige Hundert Scheine, vor allem 100- und 200-Dollarwerte, bekannt.

Die Scheine wurden von der Firma Giesecke & Devrient, Leipzig gedruckt, haben alle die gleiche Zeichnung: rechts gekrönte Germania mit Adlerschild und Lanze, links oben Reichsadler mit Brustschild DAB, links unten chinesischer Drache, Rückseite links und rechts Germaniabrustschild, das bei den Werten 1, 5, 10 Dollar in Hochovalen, bei 25 bis 200 Dollar in liegenden Rechtecken und bei den Taelwerten in Hochrechtecken steht. Das Papier ist weiß und hat das Wz. Achteck-Kreuzblumenmuster, die Tael-Noten der Filiale Tientsin und die Dollarwerte der Filiale Tsingtau mit dem Datum 1.3.1907 auch mit dem Wz. G–D Kreuzsternmuster. Dieses Wz. haben alle Scheine mit dem Datum 1.7.1914. Die № KN ist 4 mm, 5- oder 6-stellig.
Ausgegebene Scheine tragen handschriftliche Unterschriften. Von den meisten Noten der Ausgabe 1907 gibt es Musterscheine mit Lochung »DRUCKPROBE«, mit oder ohne Stempel »WERTLOS« und № 00 000.

AB 1 1. 3.1907 **1 Dollar,** Bild blau, Udr. rosa, Format 178 x 125 mm
- a. Hankow
- b. Peking
- c. Shanghai
- d. Tientsin
- e. Tsingtau, Wz. Achteck-Kreuzblumenmuster
- f. Tsingtau, Wz. G–D-Kreuzsternmuster

AB 2 **5 Dollar,** Bild dunkelgrün, Udr. hellviolett, Format 178 x 125 mm
- a. Hankow
- b. Peking
- c. Shanghai
- d. Tientsin
- e. Tsingtau, Wz. Achteck-Kreuzblumenmuster
- f. Tsingtau, Wz. G–D-Kreuzsternmuster

AB 3 **10 Dollar,** Bild braun, Udr. blau, Format 178 x 125 mm
- a. Hankow
- b. Peking
- c. Shanghai
- d. Tientsin
- e. Tsingtau, Wz. Achteck-Kreuzblumenmuster
- f. Tsingtau, Wz. G–D-Kreuzsternmuster

AB 4 **25 Dollar,** Bild grün, Udr. mattrosa, Format 200 x 135 mm
- a. Hankow
- b. Peking
- c. Shanghai
- d. Tientsin
- e. Tsingtau, Wz. Achteck-Kreuzblumenmuster
- f. Tsingtau, Wz. G–D-Kreuzsternmuster

AB 5 **50 Dollar,** Bild violett, Udr. grau, Format 200 x 135 mm
- a. Hankow
- b. Peking
- c. Shanghai
- d. Tientsin
- e. Tsingtau, Wz. Achteck-Kreuzblumenmuster
- f. Tsingtau, Wz. G–D-Kreuzsternmuster

AB 6 **1 Tael,** Bild grau, Udr. gelb, Format 187 x 125 mm
- a. Hankow
- b. Peking
- c. Shanghai
- d. Tientsin, Wz. Achteck-Kreuzblumenmuster, nur Musterscheine
- e. Tientsin, Wz. G–D-Kreuzsternmuster

IV / II

AB 7

AB 7 **5 Tael,** Bild braun, Udr. grün, Format 187 x 125 mm
- a. Hankow
- b. Peking
- c. Shanghai
- d. Tientsin, Wz. Achteck-Kreuzblumenmuster, nur Musterscheine
- e. Tientsin, Wz. G–D-Kreuzsternmuster

AB 8 **10 Tael,** Bild blau, Udr. hellbraun, Format 187 x 125 mm
- a. Hankow
- b. Peking
- c. Shanghai
- d. Tientsin, Wz. Achteck-Kreuzblumenmuster, nur Musterscheine
- e. Tientsin, Wz. G–D-Kreuzsternmuster

AB 9 **20 Tael,** Bild purpur, Udr. blauviolett, Format 200 x 135 mm
- a. Hankow
- b. Peking
- c. Shanghai
- d. Tientsin, Wz. Achteck-Kreuzblumenmuster
- e. Tientsin, Wz. G–D-Kreuzsternmuster

AB 10 1. 7.1914 **1 Dollar,** Ausgabe nicht sicher, kein Stück bekannt.

AB 11 **5 Dollar,** Ausgabe nicht sicher, kein Stück bekannt

AB 12 **10 Dollar,** Format 187 x 125 mm, bisher bekannt mit Tsingtau

AB 13 **50 Dollar,** Ausgabe nicht sicher, kein Stück bekannt

III / I

AB 14

AB 14 **100 Dollar,** Bild rot, Udr. violett, Format 200 x 135 mm, bisher bekannt mit Peking **2000,–/3000,–**

AB 15

AB 15 **200 Dollar,** Bild schwarz, Udr. rot, Format 200 x 135 mm, bisher bekannt mit Shanghai **2000,–/3000,–**

AB 16 **500 Dollar,** Format 200 x 135 mm, bisher bekannt mit Tsingtau

AB 17 **1 Tael,** Ausgabe nicht sicher, kein Stück bekannt

AB 18 **5 Tael,** Ausgabe nicht sicher, kein Stück bekannt

AB 19 **10 Tael,** Ausgabe nicht sicher, kein Stück bekannt

AB 20 **20 Tael,** Ausgabe nicht sicher, kein Stück bekannt

AB 21 **50 Tael,** bisher bekannt mit Tsingtau

AB 22 **100 Tael,** bisher bekannt mit Tsingtau

AB 23 **500 Tael,** bisher bekannt mit Tsingtau

Für die Scheine AB 1–AB 9, AB 12, AB 16–AB 23 werden sehr unterschiedliche Preise verlangt und auf Auktionen oft Liebhaberpreise erzielt, vor allem für Stücke in guter Erhaltung. Der Mindestpreis für ein Stück in Erhaltung III bis IV liegt bei DM 2000,–

DEUTSCH–SÜDAMERIKANISCHE BANK

Von dieser 1906 gegründeten Bank mit Sitz Berlin und Niederlassungen in Hamburg, Buenos Aires, Mexiko, Santiago de Chile wurden nur Noten in Mexiko bekannt. Diese scheckähnlichen auf andere Banken oder umgekehrt von anderen Banken auf die Deutsch-Südamerikanische Bank gezogenen Scheine wurden während des Bürgerkrieges von der Filiale in Torreón ausgegeben. Alle Noten tragen die Bezeichnung »Serie Especial A« und haben nur einen aufgedruckten Text ohne Zeichnung. Sie wurden von der Firma Tip. C. Montauriol, Torreón auf weißes Papier mit Fabrik-Wz. (Buchstaben) gedruckt. Die beiden wechselnden Unterschriften sind handschriftlich. Die links oben gedruckte No. KN ist 4,5 mm und in der Druckfarbe. Oft befindet sich auch rechts oben eine zweite gedruckte No. KN, doch kommt diese rechte KN auch als Stempel J. KN 4,5 mm, in einem Rundstempel der Bank KN 5 mm oder auch handschriftlich vor. Format der Scheine 180 x 90 mm.
Die Deutsch-Südamerikanische Bank ist eine Tochtergesellschaft der Dresdner Bank und hat heute wieder eine Reihe von ausländischen Filialen.

Deutsch-Südamerikanische Bank auf Banco de Londes y Mexico **IV / II**

AB 24 7.10.1913 **5 Pesos,** schwarz **150,–/300,–**

AB 25

AB 25 **10 Pesos,** grün **200,–/400,–**

AB 26 **20 Pesos,** rot **250,–/500,–**

Deutsch-Südamerikanische Bank auf Banco Nacional de Mexico

IV / II

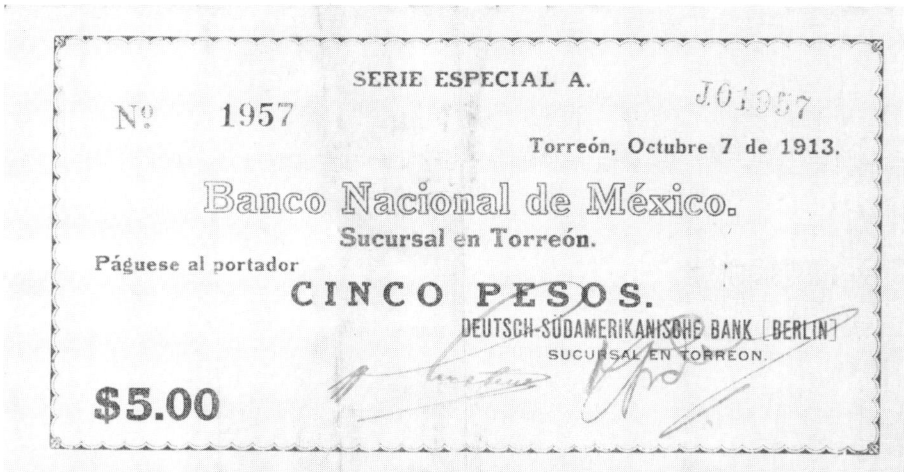

AB 27

AB 27	7.10.1913	**5 Pesos,** schwarz	**150,–/300,–**
AB 28		**10 Pesos,** schwarz	**200,–/400,–**
AB 29		**20 Pesos,** rot	**250,–/500,–**

Banco de Londes y Mexico auf Deutsch-Südamerikanische Bank

AB 30	7.10.1913	**5 Pesos,** schwarz, Datum in der Mitte	**150,–/300,–**
AB 31		**5 Pesos,** schwarz, Datum rechts	**150,–/300,–**
AB 32		**10 Pesos,** grün	**200,–/400,–**

AB 33

AB 33		**20 Pesos,** rot	**250,–/500,–**

Banco Nacional de Mexico auf Deutsch-Südamerikanische Bank

IV / II

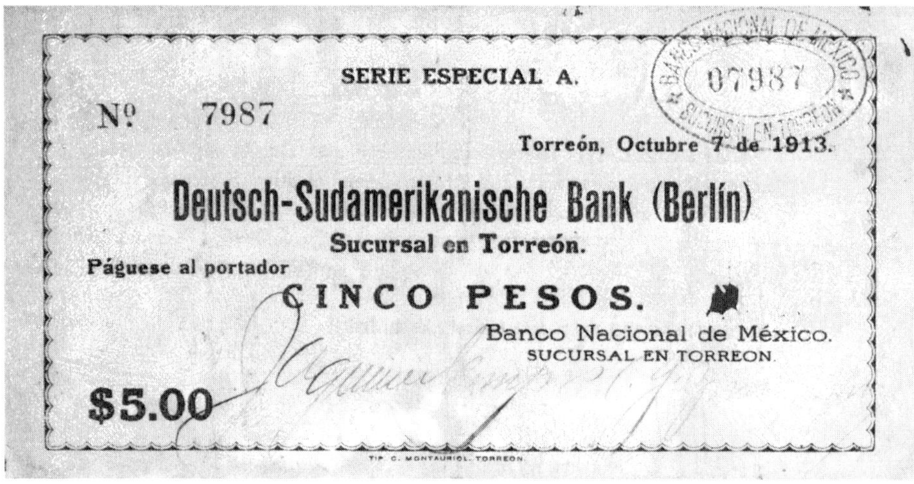

AB 34

AB 34 7.10.1913 **5 Pesos,** schwarz **150,–/300,–**

AB 35 **10 Pesos,** grün **200,–/400,–**

AB 36 **20 Pesos,** rot **250,–/500,–**

DEUTSCHE ÜBERSEEISCHE BANK

Dieses 1886 als Tochtergesellschaft der Deutschen Bank und der Disconto-Gesellschaft gegründete Institut hatte als Banco Alemán Transatlantico Niederlassungen in Argentinien, Chile, Peru, Uruguay und Spanien und als Banco Alemão Transatlantico in Brasilien. Als das argentinische Bankgesetz von 1887 den Banken in Argentinien das Recht einräumte, gegen Hinterlegung von 4½%iger innerer Goldanleihe bei dem staatlichen Aufsichtsamt die gleiche Summe in Banknoten auszugeben, machte der Banco Alemán davon Gebrauch und emittierte mit Datum vom 1. 1. 1888 eine 200-Pesos-Note. Durch ein neues argentinisches Bankgesetz vom 3. 10. 1890 wurde die Bank gezwungen, auf ihr Notenrecht zu verzichten. Diese argentinische Note blieb der einzige von der Deutschen Überseeischen Bank ausgegebene Geldschein.

Banco Alemán Transatlántico

AB 37 1.1.1888 **200 Pesos,** braun –,–/–,–

ANHANG

AUSGABEDATEN

47	14.12.1916
48	13.8.1914*
49	13.8.1914*
50	11.3.1916*
51	8.9.1914*
52	10.5.1916*
54	8.9.1914*
55	10.5.1916*
57	8.12.1917*
58	14.9.1918*
59	18.9.1920*
60	27.11.1920*
62/63	6. 3.1923
64–69	23.10.1918
70	16.11.1918*
72 Reihe 1	29.11.1919*
72 Reihe 2	14.12.1919*
72 Reihe 3	21.2.1920*
72 Reihe 4	6.3.1920*
71	24. 3.1919
73–75	21.12.1920
76	18. 5.1922
77	21. 2.1923
78	7. 3.1923
79	1. 9.1922
80/81	4. 8.1922
82	21. 9.1922
83 A	27. 9.1922
83 B	30.10.1922
83 C, E, G	7.12.1922
83 D	22.11.1922
83 F	2.10.1922
83 H	23.10.1922
84	5.10.1922
85	22.12.1922
87	20. 2.1923
88 A	17. 1.1923
88 B, D	15. 2.1923
88 C, E	6. 3.1923
89 a	23. 3.1923
89 b–s	30. 7.1923
90 A, B	23. 2.1923
90 C–F	28. 6.1923
91	14. 8.1923
92 a	4. 7.1923
92 b–e	15. 8.1923
93	11. 9.1923
94	17. 8.1923
95 A	9. 8.1923
95 B	11. 9.1923
96	8. 8.1923
97	28. 7.1923
98	14. 8.1923
99	25. 7.1923
100–102	7. 8.1923
103	15. 8.1923
104	14. 8.1923
105	15. 8.1923

106 A, B	23. 8.1923
106 C	11. 9.1923
106 D	27. 9.1923
107	15. 8.1923
108 A, B	23. 8.1923
108 C	11. 9.1923
108 D	27. 9.1923
109	23. 8.1923
110 A	3. 9.1923
110 B–D	27. 9.1923
111 A	5. 9.1923
111 B	29. 9.1923
111 C	24.10.1923
111 D–F	3.10.1923
112 A–D, F	27. 9.1923
113 A–C, F	27. 9.1923
114 A	17. 9.1923
114 B	29. 9.1923
114 C–F	3.10.1923
114 G	17.10.1923
115 A	21. 9.1923
115 B, C	24.10.1923
116	8.10.1923
117 A	6.10.1923
118 A	8.10.1923
119 A, B	12.10.1923
119 C	17.10.1923
119 D, E	26.10.1923
120 A, B	17.10.1923
120 D, E	26.10.1923
121 A	15.10.1923
121 B	13.11.1923
122	26.10.1923
123 A–C	1.11.1923
123 E	13.11.1923
124/125	27.10.1923
126	25.10.1923
127	1.11.1923
128/129 A	30.10.1923
129 B	1.11.1923
130/131	2.11.1923
132 A	2.11.1923
132 B	13.11.1923
133 A, B	2.11.1923
133 C	13.11.1923
134	9.11.1923
135–138	17.11.1923
139–141	26. 2.1924
142	24. 4.1924
143	16. 4.1924
161–163	10. 1.1924
164	6. 6.1925
165	10. 9.1925
166	15. 6.1926
167	26.11.1934
168/169	5. 9.1939

* Datum der Veröffentlichung im Amtsblatt

172	17.11.1924
173	4.12.1924
174	13. 2.1925
175	17. 2.1931
176	22.12.1930
177	26. 3.1934
178	30. 5.1936
179	Sept. 1944
180	Febr. 1945
181	17. 6.1943
182–185	Jan. 1945
186–188	März 1945
209–218	20. 6.1948
219/220	20. 8.1948
221	22. 3.1950
222/223	Nov. 1950
224	13.12.1951
225	27.11.1952
226	6. 5.1963
227	21.10.1963
228	10. 2.1961
229	18. 6.1962
230	26. 2.1962
231	26. 4.1965
232	27. 7.1964
301–307	23. 6.1948
308–316	28. 7.1948
317–321	13.10.1957
322–326	1. 8.1964
507–512	8. 5.1945
514–519	14. 8.1942
541/542	9. 2.1940
543	10. 4.1940
544	27. 3.1940
545	15. 8.1941
546	29. 2.1944
547	30. 9.1941
548	18.12.1942
549	25. 4.1944
551	29. 9.1942
552	25. 4.1944
553	15. 7.1943
554/555	15.12.1943
556	29. 8.1944
561/562	1. 2.1940
563–569	8. 4.1940
570	15.11.1940
571–573	6. 9.1941
574	10.10.1942
575	2. 5.1944
632	28. 4.1937
633	Ende Dez. 1937

AUSSERKURSSETZUNG

1. Datum: außer Kurs, 2. Datum: wertlos

1–3	30. 6.1885
4–7	1. 1.1911
8/9	6. 6.1925
10–47, 72–132, 134–137, 139–152	6. 6.1925/ 6. 7.1925
48–63	30. 4.1924
64–69	3. 1.1919
70	10. 9.1919
71	31. 1.1921
133	20. 4.1924
138	7. 3.1924
156/157	1.10.1926/16.12.1926
158	1. 2.1927/15. 4.1927
159	1. 1.1926/ 1. 5.1926
160	1. 6.1925/ 1.10.1925
161–165, 167	30. 9.1942
166, 169	21. 6.1948
168	1. 9.1948
170	1. 2.1934/ 1. 3.1934
171	1. 4.1935/ 1. 7.1935
172–185	21. 6.1948
186–188	August 1945
192/193	1. 9.1948
194–199	21. 6.1948
200, 203, 206	1. 9.1948
201/202, 204/205, 207/208	1. 6.1949
209	30. 4.1950
210/211	28. 2.1957
212	31. 5.1950
213	31. 7.1966
214	31. 1.1964
215	15. 5.1962
216	15. 6.1956
217	3. 5.1949
218	31. 7.1949/13. 3.1951
219	31.10.1950
220	30. 9.1950
221	31. 7.1966
222/223	31. 7.1965
224	31. 7.1966
225	31. 1.1964
501–506	1. 1.1945
507–512	4. 5.1946
528–534	1.10.1944/15.10.1944
541/542	1. 6.1940/ 1. 9.1940
561/562	8. 5.1940/31. 5.1940
601–621	30. 4.1924/31.12.1924
622, 628	1. 8.1932/ 1. 9.1932
623, 627, 629	1. 1.1934/ 1. 1.1935
703–715	1. 7.1925/ 1. 8.1925
717–735, 743–763, 768–784	1. 7.1925/ 1. 8.1925
736	1. 3.1929/ 1.12.1929
716, 737/738	2. 4.1936
764/765, 785–787	3. 7.1936

ENTWÜRFE

Entwurf: Prof. Wilhelm Sohn, Düsseldorf	4–6
Entwurf: Prof. E. Döpler d.J., Stich: O. Reim	7
Entwurf: A. Zick	8
Entwurf: Prof. P. Thumann, Stich: Prof. H. Meyer	9
Entwurf: Prof. P. Thumann, Stich: Prof. H. Meyer	12, 15, 16, 18, 20, 22, 24, 30, 33, 34

Entwurf: F. Luthmer, Prof. O. Knille, Stich: Prof. H. Meyer 13, 14, 17, 19, 21, 23, 27, 36, 39, 44, 45
Entwurf: Prof. F. Wanderer, Stich: C. Straßgürtl 35, 38, 42, 43
Entwurf: Prof. A. Kampf 47
Entwurf: L. Bernhard 70
Entwurf: M. Brehmer 73
Entwurf: Prof. A. Kampf 74
Entwurf: Prof. W.O.H. Hadank 75
Entwurf: Prof. Langer 175/176
Entwurf: Rs. Prof. P. Scheurich 177–179
Entwurf: Prof. J. Seger, Dr. R. Zick 180
Entwurf: Vs. Prof. J. Seger, Wien
Rs. Walter Riemer, Berlin 181
Entwurf: Max Bittrof 221–223
Entwurf: Hermann Eidenbenz 226–242
Entwurf: B. B. Fojtášek, Ausführung: J. Schmidt 549
Entwurf: J. Schmidt 551/552
Entwurf: J. Schmidt 553–555
Stecher: J. Schmidt 556
Entwurf: Prof. W. Tiemann 738
Entwurf: Prof. G. Belwe 765

UNTERSCHRIFTEN

Nach der in Deutschland angewandten Praxis wurden nach einem Wechsel der zur Unterschrift bestimmten Personen (der Präsident der Bank mit einer verschieden großen Anzahl von Mitgliedern des Direktoriums) auf den gedruckten Scheinen des kursierenden Typs keine Unterschriftenänderungen vorgenommen. Die Scheine wurden also mit den bisherigen Unterschriften weitergedruckt. Lediglich bei einem Wechsel des Notentyps änderte man die Namenszüge.
Folgende Unterschriftenblocks kommen vor:

Reichsschuldenverwaltung, Reichskassenscheine

1. Löwe Hering Röhjer
2. Sydow Hering Merleker Michelly
3. v. Hoffmann Merleker Mücke Tielsch Lehnert Zwicker
4. v. Hoffmann Mücke Tielsch Zwicker Warnecke
5. v. Bitter Mücke Tielsch Zwicker Warnecke Ottendorff Müller

Reichsschuldenverwaltung, Darlehenskassenscheine

6. v. Bischoffshausen Warnecke Vieregge Müller Noelle Dickhuth Sprenger
7. v. Bischoffshausen Vieregge Müller Noelle Dickhuth Sprenger Lothar v. Drenkmann
8. v. Bischoffshausen Vieregge Müller Noelle Dickhuth Sprenger Lothar v. Drenkmann Mücke

8A. Halle Vieregge Müller Dickhuth Sprenger Lothar v. Drenkmann Mücke Moll Schultz Sipper

8B. Halle Vieregge Dickhuth Sprenger v. Drenkmann Mücke Moll Hientzeg Schultzenhain Eder

Deutsche Reichsbank

Die erste Unterschrift auf allen Reichsbanknoten ist die des Bankpräsidenten; es folgen die der Mitglieder des Direktoriums

9. v. Dechend Boese v. Rotth Gallenkamp Herrmann Koch v. Koenen
10. Dr. Koch Gallenkamp Herrmann v. Koenen Hartung Frommer Mueller
11. Koch Gallenkamp Frommer Mueller v. Klitzing Schmiedicke Korn Gotzmann
12. Koch Gallenkamp Frommer v. Glasenapp v. Klitzing Schmiedicke Korn Gotzmann
13. Koch Gallenkamp Frommer v. Glasenapp v. Klitzing Schmiedicke Korn Gotzmann v. Lumm
14. Koch Gallenkamp Frommer v. Glasenapp Schmiedicke Korn Gotzmann Maron v. Lumm
15. Koch v. Glasenapp Frommer Schmiedicke Korn Gotzmann Maron v. Lumm v. Grimm
16. Havenstein v. Glasenapp Frommer Schmiedicke Korn Maron v. Lumm v. Grimm Kauffmann
17. Havenstein v. Glasenapp Schmiedicke Korn Maron v. Lumm v. Grimm Kauffmann Schneider
18. Havenstein v. Glasenapp Schmiedicke Korn Maron v. Lumm v. Grimm Kauffmann Schneider Budczies
19. Havenstein v. Glasenapp Schmiedicke v. Lumm v. Grimm Kauffmann Schneider Budczies Bernhard Seiffert Vocke Friedrich
20. Havenstein v. Glasenapp v. Grimm Kauffmann Schneider Budczies Bernhard Seiffert Vocke Friedrich
21. Havenstein v. Glasenapp v. Grimm Kauffmann Schneider Budczies Bernhard Seiffert Vocke Friedrich Fuchs P. Schneider
22. Dr. Hjalmar Schacht v. Glasenapp v. Grimm Kauffmann Schneider Budczies Bernhard Seiffert Vocke Friedrich Fuchs P. Schneider
23. Dr. Hjalmar Schacht Kauffmann v. Grimm Schneider Budczies Bernhard Seiffert Vocke Friedrich Fuchs P. Schneider
24. Dr. Hjalmar Schacht Dreyse Budczies Bernhard Seiffert Vocke Friedrich Fuchs Schneider
25. Luther Dreyse Bernhard Seiffert Vocke Friedrich Fuchs Schneider
26. Dr. Hjalmar Schacht Dreyse Bernhard Seiffert Vocke Friedrich Fuchs Schneider
27. Dr. Hjalmar Schacht Dreyse Vocke Friedrich Schneider Hasse Ehrhardt Puhl Hülse
28. Walther Funk

Deutsche Rentenbank

29. Lentze Brandes Bücher Crone-Münzebrock Dietrich Gennes H. Grünfeld Heim Hillger Keinath Millington-Herrmann Roesicke Siemens Sorge Urbig
30. Lentze Brandes Crone-Münzebrock Dietrich Gennes Hillger Johannßen Gr. Kalckreuth Kayser Kutscher Frh. v. Pfetten Seelmann Kißler Lipp
31. Granzow Kißler Lipp Dr. Szagunn Dr. Kokotkiewicz
32. Granzow Kißler Kokotkiewicz Szagunn Wichtermann

Bank deutscher Länder

33. Vocke Könneker
Präsident und Vizepräsident des Direktoriums der Bank deutscher Länder

Deutsche Bundesbank

Präsidenten und Vizepräsidenten des Direktoriums der Deutschen Bundesbank

34. Karl Blessing Dr. Troeger
35. Karl Klasen Otmar Emminger
36. Otmar Emminger K. O. Poehl
37. K. O. Poehl Schlesinger

Präsidenten und Mitglieder des Reichsbankdirektoriums

Präsidenten:	v. Dechend	1876–1890
	Dr. Koch	1891–1908
	Dr. Havenstein	1908–1923
	Dr. Schacht	1923–1930 u. 1933–1939
	Luther	1930–1933
	Funk	1939–1945
Mitglieder:	Boese	1876–1887
	Dr. Koch	1876–1891
	v. Rotth	1876–1891
	v. Koenen	1876–1893
	Herrmann	1876–1906
	Dr. Gallenkamp	1876–1906
	Hartung	1886–1906
	Frommer	1890–1909
	Mueller	1890–1896
	v. Klitzing	1893–1905
	Schmiedicke	1894–1920
	Gotzmann	1895–1907
	Korn	1895–1919
	Dr. v. Glasenapp	1897–1924
	Dr. v. Lumm	1903–1920
	Maron	1905–1919
	Kauffmann	1908–1926
	Dr. v. Grimm	1907–1928
	Schneider I	1909–1925
	Budczies	1910–1930
	Seiffert	1919–1932
	Dr. Bernhard	1919–1934
	Dr. Friedrich	1919–1935
	Dr. Vocke	1919–1939
	Fuchs	1921–1933
	P. Schneider	1921–1936
	Dreyse	1924–1939
	Hasse	1933–1937
	Ehrhardt	1934–1939
	Puhl	1934–1945
	Hülse	1935–1939
	Dr. Schniewind	1937–1938
	Brinkmann	1937–1938
	Blessing	1937–1938
	Kretzschmann	1937–1945
	Bayrhoffer	1938–1945
	Wilhelm	1938–1945
	Lange	1938–1945
	Emde	1939–1945

Katalog-Nr.	Uschr.-Block Nr.
1–3	1
4–6	2
7	3
8	4
9	5
10–13	9
14/15	10
16/17	11
18–21	12
22/23	13
24–27	14
28–30	15
31–36	16
37–39	17
40–47	18
48–56	6
57	7
58	8
59–61	8 A
62/63	8 B
70/71	18
72–74	19
75	20
76–138	21
139–143	22
156–163	29
164–166	30
167	31
168/169	32
170–174	23
175/176	24
177	26
178/179	27
180/181	28
221–225	33
226–232	34
233–238	35
239–244	36
245–253	37

Wz. Rdr.-Wellenlinien

Wz. Schippen

Wz. Stern-Sechseckmuster

Wz. Vierpaß

Wz. G-D-Muster

Wz. C-Muster

Wz. Gitter mit 8

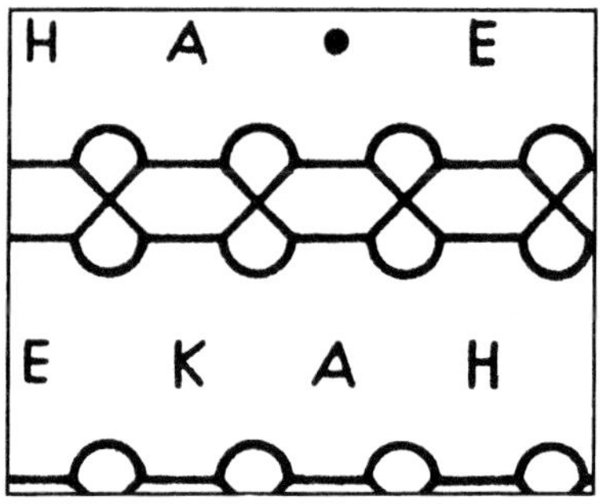

Wz. EKAHA-Achterstreifen

Wz. Sphärische Dreiecke

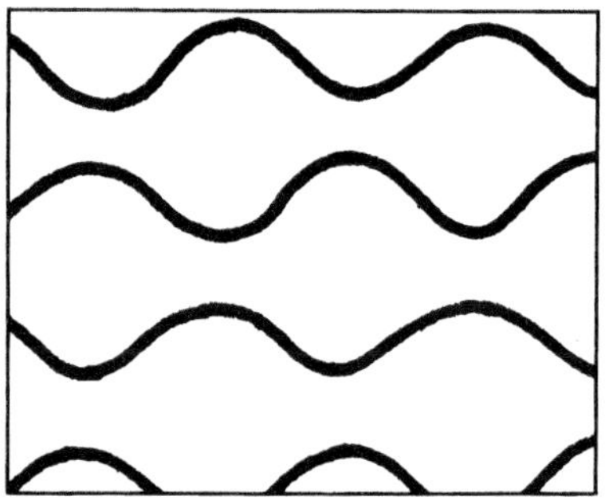
Wz. Schlangenlinien

Wz. Verschlungene Vielecke

Wz. Ringel

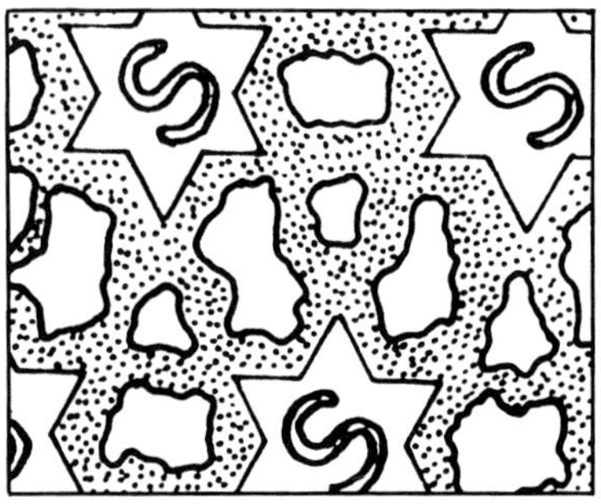

Wz. Sterne mit S

Wz. Rauten

Wz. Hermann-Stimmgabel

Wz. HVDS-Kreismuster

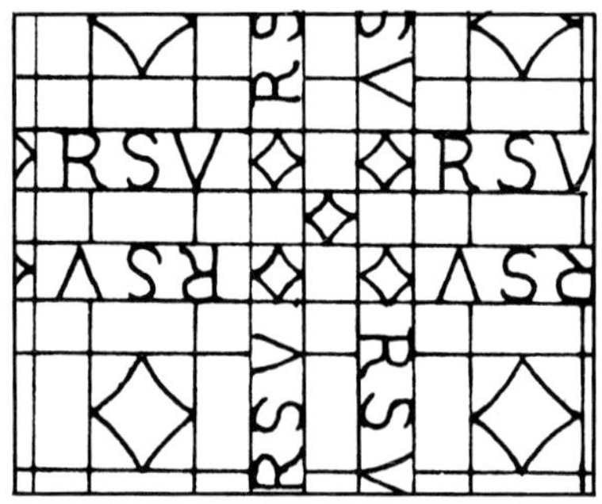

Wz. RSV-Linienmuster

Wz. Konturenkette

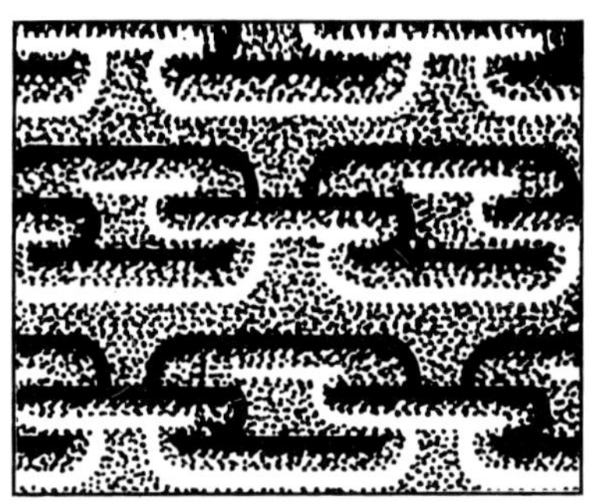

Wz. plastische Kette

FIRMENZEICHEN AUF REICHSBANKNOTEN

I. VOM SEKRETARIAT FÜR BANKNOTENDRUCK ZUGETEILTE FIRMENZEICHEN

AK	Kölner Verlagsanstalt und Druckerei, Köln (?)
AM	?
AR	Adlers Erben, Rostock
AS	August Scherl, Berlin
AΣ	?
AΩ	?
BB	Grass, Barth u. Co., Breslau (Nr. 83 B e, C b) W. Büxenstein, Berlin (übrige Noten)
BD	A. Bagel, Düsseldorf
BH	H. S. Hermann, Berlin (Nr. 90) Bald u. Krüger, Hagen i. W. (übrige Noten)
BK	J. P. Bachem, Köln (außer Nr. 135 g, diese s. unter II)
BM	E. Bruckmann, München
BN	C. H. Beck'sche Buchdruckerei, Nördlingen
BR	R. Boll, Berlin
BS	M. Bauchwitz, Stettin
BW	Grass, Barth u. Co., Breslau (Nr. 83) W. Büxenstein, Berlin (übrige Noten)
BX	W. Büxenstein, Berlin
CC	?
CD	W. Crüwell, Dortmund
DB	A. Bagel, Düsseldorf
DC	W. Crüwell, Dortmund
DK	M. DuMont Schauberg, Köln
DS	? (vielleicht Schaar u. Dathe, Trier oder Schleicher u. Schüll, Düren)
DV	Deutsche Verlagsanstalt, Stuttgart
EB	Otto Elsner, Berlin
EG	W. Girardet, Essen
EK	Edler u. Krische, Hannover
EO	Otto Elsner, Berlin
FG	Carl Flemming u. C. T. Wiskott A.-G., Glogau
FM	Fabersche Buchdruckerei, Magdeburg
FN	C. Naumann, Frankfurt a. M.
FZ	Förster u. Borries, Zwickau
GB	Grass, Barth u. Co. (Noten mit KN in Sondertype 10) oder E. Gundlach, Bielefeld (Noten mit KN in Sondertype 17)
GC	A.-G. für Druck und Verlag vorm. Gebr. Gotthelft, Cassel
GD	Typographisches Institut Giesecke u. Devrient, Leipzig
GE	W. Girardet, Essen
GF	Carl Flemming u. C. T. Wiskott A.-G., Glogau
GK	H. Grünbaum, Kassel
GP	Greiner u. Pfeiffer, Stuttgart, bei Nr. 90 Pass u. Garleb, Berlin
GU	E. Gundlach, Bielefeld
HA	Hartung u. Co., Hamburg
HB	H. S. Hermann, Berlin
HD	F. Hessenland G.m.b.H., Stettin
HG	Hartung u. Co., Hamburg
HH	Hartung u. Co., Hamburg
HM	Druckerei Dr. Haas G.m.b.H., Mannheim
HO	Gebr. Hoesch, Hamburg
HR	H. S. Hermann, Berlin
HS	H. S. Hermann, Berlin
KE	Fried. Krupp, Essen
KH	J. C. König u. Ebhardt, Hannover
KL	H. Krumbhaar, Liegnitz
KM	C. F. Müller, Karlsruhe
LD	Gebr. Lensing, Dortmund
LE	Sam. Lucas, Elberfeld
LV	W. Vobach u. Co., Leipzig
MA	?
MB	Rud. Mosse, Berlin
MK	C. F. Müller, Karlsruhe
MM	E. Mühlthaler, München (Münchner Neueste Nachrichten)
MN	E. Mühlthaler, München (Münchner Neueste Nachrichten)
MR	Meisenbach, Riffarth u. Co., München
MV	Mainzer Verlagsanstalt, Mainz
ND	Niederrheinische Druckerei, Duisburg (auch 𝔑𝔇)
NF	C. Naumann, Frankfurt a. M.
NL	C. G. Naumann G.m.b.H., Leipzig
NN	E. Nister, Nürnberg (auch 𝔑𝔑)
OE	Otto Elsner, Berlin
OF	Aug. Osterrieth, Frankfurt a. M.
OH	Ohlenroth'sche Buchdruckerei, Erfurt
OK	?
OM	R. Oldenbourg, München
PB	Pass u. Garleb, Berlin
PG	Pass u. Garleb, Berlin
PL	Poeschel u. Trepte, Leipzig
PR	J. S. Preuss, Berlin
RB	R. Boll, Berlin
RD	Römmler u. Jonas, Dresden
RH	H. S. Hermann, Berlin
RK	?
RL	H. G. Rathgens, Lübeck
RP	J. S. Preuss, Berlin
RS	Fr. Wilh. Ruhfus, Dortmund
RW	Carl Ritter G.m.b.H., Wiesbaden
SB	Carl Schünemann, Bremen
SC	Paul Schettler u. Co., Coethen
SD	L. Schwann, Düsseldorf
SF	Stähle u. Friedel, Stuttgart
SL	Gg. Schenkalowsky Nachf. A.-G., Breslau
SO	Gerh. Stalling, Oldenburg (?)
SP	Spamer'sche Buchdruckerei, Leipzig
SS	Siegfried Scholem, Berlin-Schöneberg
ST	Gerhard Stalling, Oldenburg
UB	Ullstein, Berlin
VB	Friedr. Vieweg u. Sohn, Braunschweig
VD	Vorwärts, Berlin
VL	W. Vobach u. Co., Leipzig
WB	W. Büxenstein, Berlin, bei Nr. 123 Gg. Westermann, Braunschweig
WD	L. C. Wittich'sche Hofbuchdruckerei, Darmstadt
WE	(wahrscheinlich eine schlesische Druckerei)

WF A. Wohlfeld, Magdeburg (nur Nr. 88), sonst: C. A. Wagner, Freiburg i. Br.
WH Buchdruckerei des Waisenhauses, Halle a. d. S.
WK Worms u. Lüthgen, Krefeld
WM A. Wohlfeld, Magdeburg
WO A. Wohlfeld, Magdeburg
WW W. Büxenstein, Berlin
XB W. Büxenstein, Berlin
XX W. Büxenstein, Berlin
YZ Ernst Marks G.m.b.H., Mülheim a. d. Ruhr, Nr. 90 W. Büxenstein, Berlin
ZK Ziegler, Köln
ZY W. Büxenstein, Berlin

II. VON DER REICHSDRUCKEREI ODER DER REICHSBANK ZUGETEILTE FIRMENZEICHEN

A Grass, Barth u. Co., Breslau (nur Nr. 88), sonst Greiner u. Pfeiffer, Stuttgart
B R. Oldenbourg, München
C ?
D sofern KN – Sondertype 16, wohl Greiner u. Pfeiffer, Stuttgart
E Edler u. Krische, Hannover (nur Nr. 88), sonst Otto Elsner, Berlin
F Förster u. Borries, Zwickau
G Carl Flemming u. C. T. Wiskott A.-G., Glogau
H Edler u. Krische, Hannover
J ?
K Edler u. Krische, Hannover (nur Nr. 88), sonst L. C. Wittich'sche Hofbuchdruckerei, Darmstadt
L W. Vobach u. Co., Leipzig (Nr. 88), bei Nr. 147 H. S. Hermann, Berlin
M H. S. Hermann, Berlin
N C. G. Naumann, G.m.b.H., Leipzig
O ?
P J. S. Preuss, Berlin
R A. Seydel u. Cie. A.-G., Berlin
S L. C. Wittich'sche Hofbuchdruckerei, Darmstadt (Nr. 88), sonst Carl Schünemann, Bremen
T W. Crüwell, Dortmund (bei Nr. 88 unbekannt)
U W. Crüwell, Dortmund
V W. Vobach u. Co., Leipzig
W L. C. Wittich'sche Hofbuchdruckerei, Darmstadt
X ?
Y L. C. Wittich'sche Hofbuchdruckerei, Darmstadt
Z Hartung u. Co., Hamburg
AB C. F. Müller, Karlsruhe
AC Förster u. Borries, Zwickau
AD ?
AE Gebr. Parcus, München ?
AF ?
AG ?
AJ ?
AK ?
AL Arthur Scholem, Berlin
AM ?
AN ?
AO ?
AP ?
AR ?
AS ?
AT ?
AU ?
AV ?
AW ?
AX ?
AY ?
AZ ?
BA ?
BD ?
BE A. W. Hayns Erben, Potsdam
BF ?
BG ?
BH ?
BJ ?
BK ?

Nicht verwendet wurden offenbar die Buchstaben Q, AA, AH, AQ, BB und BC.
Die Nrn. 115 und 148–152 kommen ohne FZ vor. Davon wurde Nr. 115 bei Otto Elsner, Berlin, gedruckt. Die Druckerei der anderen Nummern, die sich durch eine typische KN (Sondertype 14) auszeichnen, ist nicht bekannt.

KONTROLLNUMMERN AUF DEUTSCHEM REICHSPAPIERGELD

I. Rdr.-KN

A Nr 104157

Nr 141848 B

A. Enge Typen (1882–1908)

A·051739

Nr6870629 C

M·Nr1517158

B. Weite Typen (1904–1945)

00007562

C. Weite Type auf Firmendruck (CD,T)

II. Privatdruckerei-KN

A. Normaltypen

077052 *

279642 *

Type I (ältere Typen, mit 2,4,7)

104626

068957

Type II (neuere Typen, mit 2,4,7)

050702 *

* 245477

Type I/II (Mischtypen)

B. Sondertypen Antiqua

173325	1. KN 3,3–3,7/12,3–12,5 mm (BH,HB,HR,RH,M)
245297	2. KN 3,4–3,5/12,6–12,9 mm (FZ,AC,F)
092869	3. KN 3,7–3,8/12,5–12,7 mm (VD)
0 004 087	4. KN 3,4/13,1–13,3 mm (AK) (stets 7-stellig, Dreiergruppen durch Komma getrennt)
Nr 008122	5. KN 3,5/11,6 mm (AC)
086432	6. KN 3,5–3,6/12,4–12,7 mm (FN,NF)
706254 * 109822 *	7. KN 3,7/15,6–15,8 mm (NF)
032802	8. KN 4,0/12,5 mm (AR)
4 AB·146334	9. KN 4,2/14,5–14,7 mm (KM,AB)
102402	10. KN 4,5/14,5–14,6 mm (BB,BW,GB,A)
176422	11. KN 4,5/12,9–13,1 mm (LV,VL,WB,L)
6A· 014159	12. KN 4,5/14,6–14,7 mm (GC,A)
* 425615	13. KN 4,4–4,5/14,4–14,7 mm (EO,OE,E, ohne FZ) (stets hinter *)
14M·009224	14. KN 4,6–4,8/15,5–15,7 mm (BH,HR,RH,M)
1 112 779 00 621 185	KN 4,1–4,3/14,8–15,0 mm (ohne FZ) (stets in Dreiergruppen)

C. Sondertypen Grotesk

23661	15. KN 2,8/10,9 mm (RL) (stets 5-stellig)
24 A · 203894	16. KN 3,3/11,5 mm (A,D)
021048	17. KN 3,5/12,6 mm (GB)
306374	18. KN 3,7–3,8/11,5–11,6 mm (GD,LV,VL)
142786	19. KN 3,8/11,6–11,7 mm (HR,RH,L,M)
212156	20. KN 4,0/11,6 mm (HA,HG,HH,Z)
032738	21. KN 4,1/13,5–13,6 mm (AE)
12AD·154292	22. KN 4,2/14,0–14,3 mm (AD)
056365	23. KN 4,1/15,2–15,4 mm (GD)
529368	24. KN 4,3/14,6–14,8 mm (EK,E,K,H)

Beizeichen der Kontrollnummern

№̣	№̣
№̲	№̲
№	№ oder №
Nr	Nr
Nr.	Nr.

✱	5-strahliger Stern
✱	6-strahliger Stern, auf einer Spitze stehend
✱	8-strahliger Stern, aus konischen Elementen zusammengesetzt
✱	8-strahliger Stern, mit Punkt in der Mitte
✱	6-strahliger Stern, auf zwei Spitzen stehend
✱	6-strahliger Stern, aus konischen Elementen zusammengesetzt
✡	6-strahliger Lochstern

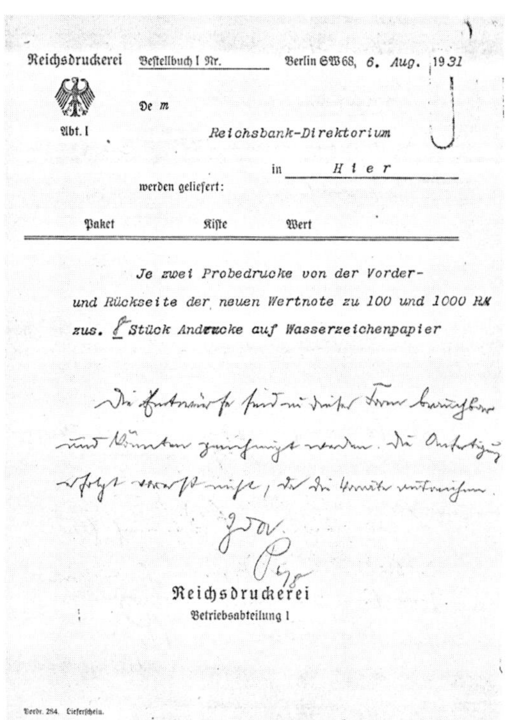
Reichsdruckerei Bestellbuch I Nr. Berlin SW 68, 6. Aug. 1931

Abt. I

De m

Reichsbank-Direktorium

in Hier

werden geliefert:

Paket Kiste Wert

Je zwei Probedrucke von der Vorder- und Rückseite der neuen Wertnote zu 100 und 1000 RM zus. 8 Stück Andrucke auf Wasserzeichenpapier

Reichsdruckerei
Betriebsabteilung I

Vordr. 284. Lieferschein.

zu Schein Nr. XV

KONKORDANZLISTE

P/R = Pick/Rixen, Papiergeldspezialkatalog Deutschland
K = Keller, Papiergeld des Deutschen Reiches
R = Rosenberg, Die Banknoten des Deutschen Reiches
P = Pick, Standard Catalog of World Paper Money
J/H = Jaeger/Haevecker, Die Deutschen Banknoten
H = Hoffmann, Notenbuch

P/R	K	R	P	J/H	H
1	1	1	1	1	a 1
2	2	2	2	2	a 2
3	3	3	3	3	a 3
4	6	6	4	6	a 6
5	7	7	5	7	a 7
6	8	8	6	8	a 8
7	19	19	7	13	a 19
8	22	22	8	14	a 22
9	27	27	9	18	a 27
10	4	4	10	4	a 4
11	5	5	11	5	a 5
12	9	9	12	9 a	a 9
13	10	10	13	11 a	a 10
14	11	11	14	11 b	a 11
15	12	12	15	9 b	a 12
16	13	13	16	9 c	a 13
17	14	14	17	11 c/d	a 14
18	15	15	18	9 d	a 15
19	16	16	19	11 e	a 16
20	17	17	20	9 e	a 17
21	18	18	21	11 f	a 18
22	20	20	22	9 f	a 20
23	21	21	23	11 g	a 21
24	23	23	24	9 g/h	a 23
25	24	24	25	15 a/b	a 24
26	25	25	26	17 a/b	a 25
27	26	26	27	11 h	a 26
28	28	28	28	15 c	a 28
29	29	29	29	17 c	a 29
30	30	30	30	9 i	a 30
31	31	31	31	15 d	a 31
32	32	32	32	17 d	a 32
33	33	33	33	9 k/l	a 33
34	34	34	34	10	a 34
35	35	35	35	19 a	a 35
36	36	36	36	11 i/k	a 36
37	37	37	37	15 e	a 37
38	38	38	38	19 b	a 38
39	39	39	39	11 l	a 39
40	40/41	40/41	40	15 f/g, 16 a	a 40/a 41

P/R	K	R	P	J/H	H
41	42	42	41	17 e	a 42
42	43	43	42	19 c	a 43
43	44	44	43	20	a 44
44	45	45	44	11 m/n	a 45
45	46	46	45	12	a 46
46	47	47	46	16 b/c	a 47
47	57	53	63	26	b 6
48	48	48	47	21	b 1
49	49	49	48	22	b 2
50	50	50	49	23	b 3
51	51	51 a	50	24 a	b 4a/b
52	53	51 b	51	24 b	b 4 c
53	55	51 c	52	24 c	b 4 d
54	52	52 a	53	25 a	b 5 a
55	54	52 b	54	25 b	b 5 b
56	56	52 c	55	25 c	b 5 c
57	58	54	56	27	b 7
58	59	55	57	28	b 8
59	71	64	58	33	d 3
60	73	65 b	59	34	d 4 b
61	72	65 a	60	35	d 4 a
62	83	73	61	44	d 12
63	84	74	62	45	d 13
64	63 a–d	58–61	142	ZK 1	c 1, 7, 13, 19
65	64 a–d	58–61	143	ZK 2	c 2, 8, 14, 20
66	65 a–d	58–61	144	ZK 3	c 3, 9, 15, 21
67	66 a–d	58–61	145	ZK 4	c 4, 10, 16, 22
68	67 a–d	58–61	146	ZK 5	c 5, 11, 17, 23
69	68 a–d	58–61	147	ZK 6	c 6, 12, 18, 24
70	60/61	56	64	29	b 9
71	62	57	65	30	b 10
72	69	62	66	31	d 1
73	70	63	67	32	d 2
74	74	66	68	36	d 5
75	75	67	69	37	d 6
76	76	68 a	70	38	d 7 a
77	77	68 b	71	39	d 7 b
78	78	69	72	40	d 8
79	79	70	73	41	d 9
80	80	71 a	74 a	42 a	d 10 a
81	81	71 b/c	74 b	42 b/c	d 10 b
82	82	72	75	43	d 11
83	85–92	75	76	46	d 14
84	93	76	77	47	d 15
85	94	77	78	48	d 16
86	96	78	80	49	d 18
87	95	79	79	50	d 17
88	97–101	80	81	51	d 19
89	103	82	83	52	d 21
90	104–109	84	85	53	d 23

P/R	K	R	P	J/H	H
91	110	85	86	54	d 24
92	112	87	88	55	d 26
93	113	88	89	56	d 27
94	114	89	90	57	d 28
95	115/116	90	91	58	d 29
96	117	91	92	59	d 30
97	118	92	94	61	d 31
98	119	93	93	60	d 32
99	120	94	95	62	d 33
100	121	95	96	63	d 34
101	122	96	97	64	d 35
102	123	97	98	65	d 36
103	124	98	99	66	d 37
104	125	99	100	67	d 38
105	126	100	101	68	d 39
106	127–130	101	102	69	d 40
107	131	102	103	70	d 41
108	132–135	103	104	71	d 42
109	136	104	105	72	d 43
110	137–140	105	106	73	d 44
111	141–147	106	107	74	d 45
112	148–153	107	108	75	d 46
113	154–159	108	109	76	d 47
114	160–167	109	110	77	d 48
115	168–170	110	113	78	d 51
116	171	111	114	79	d 52
117	172/173	112	115	80	d 53
118	174/175	113	116	81	d 54
119	176–180	114	117	82	d 55
120	181–187	115	118	83	d 56
121	188–190	116	119	84	d 57
122	191–193	117	120	85	d 58
123	194–197	118	121	86	d 59
124	198	119	122	87	d 60
125	199	120	123	88	d 61
126	200	121	124	89	d 62
127	201/202	122	125	90	d 63
128	203	123	126	91	d 64
129	204/205	124	127	92	d 65
130	206	125	128	93	d 66
131	207	126	129	94	d 67
132	208/209	127	130	95	d 68
133	210/211	128	131	96	d 69
134	212/213	129	132	97	d 70
135	214	130	133	98	d 71
136	215	131	134	99	d 72
137	216–218	132	135	100	d 73
138	219–222	133	136	101	d 74
139	223	134	137	102	d 75
140	224	135	138	103	d 76

P/R	K	R	P	J/H	H
141	225	136	139	104	d 77
142	226	137	140	105	d 78
143	227	138	141	106	d 79
144	238, 241, 244	145, 148, 151	158	WN 1, 4, 7	e 7
145	239, 242, 245	146, 149, 152	159	WN 2, 5, 8	e 8
146	240, 243, 246	147, 150, 153	160	WN 3, 6, 9	e 9
147	228	139	148	WN 10	e 1
148	229/230	140	149/150	WN 11	e 2
149	231	141	151	WN 12	e 3
150	232	142	152	WN 13	e 4
151	233–235	143	153–155	WN 14	e 5
152	236/237	144	156/157	WN 15	e 6
152 I	XIX		174 A		f 1
152 II	XX		174 B		f 2
156	247	154	161	107	g 1
157	248	155	162	108	g 2
158	249	156	163	109	g 3
159	250	157	164	110	g 4
160	251	158	165	111	g 5
161	252	159	166	112	g 6
162	253	160	167	113	g 7
163	254	161	168	114	g 8
164	255	162	169	120	g 9
165	256	163	170	121	g 10
166	257	164	171	122	g 11
167	258	165	172	126	g 12
168	259	166	173	129	g 13
169	260	167	174	130	g 14
170	261	168	175	115	h 1
171	262	169	176	116	h 2
172	263	170	177	117	h 3
173	264	171	178	118	h 4
174	265	172	179	119	h 5
175	266	173 a	180 a	123 a	h 6 a/b
176	267	174 a	181 a	124 a	h 7 a/b
177	268	175 a/b	182 a/b	125 a/b	h 8 a/b
178	269	176 a	183 a	127 a	h 9 a/b
179	270	177	184	128	h 10
180	271	178	185	131	h 11
181	272	179	186	132	h 12
182	273	173 b	180 b	123 b	h 6 c
183	274	174 b	181 b	124 b	h 7 c
184	275	175 c	182 c	125 c	h 8 d
185	276	176 b	183 b	127 b	h 9 c
186	278	424	188	RN 1	u 1
187	279	425	189	RN 2	u 2
188	280	426	190	RN 3	u 3
189	277	430	187	RN 5	u 8
190	–	431	–	RN 6	u 4

P/R	K	R	P	J/H	H
191	–	427–429	–	RN 4	u 5–7
192	–	180	191	201	i 1
193	–	181	192	202	i 2
194	–	182	193	203	i 3
195	–	183	194	204	i 4
196	–	184	195	205	i 5
197	–	185	196	206	i 6
198	–	186	197	207	i 7
199	–	187	198	208	i 8
200	–	–	–	–	–
201	–	–	–	–	–
202	–	–	–	–	–
203	–	–	–	–	–
204	–	–	–	–	–
205	–	–	–	–	–
206	–	–	–	–	–
207	–	–	–	–	–
208	–	–	–	–	–
V	102	81	82	III	d 20
VI	III	83	84	(52) IV	d 22
VII	111	86	87	(54) IV	d 25
VIII	IV	–	111	–	d 49
IX	V	–	112	–	d 50
XVI	–	–	–	–	h 14
XVII	–	–	–	–	h 13
XX	–	–	–	–	h 15

209	–	188/189	1	301	k 1/2
210	–	190/191	2	302	k 3/4
211	–	192/193	3	303	k 5/6
212	–	194/195	4	304	k 7/8
213	–	196/197	5	305	k 9/10
214	–	198/199	6	306	k 11/12
215	–	200/201	7	307	k 13/14
216	–	202/203	8	308	k 15/16
217	–	204/205	9	309	k 17/18
218	–	206/207	10	310	k 19/20
219	–	208	11	311	k 21
220	–	209	12	312	k 22
221	–	210/211	13	313	k 23/24
222	–	212/213	14	314	k 25/26
223	–	214/215	15	315	k 27/28
224	–	216/217	16	316	k 29/30
225	–	218/219	17	317	k 31/32
226	–	220 a	18	318 a	k 33
227	–	221 a	19	319 a/aa	k 34
228	–	222 a	20	320 a/aa	k 35
229	–	223 a	21	321 a/aa	k 36
230	–	224 a	22	322 a/aa	k 37

P/R	K	R	P	J/H	H
231		225 a	23	323 a	k 38
232		226 a	24	324	k 39
233		220 b	25	318 b	k 40
234		221 b	26	319 b	k 41
235		222 b	27	320 b	k 42
236		223 b	28	321 b	k 43
237		224 b	29	322 b	k 44
238		225 b	30	323 b	k 45
239		221 c	31	–	k 48
240		222 c	32	–	k 49
241		223 c	33	–	k 50
242		224 c	34	–	k 51
243		225 c	35		k 52
244		226 c	36		k 53
245		221 d	38 a		k 55 a
246		222 d	39 a		k 56 a
247		223 d	40 a		k 57 a
248		224 d	41 a		k 58 a
249		220 c	37		k 54
250		221 e	38 b		k 55 b
251		222 e	39 b		k 56 b
252		223 e	40 b		k 57 b
253		224 e	41 b		k 58 b
254		225 d	42		k 59
255		–	43		k 60
301	–	227	1	401	l 1
302	–	228	2	402	l 2
303	–	229	3	403	l 3
304	–	230	4	404	l 4
305	–	231	5	405	l 5
306	–	232	6	406	l 6
307	–	233	7	407	l 7
308	–	234	8	408	l 8
309	–	235	9	409	l 9
310	–	236	10	410	l 10
311	–	237	11	411	l 11
312	–	238	12	412	l 12
313	–	239	13	413	l 13
314	–	240	14	414	l 14
315	–	241	15	415	l 15
316	–	242	16	416	l 16
317	–	243	17	417	l 17
318	–	244	18	418	l 18
319	–	245	19	419	l 19
320	–	246	20	420	l 20
321	–	247	21	421	l 21
322	–	248	22	422	l 22
323	–	249	23	423	l 23
324	–	250	24	424	l 24
325	–	251	25	425	l 25
326	–	252	26	426	l 26

P/R	K	R	P	J/H	H
327	–	253	27	428	I 28
328	–	254	28	430	I 30
329	–	255	29	–	I 27
330	–	256	30	–	I 29
331	–	257	31	–	I 31
401	–	300	21	–	–
402	–	301	22	–	–
403	–	302	23	–	–
404	–	303	24	–	–
405	–	304	25	–	–
406	–	305	26	–	–
411	–	306	1	–	n 16
412	–	307	2	–	n 17
413	–	308–310	3	–	n 18–20
414	–	311	4	–	n 21
415	–	312	5	–	n 22
416	–	313	6	–	n 23
417	–	314	11	–	n 27 b
418	–	315	13	–	n 28 b
419	–	316	7	–	n 24
420	–	317	8	–	n 25
421	–	318	9	–	n 26
422	–	319	10	–	n 27 a
423	–	320	12	–	n 28 a
424	–	321	14	–	n 29
425	–	322	15	–	n 30
426	–	323	16	–	n 31
431	–	324	R 120	OD 1	n 1
432	–	325	R 121	OD 2	n 2
433	–	326	R 122	OD 3	n 3
434	–	327	R 123	OD 4	n 4
435	–	328	R 124	OD 5	n 5
436	–	329	R 125	OD 6	n 6
437	–	330	R 126	OD 7	n 7
438	–	331	R 127	OD 8	n 8
439	–	332	R 128	OD 9	n 9
440	–	333	R 129	OD 10	n 10
441	–	334	R 130	OD 11	n 11
442	–	335	R 131	OD 12	n 12
443	–	336	R 132	OD 13	n 13
444	–	337	R 133	OD 14	n 14
445	–	338	R 134	OD 15	n 15
451	–	339	M 1 Romania	–	m 1
452	–	340	M 2	–	m 2
453	–	341	M 3	–	m 3
454	–	342	M 4	–	m 4
455	–	343	M 5	–	m 5

P/R	K	R	P		J/H	H
456	–	344	M 6		–	m 6
457	–	345	M 7		–	m 7
458	–	346	M 8		–	m 8
461	–	347	–		–	o 44
462	–	348	–		–	o 45
463	–	349 a	–		–	o 46
464	–	350 a	–		–	o 47
465	–	349 b, c	–		–	o 48
466	–	350 b, c	–		–	o 49
467	–	351 a	–		–	o 50
468	–	352 a	–		–	o 51
469	–	351 b	–		–	o 52
470	–	352 b	–		–	o 53
471	–	353	M 1	Iran	–	o 39
472	–	354	M 2		–	o 40
473	–	355	M 3		–	o 41
474	–	356	M 4		–	o 42
475	–	357	M 5		–	o 43
501	281	373	R 135		RK 1	o 73
502	282	374	R 136		RK 2	o 74
503	283	375	R 137		RK 3	o 75
504	284	376	R 138		RK 4	o 76
505	285	377	R 139		RK 5	o 77
506	286	378	R 140		RK 6	o 78
507	–	–	–		–	–
508	–	–	–		–	–
509	–	–	–		–	–
510	–	–	–		–	o 76 S
511	–	–	–		–	o 77 S
512	–	–	–		–	o 78 S
513	–	358	M 31		WM 1	o 58
514	–	359	M 32		WM 2	o 59
515	–	360	M 33		WM 3	o 60
516	–	361	M 34		WM 4	o 61
517	–	362	M 35		WM 5	o 62
518	–	363	M 36		WM 6	o 63
519	–	364	M 37		WM 7	o 64
520	–	365	M 18	Greece	–	o 65
521	–	366	M 19		–	o 66
522	–	367	M 20		–	o 67
523	–	368	M 21		–	o 68
524	–	369	M 38		WM 8	o 69
525	–	370	M 39		WM 9	o 70
526	–	371	M 40		WM 10	o 71
527	–	372	M 41		WM 11	o 72
528	–	416	–		KL 1	o 79
529	–	417	–		KL 2	o 80

P/R	K	R	P		J/H	H
530	–	418	–		KL 3	o 81
531	–	419	–		KL 4	o 82
532	–	420	–		KL 5	o 83
533	–	421	–		KL 6	o 84
534	–	422	–		KL 7	o 85
541	–	379	1	Bohemia	BM 1	p 1
542	–	380	2		BM 2	p 2
543	–	381	3		BM 3	p 3
544	–	382	4		BM 4	p 4
545	–	383 a	5		BM 5 a	p 5 a
546	–	383 b	6		BM 5 b	p 5 b
547	–	384	7		BM 6	p 6
548	–	386	8		BM 8	p 8
549	–	389	9		BM 10	p 11
550	–	391	10		BM 12	p 13
551	–	385 a	11		BM 7 a	p 7 a
552	–	385 b	12		BM 7 b	p 7 b
553	–	387 a	13		BM 9 a	p 9 a
554	–	387 b	14		BM 9 b	p 9 b
555	–	387 c	15		BM 9 c	p 9 c
555 I	–	388	16		BM I	p 10
556	–	390	17		BM 11	p 12
561	–	392	89	Poland	GG 1 a	q 1
562	–	393	90		GG 1 b	q 2
563	–	394	91		GG 2	q 3
564	–	395	92		GG 3	q 4
565	–	396	93		GG 4	q 5
566	–	397	94		GG 5	q 6
567	–	398	95		GG 6	q 7
568	–	399	96		GG 7	q 8
569	–	400	97		GG 8	q 9
570	–	401	98		GG 9	q 10
571	–	402	99		GG 10	q 11
572	–	403	100		GG 11	q 12
573	–	404	101		GG 12	q 13
574	–	405	102		GG 13	q 14
575	–	406	103		GG 14	q 15
581	–	407	RU 55	Russia	UR 1	s 1
581 I	–	408	RU 56		UR 9	s 2
582	–	409	RU 57		UR 2	s 3
583	–	410	RU 58		UR 3	s 4
584	–	411	RU 59		UR 4	s 5
585	–	412				
			RU 60		UR 5	s 6
586	–	413	RU 61		UR 6	s 7
587	–	414	RU 62		UR 7	s 8
588	–	415	RU 63		UR 8	s 9
588 I–VII	–	–	RU 64–70			s 10–16

P/R	K	R	P		J/H	H
591	–	–	R 1	Yugoslavia	–	t 1
592	–	–	R 2		–	t 2
593	–	–	R 3		–	t 3
594	–	–	R 4		–	t 4
595	–	–	R 5		–	t 5
596	–	–	R 6		–	t 6
597	–	–	R 7		–	t 7
598	–	–	R 8		–	t 8
599	–	–	R 9		–	t 9
601	–	731	32	Danzig	–	w 39
602	–	732	33		–	w 40
603	–	733	34		–	w 41
604	–	734	35		–	w 42
605	–	735	36		–	w 43
606	–	736	37		–	w 44
607	–	737	38		–	w 45
608	–	738	39		–	w 46
609	–	739	40		–	w 47
610	–	740	41		–	w 48
611	–	741	42		–	w 49
612	–	742	43		–	w 50
613	–	743	43 A		–	w 51
614	–	744	44		–	w 52
615	–	745	45		–	w 53
616	–	746	46		–	w 54
617	–	747	47		–	w 55
618	–	748	48		–	w 56
619	–	749	49		–	w 57
620	–	750	50		–	w 58
621	–	751	51		–	w 59
622	–	752	52		–	w 60
623	–	753	53		–	w 61
624	–	754	54		–	w 62
625	–	755	55		–	w 63
626	–	756	56		–	w 64
627	–	757	57		–	w 65
628	–	758	58		–	w 66
629	–	759	59		–	w 67
630	–	760	60		–	w 68
631	–	761	61		–	w 69
632	–	762	62		–	w 70
633	–	763	63		–	w 71
634	–	764	64		–	w 72
641	–	765	1	Memel	–	y 1
642	–	766	2		–	y 2
643	–	767	3		–	y 3
644	–	768	4		–	y 4

P/R	K	R	P		J/H	H
645	–	769	5		–	y 5
646	–	770	6		–	y 6
647	–	771	7		–	y 7
648	–	772	8		–	y 8
649	–	773	9		–	y 9
651	–	448	1	Saar	–	j 1
652	–	449	2		–	j 2
653	–	450	3		–	j 3
654	–	451	4		–	j 4
655	–	452	5		–	j 5
656	–	453	6		–	j 6
657	–	454	7		–	j 7
658	–	455	8		–	j 8
701	–	–	–		–	–
702	–	–	R 1		–	–
703	–	–	R 2		–	–
704	–	–	R 3		–	–
705	–	–	R 4		–	–
706	–	–	R 5 b		–	–
707	–	–	R 5 a		–	–
708	–	–	R 6		–	–
709	–	–	R 7		–	–
710	–	–	R 8		–	–
711	–	–	R 9		–	–
712	–	–	R 10		–	–
713	–	–	R 11		–	–
714	–	–	R 12		–	–
715	–	–	R 13		–	–
716	–		R 14			–
717	–	–	R 16		–	–
718	–	–	R 17		–	–
719	–	–	R 18		–	–
720	–	–	R 19		–	–
721	–	–	R 20		–	–
722	–	–	R 21		–	–
723	–	–	R 22		–	–
724	–	–	R 23		–	–
725	–	–	R 24		–	–
726	–	–	R 25		–	–
727	–	–	R 26		–	–
728	–	–	R 27		–	–
729	–	–	R 28		–	–
730	–	–	R 29		–	–
731	–	–	R 30		–	–
732	–	–	R 31		–	–
733	–	–	R 32		–	–
734	–	–	R 33		–	–
735	–	–	R 34		–	–

P/R	K	R	P	J/H	H
735 I	–	–	R 35	–	–
736	–	–	R 36	–	–
737	–	–	R 37	–	–
738	–	–	R 38	–	–
739	–	–	R 39	–	–
740	–	–	R 40	–	–
741	–	–	R 41	–	–
742	–	–	R 42	–	–
743	–	–	R 43	–	–
744	–	–	R 45	–	–
745	–	–	R 46	–	–
746	–	–	R 47	–	–
747	–	–	R 48	–	–
748	–	–	R 49	–	–
749	–	–	R 50	–	–
750	–	–	R 51	–	–
751	–	–	R 52	–	–
752	–	–	R 53	–	–
753	–	–	R 54	–	–
754	–	–	R 55	–	–
755	–	–	R 56	–	–
756	–	–	R 57	–	–
757	–	–	R 58	–	–
758	–	–	R 59	–	–
759	–	–	R 60	–	–
760	–	–	R 61	–	–
761	–	–	R 62	–	–
762	–	–	R 63	–	–
763	–	–	R 64	–	–
764	–	–	R 65	–	–
765	–	–	R 66	–	–
766	–	–	R 67	–	–
767	–	–	R 68	–	–
768	–	–	R 69	–	–
769	–	–	R 71	–	–
770	–	–	R 72	–	–
771	–	–	R 73	–	–
771 I	–	–	R 74	–	–
772	–	–	R 75	–	–
773	–	–	R 76	–	–
774	–	–	R 77	–	–
775	–	–	R 78	–	–
776	–	–	R 79	–	–
777	–	–	R 80	–	–
778	–	–	R 81	–	–
779	–	–	R 82	–	–
780	–	–	R 83	–	–
781	–	–	R 84	–	–
782	–	–	–	–	–
783	–	–	R 85	–	–

P/R	K	R	P	J/H	H
784	–	–	R 86	–	–
784 I	–	–	R 87	–	–
785	–	–	R 88	–	–
786	–	–	R 89	–	–
787	–	–	R 90	–	–
787 I	–	–	R 91	–	–
B 1	793 a	432	–	–	v 7
B 2	794 a	433	–	–	v 8
B 3	795 a	434	–	–	v 9
B 4	796 a	435	–	–	v 10
B 5	797 a	436	–	–	v 11
B 6	798 a	437	–	–	v 12
B 7	799 a	438	–	–	v 13
B 8	800 a	439	–	–	v 14
B 9	793 b	440	–	–	v 15
B 10	794 b	441	–	–	v 16
B 11	795 b	442	–	–	v 17
B 12	796 b	443	–	–	v 18
B 13	797 b	444	–	–	v 19
B 14	798 b	445	–	–	v 20
B 15	799 b	446	–	–	v 21
B 16	800 b	447	–	–	v 22

P/R	K	R	P	H
K 1	1	500		zb 1
K 2	2	501		zb 2
K 3 a	3 a	502 a		zb 3
K 3 b	3 b	502 b		zb 4
K 4 a	4	503		zb 5
K 4 b	4	503		
K 5	5	504		
K 6	154		44	
K 6 I	155		44	
K 7	156		45	
K 8	162		48	
K 9 a	163 a		49	
K 9 b	163 b		49	
K 10 a	118		29	
K 10 b	119		30	
K 11 A	121		31	
K 11 B a	120, 122		31	
K 11 B b	123/123 a		31	
K 12	6		6	
K 13 a	148		38 a	
K 13 b	148 a		38 b	
K 14 A	157		46 a	
K 14 B	159		46 b	
K 15 a	8		7 b	
K 15 b	7		7 a	
K 16	9		8	

P/R	K	P
K 17 A	10	9 a
K 17 B a	11, 13	9 b
K 17 B b	12, 14	10 a/b
K 17 C a	29	9 c
K 17 C b	28, 30–43	10 e/f
K 17 C c	44	–
K 18 A a	15	9 b
K 18 A b	16	10 b
K 18 B	17	10 c
K 18 C	19	10 d
K 18 D	18	–
K 19 A	20	11 a
K 19 B a	21/22	11 b
K 19 B b	23/24	11 b
K 20 A	25	12 a
K 20 B	26/27	12 b
K 21	124	33
K 22 A	125, 127	34 a
K 22 B	126, 128	34 b
K 22 C	129/130	34 c
K 22 D a	132	34 d
K 22 D b	135	–
K 22 E a	131	35
K 22 E b	133 a	35
K 22 E c	133–136 a	35
K 23	45	13

P/R	K	P
K 24	46/47	14
K 25 A	48	15 a
K 25 B a	49/50	15 b
K 25 B b	51	15 b
K 25 B c	52	15 b
K 26 A a	53	16 a
K 26 A b	54	16 a
K 26 A c	55	16 a
K 26 B	56–58	16 b
K 27 A	59	17
K 27 B	60–62	18 a
K 27 C	63	18 c
K 28 A	64–90	19
K 28 B	69/70, 74	19
K 28 C	110	21
K 29 A	91–109	20
K 29 B	101–104	20
K 30 A	139 a	36 c
K 30 B	137	36 a
K 30 C	139 b, 142	36 d
K 30 D	142	36 d
K 30 E	141	36 b
K 30 F	138, 140	36 b
K 30 G	144/145	36 e
K 31 a	149	40
K 31 b	149 a	40
K 32	150	41
K 32	– (Text)	42
K 33 I	114, 116/117	22 a/b, d–f
K 33 II	115	22 c
K 34 I	146	37 a
K 34 II	147	37 b
K 35 I	151	43 a
K 35 II	152	43 b
K 35 III	153	43 c
K 36	160/161	47 a/b
K 37 Datumzeilen:	–	27
K 37 Briefköpfe:	–	28
K 38 Überstempelungen:		
1 Rp. mit »W«	111	23
1 Rp. mit »X«	112	24–26
1 Rp. mit »Z«	113	26 A–26 C
5 Rp. mit »X«	133 a (Text)	–
10 Rp. mit »X«	150 (Text)	42
10 Rp. mit »Z«	148 (Text)	39

P/R	K	R	H	P
		German S.W. Africa		
K 41	164	605	zg 1	1
K 42	165	606	zg 2	2
K 43	166	607	zg 3	3
K 44	167	608	zg 4	4
K 45	168	609	zg 5	5
K 46	263	610	zg 6	6
K 47	272/273	611	zg 12 a/b	7
K 48	285	612	zg 12 c	7
K 49	264	613 a	zg 7 a	8 a
K 50	265	613 b	zg 7 b/c	8 b
K 51	274	614	zg 13	9
K 52	267	615 a	zg 8 a	10 a
K 53	268	615 b	zg 8 b	10 b
K 54	275	616 a	zg 14	11
K 55	276	616 b	zg 14	11
K 56	277	616 c	zg 14	11
K 57	269	617	zg 9	12
K 58	278	618	zg 15	13
K 59	286	619	zg 15	14
K 60	270	620	zg 10	15
K 61	279, 281	621 a	zg 16	16
K 62	280	621 b	zg 16	16
K 63	271	622	zg 11	17
K 64	283	623 a	zg 17	17
K 65	284	623 b	zg 17	18
K 66	352	German New Guinea	za 1	1
K 67	353		za 2	2
K 68	354		za 3	3
K 69	355		za 4	4
K 70	–		za 5	5
		Cameroon		
K 71	287	624	zh 1	1
K 72	290–292	625	zh 4	2
K 73	293	626	zh 5	3

P/R	K	P
AB 1 a	294	China F 118
b	303	F 118 A
c	312	F 118 B
d	321	F 118 C
e	330	Kiauchau 1 a
f	340	1 b
AB 2 a	295	China F 119
b	304	F 119 A
c	313	F 119 B
d	322	F 119 C
e	331	Kiauchau 2 a
f	341	2 b
AB 3 a	296	China F 120
b	305	F 120 A
c	314	F 120 B
d	323	F 120 C
e	332	Kiauchau 3 a
f	342	3 b
AB 4 a	297	China F 121
b	306	F 121 A
c	315	F 121 B
d	324	F 121 C
e	333	Kiauchau 4 a
f	343	4 b
AB 5 a	298	China F 122
b	307	F 122 A
c	316	F 122 B
d	325	F 122 C
e	334	Kiauchau 5 a
f	344	5 b
AB 6 a	299	China F 123
b	308	F 123 A
c	317	F 123 B
d	326	–
e	336	F 123 C
AB 7 a	300	China F 124
b	309	F 124 A
c	318	F 124 B
d	327	–
e	337	F 124 C
AB 8 a	301	China F 125
b	310	F 125 A
c	319	F 125 B
d	328	–
e	338	F 125 C
AB 9 a	302	China F 126
b	311	F 126 A
c	320	F 126 B
d	329	–
e	339	F 126 C
AB 10	–	–
AB 11	–	–
AB 12	345	Kiauchau 3 c
AB 13	–	–
AB 14	335	China F 131
AB 15	346	FA 132
AB 16	347	Kiauchau 7
AB 17	–	–
AB 18	–	–
AB 19	–	–
AB 20	–	–
AB 21	348	Kiauchau 8
AB 22	349	9
AB 23	350	10

P/R	P	H
AB 24	395 D	–
AB 25	395 E	–
AB 26	395 F	–
AB 27	395 G	–
AB 28	395 H	–
AB 29	395 I	–
AB 30	138	zn 4
AB 31	138 A	zn 5
AB 32	138 B	zn 6
AB 33	138 C	zn 7
AB 34	131	zn 1
AB 35	132	zn 2
AB 36	133	zn 3

LITERATUR

Deutsche Bundesbank, *Das Papiergeld im Deutschen Reich 1871–1948,* Frankfurt 1965

Deutsche Bundesbank, *Die Noten der Deutschen Bundesbank,* Frankfurt 1964

Hoffmann, Dieter, *Das Notenbuch,* 5. Auflg., Regenstauf 1989

Jaeger, Kurt und Ulrich Haevecker, *Die Deutschen Banknoten seit 1871,* 2. Auflg., Basel 1972, Bewertungen u. Ergänzungen 1974

Jaeger, Kurt und Albert Pick, *Die Münzen und Banknoten der Tschechoslowakei,* Basel 1970

Karau, Klaus, versch. Publikationen über das Württemberger Papiergeld (Angabe über Scheine d. Württemb. Notenbank u. die altdeutschen Scheine)

Keller, Dr. Arnold, *Das Papiergeld der altdeutschen Staaten vom 17. Jahrhundert bis zum Jahre 1914,* Berlin 1953

Keller, Dr. Arnold, *Das Papiergeld des Deutschen Reiches von 1874–1945,* 5. Auflg., Berlin 1956

Keller, Dr. Arnold, *Die Geldscheine der Deutschen Ländernotenbanken, der Reichsbahn u. d. Reichspost,* 2. Auflg., Berlin 1952

Keller, Dr. Arnold, *Das Papiergeld der Deutschen Kolonien,* 4. Auflg., Münster 1967

Pick, Albert, *Papiergeld,* Braunschweig 1967

Pick, Albert, *Papiergeldkatalog Europa seit 1900,* 2. Auflg., München 1970

Pick, Albert, *Standard Catalog of World Paper Money,* 6. Auflg., München und U.S.A. 1990

Pick, Albert, *Deutsche Länder- und Privatnotenbanken, Geldscheine der Landesregierungen, Provinzialverwaltungen und Bezirksregierungen 1872–1948,* Berlin 1975

Pick, Albert, *Papiergeld Lexikon,* München 1978

Ramjoie, Peter, *Die Abstempelungen der deutschen Geldscheine in Ostbelgien,* Berlin 1973

Rixen, Dr. Jens-Uwe, *Das Notgeld der Deutschen Reichsbahn und der Deutschen Reichspost,* Berlin 1974

Rixen, Dr. Jens Uwe, *Das schleswig-holsteinische Notgeld von 1812,* (Hamb. Beiträge zur Numismatik 30/32), 1985

Rosenberg, Holger, *Die Banknoten des Deutschen Reiches ab 1871,* 7. Auflg., Hamburg 1988

Mark
10000
1000
100
10
Dollarkurs 1919-1922
I II III IV V VI VII VIII IX X XI XII
1919
1920
1921
1922
Datum

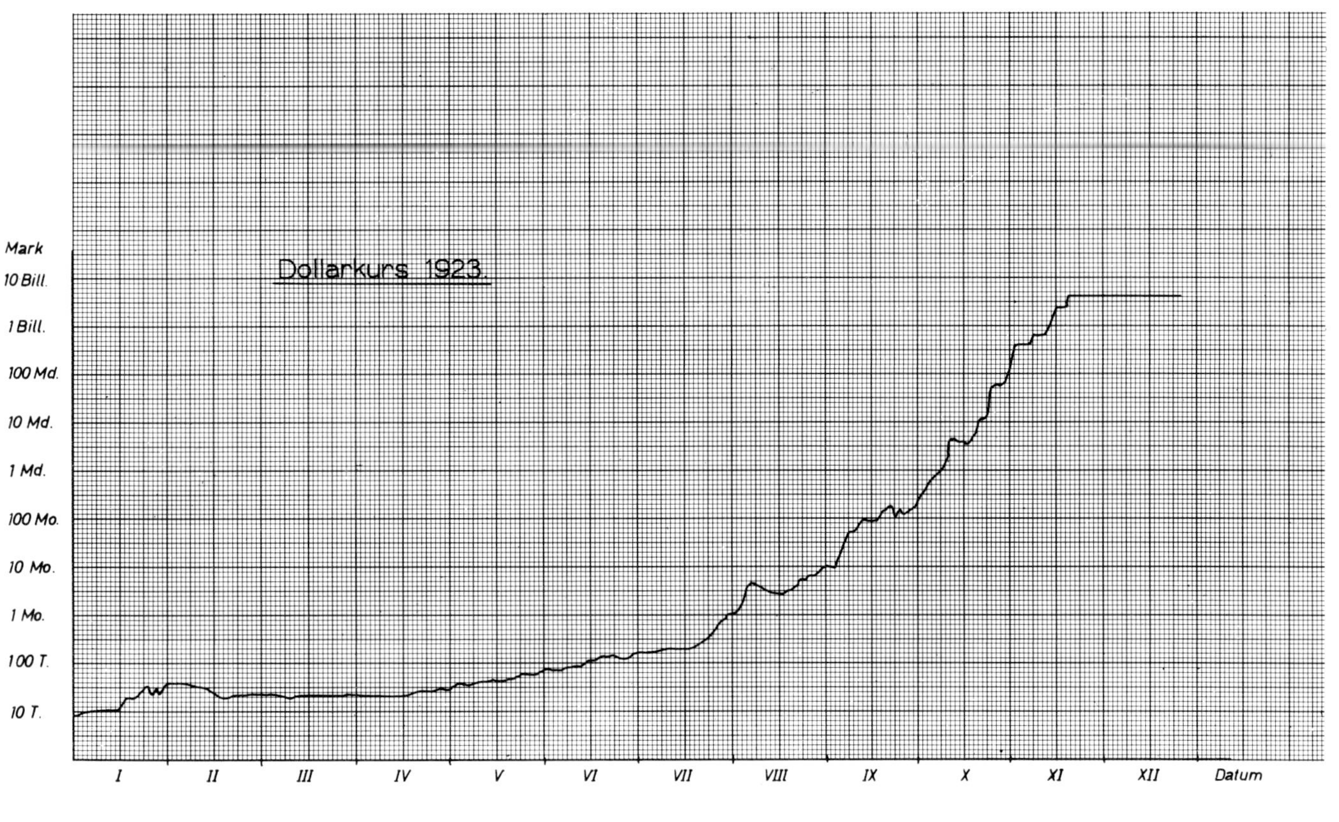
Mark
10 Bill.
1 Bill.
100 Md.
10 Md.
1 Md.
100 Mo.
10 Mo.
1 Mo.
100 T.
10 T.
Dollarkurs 1923
I II III IV V VI VII VIII IX X XI XII
Datum

Anzeigenverzeichnis

Deutschland

Schweiz

1000
BANQUE CEN
DE LA REPUBLIQUE
AD0000557
Fünf
Rentenmark
5